中宣部 2022 年主题出版重点出版物
"十三五"国家重点图书出版规划项目

新的飞跃
新时代中国道路的理论与实践

吴 波 ◎著

江西人民出版社
Jiangxi People's Publishing House
全国百佳出版社

前　言

党的十八大以来，在以习近平同志为核心的党中央坚强领导下，中国特色社会主义进入新时代。党的二十大报告指出："在新中国成立特别是改革开放以来长期探索和实践基础上，经过十八大以来在理论和实践上的创新突破，我们党成功推进和拓展了中国式现代化。"[①] 新时代中国特色社会主义道路的探索强化了辩证法的运用，党和国家事业取得历史性成就、发生历史性变革。基于历史唯物主义的基本理论和方法，全面系统地梳理新时代十年中国道路的理论和实践，对于开启全面建设社会主义现代化国家新征程，继续朝着中华民族伟大复兴的目标奋勇前进，具有重大而深远的意义和价值。

一、关于理论探索的主题

理论主题是马克思主义理论创新的首要问题，贯穿于党的理论创新实践的始终。党的十九大报告指出："十八大以来，国内外形势变化和我国各项事业发展都给我们提出了一个重大时代课题，这就是必须从理论和

[①] 习近平：《高举中国特色社会主义伟大旗帜　为全面建设社会主义现代化国家而团结奋斗——在中国共产党第二十次全国代表大会上的报告（2022年10月16日）》，人民出版社2022年版，第22页。

实践结合上系统回答新时代坚持和发展什么样的中国特色社会主义、怎样坚持和发展中国特色社会主义。"[1]这个重大时代课题,指的就是党的理论创新的主题,它既是解读习近平新时代中国特色社会主义思想的基本线索,又是把握新时代中国道路探索的关键入口。理论主题之于阐释和研究马克思主义中国化理论创新具有起始性的意义,理论主题转换的历史逻辑之于理解和把握中国道路探索具有提示性的价值,然而,无论是对于党的理论创新还是对于中国道路,学术界对理论主题的阐释和研究少有长久驻足和深度打量,这不能不说是一个重大的缺憾。从这个意义上,习近平新时代中国特色社会主义思想理论主题的充分展开,也是关于中国道路研究理论空间的拓展和深化。

党的历史上每一个重大的理论创新,都蕴含一个独特的理论主题,也都会面临与总主题或根本性主题之间关系的提问。回顾新中国成立以来中国道路的探索,我们会发现中国共产党一直在寻求一条符合中国具体实际的社会主义现代化道路,以实现对经济文化相对落后国家现代化问题的解决。1956年4月4日,毛泽东在《关于无产阶级专政的历史经验》最后一次讨论修改稿的会议上,说了一番意义深远的话。他说:"最重要的是要独立思考,把马列主义的基本原理同中国革命和建设的具体实际相结合。民主革命时期,我们吃了大亏之后才成功地实现了这种结合,取得了新民主主义革命的胜利。现在是社会主义革命和建设时期,我们要进行第二次结合,找出在中国怎样建设社会主义的道路。"[2]他接着说:"这个问题,我几年前就开始考虑。先在农业合作化问题上考虑怎样把合作社办得又多又快又好,后来又在建设上考虑能否不用或者少用苏联的拐

---

[1] 习近平:《决胜全面建成小康社会 夺取新时代中国特色社会主义伟大胜利——在中国共产党第十九次全国代表大会上的报告(2017年10月18日)》,《人民日报》2017年10月28日。
[2] 《毛泽东年谱(1949—1976)》第2卷,中央文献出版社2013年版,第557页。

杖，不像第一个五年计划那样搬苏联的一套，自己根据中国的国情，建设得又多又快又好又省。"[①]新中国的第一个30年，是以毛泽东同志为主要代表的中国共产党人努力探寻中国建设社会主义的具体道路的30年。在理论与实践的双重探索中，既有辉煌的历史篇章，又有深刻的历史教训。毛泽东首先提出并进行初步探索的这个理论主题，也是邓小平接续探索的理论主题。可以说，中国共产党的全部理论探索都是围绕这一命题展开的，并由此构成中国道路理论探索的总主题或根本性主题。改革开放之初，邓小平关于"什么是社会主义、怎样建设社会主义"的追问，不仅是对毛泽东提出的理论主题的呼应和重申，也同时表明新探索的反思与超越。与之相比，无论是"建设什么样的党、怎样建设党"还是"实现什么样的发展、怎样发展"，这些理论主题都具有阶段性理论主题的意义，标识出各个历史阶段特殊的问题域。

基于上述语境审视习近平新时代中国特色社会主义思想的理论主题，可以更准确地理解"坚持和发展什么样的中国特色社会主义、怎样坚持和发展中国特色社会主义"这一理论主题与改革开放以来各个理论主题之间的内在关联，从而可以更深刻地把握这一理论主题转变的历史逻辑。因为，习近平总书记通过这一理论主题不仅在理论上深化了对中国特色社会主义的认识，而且开启了新的实践空间并指明了中国特色社会主义完善和发展的方向，这意味着，中国特色社会主义的探索站在了一个新的历史起点上。

习近平新时代中国特色社会主义思想的理论主题聚焦于中国特色社会主义的定义层面，是改革开放以来中国道路探索深化的结果，标志着中国特色社会主义发展到成熟和定型的历史阶段。这一理论主题的闪亮登场，折射出改革开放以来对科学社会主义在中国的实现形式的探索历程，

[①]《毛泽东年谱（1949—1976）》第2卷，中央文献出版社2013年版，第557页。

是对中国特色社会主义与科学社会主义一致性的有力论证，揭示了科学社会主义在中国的实践形态的发育程度。当然，各个阶段性理论主题的相互联系，绝不只有辩护性的价值，因为理论主题从本质上说是问题性的。关于理论主题的研究，不仅需要深入理解各个理论主题的基本内涵及其问题指向，更需要深刻揭示理论主题是如何被转换的，又是如何被规定的。将理论主题聚焦于中国特色社会主义的定义层面，也标志着社会主义在中国自我正名的强烈愿望。中国成就不是改革开放唯一的结果，还伴随着诸如贫富差距等中国问题的副产品，社会制度身份与执政合法性问题赋予的焦虑感，迫切要求进一步强化社会主义的自我论证，增强道路自信。在这个意义上，习近平对中国特色社会主义的反思与追问，与其说是完善的立意，倒不如说主要是正名的考虑。他在党的十八大召开后不久就指出："中国特色社会主义是社会主义而不是其他什么主义，科学社会主义基本原则不能丢，丢了就不是社会主义。"[①] 如此鲜明而强烈地回应中国特色社会主义与科学社会主义关系的问题，是习近平对理论自洽的特殊强调，彰显面向未来举旗定向的政治考量。

从中国道路的视角看，习近平新时代中国特色社会主义思想理论主题的辩证分析，蕴含中国道路的完善和中国道路的规范的双重考量。进一步而言，如果说习近平新时代中国特色社会主义思想的理论主题是对中国社会现实中最突出问题的理论回应的话，那么，新时代中国道路的探索更强烈地包含着一种理想性引导的意味。全部问题的关键在于，从社会主义制度确立起，中国所期待实现的是社会主义的现代化而不是别的什么现代化。现代化虽然有其共性的一面，但社会主义现代化概念一提出，无论是从实现形式还是实现形态都与资本主义的现代化确立起一系列严格的区别，蕴含着对资本主义现代化弊端和苦痛的缩短和减轻。没有这

[①] 《十八大以来重要文献选编（上）》，中央文献出版社2014年版，第109页。

种区别的确立，我们就不能理解贯穿于马克思主义理论之中的超越性。只不过，在西方资本主义主导的世界历史时代，社会主义现代化作为一种内在超越，注定了是一个艰难而曲折的探索过程。

在社会主义与现代化的矛盾中，如果说改革开放之初现代化居于矛盾的主要方面的话，那么，中国特色社会主义进入新时代，我们需要借助强大的物质基础来逐步消除社会贫富差距，以此助推社会主义的不断完善发展。正是在这一点上，党的十八大以来，以习近平同志为核心的党中央表现出高度的理论自觉和实践自觉。正如社会主义理想与现实之间的突出矛盾倒逼出邓小平对"什么是社会主义"的追问和反思一样，当下社会主义理想与现实之间矛盾的凸显，也倒逼出习近平对"什么是社会主义现代化"的追问和反思。将中国特色社会主义的定义与社会主义现代化的目标联系起来，可以使理论主题的表达更准确而透彻地展示出问题指向。这也意味着，基于中国特色社会主义理论发展史的叙述传统，可以从社会主义现代化的视角展开对理论主题的阐释和说明。"什么是社会主义现代化、如何建设社会主义现代化"，是对习近平新时代中国特色社会主义思想理论主题的准确揭示，并与经济文化相对落后国家如何建设社会主义这一根本性主题的内在一致。同时，"什么是社会主义现代化、如何建设社会主义现代化"与如何实现中华民族伟大复兴的命题并行不悖、互为表里。2020年10月，党的十九届五中全会通过的《中共中央关于制定国民经济和社会发展第十四个五年规划和二〇三五年远景目标的建议》对全面建设社会主义现代化国家新征程的擘画和启航，是对这一理论主题在新的历史起点上深化发展的鲜明体现。

二、关于实践探索的特点

党的十八大召开时的中国，是一个巨大中国成就和众多中国问题紧密交织在一起的中国，诸如形式主义、官僚主义、享乐主义和奢靡之风等一系列长期积累及新出现的突出矛盾和问题亟待解决，"当时，党内和社会上不少人对党和国家前途忧心忡忡"[①]。这样的一个中国，将坚持和发展什么样的中国特色社会主义的问题推送到以习近平同志为核心的党中央面前，直接促成了中国道路的探索在延续以经济建设为中心的发展逻辑的同时，从一开始就显露出鲜明的问题导向和规范性校正的意图。中国道路的探索由此呈现出一系列崭新的实践特点。党的二十大报告指出："面对这些影响党长期执政、国家长治久安、人民幸福安康的突出矛盾和问题，党中央审时度势、果敢抉择，锐意进取、攻坚克难，团结带领全党全军全国各族人民撸起袖子加油干、风雨无阻向前行，义无反顾进行具有许多新的历史特点的伟大斗争。"[②] 这既是党的十八大以来中国道路探索强大而持久的韧性与定力的自信表达，又是新时代中国道路探索丰富而深刻的辙痕与印迹的有力说明。

1. 强化自我革命

在习近平新时代中国特色社会主义思想的一系列理论创新点中，关于中国共产党的领导与中国特色社会主义之间关系的思考无疑是最突出的。邓小平在改革开放之初提出中国特色社会主义的范畴，主要是强调走出自己的社会主义现代化道路；之后，他在南方谈话中对于社会主义本质的定义，主要是基于生产力和经济基础的维度，折射出经济基础优先于上

[①] 习近平：《高举中国特色社会主义伟大旗帜　为全面建设社会主义现代化国家而团结奋斗——在中国共产党第二十次全国代表大会上的报告（2022年10月16日）》，人民出版社2022年版，第5页。

[②] 习近平：《高举中国特色社会主义伟大旗帜　为全面建设社会主义现代化国家而团结奋斗——在中国共产党第二十次全国代表大会上的报告（2022年10月16日）》，人民出版社2022年版，第5—6页。

层建筑的思维方式。党的十八大以来，习近平将中国共产党的领导作为中国特色社会主义最本质特征和中国特色社会主义制度最大优势提出来，折射出上层建筑优先于经济基础的思维方式。这种思维方式是与社会现实的突出问题相联系的，是对历史唯物主义基本理论和方法的创造性运用。在伟大斗争、伟大工程、伟大事业和伟大梦想关系的认识上，习近平将伟大工程置于决定性的地位，也是这种思维方式的产物。

具体地说，中国共产党的领导作为中国特色社会主义最本质特征的逻辑自洽，既来源于历史唯物主义的基本理论，更来源于反思现实的问题意识。就前者而言，是对中国共产党领导的自身定位的再认识。这一再认识涉及中国共产党的性质和宗旨与社会主义的高度契合，涉及中国共产党在社会主义事业中的关键地位。就后者而言，习近平通过将中国共产党的领导与中国特色社会主义相联系提出了一个至关重要的问题：如果中国共产党不能保持自身的先进性和纯洁性，社会主义在中国的事业不仅难以发展，更将难以持续。这一联系的实质，其实是明确更加充分发挥主观能动性走社会主义道路的政治担当和历史责任。

习近平关于中国共产党的领导与中国特色社会主义关系的思考，蕴含着党的自我革命和社会革命的内在关联，展示出党的自我革命的特殊意义。习近平通过"打铁还需自身硬"形象说明了目的与手段之间的辩证关系。在他的理论视野中，党的十八大以来党的自我革命的强化，包含辩证统一的双重考量，并非简单地通过保持党的纯洁性来维护和巩固党的执政地位，而是强调保持党的纯洁性是社会主义事业在中国存续和发展的根本前提。准确理解党的自我革命，需要基于社会革命与自我革命的统一，全面从严治党是中国道路探索内在的重要环节，具有基础性和决定性的意义。正是在这个意义上，全面从严治党不仅是党的十八大以来党的工作的最大亮点，也是新时代中国道路探索的重要成果。

2. 聚焦公平正义

当习近平将促进社会公平正义和增进人民福祉明确为全面深化改革的出发点和落脚点时，党的十八大以来中国道路探索的规范性校正的意图就已经显露出来。既关注"善"总额的大小，又关注"善"总额的分配，是社会主义本质的特殊要求。公平正义作为一个古老问题的现实凸显，反映了社会主义的问题特质，提出了基于社会现实与社会主义价值理念进行对话的要求，这就意味着新时代中国道路的探索进一步深入马克思的问题域，将公平正义的彰显作为主攻方向。

改革开放以来，生产力和效率的概念曾经长时期占据社会意识领域的核心地位，这种状况的形成有其历史必然性，但随着物质基础的不断夯实和人民群众文化水平的不断提升，以利益分配为主要内容的公平正义问题越来越靠近社会意识领域的核心位置，逐渐发展成为焦点问题。党的十八大以来，围绕社会主义的公平正义问题，习近平作出了一系列重要阐发，构成对社会主要矛盾作出重大修改的思想基础。他反复强调不仅要继续把"蛋糕"做大，还要把"蛋糕"分好的主张，是对改革的社会主义方向的重申和匡正；在他提出的五大新发展理念中，共享发展理念作为新发展理念的出发点和落脚点，集中体现了社会主义的价值原则。比较而言，他的"房子是用来住的、不是用来炒的"的重要论述，因为发出了新时代空间正义的声音，引起了广大中下层群众的共鸣。马克思曾深刻诠释了空间正义："一座房子不管怎样小，在周围的房屋都是这样小的时候，它是能满足社会对住房的一切要求的。但是，一旦在这座小房子近旁耸立起一座宫殿，这座小房子就缩成茅舍模样了。这时，狭小的房子证明它的居住者不能讲究或者只能有很低的要求；并且，不管小房子的规模怎样随着文明的进步而扩大起来，只要近旁的宫殿以同样的或更大的程度扩大起来，那座较小房子的居住者就会在那四壁之内越发觉得不舒适，越发不满意，越发感到受压抑。"① 当然，空间正义只是表层的问题，社会主义的公平正义有着特殊而丰富的内涵，需要在历史唯物主义的视域下展开。讨论社会主义的公平正义，既需要观察分配关系，更需要联系生产关系和阶级关系。基于历史唯物主义空间化的视角，空间分配落差、利益分配落差和风险分配落差的相关性分析，需要联系权力逻辑和资本逻辑才能获得深刻的理解，需要站在劳动解放的高度才有逐步解决的可能。

社会主义的公平正义是一个具体的历史的概念，是理想性与现实性的统一、过程性和结果性的统一。这个过程性一方面表现在，党的十八大以来，在社会主义公平正义理念的驱动下，社会主义元素在现实中进一步扩散和深化。在关于社会主义的定义中，共同富裕是老百姓对社会主义最直观的理解。7000万贫困人口脱贫攻坚任务的顺利完成，不仅在人类减贫史上具有极其重大的意义，也在社会主义发展史上具有极其深远的意义。这个过程性另一方面表现在，习近平在关于市场和政府的关系问题上强调要"更好发挥政府作用"，在公有制经济的发展问题上强调全面从严治党和深化国有企业改革的一致性，为新时代更好地驾驭资本逻辑以及使权力逻辑更好地维护与增进人民群众的根本利益，提供了社会主义的基本遵循。

3. 注重制度完善

在一定意义上，新中国70年多来中国道路的探索，就是规划和建设社会主义这个美好的制度。这个制度的成熟之时，既是中国共产党"占有资本主义制度所创造的一切积极的成果"创造新的文明类型的成功之日，又是中国共产党通过社会主义制度跳出历史周期率，始终成为中国特色社会主义事业领导核心的成功之日。邓小平在南方谈话中指出："恐怕再有

---

① 《马克思恩格斯选集》第1卷，人民出版社2012年版，第345页。

三十年的时间，我们才会在各方面形成一整套更加成熟、更加定型的制度。在这个制度下的方针、政策，也将更加定型化。"①这是邓小平对中国特色社会主义制度的完善作出的战略规划。党的十八届三中全会将之作为全面深化改革的总目标，可以理解为对改革开放总设计师这一战略设计的贯彻执行。

邓小平所说的成熟和定型，是指根据改革开放以来新的经济社会结构和关系的变化，在原有的社会主义制度基础上改革和完善这一工作的基本完成。这个过程始终是一种适应性和规范性的统一，因而始终伴随着定性与定型两个基本问题的思考和探索。

中国特色社会主义制度的建设从一开始就不是一个在变革层面上讨论的问题，在改革开放的过程中我们党始终坚持不能在根本性问题上出现颠覆性错误的底线思维。就制度定性的问题而言，党的十八大以来注入了两个新的内容。一是把党的领导与国家治理体系深入结合的探索。中国共产党的领导是中国特色社会主义制度的最大优势。邓小平说过："社会主义国家有个最大的优越性，就是干一件事情，一下决心，一做出决议，就立即执行，不受牵扯。……这方面是我们的优势，我们要保持这个优势，保证社会主义的优越性。"②制度完善的过程，实质上就是通过改革全面体现和贯彻党的领导的过程。二是制度是价值的技术性呈现。党的十八大以来的制度建设蕴含着鲜明的问题指向，这是因为，中国的改革总体上呈现为一个先易后难的渐进过程，说改革进入攻坚期和深水区是一种形象的比喻，特指经过40多年改革，剩下的大都是积存多年的顽瘴痼疾，是难啃的硬骨头，改革进入了进一步触及深层次利益格局的调整和制度体系的变革的新阶段。因此，能否"通过创新制度安排，努力克服人为因

---

① 《邓小平文选》第3卷，人民出版社1993年版，第372页。
② 《邓小平文选》第3卷，人民出版社1993年版，第240页。

素造成的有违公平正义的现象,保证人民平等参与、平等发展权利"①,成为改革成功与否的关键所在。

就制度定型的问题而言,长期以来我们一直强调的是在路上的态度,坚持使用进行时态。在2004年美国学者雷默提出"北京共识"引发的延续至今关于中国模式的讨论中,我们坚持使用中国道路替代中国模式,就是因为模式既有示范性的意味又有定型的特征,表现出对定型问题的谨慎和小心。党的十八大以来提出完善中国特色社会主义制度的历史任务,既是对邓小平关于制度建设战略规划的积极响应,更是物质基础的积累和制度建设的成果达到一定高度的必然结果。这一过程的展开,秉承的不再主要是一种"摸着石头过河"的方法论原则,而是更多地注重顶层设计,突出规范化的取向,是一个将利益导向与价值导向通过制度完善更好地实现两者统一的过程,其中既有锦上添花又有雪中送炭。制度定型和治理体系的现代化都需要从社会主义的高度理解,它是社会主义价值理念更全面更充分地融入中国特色社会主义制度的过程,是社会主义应然与实然越来越靠近的过程。

政治和经济是社会结构的两个基本要素,不仅缺一不可,而且彼此相互联系。在中国道路探索的不同历史时期,政治与经济这两个要素中某个要素的优先性总是相对存在着,而且任何一个时期的优先性都具有自己的特点。比如,毛泽东在经济和政治的关系问题上将政治安排在优先的地位,邓小平则反过来使得经济处于优先的地位。中国特色社会主义进入新时代,中国道路从总体上越来越清晰地显露出注重上层建筑探索的趋向,在政治和经济的关系问题上政治处于相对优先的地位。当习近平说"一定要认清,中国最大的国情就是中国共产党的领导。什么是中国特色?

---

① 《习近平总书记重要讲话文章选编》,中央文献出版社、党建读物出版社2016年版,第97页。

这就是中国特色"[1]时，政治因素的凸显作为新时代中国特色社会主义探索最大的特点就已经呈现出来。

三、关于道路探索的意义

中国特色社会主义进入新时代，与其说是中国现代化进程新的起点的自我确认，倒不如说是中国道路探索主动性姿态的自我宣示，展现的是道路自信新的高度。

这种主动性一方面表现为社会主义根据地建设的成功。从历史唯物主义空间化的视角看，中国道路的探索经历了两个阶段的自主空间维护。前一个阶段是在苏联模式的社会主义影响下维护中国自主探索的空间，后一个阶段则是在西方现代化道路的影响下维护中国自主探索的空间。改革开放以来中国道路的探索，无论是拒绝还是抵抗，都折射出一定的被动意味。尤其在苏联解体、苏共下台之后，中国迫切需要解决的是如何在资本主导的全球化条件下保持一种地方性存在的问题。换句话说，在资本向全球空间投放和扩张的过程中，中国首先考虑的是如何维持自己社会主义的身份，努力避免成为世界资本主义大家庭新成员的问题。这一努力取得了阶段性的成功。在德里克看来，"统一和分散、同质性和异质性、历史遗留与当今现实，这些结构性矛盾不仅仅是一种殖民遗产的残余，同时也打开了一种新的空间，使得人们能够将全球化转化为一种有利条件，以利于地方共同体为生存和正义而进行的日常斗争"[2]。中国特色社会主义的成功为该种空间转向提供了有力的证明。党的十九大报告指出，中国

---

[1] 《习近平总书记重要讲话文章选编》，中央文献出版社、党建读物出版社2016年版，第133页。
[2] ［美］阿里夫·德里克：《全球现代性：全球资本主义时代的现代性》，胡大平、付清松译，南京大学出版社2012年版，第135页。

特色社会主义进入新时代,意味着"科学社会主义在二十一世纪的中国焕发出强大生机活力,在世界上高高举起了中国特色社会主义伟大旗帜",这个"意味着",表明社会主义在中国成功延续了地方性的生存空间,是一种社会主义根据地得以维持和巩固的欣慰。

这种主动性另一方面表现为中国道路的世界意义凸显。中国特色社会主义进入新时代,也意味着"拓展了发展中国家走向现代化的途径"和"为解决人类问题贡献了中国智慧和中国方案",这一论述直接指向中国构造新的文明类型的普遍性意义。新中国成立以来,我们党始终强调要为人类共同事业作出更大贡献,但毫无疑问的是,这个"意味着"是改革开放以来中国道路的世界意义最鲜明的展示,是中国天下情怀最充分的显露。这个"意味着"同时也提出了从全球现代性视野来审视和把握中国道路的世界影响与创新意义的现实课题。如果在历史唯物主义空间化的视角下将时间理解为必然性和空间理解为偶然性的话,那么,这个偶然性不仅不是一个意外,而是与必然性相联系的规律的现实展开形式。社会主义与市场经济结合这条前人未曾走过的新路的探索决定了,中国道路的中国意义和世界意义始终是内在结合在一起的,是时间与空间的有机统一。如果视中国道路为一种"别样现代性",那么,这个"别样现代性"不仅是对资本主义全球同质化的挣脱,也蕴含着超越,不仅蕴含现代性问题的解决方案,也与全球性问题的解决相联系。正是在这个意义上,中国道路蕴含着地方性和正在成长着的新的全球性的辩证统一。

在世界处于百年未有之大变局的历史条件下,讨论中国道路的世界意义,更需要从人类面临的新挑战的视角展开,换言之,中国道路主动性姿态的保持,必须更多地与全球性问题的思考与解决相联系。尽管"对现代性的剖析,为揭示全球化的实质和全球性问题的症结提供了解释的可能性"①,但似乎不能简单地将全球性问题理解为现代性问题在空间上的全球存在。德国社会学家乌尔里希·贝克提出过"第一现代性"和"第二现代性",后者包含着一种阐释全球性问题的意图。很显然,贝克使用"第二现代性"的概念在揭示全球性问题与现代性问题相关性的同时,也表明了全球性问题与现代性问题的差异。前者指向的是工业社会,是单一民族国家就可以应对的问题。后者则指向风险社会。"虽然风险的扩散和商业化并没有完全摒弃资本主义发展的逻辑,但它使资本主义进入了一个新的阶段。"②在他看来,随着全球化的深入,传统的地缘政治观念逐步受到冲击和重构,逐步进入到第二现代性的阶段。在这个阶段,类似全球气候变暖的问题单一国家不能依靠自己的力量解决,它的解决,需要全球性力量团结合作。在空间优先于时间的现代社会,当下和未来淡化了历史和传统,社会在加速变化之中,不确定性在显著增强,全球性问题的特点日益彰显,正如有学者揭示的,"与现代性的必然性和确定性相比,全球性的特点主要是可能性和不确定性"。"全球化创造的各种系统形成了人们无法全面理解和预料的环境,任何严密的制度、规则和模型都是脆弱的,都难以应对无法算计的变化。"③中国在继续探索社会主义现代化道路解决中国问题的同时,还应基于世界视野将全球性问题与中国问题联系起来,寻求解决之道。

由此,习近平提出的人类命运共同体理念,集中反映了党的十八大以来中国道路探索世界视野的强化。这与其说是新时代中国道路探索的又一特点,倒不如说是中国道路世界意义新的呈现,折射出从中国现代化方案的客观性示范向关于人类发展问题的中国方案的主动性供给方向深化。2019年12月以来,新型冠状病毒感染疫情在全球一度流行,这在提醒我

---

① 何中华:《现代性·全球化·全球性问题》,《哲学研究》2000年第11期。
② [德]乌尔里希·贝克:《风险社会》,何博闻译,译林出版社2004年版,第21页。
③ 赵汀阳:《现代性的终结与全球性的未来》,《文化纵横》2013年第4期。

们关于中国道路世界视野的展开更需要基于现实层面的同时，又再次提出了全球化未来的现实课题。同时，全球化当然不会因疫情而阻断，但疫情确实赋予全球化一个新的阶段的开启。与冷战结束之后的全球化不同的是，在这个新的全球化阶段，意识形态之间的冲突出现了重新上升的势头，西方一些人在主观上认为中国除了谋求世界中心地位之外还在谋求社会主义复兴，由此产生的双重紧张和压力，正在削弱中国方案的世界意义。百年变局下的中国，需要保持深化社会主义探索的战略定力，一方面坚持办好自己的事，坚持社会主义在中国国内的深耕和细作；另一方面，坚持为人类共同事业发展作出更大贡献，坚持在全球性问题的解决上介入和伸展。这个过程既是社会主义中国发展空间新的开拓，又是人类新的文明类型更加丰富内容的现实展开。

四、写作原则与基本结构

党的十八大以来，以习近平同志为核心的党中央围绕坚持和发展中国特色社会主义这一重大问题，展开了全面而深入的理论思考和实践探索，取得了一系列丰硕成果。尽管这一探索还在进行之中，但无论是探索的特点还是探索的成果都显现出特殊的价值。坚持以历史唯物主义基本理论和基本方法为指导，深入阐释习近平总书记关于中国道路的系列重要论述，其意义不仅体现为宣传和研究习近平新时代中国特色社会主义思想的内在构成，也包括对中国道路的高度和中国问题的深度作出必要的审视和反思。

基于这一考虑，本书在选题和写作上努力展现以下几个原则：一是中国道路的研究是一项意识形态性很强的工作。中国特色社会主义是社会主义而不是别的什么主义，坚持和发展中国特色社会主义就是巩固和完善社会主义，本书努力贯彻这一鲜明的社会主义立场。二是文本解读的研究和写作方式。习近平总书记关于中国道路重要论述的理论解读，需要联系其原始语境，通过这一阐释说明这些论述出场的背景，这既是我们理解马克思主义中国化理论创新的基础，又是中国问题的提出及其思考和解决的基础。三是强烈的问题意识。现实中的问题正是理论上需要解决的问题，正是完善中国道路必须闯过的关口。当下有的学者采取了对问题选择性忽略的研究和写作，这样做不仅没有增添中国道路的肯定性意义反而在实质上弱化了中国道路的价值，因为道路自信必然性地包括了直面自身问题的勇气和解决问题的决心。四是鲜明的自我主张。中国道路的探索需要始终坚持自主性立场，需要在全球视野中展现自我主张的普遍性意义与价值。这不仅是对以往成果的重新梳理和定位，更体现了在世界百年未有之大变局中的责任和担当。

本书由前言和九章共十个部分构成。

第一章基于习近平对道路自信的相关论述，从中国道路的历史视域论述了中国道路的历史经验和基本规定；对习近平新时代中国特色社会主义思想中关涉中国道路的若干重大论断作出了深入阐释，展示中国道路探索的崭新高度。

第二章重点分析了习近平提出共享发展理念的现实背景和社会主义意涵及其在五大新发展理念中的地位，论述了共享发展的强化与完善中国道路的一致性，并从所有制改革、物质财富分配和精神生活的共同富裕等三个方面对共享发展的实践指向进行了探讨；基于共同富裕的实现对第三次分配与共同富裕的关系作出了辩证分析。

第三章从市场与政府关系和社会主义初级阶段基本经济制度实现形式两个维度阐明了党的十八大以来习近平对经济体制改革的理论思考和改革思路，论述了社会主义与市场经济结合新探索之于中国道路完善的意义与价值；基于国有企业的双重属性，阐明了新时代国有企业改革的基本原则和实践思路。

第四章基于社会主义的理论视野揭示了中国政治发展道路探索的特点

以及完善中国政治发展道路的着力点；从维护和巩固阶级基础的立意出发分析了新时代劳资关系的特点和解决路径；探讨了西方的民主困境及其对新时代坚持和完善中国特色政治发展道路的启示。

第五章在系统阐释习近平关于理论自信重要论述的基础上，提出了强化理论自信的着力方向；基于习近平关于意识形态工作的重要论述及其实践，深入探讨了马克思主义与中国特色哲学社会科学的构建、马克思主义话语权的维护和提升等重大问题。

第六章围绕全面从严治党与党的自我革命这一论题，基于理论与实践的统一，梳理和分析了新时代我们党坚定理想信仰、开展反腐败斗争和加强纪律建设的积极探索。

第七章对习近平关于战略定力的重要论述作了比较全面的阐释，论述了新时代增强党的战略定力的实践要求；在深入阐释中国共产党政治领导力的基本内涵和现实挑战的基础上，探讨了党的政治领导力建设的实践进路。

第八章基于人类文明新形态的视域，阐明社会主义与市场经济结合这一中国式现代化道路的核心内容，提出了通过深化这一结合完善中国道路和丰富人类文明新形态的实践思路；结合党的二十大相关论述对中国式现代化的内在规定与实践指向作了深入阐释；从资本逻辑和权力逻辑的驾驭和规范等方面探讨了新时代坚持和完善中国道路的问题。

第九章在分析世界正处于百年未有之大变局这一世界历史进程重大变化的基础上，基于空间化的视角论述了冷战结束以来社会主义中国从被动状态向主动状态的战略转变；通过系统分析中国共产党的韧性特征预示了社会主义在中国的美好未来。

五、说明和致谢

本书是国家社会科学基金重大项目"习近平总书记关于中国道路系列重要论述研究"（14ZDA003）的主要成果。

在课题申报和研究过程中，得到了郑一明研究员、桁林研究员、刘德中研究员和曾宪奎研究员、张晓敏博士等课题组子课题负责人和主要成员的支持！张树华研究员、魏荣教授、朱霁教授、钟慧副主任和方莉、肖楠、张璨、马瑞敏、荆飞飞等同学给予了不同程度的帮助。在此，我衷心地感谢大家！

课题的研究和成果的出版，得到中文天地出版传媒集团股份有限公司党委委员、总编辑游道勤和江西人民出版社副总编辑王一木的持续关注和一路相伴，他们的肯定、信任和理解给了我完善书稿的信心和力量！陈才艳老师为本书的编辑出版付出了大量心血，我的内心充满了感激，无以言表。

鉴于自身学术水平的不足和其他方面的客观原因，有的重大论题尚没有深入思考和展开，不妥之处敬请大家指正。

目　录

第一章　道路自信与中国道路的崭新高度 ……001

　　一、中国道路的历史视域 ……002

　　二、马克思主义中国化时代化新的飞跃 ……017

第二章　共享发展与新发展理念 ……035

　　一、共享发展理念及其实现 ……036

　　二、共同富裕与第三次分配 ……055

第三章　社会主义与市场经济的新一轮结合 ……071

　　一、中国道路核心课题的理论突破 ……071

　　二、国有企业的双重属性与统一性实践 ……085

第四章　中国政治发展道路与社会主义民主 ……105

　　一、中国政治发展道路探索的鲜明特点与着力方向 ……105

　　二、阶级基础与劳动关系的改善 ……119

三、西方民主批判与中国政治发展道路的完善　　……137

第五章　理论自信与马克思主义指导地位　　……154

　　一、理论自信：挑战与回应　　……154

　　二、文化自信与中国特色哲学社会科学的构建　　……165

　　三、马克思主义话语权的维护和提升　　……177

第六章　全面从严治党与党的自我革命　　……188

　　一、精神补"钙"与党的纯洁性修复　　……188

　　二、强力反腐与党的自我净化　　……206

　　三、严明纪律与党的自我约束　　……226

第七章　党的战略定力与政治领导力　　……242

　　一、党的战略定力的理论阐发与实践要求　　……242

　　二、党的政治领导力的内涵、意义与提升　　……261

第八章　人类文明新形态与中国式现代化　　……278

　　一、人类文明新形态视域下的中国道路　　……278

　　二、中国式现代化的内在规定与实践指向　　……301

　　三、资本逻辑、权力逻辑与中国道路的完善　　……317

第九章　世界百年未有之大变局与社会主义的未来　……339

　一、世界百年未有之大变局的历史唯物主义分析　……339

　二、冷战结束以来社会主义与资本主义关系的空间化叙事　……353

　三、中国共产党的韧性与社会主义的未来　……369

主要参考文献　……392

第一章　道路自信与中国道路的崭新高度

2013年1月5日，习近平总书记在新进中央委员会的委员、候补委员学习贯彻党的十八大精神研讨班上指出："道路问题是关系党的事业兴衰成败第一位的问题，道路就是党的生命。"[①] 中国共产党之所以将道路视为自己的生命，是因为自己的历史使命就是在经济文化相对落后的中国开辟出一条社会主义现代化道路，在实现中华民族伟大复兴的同时实现社会主义的伟大复兴。在社会主义视域中，中国道路内在的社会主义属性是一般，中国是特殊，但就现代化道路比较而言，社会主义则是中国道路最为深刻的特殊。党的十八大以来，习近平从历史视角围绕中国道路作出了一系列阐发，是一次提供确定性的努力，实质在于面向未来坚定社会主义的道路自信，包含着在中国前所未有地靠近世界舞台中心的条件下关于"中国向何处去"问题的正面回应。作为马克思主义中国化时代化的最新成果，习近平新时代中国特色社会主义思想蕴含了关于中国道路发展和完善的一系列重大论断，为新时代中国道路的探索提供了根本遵循。

[①]《十八大以来重要文献选编（上）》，中央文献出版社2014年版，第117页。

一、中国道路的历史视域

基于对道路问题极端重要性的认识和把握,党的十八大以来,我们党在坚持和发展中国特色社会主义的探索中,从历史视角围绕中国道路的基本问题,作出一系列富有现实针对性的回应和澄清,提出了强化社会主义与中国道路内在一致性的一系列观点。这些理论成果,为党的十八大以来中国道路的发展完善和中国特色社会主义进入新时代提供了科学的理论基础和思想支撑。

1. 道路社会属性论

众所周知,苏联解体、东欧剧变之后,"历史终结论"甚嚣尘上,理想的放逐和信仰的陷落成为弥漫世界的一种景象。"共产主义渺茫论"在中国共产党党内也有所反映,对中国道路的探索产生了一定程度的消极影响,道路社会属性问题的争论与以往相比有了更为显著的表现。有的将现代化道路与社会属性分离开来,认为现代化道路是与社会属性毫无关涉的问题,更有甚者,将中国特色社会主义理解为"资本社会主义""国家资本主义"或"新官僚资本主义",实质是对中国道路作出了非社会主义或反社会主义的判定。上述种种错误的理解在社会意识领域有着一定的思想市场,并在党的十八大召开前夕凸显,这种状况不仅提出了中国道路为自身正名的现实必要性,也反映了中国问题的复杂程度和解决的现实紧迫性。

方向之于道路具有决定性的意义,我们党在开启新的探索之际,就对中国特色社会主义作出社会主义道路的明确指认,不只出于自我正名的动机,更具有面向未来的方向性把握。2013年1月5日,习近平在新进中央委员会的委员、候补委员学习贯彻党的十八大精神研讨班上的讲话指出："中国特色社会主义是社会主义而不是其他什么主义，科学社会主义基本原则不能丢，丢了就不是社会主义。我们党始终强调，中国特色社会主义，既坚持了科学社会主义基本原则，又根据时代条件赋予其鲜明的中国特色。这就是说，中国特色社会主义是社会主义，不是别的什么主义。"[1]在他看来，中国特色社会主义之所以是社会主义，"那就是不论怎么改革、怎么开放，我们都始终要坚持中国特色社会主义道路、中国特色社会主义理论体系、中国特色社会主义制度，坚持党的十八大提出的夺取中国特色社会主义新胜利的基本要求"[2]。党的十八大提出的坚持人民主体地位、坚持解放和发展社会生产力、坚持推进改革开放、坚持维护社会公平正义、坚持走共同富裕道路、坚持促进社会和谐、坚持和平发展、坚持党的领导等八项基本要求，是我们党对中国道路基本规定的概括，蕴含社会主义的价值原则和实践目标。

习近平对中国道路社会主义属性的声明，是反思理想与现实之间关系的产物，蕴含理想性严重弱化和实用主义不断蔓延的清醒认知。对于实用主义，习近平至少两次作出批判性分析。一次是 2013 年 1 月 5 日在新进中央委员会的委员、候补委员学习贯彻党的十八大精神研讨班上，习近平指出："如果丢失了我们共产党人的远大目标，就会迷失方向，变成功利主义、实用主义。"[3]一次是 2014 年 5 月 9 日在参加河南省兰考县委常委班子专题民主生活会上，他强调："我们依据共产主义和社会主义理想确立了中国特色社会主义道路、理论、制度，这样整个逻辑才成立。如果前提都不要了，就完全变成了实用主义。"[4]习近平告诫全党，"我们

---

[1]《十八大以来重要文献选编（上）》，中央文献出版社 2014 年版，第 109 页。
[2]《十八大以来重要文献选编（上）》，中央文献出版社 2014 年版，第 110 页。
[3]《十八大以来重要文献选编（上）》，中央文献出版社 2014 年版，第 116 页。
[4]《习近平总书记重要讲话文章选编》，中央文献出版社、党建读物出版社 2016 年版，第 133 页。

现在做的是社会主义初级阶段的事情，但不能忘记初衷，不能忘了我们的最高奋斗目标。在这个问题上，不要含糊其辞、语焉不详"①。习近平在各种公开场合反复释放共产主义和社会主义的话语，并对中国特色社会主义与共产主义的关联作出深入阐发，是在社会主义与现代化关系出现一定程度紧张的条件下，对中国道路共产主义前途的指认，提出了充分发挥主观能动性对道路探索加以规范性校正的实践要求。

强化中国道路社会主义属性的反思与认知，也是习近平基于世界格局的战略考量。从两制关系的角度看，西强我弱的基本态势反映了资强社弱的实际状况，在相当长的历史时间里，初级阶段的社会主义还必须同西方发达国家既斗争又合作，学习和借鉴资本主义创造的肯定性文明成果，还必须面对一些人用西方国家的长处比较我国社会主义发展的不足发出的指责。但是，我们所说的道路自信是社会主义的自信而不是别的什么自信，这份自信与道路探索中的战略定力具有内在一致性。改革绝不是改旗易帜，而是在社会主义道路上不断巩固和完善，由此决定了，在中国道路的未来探索中，"我们必须有很强大的战略定力，坚决抵御抛弃社会主义的各种错误主张"②，牢牢把握社会主义的方向，真正做到"乱云飞渡仍从容"。

2. 道路历史必然论

党的十八大以来，习近平是通过中国道路探索变迁与深化史的深情回望，来阐发他对这一道路历史必然性的理解的。2012年11月17日，习近平在十八届中共中央政治局第一次集体学习时指出："中国特色社会主义，承载着几代中国共产党人的理想和探索，寄托着无数仁人志士的夙

---

① 《习近平总书记重要讲话文章选编》，中央文献出版社、党建读物出版社2016年版，第338页。
② 《十八大以来重要文献选编（上）》，中央文献出版社2014年版，第117页。

愿和期盼，凝聚着亿万人民的奋斗和牺牲，是近代以来中国社会发展的必然选择，是发展中国、稳定中国的必由之路。"①2013年3月17日，他在十二届全国人大一次会议上进一步指出："这条道路来之不易，它是在改革开放三十多年的伟大实践中走出来的，是在中华人民共和国成立六十多年的持续探索中走出来的，是在对近代以来一百七十多年中华民族发展历程的深刻总结中走出来的，是在对中华民族五千多年悠久文明的传承中走出来的，具有深厚的历史渊源和广泛的现实基础。"②习近平特意用了四个"走出来的"的排比用词，表达他对这条道路的尊重和敬畏，宣示对其客观性的认同和肯定。

为了强化对这一历史必然性的理解，习近平多次以中国道路"不是从天上掉下来的"的话语来阐明中国道路的历史基础，揭示全党全国人民艰辛而曲折的探索历程和付出的巨大而沉重的代价。2013年12月26日，在纪念毛泽东同志诞辰120周年座谈会上，他指出："道路决定命运，找到一条正确道路是多么不容易。中国特色社会主义不是从天上掉下来的，是党和人民历尽千辛万苦、付出各种代价取得的根本成就。""一切向前走，都不能忘记走过的路；走得再远、走到再光辉的未来，也不能忘记走过的过去。"③2016年7月1日，在庆祝中国共产党成立95周年大会上，习近平再次指出："中国特色社会主义不是从天上掉下来的，是党和人民历尽千辛万苦、付出巨大代价取得的根本成就。"④很显然，这些论述其实是提醒全党更加珍惜和爱护中国道路，强化道不改路不易的信念和意志。

除了上述感性表达外，党的十八大以来，习近平还从理论层面深入

---

① 《十八大以来重要文献选编（上）》，中央文献出版社2014年版，第74页。
② 《十八大以来重要文献选编（上）》，中央文献出版社2014年版，第234页。
③ 《十八大以来重要文献选编（上）》，中央文献出版社2014年版，第695页。
④ 习近平：《在庆祝中国共产党成立95周年大会上的讲话（2016年7月1日）》，人民出版社2016年版，第12页。

论述了中国道路历史必然性的三大关键性问题。

一是主义和道路关系的问题。主义指引和规定方向，因而在与道路关系的问题上处于优先的位置。习近平指出："一个国家实行什么样的主义，关键要看这个主义能否解决这个国家面临的历史性课题。""历史和现实都告诉我们，只有社会主义才能救中国，只有中国特色社会主义才能发展中国，这是历史的结论、人民的选择。"① 马克思主义之所以在中国扎下根来，成为中国共产党和中国人民实现民族解放和现代化的思想武器，根本原因就在于它为解决中国最迫切的实际问题提供了科学的思想武器。在党的二十大报告中，习近平进一步强调："马克思主义是我们立党立国、兴党兴国的根本指导思想。实践告诉我们，中国共产党为什么能，中国特色社会主义为什么好，归根到底是马克思主义行，是中国化时代化的马克思主义行。拥有马克思主义科学理论指导是我们党坚定信仰信念、把握历史主动的根本所在。"②

二是条件与道路关系的问题。条件是马克思主义理论框架内的基本范畴，具有前提性的意义。习近平指出："独特的文化传统、独特的历史命运、独特的国情，注定了中国必然走适合自己特点的发展道路。"③ 在唯物史观看来，道路和规律是既有联系又有区别的两个概念，规律的一致性和道路的多样性不能混为一谈。每个国家和民族的历史传统、文化积淀等基本国情不同，其发展道路必然有着自己的特色，不可能千篇一律。正如习近平所言，"解决中国的问题只能在中国大地上探寻适合自己的道路和办法。数千年来，中华民族走着一条不同于其他国家和民族的文明

---

① 《十八大以来重要文献选编（上）》，中央文献出版社2014年版，第109、110页。
② 习近平：《高举中国特色社会主义伟大旗帜 为全面建设社会主义现代化国家而团结奋斗——在中国共产党第二十次全国代表大会上的报告（2022年10月16日）》，人民出版社2022年版，第16页。
③ 《习近平在欧洲学院发表重要演讲》，《人民日报》2014年4月2日。

发展道路。我们开辟了中国特色社会主义道路不是偶然的，是我国历史传承和文化传统决定的"①。

三是新中国两个30年之间关系的问题。对于这个关涉中国道路历史必然性的重大问题，一直存在着激烈的争论和交锋，伴随着改革开放的历史进程。澄清其中的错误认识，不仅可以深化中国道路历史必然性的认识，而且也关涉中国道路探索方向的廓清。2013年1月5日，习近平在新进中央委员会的委员、候补委员学习贯彻党的十八大精神研讨班上第一次集中而明确地回答了这个问题。他指出："我们党领导人民进行社会主义建设，有改革开放前和改革开放后两个历史时期，这是两个相互联系又有重大区别的时期，但本质上都是我们党领导人民进行社会主义建设的实践探索。"②没有新中国已经建立起来的社会主义基本制度和进行了20多年建设的物质基础，中国特色社会主义是不可能在改革开放历史新时期得以开创的。用改革开放后的历史时期否定改革开放前的历史时期，或者用改革开放前的历史时期否定改革开放后的历史时期，实质上都是将两者彼此割裂开来或者根本对立起来，进而消解了中国道路的历史必然性。

习近平对中国道路历史必然性的论述，既包含中国道路来之不易的由衷感慨以及中国道路探索厚重历史的肯定和敬畏，又包含对当前社会意识领域种种错误观点的批判和驳斥，表达了坚持和捍卫中国道路的鲜明立场。中国特色社会主义道路是实现社会主义现代化的必由之路，是创造人民美好生活的必由之路，正是这种历史必然性成为道路自信的力量源泉，正如习近平2013年3月17日在第十二届全国人大第一次会议上指出的，"中华民族是具有非凡创造力的民族，我们创造了伟大的中华文明，我们

---

① 习近平：《牢记历史经验历史教训历史警示 为国家治理能力现代化提供有益借鉴》，新华网2014年10月13日。
② 《十八大以来重要文献选编（上）》，中央文献出版社2014年版，第111—112页。

也能够继续拓展和走好适合中国国情的发展道路。全国各族人民一定要增强对中国特色社会主义的道路自信、理论自信、制度自信，坚定不移沿着正确的中国道路奋勇前进"①。

3. 道路自主探索论

关于自主探索和照搬国外模式之间的争论，一直内在于近代以来中国道路探索的历史进程之中。党的十八大召开前夕，由于中国问题的集中呈现，这一问题在思想空间中强劲激荡，处于焦点位置，中国道路的未来方向由此显示出一定的不确定性。正是基于这一判断，我们党将之作为直面和回应的首要问题。

2013年1月5日，习近平在新进中央委员会的委员、候补委员学习贯彻党的十八大精神研讨班上指出："我们党在革命、建设、改革各个历史时期，坚持从我国国情出发，探索并形成了符合中国实际的新民主主义革命道路、社会主义改造和社会主义建设道路、中国特色社会主义道路，这种独立自主的探索精神，这种坚持走自己路的坚定决心，是我们党不断从挫折中觉醒、不断从胜利走向胜利的真谛。"②这一论述在将独立自主的探索精神视为中国道路探索首要经验的同时，对于依然盛行着的那种"仅仅知道把一般原则抽象地运用到任何内容之上的外部反思"③严正表达了批判性立场。在此基础上，以习近平同志为核心的党中央对独立自主探索的精神实质和实践意义进行了深入阐发，有力地推动了自主性在中国道路探索过程中的坚持与贯彻。

这一深入阐发，首先表现在习近平用"鞋子论"对这一探索精神实质的形象阐释上。2013年3月19日，在担任中共中央总书记后第一次出

---

① 《十八大以来重要文献选编（上）》，中央文献出版社2014年版，第234—235页。
② 《十八大以来重要文献选编（上）》，中央文献出版社2014年版，第117—118页。
③ 吴晓明：《马克思的现实观与中国道路》，《中国社会科学》2014年第10期。

访前夕接受金砖国家媒体联合采访时，习近平指出，只有走中国人民自己选择的道路，走适合中国国情的道路，最终才能走得通、走得好。时隔四日，他在莫斯科国际关系学院发表的重要演讲中进一步指出："'鞋子合不合脚，自己穿了才知道'。一个国家的发展道路合不合适，只有这个国家的人民才最有发言权。"①习近平的"鞋子论"既是现代化道路探索的基本原则，又是中国道路探索经验的一次形象总结，也是对道路选择外部反思的有力驳斥。外部反思是一种典型的主观臆断，"它严重地遮蔽了社会现实，因为它实际上是以抹杀和阉割社会的实体性内容与差别为前提的"②。在习近平看来，"中国特色社会主义是不是好，要看事实，要看中国人民的判断，而不是看那些戴着有色眼镜的人的主观臆断"③。中国用几十年时间走完了发达国家几百年走过的发展历程，这充分说明中国人民正走在正确的道路上。显然，离开具体条件，离开客观事实，不仅根本不可能形成对中国道路的正确理解，关于道路选择的思考和安排也会沦为毫无实际意义的抽象命题。

这一深入阐发，还表现在习近平对这一探索精神意义的深刻把握上。2013年12月26日，在纪念毛泽东同志诞辰120周年座谈会上，习近平指出："世界上没有放之四海而皆准的具体发展模式，也没有一成不变的发展道路。历史条件的多样性，决定了各国选择发展道路的多样性。人类历史上，没有一个民族、没有一个国家可以通过依赖外部力量、跟在他人后面亦步亦趋实现强大和振兴。那样做的结果，不是必然遭遇失败，就是必然成为他人的附庸。"④在民族独立和现代化关系问题的认识上，将民族独立确立

---

① 《十八大以来重要文献选编（上）》，中央文献出版社2014年版，第260页。
② 吴晓明：《马克思的现实观与中国道路》，《中国社会科学》2014年第10期。
③ 习近平：《在庆祝中国共产党成立95周年大会上的讲话（2016年7月1日）》，人民出版社2016年版，第14页。
④ 《十八大以来重要文献选编（上）》，中央文献出版社2014年版，第699页。

为优先的地位不是书斋的研习所悟，而是历史的结论，中华民族屈辱沉重的近代史赋予这一点以极致性的体会。习近平深谙这一逻辑："我们的国权，我们的国格，我们的民族自尊心，我们的民族独立，关键是道路、理论、制度的独立。""中国近代以来的全部历史告诉我们，中国的事情必须按照中国的特点、中国的实际来办，这是解决中国所有问题的正确之道。"① 在党的二十大报告中，习近平进一步指出："党的百年奋斗成功道路是党领导人民独立自主探索开辟出来的，马克思主义的中国篇章是中国共产党人依靠自身力量实践出来的，贯穿其中的一个基本点就是中国的问题必须从中国基本国情出发，由中国人自己来解答。"②

习近平对独立自主探索精神理解的深化，与其说是对中国道路探索历史经验的总结和对思想空间各种社会思潮的回应，倒不如说是对中国道路未来探索基本原则的自觉考量，这一自觉考量也蕴含于关涉中国道路探索其他问题的批判性反思上。当然，这种独立自主的探索精神，并不必然导向中国道路成为一种绝对的特殊，中国道路始终是普遍性与特殊性的统一，这个统一性的一贯保持是中国道路成功的秘诀所在，正如习近平指出的，"中国特色社会主义，是科学社会主义理论逻辑和中国社会发展历史逻辑的辩证统一，是根植于中国大地、反映中国人民意愿、适应中国和时代发展进步要求的科学社会主义，是全面建成小康社会、加快推进社会主义现代化、实现中华民族伟大复兴的必由之路"③。对此，南非资深政治评论员奥利弗·沃伦的感触无疑具有代表性。他说，"中国的发展道路没有照搬国外模式，中国改革开放几十年来取得的辉煌成就证明，

---

① 《十八大以来重要文献选编（中）》，中央文献出版社2016年版，第48页。
② 习近平：《高举中国特色社会主义伟大旗帜　为全面建设社会主义现代化国家而团结奋斗——在中国共产党第二十次全国代表大会上的报告（2022年10月16日）》，人民出版社2022年版，第19页。
③ 《十八大以来重要文献选编（上）》，中央文献出版社2014年版，第118页。

中国特色社会主义道路是符合中国国情的道路，是正确的道路"①。

4. 道路探索完善论

坚持和发展中国特色社会主义是一项艰巨而复杂的历史任务，必须准备进行具有许多新的历史特点的伟大斗争。当习近平提出这一重大政治论断时，既蕴含中国道路新探索的超越性，又包含鲜明的问题意识。习近平在新进中央委员会的委员、候补委员学习贯彻党的十八大精神研讨班上提出了"两个不容置疑"："我们对社会主义的认识，对中国特色社会主义规律的把握，已经达到了一个前所未有的新的高度，这一点不容置疑。""我国社会主义还处在初级阶段，我们还面临很多没有弄清楚的问题和待解的难题，对许多重大问题的认识和处理都还处在不断深化的过程之中，这一点也不容置疑。"②"两个不容置疑"在坚定道路自信的同时，也提出了完善中国道路的任务。坦率地说，无论从理论上还是从实践上，中国道路仍然是一个有待深入探索的课题，正如习近平指出的，"对事物的认识是需要一个过程的，而对社会主义这个我们只搞了几十年的东西，我们的认识和把握也还是非常有限的，还需要在实践中不断深化和发展"，"坚持马克思主义，坚持社会主义，一定要有发展的观点，一定要以我国改革开放和现代化建设的实际问题、以我们正在做的事情为中心，着眼于马克思主义理论的运用，着眼于对实际问题的理论思考，着眼于新的实践和新的发展"。③

深化对中国共产党的领导与中国道路探索关系的认识，是我们党理论探索的一大鲜明特点。习近平强调："要回到我们的本源上去认识，一

---

① 《宣示中国道路 彰显中共远见——国际社会热议习近平总书记在省部级主要领导干部专题研讨班上重要讲话》，《人民日报》2017年7月29日。
② 《十八大以来重要文献选编（上）》，中央文献出版社2014年版，第114页。
③ 《十八大以来重要文献选编（上）》，中央文献出版社2014年版，第114页。

定要认清，中国最大的国情就是中国共产党的领导。什么是中国特色？这就是中国特色。"[1] "中国特色社会主义最本质的特征是中国共产党领导，中国特色社会主义制度的最大优势是中国共产党领导。"[2] 基于中国共产党的性质宗旨与共产主义一致性的应然逻辑，习近平将中国共产党的领导理解为中国最大的国情、中国特色社会主义的最本质特征和中国特色社会主义制度的最大优势，意味着党的建设成为中国道路探索的根本前提和内在构成，标志着我们党对中国共产党领导意义和价值的认识达到前所未有的历史高度，凸显出党的纯洁性建设之于中国道路探索重大而深远的意义。

关于党的纯洁性建设之于中国道路探索的重大而深远的意义，2017年7月26日，习近平在省部级主要领导干部"学习习近平总书记重要讲话精神，迎接党的十九大"专题研讨班开班式上作了具体阐发："实践使我们越来越深刻地认识到，管党治党不仅关系党的前途命运，而且关系国家和民族的前途命运，必须以更大的决心、更大的勇气、更大的气力抓紧抓好。"[3] 具体而言，这一意义展现为相互联系的两个方面：一方面体现为确保中国特色社会主义事业坚强领导核心的意义。习近平指出："全党要以自我革命的政治勇气，着力解决党自身存在的突出问题，不断增强党自我净化、自我完善、自我革新、自我提高能力，经受'四大考验'、克服'四种危险'，确保党始终成为中国特色社会主义事业的坚强领导核心。"[4] 另一方面体现为中国道路探索坚持社会主义方向根本保证的意义。习近平指

---

[1]《习近平总书记重要讲话文章选编》，中央文献出版社、党建读物出版社2016年版，第133页。
[2] 习近平：《在庆祝中国共产党成立95周年大会上的讲话（2016年7月1日）》，人民出版社2016年版，第22页。
[3]《高举中国特色社会主义伟大旗帜 为决胜全面小康社会实现中国梦而奋斗》，《人民日报》2017年7月28日。
[4] 习近平：《在庆祝中国共产党成立95周年大会上的讲话（2016年7月1日）》，人民出版社2016年版，第22—23页。

出:"只有进一步把党建设好,确保我们党永葆旺盛生命力和强大战斗力,我们党才能带领人民成功应对重大挑战、抵御重大风险、克服重大阻力、解决重大矛盾,不断从胜利走向新的胜利。"①

深化对社会主义与现代化关系的认识,是我们党理论探索的又一鲜明特点。社会主义与现代化之间的关系,是理解中国问题的关键线索。如果说改革开放之初现代化是矛盾的主要方面的话,那么,今天矛盾的主要方面已经转换为社会主义。换言之,当中国现代化达到一定的高度时,社会主义的价值在实际生活中有所削弱。习近平指出:"广大人民群众共享改革发展成果,是社会主义的本质要求,是我们党坚持全心全意为人民服务根本宗旨的重要体现。我们追求的发展是造福人民的发展,我们追求的富裕是全体人民共同富裕。改革发展搞得成功不成功,最终的判断标准是人民是不是共同享受到了改革发展成果。"② 在他看来,全面深化改革,一方面必须坚持人民立场。"推进任何一项重大改革,都要站在人民立场上把握和处理好涉及改革的重大问题,都要从人民利益出发谋划改革思路、制定改革举措。"③ 另一方面必须将促进社会公平正义、增进人民福祉作为全面深化改革的出发点和落脚点。"如果不能创造更加公平的社会环境,甚至导致更多不公平,改革就失去意义,也不可能持续"④。两个方面的有机统一,蕴含理想性引导、批判性反思与规范性校正的统一,是对社会主义与现代化进一步融合的特殊强调。

新时代中国共产党探索中国道路的理论思考和实践安排,具体体现在

---

① 《高举中国特色社会主义伟大旗帜 为决胜全面小康社会实现中国梦而奋斗》,《人民日报》2017年7月28日。
② 《中共中央召开党外人士座谈会 习近平主持并发表重要讲话》,《人民日报》2015年10月31日。
③ 《习近平总书记重要讲话文章选编》,中央文献出版社、党建读物出版社2016年版,第98页。
④ 《习近平总书记重要讲话文章选编》,中央文献出版社、党建读物出版社2016年版,第96页。

"四个全面"战略布局中。习近平将之概括为"两个加强"和"七个坚定不移","两个加强"即全面加强党的领导、加强党对意识形态工作的领导。"七个坚定不移",即坚定不移贯彻新发展理念、坚定不移全面深化改革、坚定不移全面推进依法治国、坚定不移推进生态文明建设、坚定不移推进国防和军队现代化、坚定不移推进中国特色大国外交、坚定不移推进全面从严治党。如果进一步概括的话,这一探索呈现出两个突出的亮点:一是"两个加强"推动党的纯洁性全面修复,二是"七个坚定不移"推动共享发展深度展开。这两个方面展示了习近平探索中国道路的重大成果,成为中国特色社会主义进入新时代的重要动力和主要标志。

5. 道路世界意义论

在一个不太长的历史时期内,把我国建设成为一个社会主义的现代化强国,为人类的发展作出较大的贡献,是以毛泽东为主要代表的几代中国共产党人的夙愿。习近平重申了这一雄心壮志。2013年1月5日,他在新进中央委员会的委员、候补委员学习贯彻党的十八大精神研讨班上指出:"我们坚信,随着中国特色社会主义不断发展,我们的制度必将越来越成熟,我国社会主义制度的优越性必将进一步显现,我们的道路必将越走越宽广,我国发展道路对世界的影响必将越来越大。我们就是要有这样的道路自信、理论自信、制度自信,真正做到'千磨万击还坚劲,任尔东西南北风'。"[①] 道路自信包含着对中国道路普遍性意义的自信。党的十八大以来,习近平以"中国方案"和"新时代"两大认识成果,展示出他关于中国道路世界意义的理解。

2016年7月1日,在庆祝中国共产党成立95周年大会上,习近平第一次明确提出"中国方案"的概念。他指出:"中国共产党人和中国人民

---

① 《十八大以来重要文献选编(上)》,中央文献出版社2014年版,第111页。

完全有信心为人类对更好社会制度的探索提供中国方案。"① 众所周知,改革开放是经济文化相对落后的中国实现现代化的一次新尝试。"这一探索一开始就是以对特殊性的强调为自己正名并开辟道路的。但是,中国道路的探索的成果与过程都不是绝对的特殊,不能只从特殊性出发忽视其普遍性特征和意义,否则就会陷入绝对特殊主义的泥淖之中,进而使中国道路处于孤立的境地。"② 中国之所以在很长时间里主要表现出对特殊性的强调,与模式等概念保持适度的距离,主要是由于中国道路探索一直处于进行之中,始终处于未定型的状态,也与世界社会主义运动陷入低潮的国际背景有关,是在西方世界强势压力下被迫采取的策略性选择。联系长期以来我们坚持使用中国道路的概念,"中国方案"的提出无疑更多地显现出示范性意义和推广性价值,这是一个十分重要的转折。

习近平起初用"新的发展阶段"指认中国发展新的历史方位。他指出:"党的十八大以来,在新中国成立特别是改革开放以来我国发展取得的重大成就基础上,党和国家事业发生历史性变革,我国发展站到了新的历史起点上,中国特色社会主义进入了新的发展阶段。中国特色社会主义不断取得的重大成就,意味着近代以来久经磨难的中华民族实现了从站起来、富起来到强起来的历史性飞跃,意味着社会主义在中国焕发出强大生机活力并不断开辟发展新境界,意味着中国特色社会主义拓展了发展中国家走向现代化的途径,为解决人类问题贡献了中国智慧、提供了中国方案。"③ 在此基础上,习近平在党的十九大报告中第一次明确提出了"新

---

① 习近平:《在庆祝中国共产党成立 95 周年大会上的讲话(2016 年 7 月 1 日)》,人民出版社 2016 年版,第 14 页。
② 参见吴波:《中国特色社会主义新的发展阶段的主要特征与重大意义》,《中国特色社会主义研究》2017 年第 4 期。
③ 习近平:《高举中国特色社会主义伟大旗帜 为决胜全面小康社会实现中国梦而奋斗》,《人民日报》2017 年 7 月 28 日。

时代"概念。习近平提出"中国方案"和"新时代",一方面是基于经过五年的砥砺奋进和艰辛探索,中国一步步靠近世界舞台中心的客观现实;另一方面也是与以习近平同志为核心的党中央开始强化对中国道路普遍性意义的传播,更加响亮地提出中国主张分不开的。不难看出,中国方案与新时代两个概念彼此之间有着内在关联,新时代的提出不仅意味着中国道路的新高度和新境界,也意味着中国道路社会主义属性的增强和普遍性价值的提升。毫无疑问的是,中国方案和新时代一起实现了中国道路世界意义的有力张扬。

面向世界的中国方案中,既包括后发国家现代化的中国方案,又包括全球治理的中国方案,两者有机统一,相辅相成,共同塑造出中国方案的世界意义。坚持以人民为中心的发展思想,践行创新、协调、绿色、开放、共享的新发展理念,实行对外开放的基本国策,始终不渝地走和平发展道路,推动公正合理的国际秩序和全球治理体系的建构进程等,无疑是中国方案的重要构成。当中国道路的世界意义越来越突出之际,对于其中正在实践中生成并自觉展开且具有必然性和普遍性的因子,就需要不断增强思想的敏感和理论的觉悟,进一步廓清中国方案的基本内涵和实践要求,在推动中国道路不断完善的同时为人类贡献越来越丰富的文明成果。

中国道路的探索依然处于进行时态。这一时态认定的意义,是在肯定中国道路探索的新高度的同时提出了探索的新要求。关于中国道路的未来,习近平既充满乐观自信也保持着清醒冷静。他在庆祝中国共产党成立95周年大会上指出:"今天,时代变化和我国发展的广度和深度远远超出了马克思主义经典作家当时的想象。同时,我国社会主义只有几十年实践、还处在初级阶段,事业越发展新情况新问题就越多,也就越需要我们在实践上大胆探索、在理论上不断突破。"① 我们党是高度重视理论建设和理论指导的党，强调理论必须同实践相统一。面对迅速变化的形势和条件，只有始终坚持马克思主义立场观点方法，以世界历史的视野和眼光思考和分析国家未来发展面临的一系列重大战略问题，在理论上不断拓展新视野、作出新概括，中国道路才能展现出更高更新的境界和格局。

二、马克思主义中国化时代化新的飞跃

作为马克思主义中国化时代化的最新成果，习近平新时代中国特色社会主义思想蕴含了关于中国道路发展和完善的一系列重大论断。坚持马克思主义立场观点方法，深入阐释这些重大论断，对于深刻领会习近平新时代中国特色社会主义思想的时代背景、科学内涵、指导意义和理论贡献，更好地坚持和发展中国特色社会主义，意义重大而深远。

1. 关于马克思主义中国化时代化

在从站起来、富起来到强起来的历史进程中，马克思主义中国化是贯穿其中的一条鲜明的理论红线，它承载着中国共产党百年奋斗付出的艰辛与牺牲，铭记着中国共产党百年探索的智慧与光荣。"马克思主义中国化"这一概念及其蕴含的原则和方法，几代中国共产党人烂熟于心，这也是党的二十大报告中使用"马克思主义中国化时代化"这一新表述之所以引起广泛关注的重要原因。

"马克思主义中国化时代化"并非第一次出现在党的政治文献中。习近平在庆祝中国共产党成立100周年大会上的讲话在沿用"马克思主义

---

① 习近平：《在庆祝中国共产党成立95周年大会上的讲话（2016年7月1日）》，人民出版社2016年版，第9页。

中国化"的同时，也使用了"马克思主义中国化时代化"的表述。党的十九届六中全会通过的《中共中央关于党的百年奋斗重大成就和历史经验的决议》中，再次使用这个表述。除了"马克思主义中国化"有了话语扩展外，马克思主义中国化的实践原则也作出了话语扩展，"将马克思主义基本原理与中国具体实际相结合"展开为"把马克思主义基本原理同中国具体实际相结合、同中华优秀传统文化相结合"。理论话语的创新反映了现实条件的变化与新的实践的需要，折射出新时代的突出问题和紧迫任务，显然，这些表述都有深入阐发的必要。

  首先来看"两个结合"。马克思主义不是教条，而是行动指南，其生存方式和力量显现都在于它与具体实际的结合。一般来说，中国的具体实际自然包括中国历史和传统文化。所以，马克思主义中国化的历史实践，自然包含着马克思主义基本原理与中华优秀传统文化的结合。毛泽东说过："从孔夫子到孙中山，我们应当给以总结，承继这一份珍贵的遗产。"[①] 正是通过与中华优秀传统文化的结合，马克思主义才非常容易且迅速地为广大人民群众理解和接受，得以在中国落地生根，开花结果。实事求是作为党的思想路线的理论表述，就是这一结合的理论结晶和典型例证。之所以将中华优秀传统文化从中国具体实际中单独抽取出来，当然不是意味着前者获得了与后者并列的地位，而是蕴含新的立意：一方面在于阐明两者之间的契合坚定历史自信和文化自信，强化深度融合达成马克思主义在中国牢牢扎根的目标；另一方面在于从中华优秀传统文化的精髓中更多地获取关于治理的思想资源和智慧，推进治理体系和治理能力的现代化。

  再来看"两个化"。与时俱进是马克思主义的本质特征。马克思主义的生命力在于它的时代化，在于对时代问题的科学回答。"中国化"与"时代化"虽然可以分别从空间和时间的不同维度加以理解，但两者是辩证统

[①] 《毛泽东选集》第2卷，人民出版社1991年版，第534页。

一的。在马克思主义中国化的过程中，始终包含着中国之问与时代之问的统一性思考和解决。世界正处于百年未有之大变局，世界历史正处于加速变化的进程之中。将"中国化"和"时代化"放置在一起，就是继续坚持马克思主义中国化的方向，立足中国实际，在进一步深入思考和回答中国问题的同时，以更加强烈的自信践行责任担当，勇立时代潮头直面时代提出的一系列重大问题，对时代之问作出马克思主义的理论回答，彰显马克思主义的当代价值。

开辟马克思主义中国化时代化的新境界，首先提出了始终坚持马克思主义立场观点方法的理论任务，即始终坚持马克思主义世界观和方法论的统一、价值观与真理观的统一。"为什么人的问题，是一个根本的问题，原则的问题"，以人民为中心，决定了实事求是思想路线的一以贯之地坚持，决定了发展成果由人民共享原则的坚持不懈地维护。"是什么人"的问题与"为什么人"的问题不仅是一致的，而且是一个具有前提性意义的问题。说到底，党只有坚持自我革命，永葆马克思主义政党的本色，才能始终拥有马克思主义的思想高度和理论视野，进而发挥好主观能动性，把握好历史主动性，不断谱写马克思主义中国化时代化新篇章。

推动中国式现代化道路的发展与完善，构成马克思主义中国化时代化的根本任务。中国式现代化是社会主义现代化，绝不是一句抽象的理论话语，而是有着一系列实际而特殊的内容与规定。在中国式或中国特色的内涵中，既有人口规模巨大的特殊性一面，又有共同富裕的特殊性一面，后者属于社会主义的范畴，反映为人类文明新形态的基本要素。改革开放以来，我们党深化对社会主义现代化建设规律的认识，将社会主义与市场经济的结合作为中国式现代化道路的核心课题，这是马克思主义中国化时代化的代表性成果。新时代马克思主义中国化时代化新的探索，意味着对西方现代化的超越。进一步展开这一人类社会伟大创举的世界历史意义，成为当代中国共产党人的历史责任。

2. 关于重大时代课题

习近平在党的十九大报告中指出:"十八大以来,国内外形势变化和我国各项事业发展都给我们提出了一个重大时代课题,这就是必须从理论和实践结合上系统回答新时代坚持和发展什么样的中国特色社会主义、怎样坚持和发展中国特色社会主义。"[①] 这一重要论断点明了习近平新时代中国特色社会主义思想的理论主题。深入理解这一理论主题,是学习党的十八大以来党的理论成果的首要任务。前文对党的理论创新主题作了学理性的分析,这里结合党的十九大报告关于理论主题的表述作出进一步阐释。

改革开放以来,在习近平新时代中国特色社会主义思想形成之前,我们党相继创立了邓小平理论、"三个代表"重要思想和科学发展观等理论创新成果。每个理论创新成果都分别有相应的理论主题,表征它们各自的问题域和创新成就。基于"什么是社会主义、怎样建设社会主义"作为邓小平理论的理论主题、"建设一个什么样的党、怎样建设党"作为"三个代表"重要思想的理论主题、"实现什么样的发展、怎样发展"作为科学发展观的理论主题的总体性理解,可以作出以下基本判断:一是理论主题在党的政治报告中往往被称为根本问题或重大问题,党的十九大报告使用的"重大时代课题",和根本问题或重大问题意涵基本一致;二是理论主题的表述句式一般为"是什么"和"怎么办"两个方面的统一,分别指向的是认识与实践;三是关于"是什么"的问题往往是理论上已经解决的问题,但由于思想与现实之间不一致,应然与实然之间矛盾突出,从而成为影响党和国家事业发展的关键性问题。

"新时代坚持和发展什么样的中国特色社会主义、怎样坚持和发展中

[①] 习近平:《决胜全面建成小康社会 夺取新时代中国特色社会主义伟大胜利——在中国共产党第十九次全国代表大会上的报告(2017年10月18日)》,《人民日报》2017年10月28日。

国特色社会主义"这个理论主题,是毛泽东提出的"如何在一个经济文化相对落后的国家建设社会主义"这个根本理论主题或总主题在新的历史条件下的进一步展开,因而具有阶段性主题或分主题的意义。如前文所言,"如何在一个经济文化相对落后的国家建设社会主义"这个理论主题之所以具有根本性,是与社会主义初级阶段这个最大国情和历史条件联系在一起并由其决定的。社会主义在当下中国所处发展阶段的历史定位,既是我们谋划发展的基本依据,又是我们判断理论创新主题有没有发生根本性转换的基本依据。从这个意义上,"新时代坚持和发展什么样的中国特色社会主义、怎样坚持和发展中国特色社会主义",就如上述阶段性理论主题一样,都归属于"如何在一个经济文化相对落后的国家建设社会主义"这个根本理论主题框架之中。

进一步而言,"新时代坚持和发展什么样的中国特色社会主义"这个问题也是理论上已经解决了的。之所以提出"怎样坚持和发展中国特色社会主义"这个问题,为社会主义理想与中国特色社会主义现实之间的突出矛盾所决定。这个矛盾具体表现为,社会主义与现代化之间在一定程度上出现了较为清晰的裂痕,即现代化获得了比较充分实现的同时,社会主义属性有所削弱。对于社会主义现代化来说,这个矛盾与其说是现代化的一个必然性后果,倒不如说是现代化的一个过程性问题。作为中国问题的哲学表达,这一矛盾也是中国道路虽然取得了阶段性成功,但仍然处于尚未成熟状态的现实证明。

"新时代坚持和发展什么样的中国特色社会主义"的提问,蕴含中国道路方向性问题的思考。中国特色社会主义是社会主义在中国的现实版本,中国道路以实现社会主义现代化而不是资本主义现代化为旨归,这是中国特色社会主义的应然逻辑。在新时代开启之际,习近平就鲜明宣示了中国道路的社会主义底色,不仅反映出对这个重大时代课题的敏锐把握,更显示出捍卫和固守社会主义道路的决心和意志。他指出:"中国特色社会主义是社会主义而不是其他什么主义，科学社会主义基本原则不能丢，丢了就不是社会主义。""我们必须有很强大的战略定力，坚决抵制抛弃社会主义的各种错误主张。"① 习近平的这一论述，不能简单地理解为一种对各种社会思潮提供的改革方案的拒斥态度，因为它不但包含了对中国问题成因的剖析，而且明确了坚定中国道路社会主义方向的政治担当。

从现代化的视角看，"新时代坚持和发展什么样的中国特色社会主义"的提问与什么是社会主义现代化的提问是一致的。从中国道路探索的核心课题看，这个重大时代课题与社会主义与市场经济的结合也是一致的。将社会主义与市场经济结合起来，"是我们党在建设中国特色社会主义进程中的一个重大理论和实践创新，解决了世界上其他社会主义国家长期没有解决的一个重大问题"②。社会主义与现代化之间矛盾的现实突出，说明社会主义与市场经济结合的探索尚未完成，从而进一步提出了深入回答社会主义与市场经济结合的问题。习近平新时代中国特色社会主义思想全面回答了新时代坚持和发展中国特色社会主义的总目标、总任务、总体布局、战略布局和发展方向、发展方式、发展动力、战略步骤、外部条件、政治保证等一系列基本问题，并且根据新的实践对经济、政治、法治、科技、文化、教育、民生、民族、宗教、社会、生态文明、国家安全、国防和军队、"一国两制"和祖国统一、统一战线、外交、党的建设等各方面作出了理论分析和政策指导。这些重大理论成果既是对坚持和发展什么样的中国特色社会主义、怎样坚持和发展中国特色社会主义的新探索，又可以理解为对社会主义与市场经济结合的新探索，成为新时代社会主义现代化建设的科学指南。

---

① 《十八大以来重要文献选编（上）》，中央文献出版社2014年版，第109、117页。
② 《习近平总书记重要讲话文章选编》，中央文献出版社、党建读物出版社2016年版，第95页。

3. 关于新时代的历史方位

首先需要思考和讨论的是习近平作出这一重大政治论断的现实根据。这个现实根据，习近平用"三个意味着"从意义的视角做出了概括性回答：一是，"近代以来久经磨难的中华民族迎来了从站起来、富起来到强起来的伟大飞跃，迎来了实现中华民族伟大复兴的光明前景"①。二是，党和国家事业发生历史性变革，社会主义在规范性校正的基础上实现了自身的完善和发展、发展的共享性强化和党的纯洁性修复，"科学社会主义在二十一世纪的中国焕发出强大生机活力，在世界上高高举起了中国特色社会主义伟大旗帜"②。三是，随着中国制度成熟度不断提升，中国道路的普遍性意义显著增强。"中国特色社会主义道路、理论、制度、文化不断发展，拓展了发展中国家走向现代化的途径，给世界上那些既希望加快发展又希望保持自身独立性的国家和民族提供了全新选择，为解决人类问题贡献了中国智慧和中国方案。"③

党的十九大报告中关于新时代历史方位的阐述，是在社会主义初级阶段框架中展开的，我们不能离开社会主义初级阶段抽象谈论中国特色社会主义新时代，但这不意味着新时代的理解只局限于社会主义初级阶段的理论视野。社会主义初级阶段理论诞生在改革开放时期，思想源于毛泽东。毛泽东指出："社会主义这个阶段，又可能分为两个阶段，第一个阶段是不发达的社会主义，第二个阶段是比较发达的社会主义。后一阶段可能比前一阶段需要更长的时间。经过后一阶段，到了物质产品、精神财富

---

① 习近平：《决胜全面建成小康社会　夺取新时代中国特色社会主义伟大胜利——在中国共产党第十九次全国代表大会上的报告（2017年10月18日）》，《人民日报》2017年10月28日。
② 习近平：《决胜全面建成小康社会　夺取新时代中国特色社会主义伟大胜利——在中国共产党第十九次全国代表大会上的报告（2017年10月18日）》，《人民日报》2017年10月28日。
③ 习近平：《决胜全面建成小康社会　夺取新时代中国特色社会主义伟大胜利——在中国共产党第十九次全国代表大会上的报告（2017年10月18日）》，《人民日报》2017年10月28日。

都极为丰富和人们的共产主义觉悟极大提高的时候，就可以进入共产主义社会了。"① 社会主义初级阶段就是指社会主义的不发达阶段。今天"落后的社会生产"状况已经有了很大程度的改善，再讲"落后的社会生产"显然不符合客观实际，但是，不发达是一个总体性概念，由此联系的社会条件还没有发生根本性改变。基于此，党的十九大报告提出了"两个必须认识到"：一方面，必须认识到，我国社会主要矛盾的变化是关系全局的历史性变化，对党和国家工作提出了许多新要求；另一方面，必须认识到，我国社会主要矛盾的变化，没有改变我们对我国社会主义所处历史阶段的判断，我国仍处于并将长期处于社会主义初级阶段的基本国情没有变，我国是世界最大发展中国家的国际地位没有变。

虽然只有在社会主义初级阶段框架内才能得到正确阐明，但新时代的来临也反映了社会主义初级阶段内发生了一定的阶段性变化，这个阶段性变化反映为社会主义初级阶段发生了部分质变，可以基于生产力、生产关系和上层建筑的统一来认识和理解。这就意味着，在将新时代纳入社会主义初级阶段分析框架的同时，还需要对新时代具体的历史方位作出判定，这个判定，需要依托社会主义发展史的宏阔视角。社会主义初级阶段大致可分为三个历史时期。第一个历史时期，从1956年社会主义制度建立到党的十一届三中全会召开，这是中国共产党领导中国人民在站起来的基础上建设"强大而可亲"的社会主义现代化国家的第一轮探索，其间既取得了开创性成就，也遭遇了严重曲折；第二个历史时期，从1978年党的十一届三中全会召开到党的十八大，这是建设社会主义现代化国家的第二轮探索，在这个阶段，中国高举中国特色社会主义旗帜，通过改革开放获得了综合国力的快速提升，有力地夯实了社会主义的物质基础。

---

① 中华人民共和国国史学会：《毛泽东读社会主义政治经济学批注和谈话（简本）》，2002年，第291页。

2012年党的十八大以来开启了社会主义初级阶段第三个历史时期，这是发展和完善中国特色社会主义制度，进一步提升社会主义现代化程度和水平的历史时期。关于这一历史时期的意旨，习近平在党的十九大报告指出："这个新时代，是承前启后、继往开来、在新的历史条件下继续夺取中国特色社会主义伟大胜利的时代，是决胜全面建成小康社会、进而全面建设社会主义现代化强国的时代，是全国各族人民团结奋斗、不断创造美好生活、逐步实现全体人民共同富裕的时代，是全体中华儿女勠力同心、奋力实现中华民族伟大复兴中国梦的时代，是我国日益走近世界舞台中央、不断为人类作出更大贡献的时代。"[1] 全面建设社会主义现代化强国的时代，是在社会主义初级阶段框架内具有重大而特殊意义的历史阶段，这个历史任务的完成，标志社会主义现代化内在质量进一步提升。

关于新时代意义的理解，需要坚持世界历史眼光，基于中华民族复兴史和社会主义复兴史的统一。一方面，中国特色社会主义进入新时代，意味着中国共产党人带领中国人民在历经千难万险，付出巨大牺牲之后，终于迎来了比历史上任何时期都更接近、更有信心和能力实现中华民族伟大复兴目标的光荣时刻。新时代意味着中华民族复兴色彩的强化、目标更为鲜明。另一方面，新时代意味着世界社会主义复兴色彩的强化、目标更加坚定。习近平指出："中国共产党人和中国人民完全有信心为人类对更好社会制度的探索提供中国方案。"[2] 这个中国方案就是以社会主义现代化实现对资本主义现代化的超越和替代。在马克思看来，"历史向世界历史转变"具有两层含义：第一层含义是指历史向资本主义世界历史时代的转变，第二层含义是指人类普遍地向社会主义社会的转变。历史发

---

[1] 习近平：《决胜全面建成小康社会 夺取新时代中国特色社会主义伟大胜利——在中国共产党第十九次全国代表大会上的报告（2017年10月18日）》，《人民日报》2017年10月28日。
[2] 习近平：《在庆祝中国共产党成立95周年大会上的讲话（2016年7月1日）》，《人民日报》2016年7月2日。

展的辩证法在于，在资本主义全球化的一定历史阶段，作为制度的社会主义就开始生成，从而在资本主义全球化框架内获得自身的存在。中国方案就是在资本主义全球化中杀出一条现代化新路，为世界社会主义的复兴和人类社会的发展开辟出一条崭新的道路。

4. 关于党的历史使命

在党的十九大报告中，习近平将实现中华民族伟大复兴确定为新时代中国共产党的历史使命。党的二十大明确了新时代新征程党的使命任务："从现在起，中国共产党的中心任务就是团结带领全国各族人民全面建成社会主义现代化强国、实现第二个百年奋斗目标，以中国式现代化全面推进中华民族伟大复兴。"[①] 历史使命与党的政治任务相一致，更与党的政治属性相一致。正确理解党的历史使命，是研究阐释习近平新时代中国特色社会主义思想的一个重要任务。这一理解必须坚持爱国主义和社会主义的内在统一，复兴民族和复兴社会主义，构成中国共产党双重历史使命。

正确理解党的历史使命，需要基于爱国主义与社会主义的双重视野。"中国共产党之所以叫共产党，就是因为从成立之日起我们党就把共产主义确立为远大理想。"[②] 实现中华民族伟大复兴是近代以来中华民族最伟大的梦想，中国共产党一经成立，就义无反顾肩负起实现民族复兴的历史使命。由于社会主义是历史条件本身塑造出的中国社会发展进步的唯一可能性，对于中国共产党来说，实现民族复兴和走社会主义道路两者达成了内在契合。新中国成立以来，"我们党团结带领人民完成社会主义革

[①] 习近平：《高举中国特色社会主义伟大旗帜　为全面建设社会主义现代化国家而团结奋斗——在中国共产党第二十次全国代表大会上的报告（2022年10月16日）》，人民出版社2022年版，第21页。

[②] 习近平：《在庆祝中国共产党成立95周年大会上的讲话（2016年7月1日）》，《人民日报》2016年7月2日。

命，确立社会主义基本制度，推进社会主义建设，完成了中华民族有史以来最为广泛而深刻的社会变革，为当代中国一切发展进步奠定了根本政治前提和制度基础"[①]。这是党的十九大报告对改革开放前历史时期的总体评价。它告诉我们，如果无视全面建设社会主义历史时期的物质积累、离开社会主义的制度基础谈民族复兴，这样的爱国主义就必然沦为抽象的空谈，在失去了对历史起码的尊重的同时必然模糊未来的正确方向。2015年12月30日，习近平在中共中央政治局第二十九次集体学习时指出："弘扬爱国主义精神，必须坚持爱国主义和社会主义相统一。我国爱国主义始终围绕着实现民族富强、人民幸福而发展，最终汇流于中国特色社会主义。祖国的命运和党的命运、社会主义的命运是密不可分的。只有坚持爱国和爱党、爱社会主义相统一，爱国主义才是鲜活的、真实的，这是当代中国爱国主义精神最重要的体现。"[②] 我们不能抽象地讨论爱国主义的问题，它有着一个严格的前提，即必须基于爱国主义与社会主义的统一，必须坚持中国共产党领导这个根本前提。

中国共产党的历史使命蕴含复兴民族与复兴社会主义的辩证统一。党的十八大报告提出，建设中国特色社会主义的总任务是实现社会主义现代化和中华民族伟大复兴。这一论断在阐明社会主义现代化与中华民族伟大复兴一致性的同时，进而明确了中国共产党复兴民族与复兴社会主义的双重历史使命。形象地说，社会主义现代化与中华民族伟大复兴仿佛一个硬币的两面，分别从社会主义现代化的价值维度和中华民族伟大复兴中国梦的价值维度，标识出中国共产党的历史使命。习近平提出中国梦这一重

[①] 习近平：《决胜全面建成小康社会　夺取新时代中国特色社会主义伟大胜利——在中国共产党第十九次全国代表大会上的报告（2017年10月18日）》，《人民日报》2017年10月28日。

[②] 《习近平在中共中央政治局第二十九次集体学习时强调　大力弘扬伟大爱国主义精神为实现中国梦提供精神支柱》，《人民日报》2015年12月31日。

大战略思想，初衷是以理想的最大公约数凝聚人心，万众一心为中华民族伟大复兴而奋斗。从社会主义现代化的价值维度，党的十八大提出"在中国共产党成立一百年时全面建成小康社会，在新中国成立一百年时建成富强民主文明和谐的社会主义现代化国家""两个一百年"奋斗目标。我们党对第二个百年目标作出了进一步具体的战略安排：从2020年到本世纪中叶可以分两个阶段来安排。第一个阶段，从2020年到2035年，在全面建成小康社会的基础上，再奋斗15年，基本实现社会主义现代化。第二个阶段，从2035年到本世纪中叶，在基本实现现代化的基础上，再奋斗15年，把我国建成富强民主文明和谐美丽的社会主义现代化强国。苏联解体之后，世界社会主义运动陷入了空前低潮，持续至今。中国共产党不仅宣告了中国特色社会主义进入新时代，而且把社会主义的未来筹划公之于世，这无疑显露出中国共产党复兴社会主义的坚定信心和雄心壮志。由此，全面建成社会主义现代化国家之时，不仅是实现中华民族伟大复兴之日，也具有了世界社会主义走向复兴的标志性意义。

发展中国特色社会主义是一项长期的艰巨的历史任务，必须准备进行具有许多新的特点的伟大斗争。党的十八大报告的这一重要论断，是习近平明确主张写进和党的十八大以来反复强调的。"伟大斗争"是毛泽东曾经使用过的话语，习近平对此予以高度肯定。当然，无论是斗争的条件、方式还是内容，今天与毛泽东时代相比都有了很大的差别。习近平强调，对于伟大斗争的长期性、复杂性、艰巨性，全党要有充分认识。只有发扬斗争精神，提高斗争本领，才能不断夺取伟大斗争新胜利。关于伟大斗争的关键性内容，主要表现为三个方面：一是坚持和捍卫社会主义道路。联系世界历史处于百年未有之大变局的历史条件，道路问题作为第一位的问题更加突出而鲜明。实践已经证明并将继续证明，中国特色社会主义道路是实现社会主义现代化、创造人民美好生活的必由之路。习近平在党的十九大报告中提出了五个"更加自觉"，第一个"更加自觉"就是全党要更加自觉地坚持党的领导和捍卫我国社会主义制度，坚决反对一切削弱、歪曲、否定党的领导和我国社会主义制度的言行，坚定不移地走中国特色社会主义道路。应更加自觉地增强道路自信，保持强大的政治定力，既不走封闭僵化的老路，也不走改旗易帜的邪路。二是积极应对外部挑战。世界正处于百年未有之大变局，来自外部的打压遏制随时可能升级，要"增强全党全国各族人民的志气、骨气、底气，不信邪、不怕鬼、不怕压，知难而进、迎难而上，统筹发展和安全，全力战胜前进道路上各种困难和挑战，依靠顽强斗争打开事业发展新天地"[①]。三是持续深入推进全面从严治党。作为"四个伟大"中起决定性作用的党的建设新的伟大工程，也要通过伟大斗争来实现。只有勇于直面问题，敢于刮骨疗毒，消除一切损害党的先进性和纯洁性的因素，清除一切侵蚀党的健康肌体的病毒，我们党才能始终成为中国特色社会主义事业的坚强领导核心。

5. 关于社会主要矛盾

正确认识现实客观条件，构成中国共产党在新的历史起点上理论与实践双重探索的首要任务。在这个问题上，我们党不仅表现出高度的理论自觉，也表现出对中国问题的准确把握。

习近平接手的中国已经是一个发展起来的中国，同时也是一个存在更多更复杂中国问题的中国，两者联系在一起反映了中国现代化的进展程度和复杂程度。党的十八大召开前夕，不少人引用英国著名作家狄更斯《双城记》中的"这是最好的时代，也是最坏的时代"这句话，表达他们对现实中国的看法。撇开这一评价不言，实事求是地说，几乎每一个中国成就背后都隐含着一个中国问题，这是一个不争的客观事实。一方面，

---

① 习近平：《高举中国特色社会主义伟大旗帜　为全面建设社会主义现代化国家而团结奋斗——在中国共产党第二十次全国代表大会上的报告（2022年10月16日）》，人民出版社2022年版，第27页。

我国社会生产力水平总体上显著提高,社会生产能力在很多方面进入世界前列;另一方面,发展起来后出现的更多更复杂的问题中,最突出的问题是发展不平衡不充分,成为满足人民日益增长的美好生活需要的主要制约因素,这是我们党对于中国问题的总体把握。原来长期使用的"人民日益增长的物质文化需要同落后的社会生产之间的矛盾"显然已经不能适应变化了的客观实际,客观上提出了对社会主要矛盾作出新概括的理论任务。习近平在党的十九大报告指出:"中国特色社会主义进入新时代,我国社会主要矛盾已经转化为人民日益增长的美好生活需要和不平衡不充分的发展之间的矛盾。"① 这一重大论断揭示了新时代开启的最深层根据,也构成我们党理论探索的基石。

人民群众既是发展的主体力量,又是享有发展成果的主体力量,两者的辩证统一是实现全体人民共同富裕的根本要求。习近平指出:"广大人民群众共享改革发展成果,是社会主义的本质要求,是我们党坚持全心全意为人民服务根本宗旨的重要体现。我们追求的发展是造福人民的发展,我们追求的富裕是全体人民共同富裕。改革发展搞得成功不成功,最终的判断标准是人民是不是共同享受到了改革发展成果。"② 这是理解"发展不平衡不充分"的关键依据。基于社会生产维度的理解,"发展不平衡,主要指各区域各方面发展不够平衡,制约了全国发展水平提升。发展不充分,主要指一些地方、一些领域、一些方面还有发展不足的问题,发展的任务仍然很重"③。不过,关于发展不平衡不充分的理解,必须联系发展的主体力量,以利益分配问题维度深入思考社会各阶级阶层成员共享发展成

---

① 习近平:《决胜全面建成小康社会 夺取新时代中国特色社会主义伟大胜利——在中国共产党第十九次全国代表大会上的报告(2017年10月18日)》,《人民日报》2017年10月28日。
② 《中共中央召开党外人士座谈会 习近平主持并发表重要讲话》,《人民日报》2015年10月31日。
③ 冷溶:《正确把握我国社会主要矛盾的变化》,《党建研究》2017年第11期。

果的问题。在习近平看来，要在不断发展的基础上尽量把促进社会公平正义的事情做好，"并不是说就等着经济发展起来了再解决社会公平正义问题"①。这是理解习近平新时代中国特色社会主义思想关于社会主要矛盾观点的一个重要方面。

另一方面是关于人民日益增长的美好生活需要的问题。党的十九大报告指出："我国稳定解决了十几亿人的温饱问题，总体上实现小康，不久将全面建成小康社会，人民美好生活需要日益广泛，不仅对物质文化生活提出了更高要求，而且在民主、法治、公平、正义、安全、环境等方面的要求日益增长。"②"美好生活"首先是一个整体性概念，反映了人民群众需求的多样性和层次性，包含了物质需要与精神需要的统一。更为重要的是，关于"美好生活"的理解，既要从现实条件出发，还需要联系人的自由而全面发展的共产主义原则要求，在物化日益强化的当下，"美好生活"的概念蕴含有超越性的立意。这就意味着，只有坚持以人民为中心的发展思想，才能逐步摆脱人对物的依赖关系，不断实现真正意义上的自由个性和全面发展。

6. 关于党的领导

经济是政治的基础，政治是经济的集中表现，这是历史唯物主义在经济和政治关系上的基本观点。而在列宁看来，"一个阶级如果不从政治上正确地看问题，就不能维持它的统治，因而也就不能完成它的生产任务"③。这一论述集中体现出列宁基于经济和政治的辩证统一对政治的特别重视。从政治的角度理解中国特色社会主义的最本质特征，是党的十八

---

① 《习近平总书记重要讲话文章选编》，中央文献出版社、党建读物出版社2016年版，第97页。
② 习近平：《决胜全面建成小康社会 夺取新时代中国特色社会主义伟大胜利——在中国共产党第十九次全国代表大会上的报告（2017年10月18日）》，《人民日报》2017年10月28日。
③ 《列宁选集》第4卷，人民出版社2012年版，第408页。

大以来习近平深化对党的领导和中国特色社会主义关系认识的逻辑进路，反映出他在政治与经济关系上的崭新思考。在一定意义上，这个崭新思考构成习近平新时代中国特色社会主义思想重要的理论创新。

在政治与经济关系的认识和处理上，新中国成立以来大致分为两个历史时期。毛泽东始终认为，"政治和经济的统一，政治和技术的统一，这是毫无疑义的"[①]，在基于政治与经济统一的同时，他和列宁一样总体上突出强调的是政治。改革开放以来，邓小平提出了"一个中心、两个基本点"的社会主义初级阶段基本路线，集中反映出他总体上突出强调的是经济。邓小平在坚持经济优先的同时仍然坚定不移地将之基于政治与经济的统一。他反复强调，"社会主义市场经济的优越性在哪里？就在四个坚持"[②]。在一定意义上，社会主义与现代化之间的矛盾，是实践中没有很好地贯彻经济与政治相统一的结果。党的十八大以来，习近平以强烈的问题意识，不断深化对中国共产党领导与中国特色社会主义关系的认识，强化政治角度的思考具有鲜明的现实针对性。党的十九大报告将这些思考概括为"中国特色社会主义最本质的特征是中国共产党领导，中国特色社会主义制度的最大优势是中国共产党领导，党是最高政治领导力量"[③]。党的二十大报告进一步阐明"坚持党中央集中统一领导是最高政治原则"[④]。这"四个最"是一个有机统一的整体，成为习近平新时代中国特色社会主义思想的重要组成部分，反映了习近平对中国共产党领导地位和意义的认识达到前所未有的高度，意味着我们党在政治和经济关系认识和处理上进入新的阶段。

[①]《建国以来毛泽东文稿》第7册，中央文献出版社1992年版，第52页。
[②]《邓小平年谱（1975—1997）（下）》，中央文献出版社2004年版，第1363页。
[③] 习近平：《决胜全面建成小康社会　夺取新时代中国特色社会主义伟大胜利——在中国共产党第十九次全国代表大会上的报告（2017年10月18日）》，《人民日报》2017年10月28日。
[④] 习近平：《高举中国特色社会主义伟大旗帜　为全面建设社会主义现代化国家而团结奋斗——在中国共产党第二十次全国代表大会上的报告（2022年10月16日）》，人民出版社2022年版，第6页。

习近平对于中国共产党领导与中国特色社会主义关系的认识，也进一步彰显出全面从严治党之于坚持和发展中国特色社会主义重大而深远的意义，成为党的十八大以来全面从严治党战略布局的理论根据。全面从严治党不仅为党和国家事业的历史性变革提供了坚强保障，而且这一实践及其成效本身就构成党和国家事业历史性变革的重要组成部分。正是在这个意义上，中国特色社会主义新时代的开启不仅是发展水平达到一定程度的自然结果，也是以习近平同志为核心的党中央全面从严治党的实践结果。

将"坚持党对一切工作的领导"作为十四个基本方略中的第一个方略，是在实践层面上对习近平新时代中国特色社会主义思想的准确理解。党的十九大报告指出："党政军民学，东西南北中，党是领导一切的。必须增强政治意识、大局意识、核心意识、看齐意识，自觉维护党中央权威和集中统一领导，自觉在思想上政治上行动上同党中央保持高度一致，完善坚持党的领导的体制机制，坚持稳中求进工作总基调，统筹推进'五位一体'总体布局，协调推进'四个全面'战略布局，提高党把方向、谋大局、定政策、促改革的能力和定力，确保党始终总揽全局、协调各方。"[1]正确理解这一方略，需要首先明确这是坚持党的基本路线恰如其分的要求。我们应牢牢把握社会主义初级阶段这个基本国情，牢牢立足社会主义初级阶段这个最大实际，牢牢坚持党的基本路线这个党和国家的生命线、人民的幸福线，在实践中把握党的领导的功能层次和边界，将经济与政治的辩证统一贯穿于社会主义现代化建设的全过程。

贯彻"坚持党对一切工作的领导"，也必然进一步提出了加强党的领导的实践要求。党的二十大报告指出："坚决维护党中央权威和集中统一

---

[1] 习近平：《决胜全面建成小康社会 夺取新时代中国特色社会主义伟大胜利——在中国共产党第十九次全国代表大会上的报告（2017年10月18日）》，《人民日报》2017年10月28日。

领导,把党的领导落实到党和国家事业各领域各方面各环节。"[1] 加强党的领导是全面从严治党的核心,这是从全面从严治党的目的层面而言的,如果换个角度,不深入推进全面从严治党,加强党的领导就会沦为一句空话。由此,坚持党对一切工作的领导必然性提出了全面从严治党向纵深发展的政治任务。应该看到,我们党面临的执政环境是复杂的,影响党的先进性、弱化党的纯洁性的因素也是复杂的,党内存在的思想不纯、组织不纯、作风不纯等突出问题尚未得到根本解决,全面从严治党永远在路上。习近平对于这一严峻复杂的形势始终保持清醒冷静的科学态度,要求全面从严治党"一刻不能松、半步不能退"。很显然,只有以更大的决心、更大的勇气、更大的气力深入推进全面从严治党,坚持党对一切工作的领导才能更加全面更加充分地实现。

除了上述重大论断外,习近平新时代中国特色社会主义思想还蕴含着许多新思想新观点,需要在马克思主义理论框架内展开深入研究和阐释。作为党的最新理论成果,习近平新时代中国特色社会主义思想是对马克思列宁主义、毛泽东思想、邓小平理论、"三个代表"重要思想、科学发展观的继承和发展,成为新时代坚持和发展中国特色社会主义的行动指南。

---

[1] 习近平:《高举中国特色社会主义伟大旗帜　为全面建设社会主义现代化国家而团结奋斗——在中国共产党第二十次全国代表大会上的报告(2022年10月16日)》,人民出版社2022年版,第26页。

第二章　共享发展与新发展理念

党的十八大以来，中国共产党从发展观层面提出了创新、协调、绿色、开放、共享的新发展理念。新发展理念是对改革开放以来社会主义现代化实践经验的深刻总结和对我们党关于发展的认识成果的高度概括，集中体现了我们党在新的历史起点上的理论自觉，正如习近平在关于《中共中央关于制定国民经济和社会发展第十三个五年规划的建议》的说明中指出的，"这五大发展理念，是'十三五'乃至更长时期我国发展思路、发展方向、发展着力点的集中体现，也是改革开放30多年来我国发展经验的集中体现，反映出我们党对我国发展规律的新认识"[1]。作为党的十八大以来中国道路探索的标志性理论成果之一，新发展理念是习近平新时代中国特色社会主义思想的重要组成部分，为全面建成小康社会提供了科学指导。其中，共享发展理念彰显了社会主义的价值原则，与共同富裕的价值理念相一致，是新发展理念的集中表达。

---

[1] 习近平:《关于〈中共中央关于制定国民经济和社会发展第十三个五年规划的建议〉的说明》，新华网2015年11月3日。

一、共享发展理念及其实现

1 共享发展理念的问题意识

共享发展理念的提出,折射重大社会现实问题的发现与解决,构成中国特色社会主义进入新时代的重要根据。深化对共享发展理念的认识,需要首先审视共享发展这一理念提出的中国社会现实。

巨大的中国成就与巨大的中国问题的紧密纠缠,是党的十八大召开前中国社会现实的一个重要特征。其中一个典型表现是,中国在实现了连续性经济快速增长的同时,也实现了从改革开放之前的绝对平均主义向较大贫富差距的转变,利益公平分配的问题逐渐突出。根据国家统计局公布的数据,我国居民收入的基尼系数2003年为0.479,2008年达到最高点0.491,之后逐年下降,2014年的基尼系数是0.469。而在20世纪80年代初,全国收入差距的基尼系数是0.3左右。[1] 贫富差距不仅体现在收入差距的方面,财产差距成为衡量贫富差距越来越重要的方面。北京大学中国社会科学调查中心发布的《中国民生发展报告·2014》显示,1995年我国家庭净财产的基尼系数为0.45,2002年为0.55,2012年我国家庭净财产的基尼系数达到0.73,顶端1%的家庭占有全国三分之一以上的财产,底端25%的家庭拥有的财产总量仅在1%左右。中国的财产不平等程度明显高于收入不平等的程度。[2] 社会贫富分化不是中国现代化唯一的消极性后果,换言之,分配问题不是以孤立的特征表现出来,财富的客体尺度与财富的价值尺度不一致的状况,还充分表现为财富创造与人的全面发展的不协调

---

[1] 参见冯华:《不让平均数掩盖大多数——贫富差距到底有多大?》,《人民日报》2015年1月23日。
[2] 参见张心怡:《北京大学发布〈中国民生发展报告·2014〉》,《光明日报》2014年8月5日。

状况。"中国在现代化的进程中一方面取得了极大规模的成就,但另一方面也在抵达现代性限度之际面临最严峻的危险。我认为这危险就是环境的解体和社会生活的解体。"① 社会生活中一个突出的特征是物质财富与精神财富之间存在着尖锐矛盾,有国外观察者指出,"人们大规模地脱离土地、城市就业及其结构的改变、国际资本和媒体的影响以及收入结构的快速变化,已经加深了现存的代沟,造成了在诸如行为方式和准则这类基本社会问题上的根本性混乱。如今,中国人广泛接受的唯一观念似乎就是,赚钱和改善自己的生活水平都是重要的,对文化、后代、婚姻、性以及其他核心问题的态度处于极大的变化之中"②。

在经济因素的变化所导致的政治、精神领域相关变化以整体性的特征充分反映出来的同时,社会贫富分化对社会阶层政治社会地位以及风险地位等方面的作用也充分反映出来。一方面,物质财富占有的状况在相当大的程度上决定了政治和社会地位的状况。据相关部门领导介绍,"一些地方人大代表的结构严重失衡,真正来自基层的农民和工人的代表少。有的企业负责人占了一半以上的数量"。"还有就是代表的身份严重失真,一些企业主以工人、农民或者是科学技术人员的身份获得了代表的提名。使得那些真正来自基层的,符合条件的人选无法提名。"③ 另一方面,在一定程度上,社会成员的风险地位和经济地位大体一致。在德国社会学家贝克看来,在现代化的进程中,财富生产伴随着风险生产。这个风险是工业化的产品,"风险可以界定为系统地处理现代化自身引致的危险和不

---

① 吴晓明:《马克思主义哲学创新需要怎样的国际视野》,《中国社会科学报》2014年11月26日。
② [美]李侃如:《治理中国:从革命到改革》,胡国成、赵梅译,中国社会科学出版社2010年版,第330页。
③ 郭超:《中组部:有代表身份严重失真 企业主冒充农民》,《新京报》2015年3月11日。

安全感的方式"①,"或早或晚,在现代化的连续进程中,'财富—分配'社会的社会问题和冲突会开始和'风险—分配'社会的相应因素结合起来"②。贝克的预言正在成为现实。雾霾似乎谁也无法拒绝,置身其外,而且,诸如矿难、自然灾害等印证了当今世界的一个逻辑:"世界范围内的平等的风险状况不会掩盖那些在风险造成的苦痛中的新的社会不平等。这些不平等特别集中地表现在那些风险地位和阶级地位相互交叠的地方——这同时也是在国际范围内发生的。"③

正确认识和评价中国社会现实,必须依托正确的历史观与正确的价值观的统一。因为在不同的历史观和价值观的视野下,面对同一个问题,探讨问题的方法和解决问题的答案都可能大相径庭。关于社会贫富差距以及衍生的一系列社会问题的认识和解决,必须设置社会主义语境的讨论前提。贫穷固然不是社会主义,但存在悬殊贫富差距的社会也绝非与社会主义相容。中国特色社会主义这个概念的尴尬处境可能不在于理论的不充分,而在于这一概念蕴含的社会理想与社会现实之间的矛盾。实际上,正是分配问题构成质疑中国特色社会主义是不是社会主义和中国的现代化是不是社会主义现代化的主要依据。

在社会主义的语境下思考社会贫富差距以及与之相伴随的一系列消极现象,以下几个因素不可或缺。第一,资本本性。在承认资本在社会主义初级阶段存在合理性的同时,必须看到,资本具有发展生产力和价值增值的双重特性,后者是其本性所在。马克思认为,在资本主义社会中,"因为货币作为现存的和起作用的价值概念把一切事物都混淆了、替换了,所以它是一切事物的普遍的混淆和替换,从而是颠倒的世界,是一切自

---

① [德]乌尔里希·贝克:《风险社会》,何博闻译,译林出版社2004年版,第19页。
② [德]乌尔里希·贝克:《风险社会》,何博闻译,译林出版社2004年版,第17页。
③ [德]乌尔里希·贝克:《风险社会》,何博闻译,译林出版社2004年版,第45页。

然的品质和人品质的混淆和替换"①。社会主义初级阶段的资本现象也不例外。换言之，只要存在资本，财富中的异化现象就不会消失。第二，精英背叛。改革开放以来，执政党精英背叛现象逐渐增多。"资本与权力之间两厢情愿的结盟，迅速冲垮了许多党的干部的精神防线，侵蚀和渗透了几乎所有的公共领域。"②诸多社会冲突的起因，大都表现为公共权力在利益关系处理过程中的异化使用。第三，干预不足。改革开放以来，坚持以经济建设为中心符合社会主义初级阶段发展的特殊要求，但"效率优先、兼顾公平"的阶段性意义不仅被忽略，而且在实践中效率比较充分地遮蔽了公平。党的十六大以来分配政策的调整虽然在不断强化，但事实表明"做蛋糕"与"分蛋糕"关系问题的解决是一个艰难而复杂的过程。

社会贫富差距已经越来越实质性地影响了中国特色社会主义的发展和评价，成为中国道路探索必须正视的首要问题。回头看，作为改革开放总设计师的邓小平有十分清醒而准确的预见。1990年12月24日，他指出："共同致富，我们从改革一开始就讲，将来总有一天要成为中心课题。社会主义不是少数人富起来、大多数人穷，不是那个样子。社会主义最大的优越性就是共同富裕，这是体现社会主义本质的一个东西。如果搞两极分化，情况就不同了，民族矛盾、区域间矛盾、阶级矛盾都会发展，相应地中央和地方的矛盾也会发展，就可能出乱子。"③在1992年南方谈话中，邓小平用"解放生产力，发展生产力，消灭剥削，消除两极分化，最终达到共同富裕"④概括了他对社会主义本质的理解，内在包含着鲜明的问题意识。1993年9月16日，邓小平最后一次发出警告："我们讲要防止两极分化，实际上两极分化自然出现。""中国人能干，但是问题也会越来越多，

---

① 《马克思恩格斯全集》第3卷，人民出版社2002年版，第364页。
② 吴波：《破除官场权力魔杖悖论》，《人民论坛》2014年10月上。
③ 《邓小平文选》第3卷，人民出版社1993年版，第364页。
④ 《邓小平文选》第3卷，人民出版社1993年版，第373页。

越来越复杂,随时都会出现新问题。"[①]思想不能无底限地靠近现实。在充分肯定中国道路正确性的同时,必须基于社会主义理想的引导,对于中国现代化过程中存在的一系列重大现实问题展开批判性反思,探求规范性校正的具体路径。这不仅是道路自信的具体表现,更是道路自信的唯一源泉。

2. 社会主义语境的共享发展理念

共享发展理念既是新发展理念的核心又是新发展理念的归宿,还是新发展理念的出发点和落脚点。"一种发展理念反映着一种时代精神、实践理性和价值取向,它引导着一个国家、民族的发展潮流,对社会发展产生重大而深远的影响。"[②] 共享发展理念揭示了中国道路的社会主义性质和马克思主义执政党的特殊历史使命,明确了中国道路探索的正确方向。

第一,共享发展是社会主义的本质要求。

2015年8月21日,习近平在中共中央为征求"十三五"规划建议意见召开的党外人士座谈会上指出:"广大人民群众共享改革发展成果,是社会主义的本质要求,是我们党坚持全心全意为人民服务根本宗旨的重要体现。我们追求的发展是造福人民的发展,我们追求的富裕是全体人民共同富裕。改革发展搞得成功不成功,最终的判断标准是人民是不是共同享受到了改革发展成果。"[③]将共享发展作为社会主义的本质要求提出来,反映了现实对理论的迫切要求。

深化对共享发展是社会主义的本质要求这一重要论述的认识,首先需要基于民族文化传统与社会主义原则的统一。一方面,文化传统是理解

[①]《邓小平年谱(1975—1997)(下)》,中央文献出版社2004年版,第1364页。
[②] 丰子义:《发展的呼唤与回应——哲学视野中的社会发展》,北京师范大学出版社2009年版,第3页。
[③]《中共中央召开党外人士座谈会 习近平主持并发表重要讲话》,《人民日报》2015年10月31日。

中国道路价值理念一个必不可少的视角和资源。中华民族是一个有着鲜明而独特的文化传统的伟大民族，"不患寡而患不均"的文化传统持续而强劲地扎根于一代又一代中国人的心中。在中国现代化道路探索中，不应把这一文化传统理解为纯粹的消极性的因素，更应将这一观念作为一个积极的因素置于中国现代化的历史进程之中。在一定意义上，共享发展理念正是这一文化传统的时代表达。另一方面，独特的国情和独特的文化传统与现代化历史任务相联系，决定了"中国的发展根本不可能完全进入到西方—资本主义文明中去"[①]，正是这种不可能性塑造出中国独特的现代化道路的可能性和社会主义道路的历史必然性。这条道路"意味着它在现实的历史中领会到现代资本主义本身的历史限度"。由此，共同富裕的观念在今天依然保持着强大生命力的原因，不仅在于中华民族文化传统的继承，更在于社会主义价值原则和历史实践的赋予。

深化对共享发展是社会主义的本质要求这一重要论述的认识，还需要从理论上厘清社会主义现代化与资本主义现代化的本质区别。社会主义现代化与资本主义现代化的划分，既非无聊的文字游戏，又非抽象的理论区分。与资本主义现代化比较，社会主义现代化的特殊性不在于是不是注重发展生产力，而在于是不是以牺牲人的全面发展为代价来发展生产力。中国既然选择社会主义现代化为奋斗目标，那么这一过程就决非向"人对物的依赖关系的转化"，而是从确立社会主义现代化目标起就提出了实现每个人自由而全面发展的历史任务。发展的客体尺度和价值尺度必须在实践中具体地历史地统一起来，这就决定了，在实现方式上，一方面要能够有效缩短和减轻人与自然之间、人与人之间关系的扭曲，消解资本主义现代化过程中出现的各种社会公害；另一方面，在现代化的各个阶段，每一个社会成员都能在不同程度上享受到现代化所带来的文明成果，而

[①] 吴晓明：《当代中国的精神建设及其思想资源》，《中国社会科学》2012年第5期。

不以牺牲部分社会阶层当下和长远利益为前提。

第二，共享发展是发展主体与发展成果相统一的价值理念。

习近平指出，共享理念的实质就是坚持以人民为中心的发展思想。这一实质"体现了我们党全心全意为人民服务的根本宗旨，体现了人民是推动发展的根本力量的唯物史观"[①]。作为党的十八届五中全会提出的新理念，共享发展反映了我们党对发展主体与发展成果之间关系的新思考和新回答。如果说科学发展观基于发展问题上目的和手段之间存在一定程度颠倒，强调发展必须以人为核心的话，那么，共享发展理念则在坚持这一成果的基础上，进一步对发展主体的全民性给予了特别强调。习近平一方面指出，"以人民为中心的发展思想，不是一个抽象的、玄奥的概念，不能只停留在口头上、止步于思想环节，而要体现在经济社会发展各个环节"[②]；另一方面强调，共享是全民共享、共建共享，"是人人享有、各得其所，不是少数人共享、一部分人共享"[③]。这两个方面的统一，阐明了发展成果与社会各阶级阶层成员相统一和相协调的社会主义原则立场。

党的十八大以来，习近平提出了战略思维、历史思维、辩证思维、创新思维和底线思维等一系列科学的思想方法。他提出的底线思维，内在包含于共享发展理念及其实践之中。这一方法的基本内涵是"凡事从坏处准备，努力争取最好的结果，做到有备无患、遇事不慌，牢牢把握主动权"。底线思维强调的是居安思危，增强忧患意识，其实践意义在于守住底线、见微知著、未雨绸缪、处变不惊。在习近平对于共享发展的认识中，底线

---

① 《习近平总书记重要讲话文章选编》，中央文献出版社、党建读物出版社2016年版，第401页。
② 《习近平总书记重要讲话文章选编》，中央文献出版社、党建读物出版社2016年版，第401页。
③ 《习近平总书记重要讲话文章选编》，中央文献出版社、党建读物出版社2016年版，第403页。

思维是其重要的思想方法："虽然全面小康不是人人同样的小康，但如果现有的七千多万农村贫困人口生活水平没有明显提高，全面小康也不能让人信服。"① "小康不小康，关键看老乡，关键看贫困老乡能不能脱贫。"②

正是在这一意义上，底线思维是社会主义平等原则的体现，属于社会主义的基本范畴。在社会主义的视野中，平等是居于核心地位的价值理念。功利主义的自由主义认为，"如果一个社会的主要制度被安排得能够达到总计所有属于它的个人而形成的满足的最大净余额，这个社会就是被正确地组织的，因而也是正义的"③。马克思主义不仅关注"善总额的最大程度的增长"，更关注"善总额"的分配，不仅注重形式上的平等，更注重事实上的平等。与以效率作为正义标准的功利主义不同的是，社会主义的平等是机会平等与事实平等的统一，正义的标准基于公平与效率的统一。差异原则作为平等原则的内在要求决定了，处于社会结构中最不利的那一个社会群体，必然性地作为一个需要特殊优待的群体纳入制度建构和政策安排之中。

习近平对以人民为中心的发展思想的贯彻，突出表现在制度安排和政策设计上底线思维的坚持和运用。在他看来，发展中国特色社会主义是一项长期而艰巨的历史任务，必须准备进行具有许多新的历史特点的伟大斗争，确保 2020 年所有贫困地区和贫困人口一起迈入全面小康社会就是伟大斗争之一。正是基于这一斗争的要求，习近平一方面提出要扩大中等收入阶层，另一方面提出特别要加大对困难群众的帮扶力度，坚决打赢农村贫困人口脱贫攻坚战。

---

① 《习近平总书记重要讲话文章选编》，中央文献出版社、党建读物出版社 2016 年版，第 274 页。
② 《习近平总书记重要讲话文章选编》，中央文献出版社、党建读物出版社 2016 年版，第 278 页。
③ ［美］约翰·罗尔斯：《正义论》，何怀宏等译，中国社会科学出版社 1988 年版，第 19 页。

第三，共享发展是过程性与结果性相统一的价值理念。

在习近平看来，共享是渐进共享，体现为一个过程性的概念。共享发展之所以具有过程性的特征，从根本上说是由社会主义初级阶段这个最大的实际决定的。我国综合国力虽然有了大幅度的提升，但仍处于并将长期处于社会主义初级阶段的基本国情没有变，我国是世界上最大发展中国家的国际地位没有变，这是我们谋划发展的基本依据，必须始终坚持"发展是党执政兴国的第一要务，是解决中国所有问题的关键"这一基本观点。正如党的二十大报告指出的，"没有坚实的物质技术基础，就不可能全面建成社会主义现代化强国"[1]。就共享发展的推进而言，也必须承认实现这个目标需要一个较长的历史过程，具有长期性、艰巨性、复杂性的特点。正如习近平指出的，"一口吃不成胖子，共享发展必将有一个从低级到高级、从不均衡到均衡的过程，即使达到很高的水平也会有差别"[2]。"即使全面建成小康社会目标实现，我国仍处于社会主义初级阶段，一定程度上的贫困问题肯定仍然会存在"[3]。党的二十大报告在论述"中国式现代化是全体人民共同富裕的现代化"时，强调"共同富裕是中国特色社会主义的本质要求，也是一个长期的历史过程"[4]。

另一方面，共享发展之所以具有过程性的特点，还在于利益关系问题的凸显，折射出过程性与结果性的矛盾，这是共享发展理念提出的现实

---

[1] 习近平：《高举中国特色社会主义伟大旗帜　为全面建设社会主义现代化国家而团结奋斗——在中国共产党第二十次全国代表大会上的报告（2022年10月16日）》，人民出版社2022年版，第28页。

[2] 《习近平总书记重要讲话文章选编》，中央文献出版社、党建读物出版社2016年版，第403页。

[3] 《习近平总书记重要讲话文章选编》，中央文献出版社、党建读物出版社2016年版，第283页。

[4] 习近平：《高举中国特色社会主义伟大旗帜　为全面建设社会主义现代化国家而团结奋斗——在中国共产党第二十次全国代表大会上的报告（2022年10月16日）》，人民出版社2022年版，第22页。

根据。1993年9月16日,邓小平指出:"过去我们讲先发展起来。现在看,发展起来以后的问题不比不发展少。"① 在十八届五中全会第二次全体会议上,习近平阐发了这一观点:"现在看来,不发展有不发展的问题,发展起来有发展起来的问题,而发展起来后出现的问题并不比发展起来前少,甚至更多更复杂了。新形势下,如果利益关系协调不好,各种矛盾处理不好,就会导致问题激化,严重的就会影响发展进程。"② 社会主义初级阶段的客观实际虽然在一定程度上可以赋予利益矛盾以合理性的解释,但贫富差距的持续拉大,不仅背离了社会主义的初衷,更使得中国特色社会主义的合理性遭受越来越多的质疑。由此,共享发展理念的提出就具有了鲜明的现实针对性。习近平在强调共建才能共享的同时,还明确指出共建的过程也是共享的过程。共享与发展的内在一致性,不只是表现为共享是发展的结果,共享的过程性还意味着共享蕴含于发展的过程之中。

基于共享过程性的双重把握,习近平指出:"我国正处于并将长期处于社会主义初级阶段,我们不能做超越阶段的事情,但也不是说在逐步实现共同富裕方面就无所作为,而是要根据现有条件把能做的事情尽量做起来,积小胜为大胜,不断朝着全体人民共同富裕的目标前进。"③ 他强调,"我们要立足国情、立足经济社会发展水平来思考设计共享政策,既不裹足不前、铢施两较、该花的钱也不花,也不好高骛远、寅吃卯粮、口惠而实不至"。④ 在他看来,"落实共享发展理念,'十三五'时期的任务和措施有很多,归结起来就是两个层面的事。一是充分调动人民群众的积极性、

---

① 《邓小平年谱(1975—1997)(下)》,中央文献出版社2004年版,第1364页。
② 《习近平总书记重要讲话文章选编》,中央文献出版社、党建读物出版社2016年版,第276页。
③ 《习近平总书记重要讲话文章选编》,中央文献出版社、党建读物出版社2016年版,第402页。
④ 《习近平总书记重要讲话文章选编》,中央文献出版社、党建读物出版社2016年版,第403页。

主动性、创造性，举全民之力推进中国特色社会主义事业，不断把'蛋糕'做大。二是把不断做大的'蛋糕'分好，让社会主义制度的优越性得到更充分体现，让人民群众有更多获得感"[1]。两者相辅相成、辩证统一。概言之，把握好共享发展的过程性，就是在尊重客观条件和规律的同时，正确发挥主观能动性，实现"做蛋糕"与"分蛋糕"具体和历史的统一。

第四，共享发展是物质财富与精神财富相统一的价值理念。

共享是全面共享。这就意味着，共享发展就其内容而言具有整体性的特征。进一步而言，整体性是共享发展理念的根本属性。在马克思主义创始人的构想中，未来的理想社会是一个消除了阶级之间、城乡之间、脑力劳动和体力劳动之间的差别，实现每个人自由而全面地发展的社会。在这个社会中，共享的内容不仅包括物质方面的财富，也自然包括精神方面的财富，后者更充分地体现了未来社会的本质。共享发展理念这一属性不仅决定了以整体性思维理解的必要性，也决定了共享发展的实践坚持全面性原则的必要性。

对于全面共享的理解，首先必须明确物质财富的共享表现为共享的基础性内容。这个基础性的意义是指，如果没有物质财富的共享，其他方面的共享就失去了根本性的支撑，成了空中楼阁，难以长期为继。新中国成立后相当长的历史时期，基于"蛋糕"不足、物质匮乏的客观条件，物质财富的共享自然成为理解社会主义本质和优越性的主要方面。我们耳熟能详的"电灯电话、楼上楼下"和"土豆烧牛肉"等话语，就是从物质财富的层面对社会主义理想的具象化认识。在毛泽东看来，社会主义制度选择的意义，就是一年一年让中国走向更高更强。改革开放以来，邓小平也反复强调，社会主义的优越性就是共同富裕，它体现了社会主义

---

[1]《习近平总书记重要讲话文章选编》，中央文献出版社、党建读物出版社2016年版，第404页。

的本质。毛泽东和邓小平的论述都阐明了，在社会主义初级阶段的条件下，物质生活的共同富裕之于社会主义本质的体现具有典型性和象征性意义，反映为共享的核心内容，构成改革开放以来经济作为发展重心的必然性和合理性的根据。

在唯物史观看来，把社会系统构成中某一个要素或某一个方面作为发展的核心内容，不能忽略其他要素和部分的存在。并且，发展过程中的当下性必须与历史和未来联系起来。换言之，在把某一个要素或方面置于发展的突出位置的同时，既需要联系其他要素或其他方面，也需要将当下的发展置于与历史和未来的联系之中，既不能把社会系统构成中某个要素或某个方面绝对化，更不能把发展的当下性绝对化。社会主义属性的现代化尤其需要遵循唯物史观这一基本思想。应该看到，共享发展必然性地包含物质生活的共同富裕，但又不止于物质生活的共同富裕；经济的因素虽然具有决定性的意义，但不具有整体性的意义。

随着国家综合国力的不断提升，共享的整体性实现的条件越来越趋于成熟。与此同时，随着物质财富占有状况对社会成员在政治、文化以及社会地位等方面的深刻影响，共享的整体性诉求正越来越迫切地显现出来。正是基于此，习近平指出："共享发展就要共享国家经济、政治、文化、社会、生态各方面建设成果，全面保障人民在各方面的合法权益。"[①] 无论是对共享内容的理解，还是对共享主体的认识，习近平都体现了整体性的意向，反映了社会主义原则的根本要求。

基于实践中发展的含义回顾改革开放历程，大体可以划分为三个历史阶段，和不同历史时期相应的发展要求相适应。在第一个阶段，发展基本上指的是追求经济的快速增长，在这个阶段讲发展的含义主要停留在经

---

① 《习近平总书记重要讲话文章选编》，中央文献出版社、党建读物出版社2016年版，第403页。

济的单一层面；在第二个阶段，认识到物质财富的创造固然是评价现代化的基础性尺度但不是唯一的尺度，认识到财富是客体形式的财富与价值形式的财富的统一，财富的主体性内涵和人文意蕴成为普遍的共识。因此同时注重经济与政治文化社会的全面和协调发展，主张将经济政治文化社会的发展与人的发展统一起来。共享发展理念的提出，标志改革开放以来的发展观进入第三个历史阶段。在这个阶段，发展不仅应基于经济政治文化社会生态的统一、财富的客体尺度和价值尺度的统一，更为重要的是，发展必须基于社会各阶级阶层的统一。通俗地说，"做蛋糕"和"分蛋糕"不仅应统一于现代化过程中的每一个阶段，而且发展成果应在每一个社会成员那里都能得到充分体现。在这个意义上，共享发展既不只是基于发展取得的文明成果分配问题的具体思路，也不只是一种阶段性的考虑。因此可以说，共享发展理念在科学发展观的基础上实现了对发展的本质与意义更为深刻的认识，是对科学发展观的丰富与完善，共享发展与社会主义的内在一致性由此更为全面而充分地体现出来。

3. 共享发展的基础性问题

共享发展与全面小康是一致性的概念。"小康"这个概念，是邓小平基于容易为老百姓所理解的考虑，在中国现代化阶段性目标的意义上提出的，主要指标是20世纪末人均国民生产总值达到800至1000美元。实际上，在2002年的时候，我国人均国内生产总值就已近1000美元，可以说基本实现了小康。但这个小康还是低水平的、发展很不平衡的小康。党的十八大报告在十七大报告的基础上提出，到2020年，国内生产总值和城乡居民人均收入比2010年翻一番，全面建成惠及十几亿人口的小康社会。联系世界现代化历史看，这个阶段性战略目标，说是实现中华民族伟大复兴的关键一步，是一点都不为过的。"十三五"规划第七部分以"坚持共享发展，着力增进人民福祉"为题，从增加公共服务供给、实施脱贫攻坚工程、提高教育质量、促进就业创业、缩小收入差距、建立更加公平更可持续的社会保障制度、推进健康中国建设和促进人口均衡发展等八个方面，对如何实现共享发展作出了一系列战略部署。比如，就如何缩小收入差距的问题，"十三五"规划提出，"坚持居民收入增长和经济增长同步、劳动报酬提高和劳动生产率提高同步，持续增加城乡居民收入。调整国民收入分配格局，规范初次分配，加大再分配调节力度"。贯彻落实共享发展的战略部署，不仅要注重技术层面的设计和安排，也需要注重制度层面的发展和完善。基于经济基础和上层建筑两个层面的统一，共享发展需要深入思考和讨论，所有制改革问题、物质财富分配问题和精神生活的共同富裕问题。

关于第一个问题，在历史唯物主义看来，生产关系与分配关系具有一致性，这一原理在当下中国现代化实践中得到充分证明。生产关系的变化无疑是考察和分析当今中国社会贫富差距问题的一个重要方面。由此决定了，共享发展的实践必须高度关注所有制结构变化的问题并作出战略性的安排。概括而言，拒绝大规模私有化和完善公有制经济是正确处理所有制问题的两个主要着力点。

所有制结构的改革与调整必须坚决拒绝大规模私有化的思路和主张。对私有化的拒斥决定于社会主义制度的根本要求，改革开放以来中国的现代化建设之所以取得巨大成就，在恢复和发展非公经济的同时，始终坚持公有制经济为主体、多种所有制经济共同发展的社会主义初级阶段基本经济制度，是其中一个重要原因和重要经验。有国外观察者注意到了这一事实，"关键的改革并非私有化，而是让国有企业引入竞争机制，相互之间、与外国公司之间，特别是与大量新建的私有、半私有和集体所有制企业之间展开竞争"[①]。有学者在此基础上进一步分析道，之所以没有实行完全

---

① ［意］乔万尼·阿里吉：《亚当·斯密在北京：21世纪的谱系》，路爱国、黄平、许安结译，社会科学文献出版社2009年版，第359页。

私有化,"不是从共产党的意识形态出发,而是根据中国自身的经验教训来思考这个问题"。由于中国历史上土地兼并、农民流离失所这样的教训班班可考,所以中国才不会轻易地跨出完全私有化这一步。① 自身的经验教训固然是拒斥私有化的一个重要根据,但这一分析显然忽略了社会主义原则对所有制结构变化的决定性影响和作用。

在现代化实践中逐步深化国有经济与公有经济的一致性。国有经济一直面临着如何进一步贯彻和体现与公有经济价值原则的问题,这一问题随着改革开放的逐步深入越来越为突出地表现出来。中国正在建构和完善的是社会主义市场经济,对于这个特殊的市场经济,前日共领导人不破哲三指出,如果不想在市场经济中迷失社会主义方向,国家必须牢牢地"占领制高点",即必须将工业和交通运输等方面的绝大部分控制在社会主义手中,以便它能确定社会主义经济发展的方向。② 国有经济之所以有存在的必要,主要的根据就在于它承担着贯彻和体现社会主义价值的功能,这是社会主义市场经济条件下的国有经济与资本主义市场经济条件下的国有经济的本质区别。在当前种种关于针对国有经济的诟病中,诸如国企垄断论和国有存在无意义论等在一定意义上是伪命题,"国有经济的改革从来不是'要与不要'的问题,而是如何更有效和公平的问题,从来不仅仅是一个经济问题,而更是一个政治课题"③。需要进一步讨论的是,在国有企业所遭受的种种诟病中,有些问题比如国企领导人高薪论和行业收入差距论等确实是真问题,必须予以正视并加以解决,否则国有经济之于社会主义的意义不但会被严重削弱,而且有丧失国有经济作为社会主义市场经济基础的意义的可能。

---

① 朱云汉:《高思在云——中国兴起与全球秩序重组》,中国人民大学出版社2015年版,第138页。
② 参见吴波:《社会主义与中国道路》,合肥工业大学出版社、人民出版社2012年版,第167页。
③ 吴晓波:《国企改革不仅仅是经济问题》,新浪网2015年8月19日。

关于第二个问题,在马克思主义看来,资本与劳动各自的地位决定了,两者之间没有真正的机会均等,"财富的异化不仅体现为创造财富的劳动主体的异化,还表现为分配的异化。资本主义的财富增加的一个突出现象,就是社会财富的增长与创造财富的劳动者的贫困成正比"[①]。马克思主义还认为,经济和政治之间具有不可分割性。资本的权力不仅体现在生产和分配领域,还蔓延和渗透到政治社会生活的每一个角落。有国外左翼学者指出,当下西方在经济上的垄断化和寡头化,带来了政治上极大的变化,即权力的集中和民主的衰退。今天,资本不仅操纵了选举,还操纵了媒体、网站、学校,操纵了反抗的可能性。其实,这一切只不过是在资本的强力作用下资本主义民主实质的充分暴露而已,资本毫无疑问是侵蚀和扭曲西方社会权力结构的总根源。社会主义初级阶段私人资本存在的合理性决定了,讨论共享发展的实践,首先必然涉及作为人民群众主体的劳动群众与资本之间的矛盾,必然涉及经济政治文化的因素在劳动与资本利益关系中的安排,构成共享发展必须面对的一个重大现实问题。

事实已经表明,"分蛋糕"的问题正在成长为当前中国社会最为突出的矛盾。有学者预测,"对中国来说,现在各种社会矛盾凸显,在种种社会矛盾当中,劳动关系矛盾将很快取代官民矛盾,跃居全世界第一的位置。原因很简单,城镇化的迅速推进,使得劳资关系的矛盾不断加大,再加上工人群体,劳动者当中的一个很重要的部分,工人群体的本身的组织性、机理性比较强,同质化的程度比较高,联动性十分明显。所以,用不了几年就会取代其他的矛盾,跃居全世界第一的社会矛盾了,这是历史的必然"[②]。就劳动与资本的现实关系而言,资本在其和劳动的关系中处于绝对优势地位。有学者调查得出的结论是,在号称工会覆盖率在100%的富士

---

① 陈先达:《历史唯物主义视野中的财富观》,《哲学研究》2010年第10期。
② 吴忠民:《劳动关系矛盾将成为社会主要矛盾》,观察者网2015年6月1日。

康深圳厂区，在 1736 位问卷调查受访者中，高达 32.6% 的被访工人不知道富士康有没有工会甚至以为没有工会；84.8% 的工人表示自己没有参加工会，参加工会的工人仅为 10.3%。与第一代农民工相比，新生代农民工的维权意识显著增强，"他们比其父辈具有更强烈的不公平感，他们对于种种社会不公正也更为敏感；更为重要的是他们抛弃了上一代人常常怀有的宿命论，他们不认命运，有着强烈的表达利益诉求的动力和对未来更好生活的要求"。围绕分配制度的完善，党的二十大报告指出："坚持按劳分配为主体、多种分配方式并存，构建初次分配、再分配、第三次分配协调配套的制度体系。"强调要"努力提高居民收入在国民收入分配中的比重，提高劳动报酬在初次分配中的比重"[①]。显然，这是基于社会主义分配原则作出的优化，有利于促进分配状况的改善。

关于第三个问题，习近平指出，共同富裕是全体人民的富裕，是人民群众物质生活和精神生活都富裕。无论是物质富裕还是精神富裕，都主要来源于生命个体的内心感受。一般认为，物质富裕是精神富裕的根本性基础，这种认识符合唯物史观，因为马克思说过，如果没有生产力的发展，那就只会有贫穷、极端贫困的普遍化；而在极端贫困的情况下，必须重新开始争取必需品的斗争，如此，全部陈腐污浊的东西又要死灰复燃。不过，相较于物质富裕，精神富裕具有自己的独立性品格，这符合辩证法的原则。对有的个体或群体而言，即使物质上并不处于充裕的状态，精神上却能表现出充分的富有。精神力量的充分发扬，是百年党史叙事的一条重要线索，是党之所以取得伟大成功的独特优势和关键依据。

讨论精神生活共同富裕的问题，首先需要联系邓小平关于共同富裕

---

① 习近平：《高举中国特色社会主义伟大旗帜　为全面建设社会主义现代化国家而团结奋斗——在中国共产党第二十次全国代表大会上的报告（2022 年 10 月 16 日）》，人民出版社 2022 年版，第 47 页。

的理解。他提出的共同富裕主要是从物质生活的角度阐发的，针对的是共同贫穷问题的思考和解决。他在社会主义本质论中将共同富裕明确为社会主义初级阶段的奋斗目标，既是对社会主义价值原则的基本遵循，又坚持了实事求是的思想路线。随着全面建成小康社会任务的完成，物质财富的积累越来越为丰厚，人民群众物质生活水平总体上处于不断提高的趋势，精神富裕的问题也就自然地提了出来。这一问题的解决与物质生活共同富裕的深入实践内在结合，共同富裕由此清晰地呈现出双重要求和双重意义。

深化对精神生活共同富裕的认识，还需要强化问题意识。在少数人那里，物质生活的富裕与精神生活的富裕出现了严重脱节的情形，换言之，有的人物质上虽然非常富有，精神上却处于极端贫穷的状态，为富而不仁的事例构成精神贫穷常常成为社会舆论关注焦点的由头。这一社会现象提醒我们，物质富裕并不总是能自发地生成精神富裕，两者之间关系的复杂性由此可见一斑。如果说这种现象古已有之的话，那么，更深刻的问题意识需要与对现代性问题的反思联系起来。在马克思那里，现代性批判的实质是资本逻辑的批判。资本和市场的力量一方面推动了物质蛋糕不断做大，促成了人民群众整体上物质生活水平不断提高，但另一方面，它们对于精神富裕不仅没有展现出同样积极的意义，反而大都走向了反面。具体地说，在资本逻辑中，劳动丧失了自主性，有且只具有工具和手段的意义，"我们的一切发现和进步，似乎结果是使物质力量成为有智慧的生命，而人的生命则化为愚钝的物质力量"。在精神文化的生产领域，资本逻辑由于对健康向上的积极文化诉求具有天然的销蚀功能，因而发挥出了在物质生产领域同样的功效，拜金主义、享乐主义和个人主义等社会思潮的背后，都有资本逻辑制造物质财富与精神财富之间矛盾的不倦身影。

"内卷""躺平"和阶层固化等时下流行的话语，折射出部分社会成员心理上的焦虑与无奈，这与其说是劳动对资本逻辑的消极反抗，倒不如说是资本逻辑的凯歌行进。在一定意义上，精神富裕问题的凸显，折射出资本逻辑和权力逻辑相互交织的强大力量，使得人的现代化已经替代物的现代化成为现代化的突出课题。对于中国的现代化来说，既不是向人对物的依赖关系的转化，更不是向人对人的依赖关系的复归，而是从一起步就确立了自由个性和全面发展的历史任务。正是基于这一点，我们就能深刻理解中国共产党为什么反复强调以人民为中心和实现人的全面发展，因为它们不仅与共同富裕的逻辑一致，而且释放出中国共产党强化超越性努力的决心和意志。

精神生活共同富裕的现实展开，主要有赖于社会主义公平正义的深入。社会主义公平正义的价值理念，对各种社会差别是警觉的，对各种边界也是敏感的，我们需要逐步消解影响精神生活共同富裕的显性或隐性的各种障碍，积极探索让改革发展的物质成果和精神成果更多更公平惠及全体人民的具体路径。一方面，物质生活的共同富裕无疑具有基础性的意义。邓小平在晚年强调分配问题大得很，反映了他对中国社会最主要问题的准确把握。精神生活共同富裕的深入推进，还需要强化积极向上的精神产品的供给，发挥其在实现人民精神生活的共同富裕方面主导性和主力军作用。另外，尤其需要强化在精神生产上对资本逻辑的抑制，从外部进行积极纠偏，克服资本逻辑给精神生产可能带来的价值偏颇与逻辑扭曲，通过更好地发挥反作用的意义赋予精神文化生产以正确的方向。另一方面，随着经济社会发展水平的不断提高，随着人民群众教育和文化水平的不断提升，越来越多的中下层民众的权利意识被激活并逐渐增强，社会不平等的议题越来越清晰地进入全社会的视野，社会主义初级阶段社会主义民主形式供给与需求之间的矛盾逐步突出。显然，这不仅需要基于劳动的立场从政策层面加以调整和完善，更需要从政治体制层面加以调整和完善，只有不断彰显全过程人民民主的优越性，人民群众精神生活的共同富裕才能逐步展现出来。

二、共同富裕与第三次分配

中国式现代化是全体人民共同富裕的现代化。分配制度的完善，是促进共同富裕的必然要求，也是推进和拓展中国式现代化的重要环节。党的二十大报告指出："坚持按劳分配为主体、多种分配方式并存，构建初次分配、再分配、第三次分配协调配套的制度体系。"强调"引导、支持有意愿有能力的企业、社会组织和个人积极参与公益慈善事业"[①]。将第三次分配与共同富裕的实现联系在一起并纳入社会主义初级阶段分配制度体系，是党的十八大以来中国共产党深化社会主义与市场经济结合的重要成果。基于共同富裕的视角深化对第三次分配的认识，对于发挥好第三次分配的积极作用，进而促进中国式现代化道路的完善具有十分重要的意义。

1. 第三次分配出场的三重理解

第三次分配是基于促进共同富裕的要求提出来的，需要在共同富裕的理论及实践要求下正确认识和把握其之于共同富裕的价值与意义。将第三次分配与共同富裕联系在一起作为解决社会贫富差距的实践方式提出来，反映了我们党实现共同富裕的紧迫感和对于第三次分配认识的深化，体现出社会主义市场经济的完善与中国特色社会主义制度的发展。

第一，共同富裕议题的凸显。

众所周知，社会主义一直是将共同富裕作为自己的专属话语并在与资本主义的竞争中占据价值制高点的。在 20 世纪以来社会主义的历史实践中，从分配视角将共同富裕和两极分化分别作为社会主义和资本主义

[①] 习近平：《高举中国特色社会主义伟大旗帜　为全面建设社会主义现代化国家而团结奋斗——在中国共产党第二十次全国代表大会上的报告（2022 年 10 月 16 日）》，人民出版社 2022 年版，第 47 页。

的代称成为一种话语习惯，邓小平晚年关于社会主义本质的若干相关论述就是典型例证。比如，"社会主义与资本主义不同的特点就是共同富裕，不搞两极分化"[1]。再比如，"社会主义的本质，是解放生产力，发展生产力，消灭剥削，消除两极分化，最终达到共同富裕"[2]。将共同富裕明确为社会主义的本质特征，对于邓小平来说，并不仅仅意味着理论上对社会主义理解的深化，还蕴含着强烈的现实反思，在他看来，"社会主义最大的优越性就是共同富裕，这是体现社会主义本质的一个东西。如果搞两极分化，情况就不同了，民族矛盾、区域间矛盾、阶级矛盾都会发展，相应地中央和地方的矛盾也会发展，就可能出乱子"[3]。将共同富裕作为社会主义最大的优越性提出来，凸显的是邓小平对社会主义现代化道路的坚持，具有浓重的预警意味。

中国成就与中国问题的紧密交织构成改革开放历史叙事的一条基本线索，具体体现为在中国拥有越来越为强大的物质力量的同时，中国问题也越来越为繁多和复杂。共同富裕之所以成为新时代中国道路探索的核心议题，蕴含双重必然性：一方面，中国的现代化水平达到了前所未有的历史高度，为"分蛋糕"提供了较为雄厚的物质基础。小康社会的全面建成，意味着绝对贫困的彻底消除，标志着"扎实推动共同富裕的历史阶段"[4]的开启；另一方面，社会贫富差距在中国问题内部构成中的地位处于不断上升的趋势，社会公平正义的价值诉求凸显。党的十八大以来，我们党将社会公平正义确定为全面深化改革的出发点和落脚点，释放出实现共同富裕的紧迫感，可以理解为对邓小平晚年关于"分配问题大得很"的主动回应和在发展与分配关系问题上的积极反思，既反映出中国共产

---

[1] 《邓小平文选》第3卷，人民出版社1993年版，第123页。
[2] 《邓小平文选》第3卷，人民出版社1993年版，第373页。
[3] 《邓小平文选》第3卷，人民出版社1993年版，第364页。
[4] 习近平：《扎实推动共同富裕》，《求是》2021年第20期。

党践行初心和使命的高度政治自觉，又蕴含对所谓"下溢效应"的意识形态话语的强烈批判，展现出鲜明的校正性倾向，成为新时代中国道路探索强化社会主义属性的重要表征。

我们党对共同富裕议题的关注和介入的不断强化，新时代相关话语的频繁调整和变化可谓一种集中的呈现。党的十八大和十九大作出了"城乡区域发展差距和居民收入分配差距依然较大"的一致性表述。2021年8月17日，习近平在中央财经委员会第十次会议上指出："我国发展不平衡不充分问题仍然突出，城乡区域发展和收入分配差距较大。新一轮科技革命和产业变革有力推动了经济发展，也对就业和收入分配带来深刻影响，包括一些负面影响，需要有效应对和解决。"[1] 在直面这一中国社会最大现实问题的过程中，我们党围绕共同富裕实践的话语实现了从原则表达到过程表达再到效果表达的提升。党的十八大报告将"必须坚持走共同富裕道路"纳入中国特色社会主义总要求之中，作出"朝着共同富裕方向稳步前进"[2] 的原则表述。党的十九大报告明确：从2020年到2035年，"全体人民共同富裕迈出坚实步伐"；从2035年到本世纪中叶，"全体人民共同富裕基本实现"[3]。党的二十大报告进一步提出：到2035年，"人的全面发展、全体人民共同富裕取得更为明显的实质性进展"[4]。与"稳步前进"和"迈出坚实步伐"的过程表达相比，"取得更为明显的实质性进展"这一侧重效果层面的表达，不仅折射出着力促进共同富裕的坚强决心，更显示出中国共产党发展和完善社会主义的坚定意志。

---

[1] 习近平：《扎实推动共同富裕》，《求是》2021年第20期。
[2] 《十八大以来重要文献选编（上）》，中央文献出版社2014年版，第12页。
[3] 《习近平谈治国理政》第4卷，外文出版社2022年版，第142页。
[4] 习近平：《高举中国特色社会主义伟大旗帜 为全面建设社会主义现代化国家而团结奋斗——在中国共产党第二十次全国代表大会上的报告（2022年10月16日）》，人民出版社2022年版，第24页。

第二，第三次分配认识的深化。

在马克思恩格斯看来，以慈善为基本内容的第三次分配是资产阶级掩盖两极分化和缓解阶级冲突的一种制度性安排，具有鲜明的意识形态色彩。从党的十四大提出建立社会主义市场经济体制到党的十八大召开，关于分配的相关论述都没有出现过"第三次分配"的字样，意识形态的分野或是一个重要考量。随着社会主义与市场经济结合的开启，第三次分配进入中国的学术视野。20世纪90年代，有经济学者提出"第三次分配"是影响收入分配的一种力量。21世纪初，因由分配问题导致社会矛盾的上升，经济学和社会学等领域学者对第三次分配的论述有所展开。有学者指出，"第三次分配通过个人收入转移和个人自愿缴纳和捐献等自觉自愿的方式"，对于"帮助低收入者和无劳动能力者进而影响和缩小社会贫富差距，具有不可替代的作用"[1]；有学者进一步认为，"发展慈善事业，减少贫困与缩小贫富差距，是构建社会主义和谐社会的重要途径"，建议"通过加强社会调节，促使更多的个人和群体参与第三次分配"[2]。学术界关于发展慈善事业的建言以及政府有关部门相关立法工作的探索，在一定程度上深化了第三次分配与社会主义市场经济之间关系的认识。

中国特色社会主义进入新时代，党和政府对第三次分配积极意义的认识伴随着慈善事业的不断发展逐步强化。党的十八届三中全会提出要"完善慈善捐助减免税制度，支持慈善事业发挥扶贫济困积极作用"[3]，尽管没有使用第三次分配的概念，但其在再分配的分析框架中已经作为一个重要举措得以确立。党的十九届四中全会通过的《中共中央关于坚持和完善中国特色社会主义制度　推进国家治理体系和治理能力现代化若干重

---

[1] 参见辜胜阻：《强化第三次分配　发展慈善捐赠事业　缓解贫富差距》，《经济界》2006年第5期。
[2] 宋林飞：《第三次分配是构建和谐社会的重要途径》，《学海》2007年第3期。
[3] 《十八大以来重要文献选编（上）》，中央文献出版社2014年版，第537页。

大问题的决定》指出要重视发挥第三次分配作用，发展慈善等社会公益事业。这是第三次分配的概念第一次出现在党的政治文件中。2020 年 10 月 29 日，党的十九届五中全会通过的《中共中央关于制定国民经济和社会发展第十四个五年规划和二〇三五年远景目标的建议》提出，要"发挥第三次分配作用，发展慈善事业，改善收入和财富分配格局"。这是我们党第一次对第三次分配与共同富裕目标的一致性作出明确的价值肯定。把第三次分配作为缩小收入差距、改善收入分配格局的一支重要力量，纳入共同富裕的基础性制度安排，成为深化社会主义与市场经济结合认识的一个重要成果。

第三，分配制度的完善。

分配制度的改革过程，是社会主义与市场经济结合探索的一个历史缩影，反映了这个系统工程建设的长期性复杂性。在建立社会主义市场经济体制的第一个十年，总体上贯彻的是效率优先、兼顾公平的分配原则。新世纪新阶段，我们党越来越注重协调发展，不仅展现出将效率与公平结合起来完善社会主义市场经济体制的实践特点，而且在效率与公平关系的问题总体上呈现出向公平不断倾斜的趋势。党的十六大报告提出要在初次分配中注重效率，在分配中注重公平；党的十七大报告明确无论是初次分配还是再分配都要处理好效率与公平的关系；党的十八大报告强调"初次分配和再分配都要兼顾效率和公平，再分配更加注重公平"[1]。尽管在分配原则上作出了不断优化的努力，但社会贫富差距仍然不断拉大，分配问题不断强化和夯实在中国问题的焦点位置。究其原因，"既与我国基本国情、发展阶段密切相关，具有一定的客观必然性和阶段性特征，也与收入

---

[1]《十八大以来重要文献选编（上）》，中央文献出版社 2014 年版，第 28 页。

分配及相关领域的体制改革不到位、政策不落实等直接相关"[1]。中国特色社会主义进入新时代，完善和发展中国特色社会主义制度，推进国家治理体系和治理能力现代化成为全面深化改革的总目标，这一强化社会主义属性的改革，必然性地将分配制度的完善首先纳入改革的视野，正如习近平指出的，"我们必须坚持发展为了人民、发展依靠人民、发展成果由人民共享，作出更有效的制度安排，使全体人民朝着共同富裕方向稳步前进，绝不能出现'富者累巨万，而贫者食糟糠'的现象"[2]。

2013年2月，国务院批转发展改革委、财政部、人力资源社会保障部《关于深化收入分配制度改革的若干意见》，可以视为新时代分配制度改革的第一步，构成第三次分配出场的直接背景。从制度完善的视角看，新时代十年形成了关涉第三次分配的三大标志性成果。一是，党的十九届四中全会通过的《中共中央关于坚持和完善中国特色社会主义制度、推进国家治理体系和治理能力现代化若干重大问题的决定》将按劳分配为主体、多种分配方式并存的分配制度纳入社会主义基本经济制度框架之中；二是，2016年3月，十二届全国人大四次会议表决通过《中华人民共和国慈善法（草案）》，9月1日，该法律的正式实施，"全面开启了我国慈善事业的法治之门，为慈善事业的发展提供了基本的法律依据，从而客观上成了我国传统慈善走向现代慈善的分界线"[3]；三是，继党的十九届四中、五中全会之后，2021年8月17日，习近平在中央财经委员会第十次会议上指出："要坚持以人民为中心的发展思想，在高质量发展中促进共同富裕，正确处理效率和公平的关系，构建初次分配、再分配、三次分配协

---

[1] 发展改革委、财政部、人力资源社会保障部：《关于深化收入分配制度改革的若干意见》，《人民日报》2013年2月7日。
[2] 习近平：《在党的十八届五中全会第二次全体会议上的讲话（节选）》，《求是》2016年第1期。
[3] 赵莹莹：《慈善法引领中国特色慈善事业行稳致远》，《人民政协报》2022年9月27日。

调配套的基础性制度安排。"① 这是我们党第一次明确将第三次分配纳入收入分配制度体系之中,党的二十大报告重申了这一制度安排,并提出了第三次分配在增进民生福祉上的实践要求。

2. 第三次分配与共同富裕的辩证分析

一般来说,第三次分配具有缩小收入差距、增强社会凝聚力、促进社会和谐和建设友爱社会等重要功能,无论之于物质生活的共同富裕还是之于精神生活的共同富裕,第三次分配都被赋予积极的评价和乐观的期待。在历史唯物主义视域下,第三次分配不是一个绝对独立的存在,基于社会主义市场经济理论与实践的双重视角辩证分析第三次分配与共同富裕之间的关系,是开展第三次分配实践的基础性工作。

第一,第三次分配与物质生活的共同富裕。

未来社会是物质产品极大丰富和精神境界极大提高的社会形态。精神生活虽然有相对的独立性,但精神生活的共同富裕的实现主要依赖于物质生活的共同富裕问题的解决,因而后者相较于前者具有基础性的意义。一般认为,一方面,第三次分配可以对初次分配和再分配中的市场失灵和政府失灵作出一定程度的弥补,达到改善收入分配格局的目的。如有学者认为,"由于初次分配和再分配难以改变分配不公和贫富差距日益扩大的趋势,为促进社会公平正义,进一步发挥第三次分配作用就成为一种必然"②。另一方面,第三次分配可以促进再分配的落实。如有学者认为,"实践表明,法定社会保障制度特别是社会救助与社会福利事业的发展,客观上离不开慈善事业的有力配合,这是第三次分配对促进共同富裕的再分配机制的

---

① 《在高质量发展中促进共同富裕 统筹做好重大金融风险防范化解工作》,《人民日报》2021年8月18日。
② 孙春晨:《第三次分配的伦理阐释》,《中州学刊》2021年第10期。

强化效应"①。撇开第三次分配之于再分配的促进不言,认为第三次分配弥补初次分配和再分配中的市场失灵和政府失灵的观点显然过于简单或片面化了。关于中国分配问题的讨论,必须首先设置社会主义市场经济的特殊背景,基于社会主义与市场经济结合的特殊逻辑。在这个特殊逻辑中,社会主义市场经济对政府作用提出了更多和更特殊的要求,任何一种分配形式不仅不能脱离政府作用的影响,而且会受到社会主义价值原则的特殊干预。关于市场和政府双重失灵导致第三次分配出场的分析,是对西方经济学理论逻辑的沿用,除了缺乏对贫富差距问题深层根据的揭示,关键在于忽略了初次分配和再分配实践中基于社会主义价值原则的政府责任的深层反思与追问,进而也就难以正确阐明第三次分配出场的原因和实践的意义。

在这个意义上,第三次分配的出场首先提供了一个对初次分配和再分配作出历史反思的机会。仅就再分配而言,政府的再分配是在初次分配之后对收入差距进行调节,主要包括税收和社会保障支出等手段。有学者根据相关数据分析发现,在税收调节收入差距过程中,间接税与依靠工资所得的个人所得税相比在国家税收收入和财政收入中所占比重要大得多,而间接税根据其种类的不同决定了具有逆向调节的功能,例如由于我国缺乏调节居民财产税的再分配政策,由此以来财产在代际的流动便不受束缚,这一方面加剧了财产向个体的积累,另一方面助推收入差距的扩大、促进阶层的固化。② 另有研究发现,政府在再分配的实践过程中还存在对低收入人群的身份识别不准或者瞄不准的问题,没有达到改善分配状况的目的。可见,问题并不主要在于所谓的市场失灵或政府失灵,而在于政府在初次分配和再分配的干预实践中贯彻社会主义价值原则存在一定的失

---

① 郑功成:《以第三次分配助推共同富裕》,《中国社会科学报》2021年11月25日。
② 李实、朱梦冰:《推进收入分配制度改革 促进共同富裕实现》,《管理世界》2022年第1期。

误或不足，由此也折射出社会主义与市场经济结合的复杂性与艰难程度。

尽管第三次分配之于分配状况的改善有积极的促进作用，但不宜夸大其之于共同富裕实现的意义。这首先是因为分配从根本上是由生产决定的。在马克思看来，"一定的分配关系只是历史地规定的生产关系的表现"。"消费资料的任何一种分配，都不过是生产条件本身分配的结果；而生产条件的分配，则表现生产方式本身的性质。"[1] 基于社会主义初级阶段的客观实际，资本将是一个长时期的合理性存在，资本逻辑蕴含天然地拉大贫富差距的功能，不仅决定了社会主义与市场经济结合的艰难程度，也决定了实现全体人民共同富裕将是一个长期的历史过程。其次，初次分配、再分配和第三次分配之于共同富裕的实现存在作用上的显著差异。就分配体系本身而言，初次分配对于分配最终结果来说具有决定性作用，再分配则对于分配实际状况的改善具有一定的实质性作用，与初次分配与再分配相比，第三次分配所能起到的作用甚微。有学者形象地指出，"第三次分配无疑类似于促进人体健康更加均衡的小血管、毛细血管的微循环行为。初次分配的造血和再分配的血液平衡循环事关人的生死，第三次分配的微循环则影响着整个身体的长期生态是否能持续健康"[2]。另外，一些从事慈善的社会组织本身与资本就存在或深或浅的关联，对分配状况改善的显性意义也就不可避免地大打折扣。总之，无论从分配问题产生的根源，还是从第三次分配在分配体系中的地位，以及第三次分配与资本的关联，在确认第三次分配之于物质生活共同富裕积极作用的同时，还必须承认其局限性的一面。对于物质生活的共同富裕目标的实现而言，第三次分配有且只具有补充性的意义。

---

[1] 《马克思恩格斯选集》第 3 卷，人民出版社 1995 年版，第 306 页。
[2] 杨斌：《第三次分配：内涵、特点及政策体系》，《学习时报》2020 年 1 月 1 日。

第二，第三次分配与精神生活的共同富裕。

第三次分配虽然是直接基于物质生活的共同富裕的目标作出的制度安排，其积极意义并非仅限于此。具体地说，第三次分配的肯定性评价蕴含双重维度，不仅有利于促进分配公平，赋予物质生活共同富裕的积极意义，而且有利于彰显中华民族乐善好施、扶危济困的传统美德，赋予精神生活共同富裕的积极意义。近年来，伦理学、社会学等学科领域学者从道德视角对第三次分配的研究，拓展了第三次分配之于共同富裕的意义空间，成为第三次分配地位和作用认识深化的重要方面。在他们看来，作为"由道德力量或公益精神主导的社会成员之间互助友爱的集中表现形式"[1]，慈善具有自发地促进社会道德风尚改善的功能，自然地展现出促进精神生活共同富裕的特殊价值。换言之，"第三次分配天然带有道德的底色,秉持道德信念的第三次分配是实现共同富裕的道义伦理路径"[2]。在马克思看来，人的自由而全面的发展是未来社会的根本原则。如果说物质生活的共同富裕之于共同富裕的目标具有基础性意义的话，精神生活的共同富裕之于共同富裕的目标更具有本质性的意义。将第三次分配与精神生活的共同富裕联系起来，从精神的维度揭示第三次分配的积极意义，不仅强化了第三次分配在社会主义初级阶段分配体系中的地位，同时也升华了第三次分配之于共同富裕的价值。

慈善固然可以传递爱与温暖，不过对其之于精神生活共同富裕的意义，不宜做简单的抽象的肯定，更要拒绝浪漫主义的想象，需要置于世界历史进程之中做出辩证分析。马克思恩格斯深刻揭示了资本主义社会慈善的本质。在他们看来,慈善是内在于资本主义制度体系和话语体系的,它不仅不触动资产阶级的根本利益，更是服务于资本逻辑的需要。恩格斯

---

[1] 郑功成：《以第三次分配助推共同富裕》，《中国社会科学报》2021年11月25日。
[2] 孙春晨：《实现共同富裕的三重伦理路径》，《哲学动态》2022年第1期。

指出："文明时代越是向前发展，它就越是不得不给它所必然产生的坏事披上爱的外衣，不得不粉饰它们，或者否认它们——一句话，是实行习惯性的伪善。"[①] 伪善是资本逻辑的生存法则，表面上依靠宣传微观主体仁慈博爱的利他主义精神来标榜人道主义和公正平等，骨子里却始终如一地朝着更为利己的方向发展。美国前劳工部长、加州大学伯克利分校公共政策教授罗伯特·里奇（Robert Reich）在题为《富人的慈善并不总在行善》（"Philanthropy of Wealthy not Always Charitable"）的文章中指出："美国许多富豪捐款是为了获得免税的好处，据美国国会预算办公室的统计，2012年390亿美元的慈善免税额中，330亿是由最富有的20%的人享受的，而其中的大部分则又是由1%的人得到的。"如果说第三次分配具有"道德气质"的话，那么，西方资本逻辑作用下的慈善浑身散发的只不过是伪"道德气质"而已。

作为中国式现代化的核心课题，社会主义与市场经济的结合从一开启就提出了驾驭资本逻辑的实践要求，其中一个重要内容，就是最大限度地发挥主观能动性努力克服资本逻辑给精神生产和精神生活可能带来的价值偏颇和逻辑扭曲。正是基于这一点，我们就能深刻理解中国共产党为什么在现代化过程中一以贯之地突出强调实现人的全面发展这一价值目标，将物质富足和精神富有辩证统一在一起作为社会主义现代化的根本要求。从现实情况来看，在肯定社会主义市场经济条件下慈善增进道德的积极作用是主流一面的同时，还应承认其消极作用一面的客观存在，进而承认其之于精神生活共同富裕意义的有限性。第三次分配的内在动力并不全是仁与爱，事实证明了这一点。有的慈善组织信息公开不足，透明度不高；多头募捐、欺诈募捐及募捐财物"跑、冒、滴、漏"等慈善领域失范现象时有发生；有以慈善之名行营销或逃税之实，也有以慈善之名行贿赂之实，

[①] 《马克思恩格斯文集》第4卷，人民出版社2009年版，第197页。

折射出背后的不良动机，为"富而不仁"增添了现实注脚。另外，第三次分配也在无形中助长了少数受益人的投机性以及依赖性的心理与行为。很显然，这些走向促进道德状况改善的反面的种种表现，无疑在一定程度上冲抵了社会主义精神文明建设的实际成效。

总体而言，在确认第三次分配之于物质生活共同富裕和精神生活共同富裕的肯定性意义的同时，还必须对其意义的有限性作出确认。只有坚持辩证分析的态度，才能做到科学地对待第三次分配，进而在更好地发挥第三次分配的积极作用的同时推动共同富裕的实现。

3. 第三次分配的中国特色和实践要求

共同富裕是社会主义的本质要求，对于作为马克思主义执政党的中国共产党来说，只有采取越来越积极的举措，不断缩小社会贫富差距，才能在夯实执政基础的同时推动社会主义的发展和完善。党的二十大报告指出："我们坚持把实现人民对美好生活的向往作为现代化建设的出发点和落脚点，着力维护和促进社会公平正义，着力促进全体人民共同富裕，坚决防止两极分化。"[1]共同富裕无论在话语上还是在实践上已经成为新时代中国特色社会主义的鲜亮标识。从价值理念、法律制度和实践方式等方面加快构建与社会主义市场经济相一致的第三次分配知识体系，是深化社会主义与市场经济结合的重要任务，对于正确发挥第三次分配之于共同富裕的促进作用具有十分重要的意义。

践行这一理论任务，首先需要对关于第三次分配的若干习以为常的认识作出前提性的澄清。比如，第三次分配并不是相较于初次分配和再分配的独立存在，其财富构成中包含有初次分配、再分配的份额；初次分配、

---

[1] 习近平：《高举中国特色社会主义伟大旗帜　为全面建设社会主义现代化国家而团结奋斗——在中国共产党第二十次全国代表大会上的报告（2022年10月16日）》，人民出版社2022年版，第22页。

再分配和第三次分配不是分别与市场、政府和社会一一对应的关系，无论是初次分配还是第三次分配，政府都不是一种无为的状态，有其重要而特殊的作用空间；第三次分配不只是高收入人群向低收入人群的慈善行为，无以计数的普通民众成为其中重要的参与力量，涉及的领域也在不断地拓展。更为重要的是，尽管现代慈善发端于西方，但不能唯西方是从，采取简单地照抄照搬的方法。有学者发现，"中国特色慈善理念并未在立法中得到体现。现行立法过度强调欧美式组织化、专业化和非特定受益人等，并不能代表中国慈善事业的全貌"[1]。慈善有其一般性的一面，也因价值理念和实践空间的差异有其特殊性的一面，对于慈善的认识和实践应始终坚持自主性立场。

在此基础上，需要在明确第三次分配之于共同富裕补充性意义的同时，基于社会主义与市场经济结合深入思考中国特色第三次分配的逻辑定位、特殊内涵及基本规定。第一，将第三次分配纳入分配制度的基本框架，是基于社会主义初级阶段的客观现实，调动一切积极因素服务于共同富裕目标的主动性举措，是社会主义与市场经济结合深化的必然性结论。作为社会主义与市场经济结合探索新的制度成果，初次分配、再分配、第三次分配协调配套的制度体系，成为新时代中国式现代化道路发展和完善的重要标志。第二，尽管第三次分配的主体构成呈现出多元化趋势，但中国特色的第三次分配蕴含先富带动后富的基本考量，因而将先富者作为第三次分配的主体力量。这一特殊强调是以坚持第三次分配的自愿原则为基础的，与强制性要求毫不相干，不能把突出先富者的主体指向有意或无意曲解为"劫富济贫"。第三，无论是初次分配、再分配还是第三次分配，政府作用都应该更好地体现出来，彰显社会主义价值。对于政府而言，

---

[1] 朱宁宁：《用法治手段促进慈善事业大发展——访全国人大常委会委员、中国社会保障学会会长郑功成》，《法治日报》2022年8月2日。

需要坚持引导性和规范性的辩证统一，不仅要引导和支持有意愿有能力的企业、社会组织和个人积极参与公益慈善事业，还要基于社会主义价值原则加强公益慈善事业的管理，保障其规范运行和健康发展。第四，中国特色的第三次分配，不仅提出引导和规范这一实践推进物质生活的共同富裕的任务，也同时从社会主义精神文明建设的高度提出引导和规范这一实践推进精神生活共同富裕的要求。

社会主义在共同富裕的问题上具有的相较于资本主义的价值优势，根基于社会主义公有制的制度优势，正如习近平指出的，"一些发达国家工业化搞了几百年，但由于社会制度原因，到现在共同富裕问题仍未解决，贫富悬殊问题反而越来越严重"[1]。公有制为主体、多种所有制经济共同发展，按劳分配为主体、多种分配方式并存，社会主义市场经济体制等社会主义基本经济制度既同我国社会主义初级阶段社会生产力发展水平相适应，又体现了社会主义制度的优越性。新时代扎实推进共同富裕，首先需要坚持社会主义基本经济制度，在实践中始终坚持双重优先的原则。一是巩固和发展公有制经济的实践优先。邓小平指出："一个公有制占主体，一个共同富裕，这是我们所必须坚持的社会主义的根本原则。我们就是要坚决执行和实现这些社会主义的原则。"[2] 共同富裕议题的凸显进一步提出了巩固和发展社会主义公有制经济的必要性。坚持社会主义市场经济改革方向，就要继续做强做优做大国有资本和国有企业，不断提升企业核心竞争力，在不断夯实社会主义的经济基础的同时，进一步发挥公有制经济在促进共同富裕中的重要作用。二是从初次分配入手推进分配问题解决的实践优先。任何分配形式都内在包含着一定的价值取向，初次分配尤其突出。"初次分配因系对当年整个社会财富进行分配，份额最大，最为重要，它

---

[1] 习近平：《扎实推动共同富裕》，《求是》2021年第20期。
[2] 《邓小平文选》第3卷，人民出版社1993年版，第111页。

决定着城乡居民收入的初始状态,构成了社会财富分配格局的基座。"[1] 只有更多地依靠初次分配解决分配问题,才能切实有效缓解社会贫富差距,也才能彰显社会主义制度的优越性。共同富裕议题的凸显强化了对初次分配优化的必要性,应按照党的二十大提出的"努力提高居民收入在国民收入分配中的比重,提高劳动报酬在初次分配中的比重"的原则性要求,探索供给相应的法律政策,不断健全共同富裕的中国方案。

第三次分配实践中出现的问题原因是多方面的,比如一些地方存在监管过度或者监管不足的问题,没有真正促进慈善事业的健康发展。但在诸多影响因素中,资本逻辑消极作用的一面无疑是最重要的。中国特色第三次分配的健康发展,需要在《慈善法》等相关法律政策的制定和修订工作中强化社会主义价值原则的贯彻,坚持引导和规范的辩证统一,坚持适应性和超越性的辩证统一。从法治化的视角看,较为突出的问题主要是两个。一是关于网络慈善行为监管。近些年来网络慈善呈现出较快发展的趋势,相应法律规制缺乏,赋予慈善行为监管以新的课题。应修改相关法律对其边界、规则以及责任作出规定,从而为有效干预网络平台将商业活动与互助或慈善活动混合在一起的行为以及以慈善为名的网络慈善欺诈行为提供法律支持,维护和促进网络慈善健康发展。二是关于税收政策鼓励的规范。基于社会主义初级阶段的客观实际,需要承认慈善行为利他和利己相统一的现实合理性,并从物质因素和精神因素等方面作出相应的制度性安排。就此而言,通过税收政策优惠等鼓励企业、社会组织和个人积极参与公益慈善事业有现实必要性,但比较而言,赋予精神激励更契合中国特色第三次分配的价值理念,也更有利于精神生活的共同富裕,因此不宜将扩大财税政策支持作为推动慈善事业发展的主要举措。另外,关于慈善实践受益者行为的引导和规范,也是促进中国特色第三次分配

---

[1] 郑功成:《以第三次分配助推共同富裕》,《中国社会科学报》2021年11月25日。

健康发展的重要方面,不仅有利于促进物质生活的共同富裕,对于促进精神生活的共同富裕也有极其重要的意义。一方面应从精准识别低收入人群的收入入手,防范投机性行为的发生。有学者调查发现,教育、健康、居住环境以及消费等多维指标比以经济收入为主的单一指标对贫困户的瞄准度要高得多[1],"以'收入—财产'为标准的贫困识别指标体系可以有效甄别贫困人口,杜绝贫困人口中的'错进'以及非贫困人口中的'漏评'问题"[2]。再分配与第三次分配的帮扶对象具有较高的重叠性,通过建立多维的识别指标,收集再分配与第三次分配共享低收入人群人员识别信息,建立网络共享平台,提高对真正的低收入人群的精准识别。另一方面应创新激励机制激发低收入人群的内生动力,防范依赖性行为的发生。对于有劳动能力的受益人群体在做价值观引导的同时,可以将无偿的福利供给模式改为有偿的工作激励模式,从而调动这一类受益人群体的内在积极性。

---

[1] 朱梦冰、李实:《精准扶贫重在精准识别贫困人口——农村低保政策的瞄准效果分析》,《中国社会科学》2017年第9期。
[2] 陈志、丁士军、吴海涛:《贫困识别评估指标优化及实证》,《统计与决策》2021年第17期。

第三章　社会主义与市场经济的新一轮结合

社会主义与市场经济的结合是改革开放以来中国道路的核心课题，这条前人未曾走过的道路的探索，是一次替代和超越资本主义市场经济的努力，蕴含着现代性内在超越的价值取向。党的十八大以来，我们党将经济体制改革确立为全面深化改革的核心内容，坚持理想性引导、批判性反思与规范性校正的统一，不断深化对社会主义与市场经济关系的认识，取得了一系列理论突破，促进了社会主义市场经济体制的发展和完善。

一、中国道路核心课题的理论突破

党的十八届三中全会通过的《中共中央关于全面深化改革若干重大问题的决定》，在市场与政府的关系和基本经济制度的实现形式等问题上提出了一系列新思想新观点，标志着我们党对社会主义与市场经济结合的探索取得了新的突破，反映了中国道路核心课题探索新的进展。

1. 市场与政府关系的新突破

市场与政府的关系，是社会主义与市场经济结合两大基本问题之一。该决定将市场在资源配置中起"基础性作用"修改为"决定性作用"，这一重大理论突破在学术界引起热烈争论。坚持以马克思主义立场观点方法对相关争论进行梳理和辨析，有助于深化对社会主义与市场经济关系的认识。

第一，关于市场与政府关系观点的争论。

经济体制改革构成全面深化改革的核心内容，经济体制改革的核心内容则是处理好政府与市场的关系。关于这一问题的不同看法，形成学术界关于市场与政府关系的新一轮争论。有学者对此指出，今天政府与市场作用的争论，"基本上是意识形态争论，是信念的争论。所以，谈论政府与市场的关系问题，若仅停留在表面上，则意义不是很大。相信市场更行的人，就认为最好是没有政府。这已经没有多少学术和道理，完全是信念问题了"。决定公布后，学术界关于市场作用与政府作用对立性的观点显著弱化，越来越多的学者认识到，在发展社会主义市场经济中，政府和市场这两只手，都不可或缺，也决不可分割。因此，"使市场在资源配置中起决定性作用"和"更好发挥政府作用"，"不是互相排斥的，而是统一的，把它们对立起来的认识和做法是不对的、有害的"。[①]

在承认政府作用与市场作用一致性的基础上，学术界聚焦于以下两个论题。一是在强化市场作用的同时政府作用是否需要强化的问题。有学者指出，三中全会决议说"要更好发挥政府的作用"。一些论者认为市场起决定性作用，也要更好发挥政府的作用，所以政府的作用要强化是"一个误解"。针对这一观点，有学者指出："即使是在资本主义市场经济条件下，现代市场经济中政府的作用早已超出'守夜人'的范围，广泛介入经济社会各个领域，政府的强弱已成为决定一个国家国际地位和国际竞争力的决定性因素，'大市场、小政府'的自由主义理想早已成为历史遗迹。"[②]

[①] 魏礼群：《正确认识与处理政府和市场关系》，《全球化》2014年第4期。
[②] 张宇：《市场有效，党政有为，根基牢固——正确认识社会主义市场经济中政府和市场的关系》，《红旗文稿》2014年第8期。

有学者进而认为，问题不在于政府是否强势，而在于是否强而有道。"弱政府难以支撑强市场；强而无道的政府，也不可能支撑起强的、好的市场。一个强的、好的市场经济的背后，一定有一个强的、好的政府。"[①] 二是政府职能的范围与边界即如何界定政府经济职能的问题。有学者指出，此次强调市场起决定性作用，实际上更明确了政府该做什么，市场该做什么。政府可以做的，市场也可以做的，应当让市场来做。政府做什么呢？政府去做市场做不好的事情，比如公共产品的提供，像国防、司法、治安、义务教育、解决中低收入人群住房困难等。市场可以做的事情，应当做到"非禁即可"，即只要不是禁止都可以做。有学者也提出，市场管市场的事，政府管政府的事，这两者管的事情是不一样的。政府只能顺势而为，因势利导，建立一个好的环境，不要什么事都管。有学者指出，科学界定政府的经济职能，是正确处理政府和市场关系的关键。"微观经济领域的市场决定作用与社会发展和宏观经济层面的党的领导、政府的积极作用相结合，就是社会主义市场经济中政府和市场关系的根本特征。"[②]

新结构经济学的阐释引人注目。这一经济学流派一方面"坚持新自由主义的核心立场，即竞争性市场体制是人类社会资源配置的最优机制"，另一方面又认为"政府应该超越新自由主义或新古典主义国家模型的限制，通过制定并实施合理的产业支持，积极推动产业升级、技术创新和经济结构的变迁，最终推动经济发展"[③]。有学者依据新结构经济学的理论主张认为，有效的市场和有为的政府缺一不可，只有两者一起发挥作用，才能构建起经济持续发展的基本机制。

---

① 刘世锦：《"新常态"下如何处理好政府与市场的关系》，《求是》2014年第18期。
② 张宇：《市场有效，党政有为，根基牢固——正确认识社会主义市场经济中政府和市场的关系》，《红旗文稿》2014年第8期。
③ 顾昕：《政府主导型发展的是是非非——林毅夫"新结构经济学"评论之一》，《读书》2013年第10期。

第二，关于市场与政府关系争论的若干思考。

党的十四大提出"社会主义市场经济"，是对"市场经济——资本主义、计划经济——社会主义"的二元对立的思维方式的超越。这一超越的努力无论在理论上还是在实践中都存在着需要破解的难题。党的十八大以来我们党针对市场与政府关系提出的新思想新观点所引发的争论，是改革开放以来关于社会主义市场经济的又一轮交锋。正确认识这一重大理论观点，需要秉持辩证的分析态度。

这一重大理论观点既明确了市场在资源配置中的积极作用，也对市场的盲目性作出了提醒与告诫。一方面，从"基础性作用"向"决定性作用"的转变，是我们党对市场作用的全新定位，两者之间是前后衔接、继承发展的关系。之所以作出这个新定位，是因为"理论和实践都证明，市场配置资源是最有效率的形式。市场决定资源配置是市场经济的一般规律，市场经济本质上就是市场决定资源配置的经济。健全社会主义市场经济体制必须遵循这条规律，着力解决市场体系不完善、政府干预过多和监管不到位问题"[1]。将市场在资源配置中的作用定位为"决定性作用"，"是我们党对中国特色社会主义建设规律认识的一个新突破，是马克思主义中国化的一个新的成果，标志着社会主义市场经济发展进入了一个新阶段"[2]。另一方面，这一新定位并不否认市场的失灵和消极性后果。对市场的进一步肯定不能演绎为市场主义，否则就会深陷市场逻辑而不能自拔。马克思主义创始人对于市场的负面意义有辛辣而深刻的论述："达尔文并不知道，当他证明经济学家们当作最高的历史成就加以颂扬的自由竞争、生存斗争是动物界的正常状态的时候，他对人们，特别是对他的同胞作了多么辛

---

[1] 习近平：《关于〈中共中央关于全面深化改革若干重大问题的决定〉的说明（2013年11月9日）》，《人民日报》2013年11月16日。

[2] 习近平：《正确发挥市场作用和政府作用　推动经济社会持续健康发展》，《人民日报》2014年5月28日。

辣的讽刺。"①在《21世纪资本论》一书中,法国经济学家皮凯蒂综合各国历史数据进一步论证了市场经济发展的结果是增加而并非减少贫富差距。资本主义收入不平等有所下降的历史时期,其原因不是经济的内生机制,而是政治的外来干预。换言之,市场完善(或称"完美市场")不可能解决收入分配的公平问题。习近平强调:"要遵循市场经济规律,也要避免市场的盲目性。""市场在资源配置中起决定性作用,并不是起全部作用。"这些论述是对市场主义倡导者的正面回应。

这一重大理论观点既明确了政府作用的不可替代性,也对政府作用的社会主义原则提出了要求。在社会主义的视域中,政府的职责和作用主要包括保持宏观经济稳定、加强和优化公共服务、保障公平竞争、加强市场监管、维护市场秩序、推动可持续发展、促进共同富裕和弥补市场失灵等方面。在一定意义上,政府作用是体现市场经济社会主义属性的关键所在。"科学的宏观调控,有效的政府治理,是发挥社会主义市场经济体制优势的内在要求"。市场的作用和政府的作用辩证统一,不可相互替代,正如习近平指出的,"使市场在资源配置中起决定性作用和更好发挥政府作用,二者是有机统一的,不是相互否定的,不能把二者割裂开来、对立起来,既不能用市场在资源配置中的决定性作用取代甚至否定政府作用,也不能用更好发挥政府作用取代甚至否定使市场在资源配置中起决定性作用"②。

根据学者的归纳,在新结构经济学看来,拥有发展型政府的经济体的主要特征是,其一,政府具有持续的发展意愿,即以促进经济增长和生产而不是收入分配和国民消费作为政府行动的基本目标;其二,政府具有很强的"国家自主性",即选贤与能,聘用有才能、有操守的专业人

---

① 《马克思恩格斯选集》第4卷,人民出版社1995年版,第275页。
② 习近平:《正确发挥市场作用和政府作用 推动经济社会持续健康发展》,《人民日报》2014年5月28日。

士组成经济官僚机构,并与社会利益集团保持一定的距离,具有所谓"中性政府"的意味。① 这两个特征可能在一定程度上揭示了政府的作用,但与社会主义市场经济对政府作用的原则要求有显著差异。有学者认为,"在经济政策上,我们强调市场机制与政府干预的抽象两分,却忽略了第三方,即百姓的要求。只要忽略经济是'经世济民',我们就永远说不清市场与政府的关系"。② 这一论述点明了要害,即政府作用和人民群众利益的实现与维护具有内在一致性。习近平关于"我国实行的是社会主义市场经济体制,我们仍然要坚持发挥我国社会主义制度的优越性、发挥党和政府的积极作用"③的重要论断,正是基于政府之于市场经济的社会主义属性提出的实践要求。

2. 基本经济制度实现形式的新尝试

发展混合所有制经济,是党的十八大以来探索社会主义初级阶段基本经济制度实现形式的重大改革举措。作为对社会主义初级阶段所有制结构一次新的探索,进一步提出了深化对初级形态社会主义条件下公有制实践形式与实践目的一致性的思考。

第一,关于混合所有制经济的理论争论。

关于混合所有制经济与公有制经济的关系,构成市场与政府关系争论的展开和有机组成部分。有人担心,发展混合所有制经济会影响公有制主体地位。有学者认为这种担心是没有必要的。"发展混合所有制经济,不是国有资产与非公经济的零和博弈,而是不同所有制经济的扬长避短,

---

① 顾昕:《政府主导型发展的是是非非——林毅夫"新结构经济学"评论之一》,《读书》2013年第10期。
② 潘维:《信仰人民》,《观察与交流》2015年第145期。
③ 习近平:《关于〈中共中央关于全面深化改革若干重大问题的决定〉的说明(2013年11月9日)》,《人民日报》2013年11月16日。

战略合作。""由于混合所有制经济是不同所有制资本在企业或公司内的合作或融合,因此,混合所有制既是公有制的实现形式,更是公有制为主体多种所有制经济共同发展的基本经济制度的重要实现形式。现阶段,积极发展混合所有制经济,已成为坚持和完善基本经济制度的重要着力点。"[1]另有学者认为,所谓"私有化"同"国有化"一样,只是调整所有制结构和形态、实施产权制度变革,以适应国内外经济发展的一种手段,是推动市场经济发展的一种选择。进而言之,"私有化"的范围和程度是有界限的,这种范围和界限是由世界经济发展的状况特别是各国国情及其经济发展的规律和特点决定的,故与社会基本制度的选择没有必然性联系,否则,我们就无法合理地解释包括发达国家在内的资本主义国家"国有化"现象。[2]

这种担心并非空穴来风,学术界确实存在着将发展混合所有制经济等同于私有化的理解。持这种观点的人认为,"公有制经济尤其是国有经济是一种低效率而无活力的经济成分,不适合市场经济,只能从事提供公共服务,在竞争性领域要退出,需要借助混合所有制形式,进一步推进私有化。发展混合所有制经济,就是要稀释国有经济成分,减少国有经济比重,最终'去国有化''去公有制'"。有学者就指出,在市场发挥配置资源决定性作用的条件下,混合所有制经济的产权安排进入新阶段,即竞争性领域国有企业非国有化、规模企业股份化与小微企业广泛与成长化。应打破姓"公"姓"私"的思维定式,正确认识这一产权安排既是对作为积累体制的公有制的扬弃,也是对作为剥削体制的私有制的扬弃。[3]将发展混合所有制经济理解为私有化的观点,遭到一些学者的反驳。有学者指

---

[1] 张卓元:《混合所有制经济是什么样的经济》,《求是》2014年第8期。
[2] 叶险明:《驾驭"资本逻辑"的中国特色社会主义初论》,《天津社会科学》2014年第1期。
[3] 魏杰、施戍杰:《"市场决定论"与混合所有制经济——什么样的产权安排能够促进共同富裕》,《社会科学辑刊》2014年第4期。

出，这些主张和看法，是"违背十八届三中全会精神的，不符合我国实际，也是完全错误的"。"一旦国有企业从最后的领域退出，必然使我国坠入彻底私有化、成为西方附庸的深渊。""发展混合所有制与搞好国有企业是有机统一的，不能割裂开来，不能为了混合而混合。""发展混合所有制必须在增量资产上混合，以有利于在新形势下坚持公有制主体地位，增强国有经济活力、控制力、影响力，更好地集聚社会资本发展规模经济，绝不能搞国有经济大规模撤退、大规模减持，绝不能影响公有制经济主体地位、发挥主导作用。"[1]有学者也指出，否定公有制的主体地位和国有经济的主导作用，必然会加剧劳动与资本的对立、财富分配的两极化，最终将严重阻碍生产力的健康发展。因此，应坚决反对借发展混合所有制经济之名，行私有化之实。

有学者总结指出，对十八届三中全会提出的发展混合所有制经济的决策，有两种解读：一种是马克思主义的解读，即把发展混合所有制经济看作是我国基本经济制度的实现形式，目的是增强公有制的主体地位、加强国有经济的主导作用，更好地鼓励、支持和引导非公有制经济发展，完善和发展中国特色社会主义；另一种是新自由主义的解读，即把发展混合所有制经济看作私营经济"融合"掉（也就是"吃掉"）国有企业、瓜分国有资产、推行私有化的一个方式，最终实现资本主义化。围绕混合所有制问题的争论，实际上是改革开放以来马克思主义与新自由主义的斗争在新形势下的继续。所有制结构和形态的调整与社会基本制度是不是没有必然性联系？有学者指出，"混合所有制经济"本身"既是经济制度的实现形式，也构成了一定历史条件下社会经济制度的本质特征"。"所有制改革是建立社会主义市场经济的关键，也是改革的真正历史性难题，而混合所有制经济正是所有制改革的重要探索。如何通过发展混合所有制

---

[1] 楚序平：《正确推进国有企业改革》，《现代国企研究》2014年第8期。

经济，运用混合所有制方式，改造所有制，使全社会既不失其公有制的主体地位，又能发展非公经济，使全社会在所有制结构上适应市场经济要求，这是发展混合所有制经济的基本要求。"在他看来，"最为根本的困难在于，对国有大型和特大型企业进行混合所有制改革，一方面不能从根本上动摇社会主义初级阶段公有制为主体、多种所有制经济长期共同发展的基本制度，只能进一步巩固发展这一制度，使之成为这一基本制度的有效实现形式；另一方面，必须以此保障企业在所有制和产权结构上适应市场经济对于企业制度的基本要求"①。

第二，关于混合所有制经济理论争论的若干思考。

所有制问题是社会主义与市场经济结合的关键性问题，正如有学者指出的，"所有制改革是建立社会主义市场经济的关键，也是改革的真正历史性难题"。② 发展混合所有制经济与坚持公有制主体地位之间的关系，自然成为学术界热烈讨论的一个重要话题。印度中国和美国研究所国际商务研究室主任丹·斯泰银博克在一篇题为《为什么说在国企改革过程中实施激进私有化不适合中国》的文章中认为，中国国企的经历提供了很多教训。其中一个教训是，过分简单化的观点（比如"不是市场就是国家"）对理解改革的影响并无裨益。细节很重要。另一个教训是，国有制度本身并不是决定这些企业成败的原因。远比国有制度重要得多的是改革的性质、步伐和方向。重要的是实施。③ 这一论述，对于正确理解和发展混合所有制经济具有重要的方法论意义。

发展混合所有制经济必须与公有制经济的主体地位相一致而不是相

---

① 刘伟：《发展混合所有制经济是建设社会主义市场经济的根本性制度创新》，《经济理论与经济管理》2015年第1期。
② 刘伟：《发展混合所有制经济是建设社会主义市场经济的根本性制度创新》，《经济理论与经济管理》2015年第1期。
③ ［印度］丹·斯泰银博克：《国企私有化不适合中国国情》，《参考消息》2015年7月13日。

反，因而应与私有化严格区别开来。在社会结构的诸要素中，经济基础是决定一个社会基本性质和发展方向的关键因素，也是决定一个社会分配的关键因素。在社会主义初级阶段，私人资本的存在具有现实合理性。但是，资本逻辑具有二重性，在强调发展生产力重要性的同时，邓小平反复强调，"在改革中，我们始终坚持两条根本原则，一是以社会主义公有制经济为主体，一是共同富裕"[1]，反映了他对资本逻辑二重性的深刻把握。"驾驭"资本逻辑的实践要求，在所有制问题上就是坚持以公有制经济为主体，保持公有制经济的主导地位。这一原则不仅体现在全社会经济结构的所有制混合上，而且也体现在单个国有企业的所有制混合上。如果将发展混合所有制经济与私有化等同，公有制经济的主体地位最终会不可避免地丧失。

发展混合所有制经济的改革也提供了一次重新审视国有经济的历史性机会。对于社会主义初级阶段条件下国有经济的认识，必须以整体性的视角而非单纯的经济学思维方式审视其之于公有制经济的意义和价值。从应然的角度看，国有经济与公有制经济的性质和功能相一致，至少包含以下几个方面的要求：一是国有企业经营管理者的薪水是其管理劳动收入；二是国有企业职工是国有企业的主人；三是国有企业的赢利作出必要的扣除外归全社会劳动者所有；四是部分特殊行业国有企业的生产经营，主要遵循计划调节的原则而不是市场调节的原则。社会主义制度下国有经济最为根本的特殊性在于，这一经济成分履行的是社会主义的价值原则，而非资本的利益诉求。因此，衡量国有企业成功与否不能简单地以资本的逻辑作为根本原则。

习近平指出，"对国有企业要有制度自信"[2]，"国有企业是推进现代化、保障人民共同利益的重要力量，要坚持国有企业在国家发展中的重要地

---

[1] 《邓小平文选》第 3 卷，人民出版社 1993 年版，第 142 页。
[2] 习近平：《中央领导是人民的勤务员》，新华网 2015 年 7 月 11 日。

位不动摇,坚持把国有企业搞好、把国有企业做大做强做优不动摇",①"深化国有企业改革,要沿着符合国情的道路去改"②,"大力弘扬劳模精神,充分发挥工人阶级主人翁作用,维护好职工群众合法权益,积极构建和谐劳动关系","要有利于国有资本保值增值,有利于提高国有经济竞争力,有利于放大国有资本功能"。③ 基于这一系列重要论述,一方面,发展混合所有制经济不能为混合而混合。国有经济必须"占领制高点",这是社会主义与市场经济结合的基础性要求。有学者指出,"选择进行混合所有制改革的范围应以是否能够、是否需要由以往国有企业目标转换到市场盈利目标作为界定原则"④。这一观点至少明确了并不是所有国有企业都必须进行所有制混合的基本态度;另一方面,混合所有制企业的发展,必须将资本的利益准则和社会主义价值原则结合起来并以社会主义的价值原则为根本,而不能用前者对后者进行根本性的替换。

3. 中国道路核心课题探索的双重意义

社会主义与市场经济的结合,就其超越性意义而言,是经济文化相对落后的中国在后发赶超过程中努力"缩短和减轻"现代化苦痛;就其普遍性意义而言,是中国共产党思考和解决中国问题的过程与人类社会发展问题的思考和解决的一致性。

第一,社会主义与市场经济结合探索的超越性意义。

我们党关于社会主义与市场经济结合的新思想新观点,是中国道路

---

① 习近平:《保持战略定力增强发展自信 坚持变中求新变中求进中突破》,《人民日报》2015年7月19日。
② 习近平:《中央领导是人民的勤务员》,新华网2015年7月11日。
③ 习近平:《保持战略定力增强发展自信 坚持变中求新变中求进中突破》,《人民日报》2015年7月19日。
④ 刘伟:《发展混合所有制经济是建设社会主义市场经济的根本性制度创新》,《经济理论与经济管理》2015年第1期。

探索不断深化的具体表现。深刻理解这一探索之于中国道路的重大意义，需要深入思考社会主义中国的历史方位和中国现代化的价值诉求这两大命题。

在中国的社会主义和马克思关于未来社会的设想之间，存在一系列显著区别。马克思视野中的未来社会，不仅是对资本主义的完整替代，而且表现为一种全球性的存在，与之相比较，中国的社会主义既是一种局部的存在，又呈现为一种不成熟和不完善的状态。承认这一点并不可怕，既不会抹煞中国革命的正当性以及中国的社会主义性质，也不会证伪马克思设想的科学性。一方面，近代以来中国道路探索的社会主义基本取向"不是一个理论问题，而是社会条件本身塑造的历史进步的唯一可能性"[1]；另一方面，当"我们在把'社会主义'作为一种国家基本制度（即'社会主义国家'）来表述时，所强调的只是国家基本制度的性质，而不是泛指现有的社会主义国家中的一切因素都是社会主义的"[2]。社会主义初级阶段，作为中国共产党在总结经验教训的基础上对中国社会所处历史方位的准确判定，集中体现了马克思所论述的社会形态演进逻辑的特殊性。这既是一个标志社会主义在中国所处发展阶段的概念，又是一个包含有社会主义在中国发育程度的概念。

问题的关键在于，中国现代化道路的探索必须以中国社会主义历史方位的特殊性为基本条件，即中国的现代化不仅处于西方资本主义主导的世界历史进程之中，而且以初级形态的社会主义为基础和起点。社会主义的因素、资本主义的因素和前资本主义落后和腐朽方面的因素共时性存在构成的复杂矛盾，为中国的现代化实践制造了一系列难题，不仅赋予中国现代化道路特殊性的必然性，更为重要的是，还赋予中国现代化道路超越

---

[1] 孙伯鍨、张一兵：《走进马克思》，江苏人民出版社2001年版，第82页。
[2] 叶险明：《关于资本主义与社会主义关系认识的方法论批判》，《哲学研究》2013年第9期。

性的历史担当。马克思在指出"一个社会即使探索到了本身运动的自然规律","它还是既不能跳过也不能用法令取消自然的发展阶段"的同时,也指出"但是它能缩短和减轻分娩的痛苦"①。当中国作出现代化道路的社会主义选择时,也就肩负起"缩短和减轻"现代化苦痛这一艰巨的历史任务。"缩短和减轻"现代化苦痛,反映了中国道路探索的根本意旨,通过实现社会主义与市场经济的结合来实现这一超越,构成改革开放以来中国道路探索的核心课题。

社会主义与市场经济的结合,表现在生产关系领域就是公有制经济与私有制经济关系的认识和处理,表现在交换关系领域就是计划与市场在配置资源关系上的认识和处理。这一结合的实质,是通过驾驭资本逻辑以最终实现对资本逻辑的超越;这一结合的成效,不仅构成中国道路探索成败的关键,也构成"能否真正从制度和思想观念层面上超越'西方中心论'的关键之所在"②。我国正处于并将长期处于社会主义初级阶段这个"最大的实际"决定了这一探索的复杂性和长期性,改革开放以来社会主义与市场经济结合的艰辛与曲折证实了这一点。党的十八大以来我们党的新探索标志着社会主义与市场经济结合迈出了新步伐,开辟了社会主义与市场经济结合的新路径,展现出中国共产党探索中国道路的不懈努力。

第二,社会主义与市场经济结合探索的普遍性意义。

国外学者较多注重对中国道路作为一条独特发展道路的解读,换言之,关于中国道路的研究比较多地强调了中国道路特殊性的一面。如有国外学者指出,中国的背景不同于欧洲,文化背景更是大相径庭,这使得中国与欧洲对现代化采取的概念和模式都不相同。因此,"中国的现代化体制在任何领域都具有古老和现代双重性质。这种双重性让中国的现代化

---

① 《马克思恩格斯选集》第 2 卷,人民出版社 1995 年版,第 101 页。
② 叶险明:《驾驭"资本逻辑"的中国特色社会主义初论》,《天津社会科学》2014 年第 3 期。

得以发展并创造出自己的发展方式"①。对特殊性的强调没有错,在确认中国现代化道路独特性的同时,不能忽略一个重大的命题,即"中国当下正努力解决的问题与挑战从范围和后果上看是全球性的问题,这一事实也使得中国党和政府的政策实践具有更加广泛和深远的意义和重要性"②。

西方资本主义开辟了世界历史以来,全球相互依存的生存链条逐渐形成并不断深化为今天的"地球村"景象。有学者据此提出了"世界内在化"的概念。在他看来,"全球资金、资源、市场、信息、知识、交通、物流的全球网络形成了世界各地空间都必须依赖的一个共同空间。于是出现了世界内在化,或者说,世界开始形成内在性,世界中的对立性正在退化为内部矛盾"。"世界内在化"的过程,既是面向全人类的矛盾和问题不断增添的历史进程,也是一个全人类越来越需要超越国家或民族界限共同应对矛盾和问题的过程。在"世界内在化"的今天,中国问题的特殊性不是绝对的特殊,其中不可避免地包含着普遍性。中国问题的认识和解决,不仅需要有中国道路的分析维度,也需要有人类发展道路的分析维度。沿着这一逻辑,中国正在进行着的社会主义与市场经济结合的伟大试验也不是只具有地域性的意义与价值。在一定意义上,社会主义与市场经济结合的探索,蕴含着21世纪社会主义复兴的努力,蕴含着人类走向更美好未来的努力。社会主义与市场经济结合的探索只有上升到这一高度,才能获得更为深刻而充分的理解;中国道路的自信也只有上升到这一高度,才能更加增添底气和勇气。

改革开放以来,社会主义与市场经济结合的探索在取得一定成效的同时,也付出了一定的代价。这一探索的意义与价值在越来越充分地展示

---

① [西班牙]马克·塞尔加斯·克尔斯:《中国现代化道路与欧洲大相径庭》,《参考消息》2015年7月14日。
② [美]裴宜理:《增长的痛楚:崛起的中国面临之挑战》,夏璐译,《国外理论动态》2014年第12期。

出来的同时，更为艰巨的挑战也在日益迫近。基于自身经验教训的检讨和反思，可以为未来更加可行的方案的提出创造条件。关于社会主义与市场经济结合的体制和政策层面的探索固然变得越来越重要，但理论层面的深入思考不仅不可或缺，更是值得进一步展开的方面，问题的严重程度确实到了必须从哲学高度重新审视并作出崭新设计的历史时刻。美国哈佛燕京学社社长、哈佛大学教授裴宜理（Elizabeth J. Perry）认为："无论中华人民共和国最终命运如何，面对其令人叹为观止的崛起过程和极富生命力的制度韧性，我们更应该将其当下所面临的挑战与困境视作一个政权在走向成熟进程中所不得不承受的增长的痛楚，而不是像恐龙在走向其命中注定的灭亡过程中的剧痛。"[①] 中国道路未来乐观态度的深层根据，只能来源于中国改革的社会主义性质和方向。诚如有学者所言，"中国是旧邦，是一个古老的国家，可当代中国是不同于传统中国的社会主义形态下的新的中国"[②]。只要奉行改革的社会主义性质和方向，就可以坚信"增长的痛楚"不仅可以不必继续承受，而且可以收获人类美好的未来。

二、国有企业的双重属性与统一性实践

党的十八届三中全会开启了全面深化改革的新阶段。习近平从社会主义与市场经济结合的高度，将全面深化改革和全面从严治党结合起来，围绕国有企业改革和发展的问题展开了积极的探索。成果集中体现为三个方面：其一，在所有制改革的问题上，坚持公有制经济的主体地位，增强巩固、发展公有制经济与鼓励、支持、引导非公有制经济的统一性；其二，在深化国有企业改革的问题上，强调做强做优做大国有企业，增

---

① ［美］裴宜理：《增长的痛楚：崛起的中国面临之挑战》，夏璐译，《国外理论动态》2014年第12期。
② 陈先达：《马克思主义和中国传统文化》，《光明日报》2015年7月3日。

强社会主义与市场经济在国有企业这个市场主体中结合的协调性；其三，在完善中国特色现代企业制度的问题上，强调加强国有企业党的建设，增强国有企业经济组织与政治组织的一致性。这几个方面的辩证统一，体现了问题导向与战略定力的统一、继承性与创新性的统一，为深化国有企业改革进而为坚持和发展中国特色社会主义确立了科学的指引，成为习近平新时代中国特色社会主义思想的重要组成部分。

1. 坚持公有制经济的主体地位

在《共产党宣言》这部科学社会主义的经典文献中，马克思、恩格斯基于制度和价值的统一论述了对未来社会的构想。他们在阐明"每个人的自由发展是一切人的自由发展的条件"这一未来社会基本原则的基础上提出了实现这一构想的根本手段："共产党人可以把自己的理论概括为一句话：消灭私有制"，"同传统的所有制关系实行最彻底的决裂"。制度之于价值具有支撑和保障的意义。马克思、恩格斯始终认为，公有制既是未来社会的起始特征又是其最本质的特征。恩格斯在1890年致奥·伯尼克的信中指出：社会主义社会"同现存制度的具有决定意义的差别当然在于，在实行全部生产资料公有制（先是单个国家实行）的基础上组织生产"[①]。20世纪以来社会主义的实践者遵循这一构想，一般都将私有制的改造作为建构新的社会制度的实践起点。从所有制的视角总结社会主义实践的历史教训，问题并不在于马克思的理论构想，而在于没有正确认识和处理公有制理想形态与现实形态之间的关系。无论从科学社会主义的理论视角还是从改革开放的历史视角，所有制问题都是社会主义改革面对的首要问题和关键问题。"所有制改革是建立社会主义市场经济的关键，也

[①] 《马克思恩格斯选集》第4卷，人民出版社1995年版，第693页。

是改革的真正历史性难题。"①在将所有制作为改革的关键环节时能否把握好制度与价值、理想与现实的关系，实现二者有机统一，就成为改革能否体现为社会主义自我完善的关键所在。

赋予非公有制经济越来越广阔的实践空间，是改革开放以来所有制改革的主要举措，非公有制经济在所有制结构中的地位和在经济发展中的作用，总体上呈现出不断强化和提升的趋势，成为梳理所有制改革历史逻辑的一条基本线索。邓小平在鼓励恢复和发展非公有制经济的同时，反复强调"以社会主义公有制经济为主体，是我们在改革中必须始终坚持的根本原则"②。与此同时，他还将共同富裕确立为改革必须始终坚持的根本原则，这两个根本原则联系在一起，既阐明了改革的基本思路和方向，也明确了改革不可逾越的政治底线。党的十四大指出，建立社会主义市场经济体制是与社会主义基本制度结合在一起的，"在所有制结构上，以公有制包括全民所有制和集体所有制经济为主体，个体经济、私营经济、外资经济为补充，多种经济成分长期共同发展"③。党的十五大指出，"公有制为主体、多种所有制经济共同发展，是我国社会主义初级阶段的一项基本经济制度"，"非公有制经济是我国社会主义市场经济的重要组成部分"。党的十六大第一次提出了"两个毫不动摇"的方针，即必须毫不动摇地巩固和发展公有制经济，必须毫不动摇地鼓励、支持和引导非公有制经济发展。党的十七大对"两个毫不动摇"作出了重申。总体上，公有制经济在所有制改革中的调整，主要表现为空间的有限让步，在强调发展非公有制经济的同时，对公有制经济主体地位这条政治底线的坚守，构成梳理所有制改革历史逻辑的又一条基本线索，成为所有制改革社会

---

① 刘伟：《发展混合所有制经济是建设社会主义市场经济的根本性制度创新》，《经济理论与经济管理》2015年第1期。
② 《邓小平文选》第3卷，人民出版社1993年版，第142页。
③ 《十四大以来重要文献选编（上）》，人民出版社1996年版，第19页。

主义方向的重要标志和中国道路的一个基本规定。

在全面深化改革开启之际，习近平就对改革方向性问题亮明政治态度，折射出在所有制改革问题上的战略定力。习近平指出："我们的改革开放是有方向、有立场、有原则的。""推进改革的目的是要不断推进我国社会主义制度自我完善和发展，赋予社会主义新的生机活力。"① 在他看来，"我国是一个大国，决不能在根本性问题上出现颠覆性错误，一旦出现就无法挽回、无法弥补"。② 所有制改革就是这样的根本性问题之一，针对农村改革，习近平指出："有一条是我一直强调的，就是农村改革不论怎么改，都不能把农村土地集体所有制改垮了、把耕地改少了、把粮食生产能力改弱了、把农民利益损害了。这些底线必须坚守，决不能犯颠覆性错误。"③ 对基本经济制度的坚持成为坚持改革正确方向的基础性内容。2015年11月23日，中共中央政治局就马克思主义政治经济学基本原理和方法论进行第28次集体学习，习近平指出："我国基本经济制度是中国特色社会主义制度的重要支柱，也是社会主义市场经济体制的根基，公有制主体地位不能动摇，国有经济主导作用不能动摇。这是保证我国各族人民共享发展成果的制度性保证，也是巩固党的执政地位、坚持我国社会主义制度的重要保证。"④ 这一论述，不仅深刻阐明了公有制经济之于社会主义制度的根本意义，而且深刻揭示了公有制经济之于社会主义与市场经济结合的特殊价值。

在一定意义上，习近平的这一论述，主要针对的是将混合所有制改革等同于私有化的曲解，是底线思维的激发和呈现。如何更好体现和坚持公有制主体地位，进一步探索基本经济制度有效实现形式，是全面深化改

---

① 《习近平总书记重要讲话文章选编》，中央文献出版社、党建读物出版社2016年版，第99页。
② 《习近平总书记重要讲话文章选编》，中央文献出版社、党建读物出版社2016年版，第102页。
③ 《习近平谈治国理政》第3卷，外文出版社2020年版，第262页。
④ 《习近平关于社会主义经济建设论述摘编》，中央文献出版社2017年版，第63—64页。

革面对的一个重大课题。党的十八届三中全会通过的《中共中央关于全面深化改革若干重大问题的决定》第一次提出了"积极发展混合所有制经济"的改革新思路。在习近平看来,"积极发展混合所有制经济,强调国有资本、集体资本、非公有资本等交叉持股、相互融合的混合所有制经济,是基本经济制度的重要实现形式,有利于国有资本放大功能、保值增值、提高竞争力。这是新形势下坚持公有制主体地位,增强国有经济活力、控制力、影响力的一个有效途径和必然选择"[①]。但是,有人将发展混合所有制经济歪曲解读为去国有化、去公有化,借助这一话语贩卖私有化改革主张。可以说,正是将混合所有制改革等同于私有化论调的泛起,使得社会意识领域关于坚持公有制经济主体地位的问题再次凸显。事实上,混合所有制改革既支持民营企业等社会资本参与国有企业混合所有制改革,又鼓励国有资本投资入股民营企业,其立意并非单向混合,更为重要的是,始终拒绝大规模私有化的改革主张,是中国经验极其重要的一条,有着广泛的社会共识。2014年3月两会期间,习近平在参加安徽代表团审议时指出:"要吸取过去国企改革经验和教训,不能在一片改革声浪中把国有资产变成谋取暴利的机会。"[②]2014年10月24日,习近平对新成立的中央国企改革领导小组提出要求:把国企做强做大,挡住私有化逆流,请不要辜负人民的殷殷期望。习近平态度如此鲜明,主要基于对国有企业改革过程中"化公为私"现象的深刻反思,是对关于混合所有制改革的错误解读的批判性回应。

在习近平的思想视野中,公有制主体地位的维护,与工人阶级领导地位的坚持、共同富裕的实现以及党的执政基础和执政地位的巩固紧密联

[①] 习近平:《关于〈中共中央关于全面深化改革若干重大问题的决定〉的说明(2013年11月9日)》,《人民日报》2013年11月16日。

[②] 习近平:《不能在一片改革声浪中把国有资产变成谋取暴利的机会》,新华网2014年3月9日。

系在一起并作为根本性基础，这既是对改革正确方向的坚持，更蕴含社会主义与市场经济深入结合的理论思考。在这个意义上，习近平关于坚持公有制经济主体地位的一系列论述，也重新激活了生产资料所有制与经济社会形态之间关系的理论思考，深化了对所有制中性错误观点的辨析与澄清。在马克思看来，"在一切社会形式中都有一种一定的生产决定其他一切生产的地位和影响，因而它的关系也决定其他一切关系的地位和影响。这是一种普照的光，它掩盖了一切其他色彩，改变着它们的特点"。[①] 公有制经济就是这种"普照的光"，它在所有制结构中处于主体地位，不仅影响和作用于生产、分配、交换和消费等方面，更在很大程度上决定了中国社会形态的基本性质，社会主义正是主要通过公有制经济来作为自身标识并以此实现自身目的的。新时代所有制改革，在拒斥新自由主义私有化主张的同时，还需要从理论上正确认识和把握公有制经济之于社会主义的决定性意义，拒斥所有制中性的错误观点。所有制中性以不同所有制形式的市场主体在市场经济中的平等参与、平等竞争的竞争中性为起点，从理论上制造出所有制中性与竞争中性的一致性，强调既要竞争中性又要所有制中性，将所有制中性作为实现竞争中性的基础。事实上，市场竞争的关系是一回事情，不同所有制形式在社会主义市场经济中的地位和作用是另一回事情。所谓所有制中性的错误在于，通过故意模糊和淡化公有制经济和非公有制经济不同所有制形式的差异，弱化和消解公有制经济之于社会主义的特殊地位和功能。共同富裕是社会主义的本质要求，公有制经济是实现这一要求的基本依托，所有制改革决不能驱逐公有制经济这一实质性的内容，因为这必然会导致社会主义失去价值实现的凭借，这是首先需要从思想上加以提醒和摆脱的。

对公有制主体地位的强调，自然引出如何认识非公有制经济的地位

[①] 《马克思恩格斯选集》第2卷，人民出版社1995年版，第24页。

和作用问题，这是新时代所有制改革的又一个基本问题。关于非公有制经济地位和作用的争论，一直伴随着改革开放的历史进程。众所周知，对资本主义私有制的批判是马克思批判理论的核心。在马克思那里，论证资本主义生产资料私有制的暂时性与论证生产资料公有制的超越性是根本一致的，他们认为，只有"在协作和对土地及靠劳动本身生产的生产资料的共同占有的基础上，重新建立个人所有制"①，才能达成正义和平等的实现。在社会主义初级阶段，需要辩证认识坚持公有制经济的主体地位与发展非公有制经济之间的关系。一方面，"民营经济具有'五六七八九'的特征，即贡献了50%以上的税收，60%以上的国内生产总值，70%以上的技术创新成果，80%以上的城镇劳动就业，90%以上的企业数量"②。诸如满足就业、提高经济发展速度和质量，一定程度上对创新积极性的激发以及提高经济活力等非公有制经济这些积极意义的方面，构成毫不动摇发展非公有制经济的主要根据。另一方面，非公有制经济弱化社会主义价值实现的消极意义方面，始终是一个不容忽视的客观存在。党的十八大以来，伴随公有制经济主体地位的强化，有人主观猜测，私营经济已经初步完成了协助公有经济实现跨越式发展的重大阶段性历史重任，这一观点投入社会舆论场中，引发了关于非公有制经济地位和作用的新的讨论。2016年3月4日，习近平在参加全国政协十二届四次会议民建、工商联界委员联组会时的讲话中指出："非公有制经济在我国经济社会发展中的地位和作用没有变，我们毫不动摇鼓励、支持、引导非公有制经济发展的方针政策没有变，我们致力于为非公有制经济发展营造良好环境和提供更多机会的方针政策没有变。"③2018年11月1日，习近平在民营企业家座谈会上对"三

---

① 马克思：《资本论》第1卷，人民出版社2004年版，第874页。
② 习近平：《在民营企业家座谈会上的讲话（2018年11月1日）》，《人民日报》2018年11月2日。
③ 《习近平谈治国理政》第2卷，外文出版社2017年版，第259页。

个没有变"予以重申。新时代所有制改革,不能重犯超阶段的历史错误,将非公有制经济视为与社会主义初级阶段不相容的经济成分,否定非公有制经济之于社会主义初级阶段的存在合理性,当然,也不能从现实合理性出发推导出非公有制经济与社会主义属性的一致性,避免造成社会主义理论的混乱。

所有制改革既不是所谓的私有化,又不是将恢复和发展私有经济当作权宜之计,而是社会主义初级阶段的一种战略性安排,坚持"两个毫不动摇"是所有制改革的基本原则,正如习近平指出的,"我们强调把公有制经济巩固好、发展好,同鼓励、支持、引导非公有制经济发展不是对立的,而是有机统一的"[①]。辩证法原则之于社会主义初级阶段而言,有其特殊价值和理论魅力。"两个毫不动摇"在成为改革开放积累的宝贵经验的同时,也成为中国道路的一个基本规定。

2. 做强做优做大国有企业

2009年9月22日,习近平在大庆油田发现50周年庆祝大会上指出:"国有企业是中国特色社会主义的重要支柱,是我们党执政的重要基础,也是贯彻和实践党的基本理论的重要阵地。"[②] 这一论述是他关于国有企业地位和作用的较早论述,蕴含从政治维度对国有企业的充分肯定。在社会主义的理论视野中,国有企业具有丰富而特殊的意义和价值。既是经济组织又是政治组织,既负有经济责任又负有政治责任和社会责任,兼具经济与政治的双重功能,是国有企业的基本规定和本质特征。作为我国各族人民共享发展成果的制度性保证,国有企业始终是中国社会主义属性的根本依据,"在中国的建设和发展中,国有企业在政治上所具有的意义,丝毫不

---

① 《习近平谈治国理政》第2卷,外文出版社2017年版,第260页。
② 习近平:《在大庆油田发现50周年庆祝大会上的讲话》,《中国石油报》2009年9月23日。

亚于其在经济上所具有的价值，因为，它不仅决定着这个国家的制度基础，而且决定着这个国家的社会性质。"① 国有企业既是社会主义在中国的实现形式，又是社会主义与市场经济结合的重要载体。国有企业在关涉国民经济命脉的重要行业和关键领域占支配地位，是社会主义与市场经济结合的根本要求和构建社会主义市场经济形态的根本基础，正是在这个意义上，国有企业改革不仅关涉社会主义属性这一根本性问题，更关涉中国发展道路的方向性问题。

党的十八大以来，习近平对国有企业的地位和作用作出了一系列阐发，可以从三个维度解读。第一，从坚持社会主义制度的角度，将国有企业视为公有制经济的实现形式、"保障人民共同利益的重要力量"②，强调"对国有企业要有制度自信"。第二，从维护执政地位的角度，将国有企业视为党领导的国家治理体系的重要组成部分。第三，从实现现代化的角度，将国有企业视为壮大国家综合实力的重要力量、推进国家现代化的重要力量和国民经济发展的中坚力量。在2016年10月10日召开的全国国有企业党的建设工作会议上，习近平指出："国有企业是中国特色社会主义的重要物质基础和政治基础，是我们党执政兴国的重要支柱和依靠力量。"③ 这一集中阐发，从维护和巩固党的执政地位和推进国家现代化的双重维度，也从坚持社会主义道路和完善社会主义市场经济的双重维度，全面深刻阐明了国有企业的特殊地位和重大意义。

习近平关于国有企业地位和作用的论述，需要在与不同观点的对话中深化理解。有学者认为："在中国的现实环境中，要想具备实现现代工

---

① 林尚立：《阶级、所有制与政党：国有企业党建的政治学分析》，《天津社会科学》2010年第1期。
② 习近平：《理直气壮做强做优做大国有企业》，《人民日报》2016年7月5日。
③ 《习近平在全国国有企业党的建设工作会议上强调 坚持党对国有企业的领导不动摇 开创国有企业党的建设新局面》，《人民日报》2016年10月12日。

业经济所需要的技术进步和大企业,只能依靠国有经济和国有企业。"①这一论点为国有企业存在和发展必要性辩护的立场值得尊重,基于国情从现代化维度的论证也毋庸置疑,可是,如果离开社会主义的视野,对国有企业地位和作用的分析既难以全面,又难以彻底。有人认为,由于缺乏退出机制,国有企业相对于非国有企业来说,在市场参与度及竞争性方面来讲稍差一些。这种论点与其说是为了凸显非公有制经济在竞争性上的比较优势,倒不如说是为了从理论上消解国有企业存在于竞争领域的合理性,构成"去国有化"的重要理论基础。习近平对国有企业地位和作用的认识,包含对国有企业改革历史实践的深刻反思,因为私有化的论调一直伴随改革实践的左右,这也就使得深化国有企业改革开启之际,首先需要将这一问题的澄清作为深化国有企业改革的根本前提。

在新一轮国有企业改革开启之际,习近平提出要坚持国有企业在国家发展中的重要地位不动摇,坚持把国有企业搞好、把国有企业做大做强做优不动摇,就首先基于国有企业与社会主义经济基础的一致性,将国有企业作为社会主义初级阶段公有制经济的基本实现形式。一般而言,国有企业与社会制度属性无关,西方资本主义国家同样拥有一定数量的国有企业,既不能简单将国有企业与公有制经济等同,更不能简单地与社会主义画等号。在马克思主义发展史上,恩格斯曾经浓墨重彩地批判过将国有化混同于社会主义的"特殊的伪社会主义",包含着辛辣的讽刺。在他看来,如果将国家烟草专卖制说成是社会主义的话,拿破仑和梅特涅就应该算作社会主义创始人了。将"个别工业部门的国有化"叫作社会主义,"纯粹是曼彻斯特的资产阶级为了自己的利益而在胡说"。如果相信的话,"那就会得出结论:国家等于社会主义……"②社会主义国家的国有企业,无

---

① 左大培:《国有经济对当前经济发展的现实意义》,《当代经济》2011年第16期。
② 《马克思恩格斯选集》第4卷,人民出版社1995年版,第644、645页。

论在存在空间、活动方式还是在评价标准等方面,都有其一系列严格的基本规定,与资本主义国家的国有企业存在一系列显著差异。习近平提出的这一要求,还基于国有企业与社会主义市场经济的一致性,将国有企业作为发展社会主义市场经济的根本性基础。国有企业承载着市场经济与社会主义结合的特殊使命,因此,只有上升到社会主义与市场经济结合的高度,做强做优做大国有企业才能真正做到"理直气壮"。与此同时,做强做优做大国有企业的历史任务必然性地包含深化国有企业改革的现实要求。习近平在关于《中共中央关于全面深化改革若干重大问题的决定》的说明中指出:"经过多年改革,国有企业总体上已经同市场经济相融合。同时,国有企业也积累了一些问题、存在一些弊端,需要进一步推进改革。"①2014年3月5日,习近平在参加十二届全国人大二次会议上海代表团审议时指出:"国有企业不仅不能削弱,还要加强,要在深化改革中自我完善,在凤凰涅槃中浴火重生,不能不思进取、不思改革、抱残守缺,要切实担当起社会责任,树立良好形象。"②当然,对于国有企业,无论是问题意识还是解决问题的方式,社会主义市场经济与自由市场经济之间都存在根本差异。我们所说的国有企业存在的问题,是基于国有企业与公有制经济的一致性提出来的,是基于社会主义与市场经济的结合提出来的,从这个意义上,深化国有企业改革也意味着社会主义与市场经济结合实践空间的深入。

党的十八大以来,国有企业改革的深化主要表现在以下几个方面。第一,功能界定和分类改革。根据功能不同划分国有企业的不同类别,是社会主义与市场经济结合不断深入的重要标志。分类的目的,是基于发展、

---

① 习近平:《关于〈中共中央关于全面深化改革若干重大问题的决定〉的说明(2013年11月9日)》,《人民日报》2013年11月16日。
② 缪毅容、谈燕:《习近平总书记参加上海代表团审议侧记》,《解放日报》2014年3月6日。

监管和考核评价的差异性，增强改革的针对性和科学性。根据国有资本的战略定位和发展目标，结合不同国有企业在经济社会发展中的作用、现状和发展需要，将国有企业分为公益类和商业类两类。公益类国有企业以保障民生、服务社会、提供公共产品和服务为主要目标。商业类国有企业细化为商业一类和商业二类：主业处于关系国家安全、国民经济命脉的重要行业和关键领域、主要承担重大专项任务的国有企业为商业一类；主业处于充分竞争行业和领域的国有企业为商业二类。基于功能和目标的不同，对不同类型的国有企业作出差异性的安排。其一，资本构成的差异性。2015年8月中共中央、国务院印发的《关于深化国有企业改革的指导意见》（以下简称《指导意见》）指出，"处于充分竞争行业的企业应该积极吸收多方资本，实现股权多元化发展，而涉及国家经济命脉的企业应当由国有资本主要控股，支持其他资本参股。"[①] 具体而言，公益类国有企业一般由国有资本独资；商业一类国有企业保持国有资本控股地位，支持非国有资本参股；商业二类国有企业原则上都要实行公司制股份制改革，积极引入其他资本实现股权多元化，国有资本可以绝对控股、相对控股或参股。其二，效益要求的差异性。公益类国有企业以社会效益为导向，将社会效益放在首位；商业一类国有企业实现经济效益、社会效益与安全效益的有机统一，商业二类国有企业在关注经济效益的同时兼顾社会效益。差异性的安排，在维护了国有企业实践空间的同时，明确了国有企业之于社会主义的责任程度，进而严格规范了混合所有制改革的空间和边界。可以说，"国有企业分类改革战略不仅破除了西方主流经济学关于市场化改革必须走私有化改革之路的学术迷信，也突破了经典政治经济学关于民营经济

---

① 《中共中央、国务院关于深化国有企业改革的指导意见（2015年8月24日）》，《人民日报》2015年9月14日。

的发展将危及公有制主体地位的逻辑判断"[1]。

第二，布局优化和结构调整。布局优化和结构调整，既有激发国有企业活力的问题意识，更有完善社会主义市场经济的战略考量，对于厚植社会主义与市场经济结合的经济基础，增强国有经济竞争力、创新力、控制力、影响力、抗风险能力，具有重要的战略意义。具体包括：其一，推动国有资本更多投向关系国计民生的重要领域。通过向提供公共服务、应急能力建设和公益性等关系国计民生的重要行业和关键领域集中，强化这一领域的社会效益至上。其二，推动国有资本更多投向关系国家经济命脉的重要行业。将关涉国家经济命脉的行业牢牢掌握在社会主义国家手中，是社会主义和市场经济结合在公有制经济空间布局问题上的根本原则，一旦在这个问题上放任自流，就丧失了社会主义与市场经济结合的根本基础。西方资本主义国家的国有企业，主要"作为一种弥补市场失灵的工具"[2]，由此决定了其存在的空间，分类改革首先从一个侧面说明，在社会主义市场经济的视野中，国有企业不只具有公共服务领域的存在价值，深化国有企业改革不是国有企业退出一般性竞争领域，而是强化其在一般性竞争领域的存在，是对国有企业只限于"公共物品"领域，应退出一般竞争性领域的错误主张的有力驳斥。从这个意义上，功能界定和分类改革就成为国有企业布局优化和结构调整的基本前提。其三，推动国有资本向科技、国防、安全等领域集中。世界正处于百年未有之变局，新技术革命不断深入发展，推动国有资本向前瞻性战略性新兴产业集中，服务于国家战略目标，构成布局优化和结构调整的重要任务。

第三，国家资源和国有资产管理强化。国有企业经营管理者的腐败

---

[1] 杨瑞龙：《国有企业改革逻辑与实践的演变及反思》，《中国人民大学学报》2018年第5期。
[2] 杨春学、杨新铭：《所有制适度结构：理论分析、推断与经验事实》，《中国社会科学》2020年第4期。

问题十分严重且长期存在，造成了严重的国有资产流失，是企业效率低下动力不足甚至亏损严重的重要原因。有的国企内部管理混乱，侵吞、贪污、输送、挥霍国企资产现象大量发生，问题触目惊心！有的案件涉及的金额不是几十万、几百万，而是几千万、几个亿、十几个亿！有的人很会"靠山吃山，靠水吃水"那一套，侵吞国有资产如探囊取物，太方便了，如入无人之境。讨论产权保护的问题，不能只局限于私有企业的产权保护，也应该包括国有企业的产权保护，可以认为，无论是全面从严治党还是全面深化改革，国有企业产权保护问题都应成为其中的关键环节。2020年1月13日，习近平在十九届中央纪委四次全会上明确提出要"加大国有企业反腐力度,加强国家资源、国有资产管理"[①]。实践这一要求,在强力反腐，形成强大的震慑的同时，更为重要的是不断完善国有资产保护制度，努力实现标本兼治。无论是国有经济布局优化和结构调整，还是混合所有制改革，都与国有资产的评估、转让、流动和重组有关，不断完善国有资产保护制度，可以最大限度地抑制国有资本流失，抑制腐败对国有资本的侵蚀。

作为经济体制改革的"硬骨头"，国有企业改革还有一系列相关问题需要实现理论和实践的突破。比如，国有企业、国有资本与公有制经济主体地位关系的问题，国有企业凭借垄断地位获得的利润分配问题等，这些问题需要纳入中国道路的理论视野，在深化对社会主义与市场经济关系认识中进一步探索。

3. 加强国有企业党的建设

加强国有企业党的建设，首先是作为全面从严治党的内在环节提出来的，主要针对的是党的领导、党的建设在国有企业存在的弱化、淡化、虚化、

---

① 《习近平在十九届中央纪委四次全会上发表重要讲话强调 一以贯之全面从严治党强化对权力运行的制约和监督 为决胜全面建成小康社会决战脱贫攻坚提供坚强保障》，《人民日报》2020年1月14日。

边缘化问题。在习近平的思想视野中，国有企业党的建设问题的提出，不仅包含全面从严治党的战略考量，还包含全面深化改革的战略考量。把加强党的领导和完善公司治理统一起来，是习近平深化对社会主义与市场经济结合认识的一个重要成果："坚持党对国有企业的领导是重大政治原则，必须一以贯之，建立现代企业制度是国有企业改革的方向，也必须一以贯之。"①"两个一以贯之"既明确了中国特色现代企业制度建构的基本原则，又概括了中国特色现代企业制度的鲜明特色。在习近平看来，中国特色现代企业制度之"特"，就在于"把党的领导融入公司治理各环节，把企业党组织内嵌到公司治理结构之中，明确和落实党组织在公司法人治理结构中的法定地位，做到组织落实、干部到位、职责明确、监督严格"②。这一论述一方面蕴含历史经验的科学总结。新中国成立以来，党的组织在国有企业建设和发展中发挥的不可替代的重要作用，彰显了国有企业区别于其他所有制企业的特点和优势，成为国有企业的"传家宝"和核心竞争力，正如习近平在全国国有企业党的建设工作会议上指出的，"坚持党的领导、加强党的建设，是我国国有企业的光荣传统，是国有企业的'根'和'魂'，是我国国有企业的独特优势"③。另一方面，这一论述也反映了在社会主义与市场经济结合问题上新的认识高度。1992 年党的十四大提出建立社会主义市场经济体制以来，国有企业的改革主要是强化适应市场的基本取向，可以认为，习近平对中国特色现代企业制度特色的阐发，明确了国有企业改革应强化社会主义属性的基本取向。深入理解这一论述，首先需要

---

① 《习近平在全国国有企业党的建设工作会议上强调　坚持党对国有企业的领导不动摇　开创国有企业党的建设新局面》，《人民日报》2016 年 10 月 12 日。
② 《习近平在全国国有企业党的建设工作会议上强调　坚持党对国有企业的领导不动摇　开创国有企业党的建设新局面》，《人民日报》2016 年 10 月 12 日。
③ 《习近平在全国国有企业党的建设工作会议上强调　坚持党对国有企业的领导不动摇　开创国有企业党的建设新局面》，《人民日报》2016 年 10 月 12 日。

基于国有企业经济主体一般属性和政治主体特殊属性的有机统一，不能将两者割裂开来或者对立起来。与此同时，在社会主义市场经济的视野中，党建是一种特殊的管理即价值管理，党建和管理之间不仅没有根本的冲突，反而是根本一致的关系，需要深刻把握党建与管理两者的一致性。只有"把党的领导、党的建设融入管资本全过程、各方面"，才能"确保国有资本始终服从服务党和人民利益"[①]。

新时代国有企业党的建设呈现为一个逐步强化的过程，全面从严治党和全面深化改革在国有企业逐步深入，在一定意义上表现为对市场取向改革历史惯性的反作用的不断增强。以相关文件的出台和重要会议的召开为节点，党的十八大以来国有企业坚持党的领导和加强党的建设的实践可分为四个阶段。第一阶段，以2013年中央办公厅转发《中央组织部、国务院国资委党委关于中央企业党委在现代企业制度下充分发挥政治核心作用的意见》为标志。该文件提出了将发挥中央企业党委政治核心作用与建立现代企业制度有机结合起来的任务，明确了党委发挥政治核心作用的内涵、要求和规则程序。第二阶段，以《指导意见》和2015年9月中共中央办公厅印发的《关于在深化国有企业改革中坚持党的领导加强党的建设的若干意见》（以下简称《若干意见》）为标志。《指导意见》在阐述深化国有企业改革一系列基本问题时，不仅把"国有企业党组织在公司治理中的法定地位更加巩固，政治核心作用充分发挥"写进国有企业改革的主要目标，而且从充分发挥国有企业党组织政治核心作用、进一步加强国有企业领导班子建设和人才队伍建设以及切实落实国有企业反腐倡廉"两个责任"等三个方面明确了实践要求。《若干意见》和《指导意见》是两个相关性极强的文件，如果说《指导意见》主要是从国有企业改革的视

[①] 郝鹏：《加快实现从管企业向管资本转变　形成以管资本为主的国有资产监管体制》，《学习时报》2019年11月20日。

角将党的建设作为不可或缺的内在环节的话，那么，《若干意见》主要从国有企业党的建设的视角阐明了保证国有企业改革发展的社会主义方向、提升国有企业的制度优势和竞争优势以及促进国有企业做强做优做大的政治意义，并进一步明确了加强国有企业党的建设的实践路径。第三阶段，以2016年10月10日全国国有企业党的建设工作会议召开为标志。习近平提出了国有企业党的建设总目标："要通过加强和完善党对国有企业的领导、加强和改进国有企业党的建设，使国有企业成为党和国家最可信赖的依靠力量，成为坚决贯彻执行党中央决策部署的重要力量，成为贯彻新发展理念、全面深化改革的重要力量，成为实施'走出去'战略、'一带一路'建设等重大战略的重要力量，成为壮大综合国力、促进经济社会发展、保障和改善民生的重要力量，成为我们党赢得具有许多新的历史特点的伟大斗争胜利的重要力量。"[1]他的重要讲话，深刻论述了关涉国有企业党的建设一系列基本问题，成为新时代加强国有企业党的建设的纲领性文献。以这个会议的召开为起点，国有企业党的建设进入了全面深入展开的新阶段。第四阶段，以2021年5月中共中央办公厅印发《关于中央企业在完善公司治理中加强党的领导的意见》为标志。该文件坚持问题导向，基于加强党的领导和完善公司治理统一起来、加快完善中国特色现代企业制度作出了一系列具体的制度性安排。

与之相一致，党组织在国有企业的作用定位也经历了一个逐步深化的过程。《中央组织部、国务院国资委党委关于中央企业党委在现代企业制度下充分发挥政治核心作用的意见》明确了党委的"政治核心作用"。《指导意见》沿用了这一规定，提出"要贯彻全面从严治党方针，充分发挥企业党组织政治核心作用"。《若干意见》对不同层级党组织的作用作出

---

[1]《习近平在全国国有企业党的建设工作会议上强调　坚持党对国有企业的领导不动摇　开创国有企业党的建设新局面》，《人民日报》2016年10月12日。

了具体规定，提出要"发挥党组领导核心作用、党委政治核心作用、基层党组织战斗堡垒作用和党员先锋模范作用"。2016年7月4日，习近平就全国国有企业改革座谈会的召开作出重要指示强调，"要坚持党要管党、从严治党，加强和改进党对国有企业的领导，充分发挥党组织的政治核心作用"[1]。在全国国有企业党的建设工作会议上，习近平在"政治核心作用"前面加上了"领导核心作用"。党的十九大通过的《中国共产党章程》针对党委的功能定位使用了"领导作用"一词："国有企业党委（党组）发挥领导作用，把方向、管大局、保落实，依照规定讨论和决定企业重大事项。"党委这个主体发挥的领导作用，指向的是在国有企业生产经营中的功能定位，包括重大经营管理事项的决策以及执行、监督环节的责任担当。其与政治核心作用的区别主要在于企业生产经营介入方式和介入程度上的差异。从政治核心作用到领导作用，反映了党的十八大以来我们党对于党组织与国有企业之间关系认识上的深化，标志着党组织之于国有企业地位和作用的不断强化。

国有企业党的领导作用，蕴含经济和政治双重功能，无论是讨论经济功能还是政治功能中的任何一个，都必须基于两者的统一。人心是最大的政治，凝聚人心作为国有企业党组织的根本任务，是实现党组织之于企业发展推动作用的根本前提。效益从来都不只是一个与经济因素相联系的概念，既有经济效益又有社会效益和政治效益，既有物质效益又有精神效益。主人翁意识和归属感是一个与精神效益相联系的概念。有学者基于对若干城市近百位退休工人的深度访谈，指出："应该在由一系列正式的和非正式的制度所构成的特定情境中，重新认识国营企业劳动管理中的激励和约束机制。""当时影响工人日常生产行为的，不仅有政治压力、规章制度和同伴监督等约束手段，同时更为重要的还有源自国营企业职工特殊地

---

[1] 习近平：《理直气壮做强做优做大国有企业》，《人民日报》2016年7月5日。

位的集体意识、对本单位的认同以及由精神刺激所带来的晋升机制。"[1] 作为主人翁意识生成的基础，归属感是一个与获得感、幸福感和安全感相联系并居于其上的概念，主人翁意识的生成和深入体验在生成和增强归属感的同时，自然外化为积极性主动性创造性越来越充分地发挥。在社会主义市场经济条件下，物质激励固然重要并具有基础性的意义，但精神激励仍然有超越物质激励的特殊价值。工人阶级主人翁地位的发挥和国有企业对市场经济的适应之间，不应存在对立的关系或此消彼长的逻辑。1996年，我们党围绕国企改革成效提出的四个标准中，其中一条就明确提出"是否调动了企业职工和管理者的积极性，有利于企业党组织政治核心作用的发挥，有利于党和国家各项方针政策的贯彻落实"[2]。在全国国有企业党的建设工作会议上，习近平指出："坚持全心全意依靠工人阶级的方针，是坚持党对国有企业领导的内在要求。"[3] 他强调："不论时代怎样变迁，不论社会怎样变化，我们党全心全意依靠工人阶级的根本方针都不能忘记、不能淡化，我国工人阶级地位和作用都不容动摇、不容忽视。"[4] 不断增强工人阶级的归属感，更加充分体现主人翁的地位，应成为深入推进新时代国有企业党的建设的基本取向。

基于归属感的增强探索国有企业党的建设的实践路径，一方面应着力于民主的发扬。习近平指出："扩大党内基层民主，推进党务公开，畅通党员参与党内事务、监督党的组织和干部、向上级党组织提出意见和

---

[1] 李怀印、黄英伟、狄金华：《回首"主人翁"时代——改革前三十年国营企业内部的身份认同、制度约束与劳动效率》，《开放年代》2015年第3期。
[2] 《十四大以来重要文献选编（下）》，人民出版社1999年版，第1932页。
[3] 《习近平在全国国有企业党的建设工作会议上强调 坚持党对国有企业的领导不动摇 开创国有企业党的建设新局面》，《人民日报》2016年10月12日。
[4] 《习近平在庆祝"五一"国际劳动节暨表彰全国劳动模范和先进工作者大会上的讲话（2015年4月28日）》，《人民日报》2015年4月29日。

建议的渠道。"① 这是一个普遍性的要求，同样适用于国有企业，需要在深入推进国企基层党组织建设的过程中逐步落实。党员的民主权利不能是名义上的，也不应是形式上的，理当有丰富的内容与实践。无论是国有企业党的建设的加强，还是中国特色现代企业制度的建构，最终评价在很大程度上都取决于普通党员的民主权利能否真正实现。另一方面应着力于服务的加强。在国有企业基层党组织所承担的党员教育、管理、监督、服务和发展党员等工作中，服务居于基础性的地位，换言之，服务是教育、管理和监督的前提，更是党组织在企业生产经营中发挥作用的前提。1934年1月27日，毛泽东在《关心群众生活，注意工作方法》一文中指出："如果我们单单动员人民进行战争，一点别的工作也不做，能不能达到战胜敌人的目的呢？当然不能。我们要胜利，一定还要做很多的工作。""一切群众的实际生活问题，都是我们应当注意的问题。假如我们对这些问题注意了，解决了，满足了群众的需要，我们就真正成了群众生活的组织者，群众就会真正围绕在我们的周围，热烈地拥护我们。"② 把解决思想问题同解决实际问题结合起来，既讲道理，又办实事，多做得人心、暖人心、稳人心的工作，维护好职工群众合法权益，这是国有企业党的建设切实落地和避免堕入形式主义的根本途径。

---

① 《习近平谈治国理政》第3卷，外文出版社2020年版，第51页。
② 《毛泽东选集》第1卷，人民出版社1991年版，第136—137页。

第四章 中国政治发展道路与社会主义民主

改革开放以来,中国政治体制改革的过程始终伴随着西方民主理念和模式的缠绕。综合国力的提升带来了道路自信的不断增强,中国政治发展道路的自我认知与正名以及对西方民主现状与实质的阐明和澄清,成为新时代发展社会主义民主政治的基础性工作。在"四个全面"的战略布局中,全面依法治国是与全面深化改革相互紧密联系在一起的,以公平正义为共同的出发点和落脚点。将法治作为政治体制改革的主攻方向,不可避免地需要联系民主和阶级的范畴,不可避免地需要联系权力逻辑和资本逻辑,由此决定了新时代中国政治发展道路探索的问题域和着力点。强调这一点,并非试图提出一种全新的法治建设方案,而是努力避免法治的阶级性被抽象化,并由此坚持法治建设的社会主义原则,深化中国政治发展道路的探索,不断提升社会主义政治文明的水平。

一、中国政治发展道路探索的鲜明特点与着力方向

中国政治发展道路是中国共产党人带领中国人民探索社会主义民主的重大成果,具有自身鲜明的特点和优势。中国特色社会主义进入新时代,对社会主义民主政治建设也提出了新的更高的要求。习近平指出:"发展社会主义民主政治,关键是要增加和扩大我们的优势和特点,而不是要

削弱和缩小我们的优势和特点。"[1]坚持马克思主义的辩证法,深化对中国政治发展道路的社会主义属性和实践特点的认识,构成推进政治体制改革和彰显社会主义民主优越性的基本前提。

1. 认识中国政治发展道路的双重维度

中国政治发展道路是中国道路的有机组成部分。关于中国政治发展道路的正确认识,首先需要依托中国道路特殊性的分析框架。中国道路之所以呈现出一系列特殊性而最终没有完全循着西方现代化的轨迹,并非主观设计的结果,只有实际而深入地研究中国社会的历史条件,并结合中国现代化的历史任务和历史过程的具体分析,才能找到这一必然性最深层的根据,正如有学者指出的,"没有以社会现实为定向的具体化,所谓中国道路就是完全未被理解甚或完全不可理解的"[2]。众所周知,"本身就是一个宇宙"[3]的中国是在与西方几乎完全不同的独特国情与独特文化传统的基础上,提出并担负起自己的现代化任务的。正是这一根基的特殊性决定了,中国的现代化天然性地不可能完全进入西方资本主义文明之中,中国道路的独特性从现代化一开始其实就呈现出一个自我塑造的历史趋势。

随着经济社会快速发展赋予中国道路有效性的不断呈现,越来越多的西方学者认识到,在关于现代化探索的历史叙事中,西方的经验并非全部。换言之,在承认西方现代化经验与模式的同时,必须同时承认中国经验与模式之于人类社会现代化的贡献和价值。长期以来,民主的中国经验在西方思想世界总体上没有得到应有的尊重和理性的回应,这种状况正在发生

---

[1] 习近平:《在庆祝全国人民代表大会成立60周年大会上的讲话(2014年9月5日)》,《人民日报》2014年9月6日。
[2] 吴晓明:《马克思的现实观与中国道路》,《中国社会科学》2014年第10期。
[3] [美]费正清:《伟大的中国革命(1800—1985年)》,刘尊棋译,世界知识出版社2000年版,第429页。

一定程度的变化。德国古登堡大学政治学教授罗德斯特因指出："反思西方对自身经验的路径依赖，必须去发现中国治理体制中某些被忽视的制度特征。""以往的制度理论没能看到中国公共治理体制中独特的'干部体制'（cadre organization）。"该体制中意识形态立场和"人民公仆"的假设这两个相互关联的构成性要素需要予以特别重视。两者互为条件，抵消了法治薄弱、官员腐败所造成的消极作用，在社会治理效果方面，前者因其独特的运行逻辑，比后者更有效率，从而也在总体上为执政党增强了政治合法性。[①] 民主不是抽象的而是具体的存在，它的实质性内容取决于一个国家社会形态的性质、经济发展水平以及文化传统与现实。在中国社会土壤中生长起来的中国政治发展道路，并非与民主无关或者逆向的运动。

在关于民主政治探索的历史叙事中，既有西方的经验也有中国的经验，这是认识中国政治发展道路的第一重维度。

改革开放以来，无论是现代化还是民主的讨论，一直存在着摆脱西方中心主义影响的现实课题。一些人沉浸在西方民主才是真正民主的思想世界之中不能自拔，即使是当下西方民主的衰败情形也没有动摇过这一信仰。他们以西方民主剪裁自己，无意于基于中国前提条件的把握论证中国式民主如何成为可能，而是对基于西方的民主模式论证中国式民主的不可能津津乐道。对此，习近平指出："在政治制度上，看到别的国家有而我们没有就简单认为有欠缺，要搬过来；或者，看到我们有而别的国家没有就简单认为是多余的，要去除掉。这两种观点都是简单化的、片面的，因而都是不正确的。"[②]

在与世界越来越频繁的对话和交流中，对于中国究竟是不是一个民

[①] 木怀琴：《中国干部体制与韦伯官僚制》，《文化纵横》2015 年第 3 期。
[②] 习近平：《在庆祝全国人民代表大会成立 60 周年大会上的讲话（2014 年 9 月 5 日）》，《人民日报》2014 年 9 月 6 日。

主国家的提问和质疑，中国逐渐增强政治上的回应。但是，诸多回应多是自辩的被动意味，努力求得对方的理解和认同，关于中国政治发展的道路自信并没有真正呈现出来。这意味着，中国政治发展道路虽然在事实上瓦解了西方民主模式的"普世价值"，但关于这条道路的自我认知和为自身正名的任务并没有完成，在一定意义上，甚至可以说还没有完全破题。

这种状况的出现有诸多原因，关键的一条在于，与中国政治发展道路的特殊性阐释与有效性论证的比较充分形成鲜明对比的是，关于这条道路的社会主义价值属性阐释不足，基于理想性的引导对自身的批判性反思薄弱。破解这一矛盾，首先必须澄清中国政治发展道路的探索不仅是一场民主的实践，更是一场超越与扬弃资本主义民主的努力。换言之，今天无论是讨论中国政治发展道路的特点与优势还是展开与西方民主的对话与比较，都需要在社会主义民主而不是资本主义民主的话语框架中展开，在中国民主建构的理论与实践相统一的基础上进行，构成认识中国政治发展道路的第二重维度。

在中国政治发展道路的属性判定上，社会主义民主与资本主义民主绝不是抽象的理论区分，两者关系的讨论也不是毫无实际意义的空谈，社会主义的价值取向以及与之相联系的实际内容是历史性实践的赋予，一旦脱离了社会主义民主的基本框架，那么，关于中国政治发展道路的理解就可能会陷入绝对的特殊主义之中。党的领导、人民当家作主与依法治国三者有机统一，作为中国政治发展道路的本质特征和基本原则，作为新中国成立以来社会主义民主建设取得的核心成果，如果离开社会主义民主的分析框架，就难以获得正确而有力的说明。

高扬社会主义民主的旗帜固然重要，但绝不是依托这个符号或标签就万事大吉。"重理想轻现实"是改革开放前历史时期社会主义民主历史实践一个重要教训，成为改革开放以来社会主义民主建设的一面镜子。社会主义民主的现实展开虽然取得了巨大成绩，但是社会主义民主优越性尚没有充分涌流，社会主义政治发展道路的完善依然是一个重大的现实课题，也是一个不争的客观事实。由此，中国政治发展道路的双重维度认识的意义，就不仅在于强化对中国政治发展道路特点和优势的自知和自信，更在于以社会主义民主的价值原则检视和反省中国政治发展道路的不足与缺陷，做出规范性校正的努力。在这个分析框架内，讨论西方民主制度衰败显示的政治危机的政治意义，也就不仅在于通过论证资本主义民主的局限性来反证中国政治发展道路的正确性，更在于提出避免陷入西方民主的告诫和完善社会主义民主的要求。

2. 中国政治发展道路探索的鲜明特点

关于中国政治发展道路的特点与优势，在中国道路肯定性阐释与论证中已经非常充分。而与之密切联系的中国政治发展道路本土探索的基本特点，及其与社会主义民主实践要求的内在一致性，依然存在进一步阐发和总结的理论空间。

第一，注重政治发展的经济基础。马克思主义创始人认为，"权利决不能超出社会的经济结构以及由经济结构所制约的社会的文化发展"[①]。在人类社会发展的历史进程中，政治发展从来不是一种孤立的现象，它和经济和文化的因素总是千丝万缕地联系在一起。经济和文化的因素在为政治发展提供支持和动力的同时，政治发展也自然受到经济和文化因素的制约和影响。基于经济基础探讨政治发展的问题，既是马克思主义方法论的特色，也是马克思主义科学性的显示。在资本主义私有制的基础上不可能生长出"真正的民主制"，美国社会的现状为马克思主义这一观点提供了充分的现实佐证。有国外学者指出，"当下西方在经济上的垄断化和寡头化，带来了政治上极大的变化，即权力的集中和民主的衰退。今天，

---

① 《马克思恩格斯选集》第3卷，人民出版社1995年版，第305页。

资本不仅操纵了选举,还操纵了媒体、网站、学校,操纵了反抗的可能性"。基于马克思主义的立场,资本是侵蚀和扭曲西方社会权力结构的总根源,西方民主衰败的情形只不过是在资本的强力作用下资本主义民主实质的充分暴露而已。新中国成立以来中国政治发展道路的探索,始终坚持经济之于政治的决定性意义,以经济基础的变革实践开辟了扬弃和超越资本主义民主的现实可能性。改革开放以来,适应现实生产力发展水平的要求,中国共产党虽然对经济基础作出了具有让步意义的战略调整,但始终坚持公有制经济的主体地位和主导作用。以公有制经济为主体、多种所有制经济共同发展的社会主义初级阶段基本经济制度,为民主的社会主义探索构筑了最为深刻而关键的条件和基础。

第二,坚持民主形式的自主探索。"历史原则的具体化承诺首先就在于捍卫现实的差别"[①]。始终坚持自我主张和自主探索,不盲目照抄照搬西方模式,构成中国政治发展道路探索的一条重要经验和鲜明特色。深刻理解这一点非常重要。处于西方资本主义主导的世界历史进程中的社会主义,其生存和发展一直受到西方资本主义相对优势的强大压力,改革开放以来中国政治发展道路探索过程中,西方从思想观念到发展模式持续不断的深刻影响可见一斑。就此而言,独立自主的探索就不仅仅具有方法论的意义,更深刻地展示为社会主义的辩证态度和超越精神。在唯物史观的视野中,民主实践的东西方差别不仅不是人类政治发展的异常反而是政治发展的动力和常态。有人认为,民主只有选举民主唯一的形式,民主政治就是政党轮换政治。民主固然有其一般性的形式要求,但不能由此排斥选举民主之外的其他形式;问题的关键也不在于轮换本身,而在于是否真正由人民群众来选择和评判,人民群众是否真正实现了当家作主。社会主义协商民主与选举民主的统一作为中国政治制度一大特点和优势,

---

① 吴晓明:《马克思的历史道路理论及其具体化承诺》,《哲学研究》2013年第7期。

显著标识出民主的本土特色。实践证明，作为中国共产党群众路线在政治领域的重要体现，社会主义协商民主丰富了民主的形式、拓展了民主的渠道，对于扩大政治参与，提高民主质量发挥了积极的作用，既防止了相互掣肘、内耗严重现象的出现，也避免了群龙无首、一盘散沙现象的出现，不仅是"中国建构现代国家过程中所形成的重要政治创造"①，也是社会主义民主优越性的具体表征。

第三，注重民主实质的实践视角。无论西方资本主义民主表演得多么淋漓尽致，但从效果上看，程序民主与实质民主始终处于或远或近的分离与对立状态。美国著名经济学家斯蒂格利茨认为："美国民主早已背离林肯'民有、民治、民享'的理想，实质上美国民主已经变形为'百分之一所有，百分之一所治，百分之一所享'。"② 这一论述是对当下美国民主虚伪性的深刻揭示。正如福山对美国"代表性的危机（crisis of representation）"所阐明的那样："普通公民感到民主成为了一个幌子，政府被各路精英们暗中操纵，不再真实地反映大众的利益诉求。"③ 在批判资本主义民主虚伪性基础上展开实践的社会主义民主，始终坚持程序民主与实质民主的统一性，并在民主实践上采取了倾向于实质的基本思路，将广大人民群众的权利和利益的实现和保障作为发展社会主义民主的基本评价标准。2016年2月23日，习近平在中央全面深化改革领导小组第二十一次会议上提出的"是否促进经济社会发展、是否给人民群众带来实实在在的获得感"的"两个是否"标准和改革初期邓小平提出的"三个有利于"思想一脉相承，反映了中国共产党在包括政治体制改革在内的改革成效评价问题上的基本态度。实践证明，在社会主义初级阶段这样一个特殊的历史阶段，对于民主

---

① 林尚立：《协商民主对中国国家建设的价值》，《红旗文稿》2015年第5期。
② 朱云汉：《高思在云——中国兴起与全球秩序重组》，中国人民大学出版社2015年版，第26页。
③ ［美］弗朗西斯·福山：《衰败的美利坚》，观察者网2014年10月12日。

实质和效果的注重，有效地减少了政治成本，提高了决策效率，极大地推动了经济发展和社会进步，构成中国政治发展道路探索的一个重要特点。

第四，坚持政治发展与政治稳定相协调。社会结构是一个包括政治、经济和文化多要素的构成。各要素之间有机联系、相互作用，协调得好，就能够实现社会稳定和持续发展；协调得不好，就会制约甚至破坏社会稳定和持续发展。在美国政治学家亨廷顿看来，"实际上，经济发展和政治稳定是两个相互独立的目标，在二者的进展之间没有必然的联系"。[①]经济发展促进或破坏政治稳定的例子都有，并且，社会改革与政治稳定之间关系也基本相似。改革、发展和稳定三者之间关系如何平衡是改革面临的最大难题，尤其在加速实现现代化的历史时期，政治体制改革更可谓牵一发而动全身。改革开放以来中国政治发展道路探索坚持循序渐进、积极稳妥的原则，实现了政治发展、经济发展和社会稳定的统一。当下有一种观点认为，中国的政治体制改革相较经济体制改革而言明显滞后。政治体制改革确实面临着一系列重大问题迫切需要解决，但平心而论，"滞后论"显然在一定程度上既忽视了中国政治发展的成效，也忽视了政治发展必须基于政治稳定的原则要求。联系当前世界上一些国家民主化实践带来的社会失序与动荡，坚持政治发展与政治稳定相协调的特点彰显了中国政治发展道路的有效性。

3. 中国政治发展道路探索的问题域

秉持鲜明的问题意识，揭示中国政治发展的现实矛盾，是新时代完善中国政治发展道路、增强社会主义民主优势的基础性工作。在很大程度上，问题域的正确选取，不仅是道路自信的集中表现，也是党的纯洁性的集中

---

① ［美］塞缪尔·P.亨廷顿：《变化社会中的政治秩序》，王冠华，刘为等译，沈宗美校，生活·读书·新知三联书店1989年版，第6页。

表现。正如亨廷顿理解的那样，"马克思主义者关于人类社会演变的理想，就是在历史进程的终点，重新创造一个尽善尽美的共同体，其时政治就将成为多余之物"①。处于社会主义初级阶段的中国，政治发展既蕴含社会主义民主的一般性特点，还蕴含社会主义民主的阶段性特征。这两个方面的统一，提出了面向未来探索中国政治发展道路的思想任务和实践任务。中国政治发展道路的坚持和完善，不能回避当前中国政治结构和政治生活中出现的一系列问题。基于政治生活中政治主体的分析视角，这些矛盾具体表现在以下几个方面。

第一，改革开放以来，随着经济结构的深刻变化，社会阶级阶层结构也相应发生了一系列深刻变化，普通工人和农民在中国政治结构和政治生活中的地位和作用出现了相对下滑的态势。在一些地方一些单位，政治地位更多地和资本与权力而非劳动越来越紧密地联系在了一起。据有关官员在2015年透露："一些地方人大代表的结构严重失衡，真正来自基层的农民和工人的代表少。有的企业负责人占了一半以上的数量。""还有就是代表的身份严重失真，一些企业主以工人、农民或者是科学技术人员的身份获得了代表的提名。使得那些真正来自基层的，符合条件的人选无法提名。"② 亨廷顿认为，一个政治体制"应当能够成功地同化现代化所造就的获得了新的社会意识的各种社会势力"③。基于社会主义民主的视角，政治参与的实际状况具有一定程度的逆向运动的特征。有学者感叹："在社会主义时期占据着特殊地位的工人阶级的衰落——他们从一个具有某种主体地位的城市阶层迅速向城市贫民或失业者身份滑落。这一转变的

---

① ［美］塞缪尔·P.亨廷顿:《变化社会中的政治秩序》，王冠华、刘为等译，沈宗美校，生活·读书·新知三联书店1989年版，第11页。
② 郭超:《中组部：有代表身份严重失真 企业主冒充农民》，《新京报》2015年3月11日。
③ ［美］塞缪尔·P.亨廷顿:《变化社会中的政治秩序》，王冠华、刘为等译，沈宗美校，生活·读书·新知三联书店1989年版，第127页。

历史深度远远超出了当代人的想象视界，我们或许要隔一个世代才能理解其历史含义。""较之20世纪的工人阶级，新工人群体的人数与规模要庞大得多，但这一群体在政治领域和文化领域却几乎没有自己的位置，以至于他们究竟是一个阶级还是阶层至今仍然是学者们争论的问题。"①仅从这一变化就可以判定，政治发展就有进一步强化社会主义价值原则的必要。

第二，随着人民群众教育和文化水平不断提升，随着互联网的迅猛发展，越来越多的中下层人民群众因由民生问题而激活的权利意识和表达意识呈现出普遍增强的趋势。一个典型的例子是，通过网络空间表达政治态度和立场的政治参与实践，越来越广泛和频繁。有社会学者指出，农民工阶级在完成自身的代际替换的同时，也"迅速改变了自己驯服、沉默的形象，展示出抗争和表达的趋势"，"这些特征并非仅仅基于年龄差异而来，更不能归结为青年人的心理问题，而是深刻地折射出当今中国基本制度安排的约束和影响，体现出农民工阶级在市场的悖谬逻辑"。据最高人民法院披露，近五年来法院所受理的80余万件行政纠纷案件中，围绕拆迁引发的案件占比超过40%。②广大普通民众为此付出了巨大的利益代价和精神成本，实际上对政治体制合法性构成了一定程度的侵蚀和伤害。通过政治体制有效性积累合法性的努力出现了与主观愿望不一致的情形，社会主义民主形式供给与需求之间的矛盾需要进一步着力解决。

第三，私营企业主阶层和执政党内利益群体成为影响中国政治发展方向的两个重要变量。就前者而言，私营企业主发展到今天，"不仅拥有了强大的经济力量，而且已经能够通过影响执政党政策和国家法律来实现与维护经济利益，这是该群体趋于成熟的集中表现和显著标志"③。在扩大

---

① 汪晖：《两种新穷人及其未来——阶级政治的衰落、再形成与新穷人的尊严政治》，《开放时代》2014年第6期。
② 《2015年中国拆迁年度报告：强拆手段更加血腥》，新浪网2016年2月28日。
③ 吴波：《新中国社会形态研究》，江苏人民出版社2014年版，第365页。

政治参与的过程中，私营企业主阶层明显比其他新兴社会阶层更容易获得政治上的便利。总体看来，现阶段该阶层的政治参与基本立足于经济利益的考虑，但不可否认，私营企业主阶层由于在思想能力、组织能力和经济能力等三个方面的优势，自然成为"我国新兴社会集团最具政治参与行动能力的群体,也是未来对中国政治发展最具影响力的集团"[1]。就后者而言，党的状况不仅直接影响政治结构的稳定，而且决定政治结构的变化。在市场和资本作用越来越强大的条件下，党内少数领导干部利用手中掌握的公共权力通过寻租发财致富，实现了官商一体的生存特征。可能出于政治敏锐性的考虑，有的政治学研究成果在讨论社会力量构成与政治体制改革关系的问题时，有意或无意忽略了关于这一群体之于中国政治发展影响的分析。联系苏联解体、苏共下台的历史教训，在社会力量的构成中，该群体不仅是影响政治稳定的重要力量，也是影响中国道路未来方向的重要力量。由此，我们就能深刻理解党的十八大以来我们党开展自我革命的必要性和紧迫性。

关于中国政治发展道路的评价，不能离开辩证法原则。一方面，快速的经济增长和社会的总体稳定确实为政治体制的有效性提供了无可辩驳的说明，但另一方面，政治体制的有效性与合法性并没有保持高度的一致性。如何实现有效性与合法性的统一性，是社会主义民主视角下政治体制改革必须面对的重大现实课题。事实已经说明,在40多年改革开放之后，单纯依靠经济发展已经不可能很好地解决中国社会现实中的重大问题，政治发展正变得越来越重要。邓小平指出："一条是政治上发展民主，一条是经济上进行改革，同时相应地进行社会其他领域的改革。""我们所有的改革最终能不能成功，还是决定于政治体制的改革。"[2] 面对艰巨繁重的改

---

[1] 房宁:《民主的中国经验》，中国社会科学出版社2013年版，第282页。
[2] 《邓小平文选》第3卷，人民出版社1993年版，第164页。

革任务，习近平也强调，"只有既解决好生产关系中不适应的问题，又解决好上层建筑中不适应的问题，这样才能产生综合效应"①。中华民族的伟大复兴不仅要以经济的巨大成就和物质的巨大丰富作为标识，中华民族精神的再造和社会主义民主优越性的展示无疑更具标志性和根本性的意义。

4. 中国政治发展道路探索的着力方向

对于中国政治发展的未来和前景，有学者认为："在未来 10 年至 20 年现行政治体系和政治权力结构将会保持基本稳定，发生结构性变动的可能较小。"② 在保持中国政治结构质的稳定性基础上积极稳妥推进政治体制改革，避免中国政治结构的颠覆性破坏，具有较为广泛的思想基础。在正确认识和总结中国政治发展道路优势和经验的基础上，既要树立坚定不移地走下去的自觉性，更要积极筹划中国社会主义民主的未来，不断缩小社会主义民主理想与现实的距离，正如习近平指出的："我们要适应扩大人民民主、促进经济社会发展的新要求，积极稳妥推进政治体制改革，发展更加广泛、更加充分、更加健全的人民民主，充分发挥我国社会主义政治制度优越性，不断推进社会主义政治制度自我完善和发展。"③

经济基础依然是首先需要讨论的问题。强调上层建筑不断适应经济基础发展的要求固然没有错，但上层建筑的改革应在社会主义民主理想的引导下对社会主义初级阶段经济基础的复杂性有充分的考虑和把握。中国政治发展道路的现实和前景是以劳动为原则超越资本逻辑的民主类型，至少在社会主义初级阶段长期面临着抵制封建残余和资本力量浸染的双重政治任务。一方面，经济之于政治的决定性意义要求必须坚持和巩固

---

① 《习近平关于全面深化改革论述摘编》，中央文献出版社 2014 年版，第 47 页。
② 房宁：《民主的中国经验》，中国社会科学出版社 2013 年版，第 282 页。
③ 《习近平在首都各界纪念现行宪法公布施行 30 周年大会上的讲话（2012 年 12 月 4 日）》，《人民日报》2012 年 12 月 5 日。

社会主义初级阶段基本经济制度，必须坚决拒绝种种私有化的改革主张。一旦失去了社会主义经济基础的支撑，民主的性质就会发生根本性变化，就会丧失扩大社会主义民主的可能性。另一方面，国有企业特别是中央管理企业在我国社会主义国家政权的经济基础中起支柱作用。在做强做优做大国有企业的基础上，应不断实现国有经济之于公有制经济的意义与价值，通过上述两个方面的努力为社会主义民主的进一步展开建构起更为强大而深厚的基础。

习近平指出："坚持中国特色社会主义政治发展道路，关键是要坚持党的领导、人民当家作主、依法治国有机统一，以保证人民当家作主为根本，以增强党和国家活力、调动人民积极性为目标，扩大社会主义民主，发展社会主义政治文明。"[1] 关键性的问题无疑在于如何加强和改善党的领导上。中国共产党总揽全局、协调各方的领导核心作用，实现了国家的有效治理，是中国国家能力的重要表现。但是，今天"先进性不仅意味着更快的经济发展速度，还意味着更好的治理模式和更真实的民主制度"[2]。在坚持党的领导地位不动摇的同时，不断加强和改善党的领导，构成政治体制改革首要和关键的着力点。坚持和完善民主集中制的制度和原则，构成加强和改善党的领导的核心课题。民主集中制实践过程中的形式主义化现象大量存在，民主与集中脱节、民主缺乏制度性保障等问题，导致民主集中制在一些地方和单位名实不符。无论是民主还是集中的实践，必须坚持人民的主体地位，必须基于民主与集中的统一，必须强化制度性的保障。只有沿着这个改革方向，才能真正实现科学决策、民主决策、依法决策，才能为社会主义现代化建设效率与效果的一致性、效果短期

---

[1] 《习近平在首都各界纪念现行宪法公布施行30周年大会上的讲话（2012年12月4日）》，《人民日报》2012年12月5日。
[2] 修远基金会：《群众路线：人民民主的当代实践形式》，《文化纵横》2014年第6期。

性与长期性的一致性提供根本保障，也才能实现如卢梭所说的"将力量化为正义，将服从化为责任"，有效地防止权力的滥用和腐败的发生，始终保持党的先进性与纯洁性。

社会主义民主是程序民主与实质民主的统一。社会主义民主不仅意味着人民有依法实行民主选举的权利，也有依法实行民主决策、民主管理、民主监督的权利。实质民主虽然是中国式民主的一大鲜明特点，但不能由此忽略程序民主不足和不实带来的一系列社会问题，"切实防止出现人民形式上有权、实际上无权的现象"[①]。在坚持注重实质民主的基础上，需要积极回应广大人民群众权利意识增强对民主形式的新需求，这一重大任务已经异常紧迫地提了出来。从这个意义上，习近平提出发展全过程人民民主就具有鲜明的现实意义。"全过程人民民主是社会主义民主政治的本质属性，是最广泛、最真实、最管用的民主。"[②]中国政治发展道路的未来探索，需要积极发展全过程人民民主，加快丰富和完善社会主义民主的实践形式，不断推进社会主义民主政治制度化、规范化、程序化，进一步保障程序民主与实质民主的统一。

党的十八届四中全会通过的《中共中央关于全面推进依法治国若干重大问题的决定》提出了全面推进依法治国的总目标。习近平指出：建设中国特色社会主义法治体系，建设社会主义法治国家这个总目标的提出，"既明确了全面推进依法治国的性质和方向，又突出了全面推进依法治国的工作重点和总抓手"。一方面，依法治国，必须走中国特色社会主义法治道路。有学者针对性地提出要打破"律法中心主义"和"法院中心主义"

---

① 习近平：《在庆祝全国人民代表大会成立60周年大会上的讲话（2014年9月5日）》，《人民日报》2014年9月6日。
② 习近平：《高举中国特色社会主义伟大旗帜　为全面建设社会主义现代化国家而团结奋斗——在中国共产党第二十次全国代表大会上的报告（2022年10月16日）》，人民出版社2022年版，第37页。

的迷思，逐渐摆脱对西方法治模式的刻板模仿，将党规党法、社会习惯法与国家律法处于同样的重要地位，确立整体主义法制观。[①]另一方面，依法治国的工作重点需要向党依法执政和政府依法行政的方面转换。在一定意义上可以说，以往的法治理论和法治实践更多地关注的是人大的立法和法院依法独立审判，未来一段时期里，党依法执政和政府依法行政应得到法治理论和法治实践更多的关注。

二、阶级基础与劳动关系的改善

劳资关系是改革开放以来形成的一个重要的社会关系，折射出中国道路的行动逻辑和社会主义初级阶段的基本规定。在改革开放 40 多年后的今天，回顾和梳理这一关系的历史变迁，是重温和总结中国特色社会主义道路探索历程的一个重要维度。对于马克思主义执政党来说，在社会主义的语境下深化对劳资关系的认识和处理，不仅是新时代政治建设的重要内容，也是将社会主义与市场经济进一步结合起来的重要任务。

1. 劳资关系的历史逻辑与研究方法

劳动与资本的关系是马克思主义的核心议题，伴随马克思和恩格斯研究过程的始终。基于资本主义社会条件下工人阶级与资产阶级之间的矛盾，探寻这一矛盾的彻底解决和超越资本主义社会形态的可能性，是他们毕其一生的历史使命。在他们看来，当劳动与资本矛盾彻底解决之时，也是无产阶级和资产阶级这两个基本阶级彻底消失之日："无产阶级将取得公共权力，并且利用这个权力把脱离资产阶级掌握的社会生产资料变为

[①] 强世功：《"法治中国"的道路选择——从法律帝国到多元主义法治共和国》，《文化纵横》2014 年第 4 期。

公共财产。通过这个行动，无产阶级使生产资料摆脱了它们迄今具有的资本属性，使它们的社会性有充分的自由得以实现。从此按照预定计划进行的社会生产就成为可能的了。生产的发展使不同社会阶级的继续存在成为时代的错误。"[1]但是，历史过程要比理论构想复杂得多，100多年过去了，我们依然生活在西方资本主义主导的世界历史时代，换言之，阶级没有死亡，现存世界还是一个有阶级现象存在的世界。对于马克思主义而言，劳资关系依然是观察和分析包括中国在内的世界历史进程的一个基本视角，与之相联系，马克思主义的阶级分析方法依然是观察和分析当代中国社会劳资关系的基本方法。

对于中国而言，劳资关系的再生与改革开放这个决定当代中国命运的关键一招有关。1956年社会主义改造基本完成后，劳资关系曾作为一个历史概念消失在中国社会主义现代化的历史进程之中，但这只是一个暂时的告别，改革开放以来，中国共产党从社会主义初级阶段的客观实际出发，逐步确认和强化了私有经济和市场因素之于社会主义现代化的现实意义和价值。相关调整释放出推动生产力发展的积极力量，正如马克思指出的，"劳动生产力的发展——首先是剩余劳动的创造——是资本的价值增加或资本的价值增殖的必要条件。因此，资本作为无止境地追求发财致富的欲望，力图无止境地提高劳动生产力并且使之成为现实"[2]。与此同时，这一调整也在客观上塑造出包括劳资关系在内的一系列社会存在。在马克思那里，资本蕴含创造文明和追求价值增殖的双重逻辑，并且，"这两种逻辑并不是彼此分离的，而是内在结合在一起的；追求价值增殖的逻辑更为根本"[3]。资本作为一种权力的力量，不仅制造出一种新的社会关系，而且

---

[1]《马克思恩格斯选集》第3卷，人民出版社1995年版，第759—760页。
[2]《马克思恩格斯全集》第30卷，人民出版社1995年版，第305页。
[3] 丰子义：《全球化与资本的双重逻辑》，《北京大学学报（哲学社会科学版）》2009年第3期。

影响和决定了这一社会关系的发展变化。很显然,劳资关系的现实客观性,是与资本在社会主义初级阶段的现实合理性相联系的,这一关系也由此成为社会主义初级阶段的一个内在规定。这意味着,在讨论劳资关系这一问题时,切忌离开社会主义初级阶段这个特定的社会历史条件,否则就可能沦为一个抽象的、毫无实际意义的话题。由此也决定了,私有经济与市场经济是考察改革开放以来劳资关系历史逻辑不可或缺的两个基本因素。有学者分析指出,改革开放以来我国劳资关系演变可以分为四个阶段。第一阶段为1978—1988年,这是劳资关系的自发萌芽时期。第二阶段为1989—1991年,这是劳资关系的初步规范时期。第三阶段为1992—2002年,这是劳资关系扭曲变形和矛盾积累的时期。第四阶段从2003年到现在,这是劳资关系在矛盾爆发中走向规范的时期。[①] 不难看出,这四个阶段的历史划分,与改革开放以来生产关系和交换关系的阶段性变化基本一致,后者成为阶段划分的基础性根据。

改革开放以来生产关系和交换关系的调整,还在空间层面上规定了劳资关系在不同所有制形式中存在的全覆盖特征。一方面,关于社会主义初级阶段劳资关系的讨论,需要调整仅仅与私有经济相联系的思维方式。随着改革开放不断深入,中国与世界经济联系越来越紧密,中国社会内生的资本和西方世界输入的资本这两个经济力量,不仅成为中国现代化叙事的重要内容,也成为劳资关系分析的重要对象。劳资关系不仅在私有经济中获得了一种普遍性的存在,而且已经逾越了私有经济的框架,成为不同所有制形式的企业共同面对的课题。中国劳动关系学院王江松教授研究发现,以2007年为界,此前主要的群体性事件或集体行动发生在国企,2007年以后主要发生在私企和外企。这是对劳资冲突也存在于国有企业之中的确认。另一方面,劳资之间的冲突形式在不同所有制形

---

① 程连升:《新时期我国劳资关系演变的趋势和对策分析》,《教学与研究》2009年第4期。

式中有显著的差异。研究者发现，不同的所有制形式，劳资冲突行为特征有较大的差异：国有企业工人主要是上访、请愿、游行和示威，罢工则成为私营和外资企业劳资冲突的主要形式。比较而言，相关研究认为，私营企业的劳资双方冲突，是当前城市居民认为比较严重的劳资冲突。[1]

劳资关系与其他社会矛盾的关系，无疑也构成这一问题讨论的基础性内容。有学者认为，贫富矛盾、劳资矛盾和官民矛盾是当前中国社会最为突出的三大人民内部矛盾。简单地将这三大社会矛盾定性为人民内部矛盾有待商榷，三大矛盾的划分似乎也缺乏一致性标准，但如此概括至少从表象上全面反映了当前中国社会的主要矛盾。党的十八大以来，随着全面从严治党的不断深入，党的先进性和纯洁性逐步修复，相较其他社会矛盾而言，官民矛盾呈现出相对下降的态势，与之相对应，劳资矛盾的地位呈现出相对上升的趋势。劳资冲突不是一个孤立存在的外部行为，在社会心理的层面也有确切的反映，相关调查显示，社会心理反映与劳资冲突具有一致性的表现。2002年中国城市居民社会观念调查显示：明确"同意"当前劳资冲突问题严重的公众（包括很同意和比较同意）占总数的53.1%，超过一半，而明确表示"不太同意"劳资冲突问题严重的公众仅占总数的13.3%，对此表示"很不同意"的更只有2.6%。这一结果说明，在多数城市居民看来，当前劳资关系中的冲突问题相当严重。[2]有学者2011年撰文指出，"随着工业化、城市化进程的迅速推进，农民的数量必然会越来越小，劳动者也就是雇员的数量必然会越来越大，而且，劳资关系必然涵盖绝大部分的社会经济领域。所以，劳资矛盾将会成为影响整个中国社会是否能够安全运行的最为重要的社会矛盾问题。这种迹

---

[1] 李培林等：《社会冲突与阶级意识——当代中国社会矛盾问题研究》，社会科学文献出版社2005年版，第182页。
[2] 李培林等：《社会冲突与阶级意识——当代中国社会矛盾问题研究》，社会科学文献出版社2005年版，第182页。

象现在已经开始初步显露出来。在未来不短的一个时期内,中国劳资纠纷仍然会保持着迅速上升的势头"[1]。对于劳资关系的现实定位,2015年3月出台的《中共中央 国务院关于构建和谐劳动关系的意见》(以下简称《意见》)指出,"我国正处于经济社会转型时期,劳动关系的主体及其利益诉求越来越多元化,劳动关系矛盾已进入凸显期和多发期,劳动争议案件居高不下,有的地方拖欠农民工工资等损害职工利益的现象仍较突出,集体停工和群体性事件时有发生,构建和谐劳动关系的任务艰巨繁重"[2]。《意见》中使用的是劳动关系的范畴,基于政治学学科的角度,本文使用劳资关系概念,意涵和劳动关系一致。劳动与资本冲突数量的逐步增加与劳资关系规范的逐步强化,构成党的十八大以来劳资关系分析的双重基础。

任何关于劳资关系的讨论,总是在特定的研究方法下开展的,这就决定了社会结构分析方法的比较和选择的前提性任务。学术界在社会结构的分析方法上一直存在鲜明的理论分野,主要反映为以韦伯为主要代表的西方社会分层研究与以马克思为主要代表的马克思主义阶级分析之间的差异。具体运用于劳资关系的讨论,前者反映为功能论的立场,后者则反映为冲突论的立场。改革开放以来很长一段时期里,不少知识分子对"阶级"一词采取了敬而远之的态度,往往用"阶层"一词来替代"阶级"一词,与之相联系,社会科学领域的研究者大都选择了西方社会分层方法来梳理改革开放以来社会结构的历史变迁。阶级这个范畴的本身就蕴含着马克思对社会结构独特的分析视角,一旦离开马克思主义这一核心范畴,也就自然疏远了马克思的社会结构研究方法。自觉或不自觉地与马克思主义

---

[1] 吴忠民:《应当高度关注中国社会矛盾问题的生长点》,《学习时报》2011年12月5日。
[2] 《中共中央 国务院关于构建和谐劳动关系的意见(2015年3月21日)》,《人民日报》2015年4月9日。

的阶级分析方法保持距离的选择，有的是基于阶级概念和阶级斗争历史实践的主观印象，有的是基于维护"以经济建设为中心"的战略安排的考量，这种考量阶段性的合理性虽然可以理解，但留下的历史欠缺也是毋庸置疑的。在社会分层研究方法这一转换之下，研究更多地体现在描述性和肯定性层面，规范性和反思性相对不足，不仅削弱了知识界在劳资矛盾地位变化的历史逻辑形成过程中的影响力，而且也弱化了对正在发展着的劳资关系揭示的深刻程度。正如有学者指出的，"中国知识分子的当代实践和他们关于社会分层与社会不平等的研究进一步扼杀了阶级话语，抵消了在快速变迁的中国社会中形成的对阶级冲突的新理解"。[①] 换言之，面对劳资冲突的凸显，阶级话语在受到削弱的同时也削弱了阶级分析揭示社会现实矛盾的力量。随着21世纪以来劳资关系地位的上升，无论是阶级话语还是阶级分析方法都显露出越来越清晰的反转迹象，有学者分析指出，出现这一反转的重要原因在于，"尽管分层研究目前是中国社会不平等研究的主导范式，但事实表明，由于其固有的理论局限，它难以对中国社会不平等演变过程中的新问题作出令人满意的回答，如果不重新引入阶级分析视角，有关研究将缺乏足够的洞察力和前瞻性"[②]。

阶级话语之所以依然顽强地存在着，始终没有退场并有所反转，不是因由主观好恶所决定，而是社会现实条件的赋予。从这个意义上说，离开了阶级，劳动与资本的关系不仅难以得到科学和彻底的说明，甚至难以获得在社会关系中应有的位置。也有学者认为，"重返阶级"只是社会分层和社会分化研究中的局部现象。之所以说局部现象，不仅因为阶级概念只是这类研究所启用的概念之一，而且还因为在现实政治，甚至平等

[①] 潘毅、陈敬慈：《阶级话语的消逝》，《开放时代》2008年第5期。
[②] 冯仕政：《重返阶级分析？——论中国社会不平等研究的范式转换》，《社会学研究》2008年第5期。

政治中，阶级概念正在失去力量。[①]这一论述值得深入思考。在资本主导的全球化深入发展的今天，阶级的弱化已经成为一个全球性的现象，折射出资本权力在社会意识层面的强大力量。西方后马克思主义者的倒退就是一个典型反映。他们认为，政治和意识形态独立于经济，于是将劳资剥削关系从他们的分析框架之中剔除出去。这样做的结果，是他们"对国家的分析强调权力集团与人民之间的分歧而忽视了劳资对立"[②]。在国内相关的研究成果中，大多数关于资本的批判主要盘桓于马克思主义基本原理和西方资本主义的当代阐释之中，即使有与现实碰撞的立意，也主要反映为一种隐性和间接的状态。关于阶级的问题已经悄悄地为不平等的问题所替代，是一种与资本占据主导地位的世界历史时代相匹配的现象。承认这一点也没有什么可怕，这是因为，以下两个客观事实是不容置疑的：一是，马克思主义的阶级分析依然有着它实践的广阔空间。资本主义劳资对立及社会政治矛盾的加剧与深化，是当代全球资本主义矛盾表现的一个重要方面："在现时代，劳资对立并不只是表现为劳动者的绝对贫困，而是越来越多地表现为日益固化的社会阶级之间的隔离与疏离，尤其是来自底层民众对权力的反感、不认同、冷漠与拒斥，而权力也越来越体现为与资本的不当结合。"[③]二是，马克思主义阶级理论和方法的科学性始终没有被颠覆和证伪，虽然与资产阶级社会理论相对立，但"它的学术内容事实上已稳固进入资产阶级的西方大学"[④]。对于社会结构研究来说，马克思主义阶级分析方法从来不是作为可有可无的补充性意义存在着，它

[①] 汪晖：《两种新穷人及其未来——阶级政治的衰落、再形成与新穷人的尊严政治》，《开放时代》2014年第6期。
[②] [美]罗纳德·H.奇尔科特：《比较政治经济学理论》，高铦、高戈译，社会科学文献出版社2001年版，第114页。
[③] 邹诗鹏：《〈资本论〉与现代世界历史》，《武汉大学学报（哲学社会科学版）》2018年第2期。
[④] [美]罗纳德·H.奇尔科特：《比较政治经济学理论》，高铦、高戈译，社会科学文献出版社2001年版，第105页。

从来都是以不可或缺的基础性意义存在着的。

2. 劳资关系的影响因素与劳动抗争的若干特征

第一，劳资关系的影响因素。

劳资关系的实际状况，首先取决于劳动与资本各自的力量，并与企业工会的作用有一定关联。改革开放以来劳资关系的变化，在很大程度上与改革开放的实践逻辑相关，这自然使得政府成为分析劳资关系的又一重要因素，并且，改革的阶段性特征对劳资矛盾的形成和解决产生了直接影响，由此决定了这一研究需要坚持历史分析的方法。

在影响私有企业劳资关系的诸多因素中，资本是首先需要对话的对象。1992年党的十四大提出建立社会主义市场经济体制，构成改革开放以来又一个新的历史起点，私有经济获得了进一步展开的历史机遇，这不仅意味着资本力量的快速成长，也意味着资本之于劳动相对强势地位的不断巩固。当劳动者进入工厂从农民转换成工人身份的时候，原先之于土地的主体性地位也就随之失去，成为资本的附庸。资本从再生起就充分暴露出其固有的本质属性，为了赚取更多的利润，压低或者推迟发放劳动者的工资成为常用的手段。在资本逻辑的作用下，劳动者不仅难以参与做蛋糕的方式，也无法参与决定蛋糕的分配方式，劳动者权益被侵害的现象不断发生。1995年《中华人民共和国劳动法》实施后，劳动者权益保障受到社会广泛关注，但是，在使用农民工为主的私营和外资企业中却难以有效贯彻，劳资冲突仍然呈现出不断增加的趋势。

与私有企业有所不同的是，国有企业劳资关系的实际状况受到国有企业改革实践进程的深刻影响。有学者认为，1997年以前，群体性事件主要是由于国有企业转换经营机制及就业、分配和社会保障等"三项制度改革"所引起的劳动者利益受损。1997年党的十五大之后，公有制企业推行产权制度改革和以"减人增效"为标志的人力资源制度改革。国企改制造成大量劳动者下岗失业，无论是劳动权益还是产权权益都受到了严重的侵害。[1] 基于社会主义市场经济体制的要求，深化国有企业改革势在必行，但是，社会保障体系没有初步编织起来，数千万职工在缺乏兜底保护的前提下被推向了市场，其中部分职工既缺乏安全阀的保护，又难以获得再就业的机会，从而导致一段时期职工与企业管理者以及地方政府之间发生冲突的群体性事件频发。

为了推动经济的快速增长，在相当长一个历史时期里，不少地方和部门将向经济倾斜与向资本倾斜联系在一起。劳动者的权益不仅被相对忽视，甚至在合法权益受到资本的侵害时，也由于一些地方和部门在认识和处理劳资矛盾中向资本一方倾斜，往往难以得到合理的补偿。滚滚红尘中的物质主义转向，在经济生活层面强力展开的同时，还在上层建筑层面有所反映。一些地方和部门权力的资本化和资本的权力化结合，不仅在经济利益上体现出来，更是在政治权力结构的安排中有充分表现。2015年两会期间，时任中央组织部副部长的王尔乘指出，目前来看，在地方人大代表的提名选举中，一些地方党组织没有发挥领导核心作用，放弃了领导。"一些地方人大代表的结构严重失衡，真正来自基层的农民和工人的代表少。有的企业负责人占了一半以上的数量。""代表的身份严重失真，一些企业主以工人、农民或者是科学技术人员的身份获得了代表的提名。使得那些真正来自基层的，符合条件的人选无法提名。"[2] 资本逻辑和权力逻辑的结合，有力推动了资本一方作为阶级的成熟进程，进一步增强了资本一方的比较优势。

工会在保障劳动者权益方面具有直接性和基础性的作用。但是，不

---

[1] 乔健：《劳动者群体性事件的发展和特点》，《中国改革》2010年第7期。
[2] 郭超：《中组部副部长王尔乘参加北京代表团全体会议，建议严把人大代表提名关 "一些企业主冒充工人农民获代表提名"》，《新京报》2015年3月11日。

少企业工会在两个方面弱化了自身功能的发挥：第一，改革开放以来一段时期里，企业工会在职业关系上定位于企业管理层面，而在行政关系上受制于上级工会，总体上处于被权力和资本双重整合的状态，这种定位导致企业工会在发挥作为工人代表的作用上难以充分展开，处于一种尴尬和无力状态，有的企业工会甚至在实践中偏离自身的性质和功能。第二，工会数量的增加与工会功能的提升并不一致。随着改革开放的不断深入，私有企业和外资企业工会覆盖率不断提升，但有学者指出，"在号称工会覆盖率在100%的富士康深圳厂区，在1736位问卷调查受访者中，高达32.6%的被访工人不知道富士康有没有工会甚至以为没有工会；84.8%的工人表示自己没有参加工会，参加工会的工人仅为10.3%"。有学者指出，尽管从官方统计数据来看，企业建立工会的数字和劳资签订集体合同的数字都在逐年攀升，但这种表面上的统计数字并不能说明企业工会在维权功能上的提高，反而在一定程度上暴露了"形式化维权"的本质。

　　工会维护劳动权益的功能严重弱化，导致劳动者个体维权的成本高昂、代价巨大。中国劳动关系学院王江松教授在《集体谈判——解决劳资矛盾和劳资冲突的制度化通道》一文中披露，有关统计资料表明，工人追讨1000元工资，直接的费用达到920元，误工费用达到550到1050元，再加上司法支出和法律援助支出，总成本高达4320到5720元。在企业工会一线作用严重弱化的背景下，政府出于维护企业生产和社会稳定的考虑，不得不经常充任底线保障的力量，正如苏黛瑞(Dorothy J. Solinger)在《国家获益，劳工失利：中国、法国和墨西哥选择国际联络》一文中指出的，国家与工人关系的协调不能以常规变量如政体类型或者工会强弱来理解，而应通过研究历史上形成的制度和政治结盟来理解。与法国和墨西哥相比，工会在中国是最弱的，但是中国的工人是反抗最激烈的，中国政府在最后为工人提供的社会保障也是最优厚的。① 近年来，以农民工群体本身诉求和行动的变化为原动力，部分企业工会开始在一定程度上体现出民主化转变的趋势。② 劳动者斗争的组织化程度逐步提升，力量逐步增强。

第二，劳动抗争的若干特征。

经济利益是劳动抗争的根本目的。劳动与资本之间矛盾的实质或核心是"经济利益而非政治权利"③，这是正确认识和把握现阶段中国社会劳资关系的一个重要方面。近些年来不时发生的讨薪事件，不仅反映出经济利益追讨是劳动一方的主要出发点，而且也鲜明标识出劳资矛盾的责任主体。在多数情况下，劳动一方表达自己的利益诉求以相对温和型而不是激烈型抗争方式为主，具有被动型特征。这一方面是因为，与劳动相比较，资本总体上处于主动、有利的地位，资强劳弱的基本态势不仅决定了劳资矛盾的形成，也对劳动一方解决矛盾方式的选择产生重要影响；更为重要的是，改革开放以来，非农就业构成农民家庭收入的重要来源。劳动力供给与需求之间的矛盾突出，农民外出就业压力偏大，这是农民工选择相对温和型抗争方式的主要原因。针对近些年出现的"民工荒"以及新一代农民工已经不能接受低廉的劳动报酬了的看法，不少学者认为，农村仍然存在剩余劳动力，但它主要是以就业不足的方式存在的。实际上，从劳动一方看，他们主要是苦于缺乏资本的关注，处于期待与资本达成雇佣劳动关系的状态，一旦发生劳资冲突，选择温和型抗争方式就是不可避免的了。由此也决定了，劳动一方的抗争，一般是在维持劳资关系和秩序而不是动摇或颠覆劳资关系和秩序的基础上进行的。"劳动者的利益诉求活动基本上局限于某个地区或某个工厂，而且往往是一事一议，

---

① ［美］蔡欣怡：《中国的政治经济学与政治学》，张春满译，《国外理论动态》2014年第4期。
② 吴清军：《集体协商与"国家主导"下的劳动关系治理——指标管理的策略与实践》，《社会学研究》2012年第3期。
③ 吴忠民：《中国现阶段劳动者利益诉求方式分析》，《社会学评论》2013年第2期。

没有形成大规模的、跨省区的、有组织的抗争活动，没有形成固定的组织机构，没有长远的'行动纲领'，更没有成为一种影响到全国的社会运动。"① 无论是斗争的目标还是斗争的组织形式，都只是马克思视野中的"经济运动"，与"阶级运动"或"政治运动"有重要区别。

与第一代农民工相比，新生代农民工的抗争意识和行为明显增强。改革开放走过40多年的路程，新生代农民工也基本完成了职业代际继承。新生代农民工主要是指出生于20世纪80年代以后，年龄16岁以上，在异地以非农就业为主的农业户籍人口。根据国家统计局发布的2018年农民工监测调查报告，2018年全国农民工总量为28836万人，新时代农民工占比为60%左右。这一群体成长为农民工主体的现象在证明中国现代化进程进一步深化的同时，也折射出社会结构分化的进一步深化。中华全国总工会有关调查报告显示，与第一代农民工相比，新生代农民工的一个重要特征是受教育时间较长，但专业技能较欠缺。有高中及以上受教育程度的比例为67.2%，比传统农民工高出18.2个百分点。另一个重要特征是工作稳定性差。新生代农民工外出务工后更换工作的平均次数为1.44次，且每年变换工作0.26次，是传统农民工的2.9倍。② 最为突出的是，与第一代农民工相比，新生代农民工群体的维权意识明显增强。这个青春群体在塑造农民工崭新形象的同时，也展现出劳动抗争资本的新特征："第一代农民工默默地忍受了剥削性的工作条件，但是第二代农民工变成了'抗议斗争的骨干'。"③ 有学者指出，"他们比其父辈具有更强烈的不公平感，他们对于种种社会不公正也更为敏感；更为重要的是他们抛弃了上一代人常常怀有的宿命论，他们不认命运，有着强烈的表达利益诉求

---

① 吴忠民：《中国现阶段劳动者利益诉求方式分析》，《社会学评论》2013年第2期。
② 刘声：《青年农民工六大问题亟待破解》，《中国青年报》2011年2月21日。
③ ［美］蔡欣怡：《中国的政治经济学与政治学》，张春满译，《国外理论动态》2014年第4期。

的动力和对未来更好生活的要求"。21世纪以来工人抗争行为的增加,与新生代农民工维权意识的提高有很大关系。

劳动的抗争过程伴随欲望与焦虑交织的精神状态。焦虑是资本主导的现代社会的一种精神现象,根源于资本无限度地放大了人的欲望。"资本作为财富一般形式——货币——的代表,是力图超越自己界限的一种无限制的和无止境的欲望。"[①] 有学者认为,"在资本主义条件下,人们永远处于一种相对的贫困和一种相对收入差距的逻辑驱使下,人们对利益最大化的奋斗永远没有止境,也就意味着永远在焦虑、紧张,永远生活在巨大的压力之下"[②]。这种心理不仅反映在劳动者那里,也反映在作为资本人格化的资产者那里,是一种普遍性的精神现象。在当下中国社会,资本不仅释放出加速现代化进程的积极功能,也制造出了弥漫全社会的相互交织与纠缠着的欲望与焦虑。不过,对于抗争的劳动而言,焦虑有着其特殊成因的一面,因为这种精神状态主要是在应得而不能得的条件下形成的。劳动本身就内在包含着有节制的欲望,就欲望和焦虑的内涵及其表现而言,劳动与资本之间存在重要差异。焦虑的精神状态不仅为私有企业的劳动者所有,也为国有企业劳动者所有,不仅为第一代农民工所有,也为新生代农民工所有。对于劳动而言,无论是抗争成功还是抗争失败,只要与资本发生关系,就始终无法摆脱焦虑的状态,正如美国学者宾克莱所言,"工人、资本家也一样,都想得到更多的金钱,但是即使工人的工资得到了提高,他仍旧被非创造性的劳动所奴役"[③]。这就意味着,焦虑不仅贯穿于抗争的过程,而且贯穿于劳动的过程,资本构成劳动焦虑的源头。

---

① 《马克思恩格斯全集》第30卷,人民出版社1995年版,第297页。
② 孙利天、黄杰:《寻求根基性的存在经验》,《社会科学辑刊》2014年第3期。
③ [美]L.J.宾克莱:《理想的冲突——西方社会中变化着的价值观念》,马元德、陈白澄、王太庆、吴永泉等译,商务印书馆1983年版,第70页。

3. 新时代劳资关系的思考和处理

关于新时代劳资关系的历史梳理，不仅具有描述性的意义，更凸显规范性的价值，需要在坚持和发展什么样的中国特色社会主义、怎样坚持和发展中国特色社会主义这一重大时代课题的分析框架中深入思考。第一，劳资之间的利益分配是思考中国社会贫富差距问题的一个重要视角。邓小平晚年发出过告诫："十二亿人口怎样实现富裕，富裕起来以后财富怎样分配，这都是大问题。题目已经出来了，解决这个问题比解决发展起来的问题还困难。分配的问题大得很。"[①] 习近平强调："不是说就等着经济发展起来了再解决社会公平正义问题。""'蛋糕'不断做大了，同时还要把'蛋糕'分好。"[②] 在影响社会贫富差距的诸多因素中，劳资关系无疑是其中重要的一个，决定了贫富差距的缓解与劳资关系的规范的一致性。第二，劳资关系的实际状况是思考党的阶级基础变化的一个重要视角。劳动和资本关系的客观存在和发展，必然积累和强化劳动者新的阶级身份认同。阶级的成熟不仅指向资本的所有者，也同时指向劳动的所有者，21世纪以来不少社会学者提出了"中国工人阶级再形成"[③] 的命题。劳动者新的阶级身份认同的强化，必然导致马克思主义执政党对自身的阶级基础关注和思考的强化。《意见》强调，努力构建中国特色和谐劳动关系，是"增强党的执政基础、巩固党的执政地位的必然要求"[④]。第三，劳资关系的冲突状况是防范和化解重大风险的一个重要视点。在社会主义初级阶段，劳资矛盾无论在理论上还是在实践上总体上属于人民内部矛盾的问

---

① 《邓小平年谱（1975—1997）（下）》，中央文献出版社2004年版，第1364页。
② 《习近平总书记重要讲话文章选编》，中央文献出版社、党建读物出版社2016年版，第97页。
③ 沈原：《社会转型与工人阶级的再形成》，《社会学研究》2006年第2期；王江松：《中国工人阶级的再形成与工会的阶级基础》，《中国工人》2013年第6期。
④ 《中共中央 国务院关于构建和谐劳动关系的意见（2015年3月21日）》，《人民日报》2015年4月9日。

题。但是,"在当前改革进入攻坚阶段、多种矛盾彼此交织、国际国内因素相互融合并存在多方面制度'缺失'的条件下,人民内部矛盾也有可能激化或转化,甚至出现对抗。"[①] 第四,劳资关系的和谐是完善中国道路的一个重要考量。劳资关系作为最基本、最重要的社会关系之一,其发展变化需要与社会主义的巩固与完善相联系,包含一种未来意义的考量,这一考量的深刻程度与中国道路的完善和发展的程度根本一致。

现代化的未了情,在决定社会主义初级阶段长期性的同时,也决定了非公有制经济的长期合理性。始终不渝地坚持"三个没有变"和"两个毫不动摇",是一条根本方针。2016年3月4日,习近平在全国政协十二届四次会议的民建、工商联界委员联组会上指出:"我国非公有制经济,是改革开放以来在中国共产党的方针政策下发展起来的,是在中国共产党领导下开辟出来的一条道路。"在这个会议上,他明确指出"三个没有变",即"非公有制经济在我国经济社会发展中的地位和作用没有变,我们毫不动摇鼓励、支持、引导非公有制经济发展的方针政策没有变,我们致力于为非公有制经济发展营造良好环境和提供更多机会的方针政策没有变"[②]。在党的二十大报告中,习近平对"两个毫不动摇"即"毫不动摇巩固和发展公有制经济,毫不动摇鼓励、支持、引导非公有制经济发展"[③] 作出了重申。"两个毫不动摇"和"三个没有变"也确立了新时代认识和处理劳资关系的根本前提。

新时代劳资关系的认识和处理,一方面必须强化干预原则。在马克

[①] 房宁:《正确认识和处理新时期人民内部矛盾》,《政治学研究》2013年第6期。

[②] 习近平:《毫不动摇坚持我国基本经济制度 推动各种所有制经济健康发展》,《人民日报》2016年3月9日。

[③] 习近平:《高举中国特色社会主义伟大旗帜 为全面建设社会主义现代化国家而团结奋斗——在中国共产党第二十次全国代表大会上的报告(2022年10月16日)》,人民出版社2022年版,第29页。

思看来:"文明的一切进步,或者换句话说,社会生产力的一切增长,也可以说劳动本身的生产力的一切增长,如科学、发明、劳动的分工和结合、交通工具的改善、世界市场的开辟、机器等等所产生的结果,都不会使工人致富,而只会使资本致富;也就是只会使支配劳动的权力更加增大;只会使资本的生产力增长。因为资本是工人的对立面,所以文明的进步只会增大支配劳动的客体的权力。"[1] 只要现实生活中存在资本逻辑,生产力的发展就不能带来劳动解放的自然实现,换言之,现代化程度的提升并不必然与劳动的解放同频共振。很显然,如果没有对社会公正的强烈的要求以及外部力量的干预,仅仅依靠资本逻辑的作用,劳动的愿望只能是一厢情愿的空想,理想需要向现实发出靠近的呼唤。另一方面必须把握干预的适度原则。在唯物史观的视域中,社会公正不是一个抽象的概念,劳动的解放是一个历史的过程。劳资关系的认识和处理必须从社会主义初级阶段这个最大的实际出发,适度原则不仅应体现在劳动和资本之间关系的处理上,也应体现在不同类型劳动者之间关系的处理上,正如有学者指出的,"现实中存在的社会不公与权益失衡,是国家发展进步中的问题。如农民工与城镇劳动者不能同工同酬同权通常被看成是社会不公平的重要表现,但农民工的出现及其非农化进程,却是农民摆脱土地束缚并获得择业权利扩张机会的结果。从允许农民进城务工,到逐渐消除农民工就业的制度歧视,是国家发展进步的一个重要标志,然后才是根据现代化进程的要求妥善解决农民工的问题"[2]。这就意味着,劳动的解放不能脱离现实的国情,理想需要把握好与现实之间的张力。

社会主义市场经济与资本主义市场经济之间有一系列本质性的区别,

---

[1] 《马克思恩格斯全集》第30卷,人民出版社1995年版,第267页。

[2] 郑功成:《中国社会公平状况分析——价值判断、权益失衡与制度保障》,《中国人民大学学报》2009年第2期。

其中之一就是在发挥资本创造文明作用的同时，对资本作用的消极方面给予特殊的审视并加以有效抑制。劳资矛盾已经和其他种种问题相互激荡，成为改革进入深水区和攻坚期的重要表征。改革方向是一个与劳资关系相联系的基础性问题。新时代党的规范性校正，一方面体现在强化改革的社会主义方向上。以习近平同志为核心的党中央提出了以人民为中心的发展思想，在明确促进社会公平正义、增进人民福祉为全面深化改革的出发点和落脚点的同时，将共享发展理念确立为全面深化改革的价值遵循。阶级立场是与劳资关系相联系的又一个基础性问题，新时代党的规范性校正，另一方面体现在维护和巩固党的政治基础和阶级基础上。工人阶级是我们党最坚实最可靠的阶级基础，习近平指出："不论时代怎样变迁，不论社会怎样变化，我们党全心全意依靠工人阶级的根本方针都不能忘记、不能淡化，我国工人阶级地位和作用都不容动摇、不容忽视。"[1] 作为工人阶级的先锋队组织，党既不能让他们关于命运不公的呐喊淹没在现代化车轮的隆隆声中，更要进一步强化新时代工人阶级作为领导阶级的地位和作用，正如习近平 2016 年 3 月 5 日在参加两会上海代表团审议时指出的，"要想办法调动一线工人、制造业工人、农民工的积极性，这也是社会主义的本质要求。工人阶级是主人翁，主人翁的地位要体现出来"[2]。

　　社会主义现代化的道路选择决定了：现代化与劳动立场之间不仅不存在根本对立的关系反而以两者的一致性为基础和特殊优势。党的十八大以来，围绕中国特色社会主义道路的完善，我们党作出了两个重大的战略安排，为劳资关系的改善提供了根本性的制度保障。一是做强做优做大国有企业的战略安排。维护和巩固公有制经济的主体地位，是保障劳动者主体地位的根本制度基础；坚持全心全意依靠工人阶级的方针，是坚持党

---

[1] 习近平：《工人阶级地位不容动摇》，《京华时报》2015 年 4 月 29 日。
[2] 习近平：《主人翁的地位要体现出来》，人民网 2016 年 3 月 5 日。

对国有企业领导的内在要求。党的十八大以来,在做强做优做大国有企业、进一步壮大国有经济的同时,我们党将全面从严治党和全面深化改革有机结合起来,通过坚持党的领导和加强党的建设,增强工人阶级的主人翁意识,夯实工人阶级的领导阶级地位,实现国有企业经济功能和政治功能的双重强化。二是深化对政府和市场关系的认识和处理。在强调市场在资源配置中发挥决定性作用的同时,特别提出要更好地发挥政府作用。更好地发挥政府作用,首先蕴含充分激发资本活力的考量,提出进一步改善权力逻辑和资本逻辑关系的要求。其次,不平等问题的解决不能求助于市场经济,必须主要地借助于非市场的力量。更好地发挥政府作用,也蕴含通过逆市场化的力量改善劳动处境的考量,这一考量向权力逻辑和资本逻辑同时发出了提醒和告诫,提出了进一步确立和完善尊重劳动的基本理念与实践机制的要求。最后,中国已经进入高质量发展的历史阶段,更好地发挥政府作用,要求在供给侧结构性改革、环境保护和城市疏解的过程中,更加全面而充分地将劳动者的权益保障纳入顶层设计的框架之中。

社会主义制度的优越性,需要越来越充分而具体地落实到工人阶级的工作和生活上,体现在工人权利的实现与保证上。《意见》明确提出要坚持以人为本的工作原则,"把解决广大职工最关心、最直接、最现实的利益问题,切实维护其根本权益,作为构建和谐劳动关系的根本出发点和落脚点"[①]。党的十八大以来,以习近平同志为核心的党中央对劳动保障作出了一系列具体的制度安排,其中有两个方面非常突出:一是完善工资集体协商制度。在劳动保障的基本框架中,工资无疑是基础性和关键性的内容。《意见》要求,"以非公有制企业为重点对象,依法推进工资集体协商,不断扩大覆盖面、增强实效性,形成反映人力资源市场供求关系和企业

---

① 《中共中央 国务院关于构建和谐劳动关系的意见(2015年3月21日)》,《人民日报》2015年4月9日。

经济效益的工资决定机制和正常增长机制"①。这里提到的工资集体协商制度，是一个平衡劳资关系的重要举措。西方的经验证明，集体谈判的水平越高，工资之间的不平等越小，促进经济发展和社会稳定的作用越大。二是发挥基层工会基础性作用。2015年，中华全国总工会关于深入贯彻落实《国务院关于进一步做好为农民工服务工作的意见》的实施意见指出，"发挥基层工会关键作用，针对农民工的群体性利益诉求，基层工会必须及时向企业行政反映并协调、督促其采取解决措施；对于企业推诿不为或无力解决的问题，要及时向上一级工会报告，并由后者实施'上代下'维权，力求把矛盾解决在基层和萌芽状态，维护职工队伍的团结和统一"。实践表明，企业工会维护劳动权益的一线作用如果得到充分发挥，就会大大减少劳动维权成本，因此，压实企业工会的责任，对于推动劳动关系和谐，促进社会稳定，具有非常重要的现实意义。

中国特色社会主义的新时代，是中国特色社会主义道路更加完善的新的历史时期。一系列新的制度安排和实践，预示着新时代劳动关系和谐的前景。随着我们党对于社会主义与市场经济结合的探索逐步深入，工人阶级主人翁地位和作用一定会越来越充分地体现出来。

三、西方民主批判与中国政治发展道路的完善

一贯以民主灯塔标榜自我的美国深陷民主困境不是一个孤立的现象。金融危机和民主危机相继发生，表明当代西方资本主义正在发生重大而深刻的变化，这就提出了运用马克思主义立场、观点和方法剖析西方政治衰败的原因与实质，并站在世界历史的高度审视西方民主和西方资本

---

① 《中共中央 国务院关于构建和谐劳动关系的意见（2015年3月21日）》，《人民日报》2015年4月9日。

主义未来的理论任务。与此同时，中国政治发展道路的探索与完善，也不能离开对当下西方政治变化的思考和探讨，只有将两者联系起来，才能更为深刻地把握自身的优势和发现自身的问题，以推动社会主义民主的发展与完善。

1. 西方民主危机成因的西方论述

耐人寻味的是，在宣告"历史的终结"20多年后，美国学者弗朗西斯·福山宣告了美国民主的倒退。2017年2月9日，美国《华盛顿邮报》网站刊发了题为《曾宣布"历史终结"的人担忧民主的未来》的文章。文章称，福山在接受《华盛顿邮报》记者伊沙安·塔鲁尔电话采访时指出："25年前，我不知道民主制度会如何倒退，也没有理论来谈这个问题。现在我认为，民主制度显然可能倒退。"① 这不是福山第一次对西方民主作出衰败的判断了。2012年，他在美国《外交》杂志发表的《历史的未来——自由民主制能否在中产阶级的衰落中幸存下来？》一文就指出："当前的全球资本主义体制正在侵蚀中产阶级，而中产阶级乃是自由民主制的基础。"②2014年，以《政治秩序与政治衰败：从工业革命到民主全球化》一书的出版为标志，福山宣称美国的政治体系事实上陷入严重的衰败。2016年11月21日，福山在为英国《金融时报》撰写的稿件中更是明确指出："特朗普担任美国总统将标志着一个时代的终结，在那个时代，美国对世界各地的人们而言就是民主的象征。"③

对于西方民主的现实，国内外学者给予了"危机""困惑""困境""衰落"和"倒退"等字样的指认，展示了当下西方政治制度正在遭遇的困难和挑战。可能主要由于"历史终结论"的盛誉，福山关于西方民主衰败的

---

① ［美］弗朗西斯·福山：《西方民主正处于倒退状态》，《参考消息》2017年2月13日。
② ［美］弗朗西斯·福山：《历史的未来》，观察者网2012年1月5日。
③ ［美］弗朗西斯·福山：《特朗普的美国与新全球秩序》，金融时报中文网2016年11月21日。

评论引起了广泛关注。不过,他可能没有注意到,在提出"历史终结论"后不久即苏联解体后新一轮全球化展开之际,西方一些学者就以问题视角对西方民主作出预测性分析。具体说来,在中国的思想界正在就加入经济全球化的利弊得失进行权衡和争论的时候,德国著名学者哈贝马斯等人对全球化与西方民主的关系展开了深入讨论,阐明了全球化对西方民主的破坏性意义。在哈贝马斯看来,"资本主义与民主结合起来的问题,就是解决经济效率与自由和社会保障的关系的问题"。解决这个问题,"关键在于施行某种致力于在高就业水平下比较全面推行福利和社会保障的政策,从而能够把经济效率同自由和社会保障结合起来,从而把资本主义同民主结合起来"。[1] 正是在这个意义上,哈贝马斯指出:"不管从哪个角度看,经济全球化都破坏了一度得以实现的社会福利国家妥协的局面。而社会福利国家妥协即使不是解决资本主义内在问题的理想方案,也能够把它所造成的社会代价维持在可以容忍的限度。"[2] 弗里茨·沙尔普杰也认为,全球化导致了资本主义与民主关系的紧张:20 世纪 70 年代以来日益增强的经济跨国一体化"再次排除了民族国家的政治在战后几十年间逐步发展起来的'以民主方式驯化资本主义'的能力"[3]。拉尔夫·达伦多夫进一步指出,全球化对于西方民主而言有百害而无一利:"全球化这个主题词所描述的发展,对于西方 200 年来所理解的民主制本来就不会有什么促进作用。"在他看来,全球化赋予西方世界的是这样一幅阴暗的图画:"全球化剥夺了迄今一直正常运转的代议制民主的唯一家园,即民族国家的经济基础。全

---

[1] [德] 乌·贝克、哈贝马斯等:《全球化与政治》,王学东、柴方国等译,中央编译出版社 2000 年版,第 72 页。

[2] [德] 乌·贝克、哈贝马斯等:《全球化与政治》,王学东、柴方国等译,中央编译出版社 2000 年版,第 77 页。

[3] [德] 乌·贝克、哈贝马斯等:《全球化与政治》,王学东、柴方国等译,中央编译出版社 2000 年版,第 126 页。

球化损害了市民社会的团结,而民主的讨论是在市民社会中发展起来的。全球化用孤立的个人之间无结果的沟通取代了民主主义的制度。"①

显然,在他们看来,民主危机的问题是伴随着新一轮全球化浮出水面的。在当下诸多关于西方民主困境原因的分析中,全球化的因素首当其冲,可以说和哈贝马斯等人的观点遥相呼应。福山就认为:"全球化的确在民主国家中制造了内部紧张,而民主国家却无法调和这些紧张。"②在他看来,经济全球化是美国中产阶级衰落的重要原因之一。"随着交通和通讯成本降低,以及发展中国家数以亿计的新工人进入全球市场,原来由发达国家的中产阶级做的工作现在可以在其他国家以更低廉的价格完成。在强调总收入的经济模式下,工作岗位自然会被外包出去。"③在西方社会,中产阶级长期以来被视为民主的核心力量,诸如亨廷顿和利普赛特等西方政治学者一直都把民主和中产阶级的政治参与联系起来。中产阶级的衰落,无疑构成西方民主陷入困境的起点。在福山看来,技术创新是造成中产阶级衰落的另一个重要原因,他甚至认为中产阶级衰落的罪魁祸首是技术:技术创新所带来的经济效益都被极少数精英占有了,这导致美国不平等问题的加剧。在工业化早期的纺织、煤炭、钢铁和内燃机时代,技术革新能够带来就业的增加。但在一个"智能机器"和"全球化"的时代,"每一次伟大的技术进步都带来大量低技能工作的丧失和工作岗位的向外流失,只有金融奇才和软件工程师能够拥有更多的国民财富"④。除了技术和全球化外,民主过度也被视为导致西方民主困境的一个要素。福山认为,美国出现了过度民主的危险,政府遭到了法治与民主的削弱。美国政治改

---

① [德]乌·贝克、哈贝马斯等:《全球化与政治》,王学东、柴方国等译,中央编译出版社2000年版,第213页。
② [美]弗朗西斯·福山:《西方民主正处于倒退状态》,《参考消息》2017年2月13日。
③ [美]弗朗西斯·福山:《历史的未来》,观察者网2012年1月5日。
④ 周琪:《美国危机的本质在政治》,《环球时报》2012年9月24日。

革所面临的挑战是在于太多的法与过于低效的政府，造成了政治制度的衰退。①正如意大利资深政论家布里齐奥·弗兰齐欧所感叹的，常识和历史经验表明，"过度的民主必然会置民主于死地"。意大利约翰卡伯特大学教授彼得·帕加尼尼也认为，西方民主正在遭遇两大问题：第一个问题是民众过度地盲目参与，第二个问题是民众不能全面客观地接受信息。②

应该说，关于民主过度的分析表明西方思想界开启了对美国民主制度自身的批判性反思。但是，无论是全球化论、技术进步论和民主过度论，还是民主操纵论、"中国威胁论"和世界经济不景气论，西方思想界关于西方民主危机的探讨存在明显的局限。第一，诸多分析有意或无意忽略了西方民主固有的缺陷导致了西方民主危机的这一逻辑，而仅仅将之归结为外部因素的作用。"全球化论""技术进步论"等都证实了这一点。包括福山在内的一些人甚至将中国模式视为西方民主倒退的外部影响，这无非是"中国威胁论"的新版表述，王顾左右而言他的特征就格外明显。第二，少数分析虽然指向自由民主制自身，但对其局限性仍然缺乏深刻反思。福山关于法治过度的思考，提出了西方政治制度在实践中的退化问题，但即使面对西方民主倒退的实际情形，福山也没有放弃自由民主具有历史终结意义的基本观点，只不过开始承认创造现代自由民主制度的过程有多么艰难而已。资本对民主的驯化导致当下西方民主实践产生了诸如民主游戏化等一系列问题的凸显，不能不把批判的目光指向西方民主制度的内核，正如有学者指出的，"问题的严重性甚至还不在于美国政治制度已经无法保证多数人民的意志决定政治领导人"，"现代竞争性选举已经成为民主政治以及人民主权概念的扼杀者"。③第三，一些分析虽然注重对经济因素的考察，但

---

① ［美］弗朗西斯·福山：《中国和美国政治改革挑战》，爱思想网 2015 年 11 月 5 日。
② 张朋辉、韩秉宸、李永群：《西方"民主困境"："过度的民主必然会置其于死地"》，《人民日报》2017 年 2 月 14 日。
③ 房宁：《选举杀死了民主》，《环球时报》2016 年 12 月 27 日。

对西方民主的经济基础缺乏深刻反思。资本对民主的侵蚀是资产阶级民主的常态,是其固有的局限性的一大表征。经济上的不平等直接造就了政治上的不平等,政治被经济操纵,那些在经济上居于优势地位的集团,往往享有更大的权力,更多地影响政策的制定,从而对民主制度的本质造成严重的侵犯。可是,西方不少学者虽然注意到经济因素对民主制度及其实践的影响,但往往或停留于分配领域或停留于经济形势的探讨。彼得·帕加尼尼的观点具有代表性,他认为:"民主制度的顺利运行有赖于经济的健康发展。民主制度的弊端近年来成为关注焦点,恰恰是因为世界经济的不景气。""当经济增长长期处于停滞和衰退时,普通人的生活受冲击最重,普通民众和精英阶层之间的矛盾开始尖锐,情绪宣泄在民主选择中的决定性因素因此加强,给民粹主义发展提供了更大空间。"[1] 这种外部反思的方式既回避了对西方民主局限性的追问,也缺乏对导致经济不平等的根源的追问。

2. 西方民主与资本主义的未来

关于资产阶级民主的基本问题,马克思主义创始人不仅早已经从理论上解决,而且西方民主历史与现实也验证了其科学性。马克思充分肯定了资产阶级民主所实现的政治解放的历史进步意义:"政治解放当然是一大进步;尽管它不是一般人类解放的最后形式,但在迄今为止的世界制度的范围内,它是人类解放的最后形式。不言而喻,我们这里指的是实在的、实际的解放。"[2] 基于人类解放的最终目标,马克思深刻揭示了资产阶级实现的政治解放的历史局限性:"从政治上宣布私有财产无效,不仅没有废除私有财产,反而以私有财产为前提。"[3] 政治上的平等与经济的不平等之

---

[1] 张朋辉、韩秉宸、李永群:《西方"民主困境":"过度的民主必然会置其于死地"》,《人民日报》2017年2月14日。
[2] 《马克思恩格斯全集》第1卷,人民出版社1956年版,第429页。
[3] 《马克思恩格斯全集》第1卷,人民出版社1956年版,第427页。

间存在无法克服的内在矛盾决定了,资本主义条件下的民主只是形式上的平等而非事实上的平等。

只不过,这个局限性的显露程度受到资产阶级国家、资本与劳动的表现等一系列因素的影响,由此展示出资产阶级民主实践丰富的演变过程。英国学者科林·克劳奇在《后民主制度》中按照现代化历史进程与资本主义民主的关系,将资本主义民主的实践理解成具有抛物线特征的历史痕迹。这种理解只具有表象的意义,只有将民主的实践与资本的作用联系起来,才能准确把握内在的逻辑。资本主义之所以能够在二战之后较长一段时期内较好地遮蔽了资产阶级民主的局限性,内部条件是工人阶级的斗争导致国家对资本的抑制,外部条件则是社会主义国家的竞争压力。这两个条件的共同作用,达成了民主在一定程度上对资本的驯化。在资本主义与民主的碰撞中,民主曾给予资本主义以稳定的社会基础,但同时不可避免地束缚了资本的本性。随着苏联解体、两个平行市场的终结,资本在解除外部压力的同时也听到了更为广阔的世界市场的召唤,资本的本性又一次获得了张扬的机会。在资本与国家的关系上,当资本已经足够强大到挣脱国家束缚的时候,国家弱化、资本强化就成为资本主义发展变化的历史趋势。"'涡轮资本主义'在世界范围的渗透现在似乎已不可阻挡。它正在摧毁自身存在的基础,即能够发挥职能作用的国家与民主的稳定。""政府在所有与生存攸关的未来问题上只是一味地让人们注意跨国经济极其强大的客观强制,把所有政治都变成一种软弱无力的表演,民主国家于是就名存实亡了。"[1]在马克思主义看来,民主对资本的驯化演变为资本对民主的驯化的这种状况,与其说是当下西方民主出现了退化的迹象,倒不如说是民主的资本主义属性充分暴露而已。

---

[1] [德]汉斯-彼得·马丁、哈拉尔特·舒曼:《全球化陷阱:对民主和福利的进攻》,张世鹏等译,冯文光校,中央编译出版社2001年版,第12、13页。

对当下西方民主困境的反思自然引起对西方民主未来的思考，全球化条件下西方自由民主制度未来的问题凸显。联系当下西方民主危机呈现的一系列特征，20世纪90年代西方学者对于民主被扭曲的预测颇有见地。理查德·隆沃思认为，除非民主政府能够引导全球化，使其造福百姓众生，否则全球化经济与民主政体就不可能并存。"讲究少数服从多数的民主政治，将为输家所有、所治、所享，政治力量将由怨恨的情绪所把持"，而这绝非社会的常态。"另一种可能的发展，就是势力凌驾一切的全球企业会形成经济独裁统治。各国政府仍将由人民选举，可是政府除了提供基本服务之外，没有任何实权，它们的人民也无力控制自己的生活。"① 达伦多夫则认为："向全球化方向的发展及其社会后果，与其说会助长民主的国家制度，不如说会助长独裁的国家制度。不过独裁制度是能够持久的；它既不会孕育灾难，也不会像极权主义专政那样陷于困境。对于21世纪来说，一个独裁主义的世纪绝不是最难以相信的预言。"② 值得比较分析的是，近20年之后，英国《金融时报》副主编马丁·沃尔夫发出了同样的警告：在西方国家，"煽动家越是热情洋溢和野心勃勃，民主体制就越有可能沦为专制统治。煽动家是民主的软肋"，"民主政体的核心制度不会保护民主政体，保护它们的是理解并珍视民主价值观的人民"。③

西方民主如何实现自我救赎？在汉斯-彼得·马丁看来，全球化的条件使得经济和政治的关系发生了颠倒，正是全球化把民主推入陷阱，因此，解救的办法只有一条，就是将颠倒了经济和政治的关系再颠倒过来：

---

① [美]理查德·隆沃思：《全球经济自由化的危机》，应小端译，生活·读书·新知三联书店2002年版，第30、65页。
② [德]乌·贝克、哈贝马斯等：《全球化与政治》，王学东、柴方国等译，中央编译出版社2000年版，第214页。
③ [德]马丁·沃尔夫：《2016：民主的危机与煽动家的逆袭》，英国《金融时报》2016年12月22日。

因此"处于下一世纪门槛的民主政治家们最首要的任务就是对国家进行修复,重新恢复政治对于经济的优先地位"①。姑且不论当下西方的现实证实了 21 世纪初的西方政治家们对这一建言的无视,需要着重阐明的是,按照马克思关于经济和政治关系的理解,美国危机的本质不是政治而是经济。政治领域的问题不是一个孤立的现象,而是西方经济问题在政治领域的呈现。正是准确地把握了两者之间的逻辑关系,哈贝马斯才不无感慨地指出:"具有讽刺意味的是,在 20 世纪末,西方发达社会重新遭遇到它们以为在社会竞争压力下刚刚解决了的问题。这是一个与资本主义本身同样古老的问题:怎样才能有效地发挥自我调节的市场的配置功能和发现功能,而不致造成背离民主制自由社会的一体化条件的不平等分配和社会代价?"②然而,西方经济状况的恶化并没有缓解的迹象。有学者对所有发达国家做了统计,得出了这样的结论:"今天收入分配不公的恶化程度和二战前相比几乎不相上下。发达国家中,收入水平最高的 10% 的人群的收入,占整体收入的比重达到接近 40%,二战前这一比重大概是 42%。"③分配问题的凸显必然在政治上有所体现。哈贝马斯承认:"从长远看,社会分化势必破坏自由的政治文化,而这种文化的普遍主义的自我理解则是民主制社会的基础。"④就此而言,当下西方民主困境折射出的是资本主义私有制和自由市场经济无法自我克服的内在矛盾。

这就意味着,在揭示西方民主困境实质的同时,还需要上升到世界历史的高度来讨论资本主义未来的问题。正是在这个意义上,马克思主

---

① [德]汉斯-彼得·马丁、哈拉尔特·舒曼:《全球化陷阱:对民主和福利的进攻》,张世鹏等译,冯文光校,中央编译出版社 2001 年版,第 15 页。
② [德]乌·贝克、哈贝马斯等:《全球化与政治》,王学东、柴方国等译,中央编译出版社 2000 年版,第 71 页。
③ 朱民:《全球经济面临三大结构性变局》,新华网 2017 年 2 月 28 日。
④ [德]乌·贝克、哈贝马斯等:《全球化与政治》,王学东、柴方国等译,中央编译出版社 2000 年版,第 73 页。

义的宏大叙事再次得以苏醒和激活。众所周知，20世纪以来，社会主义和资本主义作为人类世界两大社会制度一直处于并存和斗争的状态。作为苏联解体的严重后果之一，随着世界社会主义陷入空前低潮，西方自由民主制度获得了绝对优势的地位，福山的"历史终结论"正是在这一背景下提出的。自那以后，西方民主长期占据了价值制高点，社会主义似乎理屈词穷而被视为不合时宜的论题。国内马克思主义理论界虽然没有停止过对"历史终结论"的批判，但是，和对新自由主义的批判一样，多是停留于狭小的理论层面。不仅如此，思想界更缺少对全球化与西方民主关系乃至资本主义未来命运的深刻见解，上述种种无疑成为世界社会主义运动处于低潮的一大写照。

在世界历史的进程中，当代资本主义究竟位居何处？亨廷顿基于西方在世界政治、经济和军事领域的实力正在下降的客观实际，在苏联解体后不久就从权力和文明的视角预言："西方在冷战中获胜带来的不是胜利，而是衰竭。"他还具体勾勒出西方衰落的三个基本特征：第一，这是一个缓慢的过程；第二，衰落不是呈直线型的；第三，权力是一个人或群体改变另一个人或群体行为的能力。[1]显然，在亨廷顿看来，苏联解体之后西方资本主义获得全球机会之时，也是资本主义衰落大幕开启之际。2015年11月21日，英国剑桥大学政治与国际关系学院资深研究员马丁·雅克在第六届世界中国学论坛上明确指出，西方在全球占据的压倒性局面已经趋于崩溃，"西方的衰落已经不仅是一种趋势，而是一种事实。毫无疑问，西方的霸权遭遇到了前所未有的挑战"[2]。美国社会学家伊曼纽尔·沃勒斯坦也认为，西方资本主义无疑进入了过渡期。在他看来，"在平等的

---

[1] ［美］塞缪尔·P. 亨廷顿：《文明的冲突与世界秩序的重建》，周琪等译，新华出版社1998年版，第76—78页。

[2] 《专家：西方的衰落已经不仅是一种趋势而是一种事实》，《东方早报》2015年11月23日。

名义下维持着极度的不平等方面，它也是独一无二的。然而，如同所有的历史体系，现代世界体系将不可避免地画上句号。500年来，扩张一直是它的生命线：在社会动荡时期，适度的让步可以通过向外扩张得到补偿。今天，资本主义已经耗尽了扩张的空间"，"在全球社会剧变的当今时代，我们正见证资本主义的最后表演，看似很小的事件可能产生巨大的反响。现代世界体系的终结是必然的。无论它们将改善还是恶化人类的生存状况，这些挣扎的最终结果在本质上是不确定的"。① 无论是衰落的预言还是过渡的判断，实际上都说明了资本主义历史的、暂时的性质。

严格地说，马克思是最早对资本主义的未来进行科学预判的思想家。按照马克思主义的逻辑，新自由主义全球化的深入发展，导致当代资本主义发生了一系列深刻的变化，这些变化加速了资本主义被替代的历史进程。有学者用金融资本、非物质劳动、消费和意识形态概括了当代资本主义新变化的四大特征。在这个阶段，"金融资本只是参与了对剩余价值的分割，绝不会创造剩余价值，剩余价值是工人劳动创造的。金融资本的凸显加速了虚拟资本的积累，不但没有改变资本主义生产方式基本矛盾，还会使其本身成为爆发金融危机的震中区，反过来造成对实体资本积累的严重破坏，使资本主义经济陷入长期停滞"②。毫无疑问，金融危机和民主危机联系在一起，是资本主义总危机的有力揭示，强化了资本主义的过渡性特征。如果说亨廷顿对西方衰落作出正确预见的话，那么，这个衰落不只是权力的衰落，而是预示了社会形态的历史性变迁，预示着新文明类型的出现，由此，这个衰落就具有了历史分水岭的意义。

---

① ［美］格雷戈瑞·威廉姆斯：《世界体系研究之缘起：对话伊曼纽尔·沃勒斯坦》，杨智译，《国外理论动态》2014年第4期。
② 王广禄：《当代资本主义的四大变化——访南京大学哲学系教授唐正东》，《中国社会科学报》2016年12月13日。

3. 坚持和完善中国政治发展道路的若干启示

中国政治发展道路的探索与完善，不能离开对当下西方政治变化的思考和探讨。津津乐道于西方民主的现实困境是容易的，也实属必要，但还必须反躬自省，专注自我。只有将两者联系起来，才能更为深刻地把握自身的优势和发现自身的问题，深化政治体制改革以推动社会主义民主的建构与完善，达成新的政治文明越来越充分的实现。

第一，坚定民主探索的自主立场。

苏联解体、苏共下台之后，中国共产党开启了社会主义市场经济体制的新探索，并在政治发展道路的探索上明确了底线。我们党一方面公开声明要坚持从我国国情出发，总结自己的实践经验；另一方面注重借鉴人类政治文明的有益成果，但绝不照搬西方政治制度的模式。上述两个方面的统一，构成了世界社会主义运动陷入低潮的条件下中国应对西方压力和发展自我的基本立场和实践取向。党的十六大以来，随着综合国力的不断增强，中国在对中国道路强化自我认知的同时，也开始直面回应"中国是不是一个民主国家"的问题，2005年国务院新闻办公室发布的《中国的民主政治建设》白皮书，即是这一努力的开启。这一阶段，中国开始从理论上加强了对政治发展的条件与政治发展关系的马克思主义阐释，强调民主政治建设必须坚持从自身的实际出发，并注重对中国政治发展道路内涵和经验的总结与概括，但从总体上看，主要表现为对自身特殊性的说明，反映了面对国内外对中国民主质疑或否定的自辩意识。

党的十八大以来，我们党以高度的政治自觉继续强调坚持民主探索自主立场的重大意义。习近平指出："中国是一个发展中大国，坚持正确的政治发展道路更是关系根本、关系全局的重大问题。"[1] 与此同时，我们党进一步强化了道路自信并上升到文化自信的高度，公开阐明了中国方案的

---

[1] 《十八大以来重要文献选编（中）》，人民出版社2016年版，第59页。

世界意义。中国政治发展道路的这份自信，主要基于以下三个方面的事实。

一是，40多年改革开放经济奇迹从侧面实现了对中国政治发展道路正当性的辩护：中国综合国力的持续提升、人民群众生活水平的不断提高，不仅仅是中国经济道路有效性的证明，也包含对中国政治发展道路支撑和保障作用的肯定。经济实力的大幅提升反过来对政治发展道路的正当性提供了有力辩护，正如亨廷顿所指出的，"随着总体经济实力的增强，使得对西方在人权和民主问题上施加的压力越来越可以采取置之不理的态度。理查德·尼克松于1994年说：'今天，中国的经济实力使美国关于人权的说教显得轻率；10年之内，会显得不着边际；20年之内，会显得可笑'"[①]。

二是，中国政治发展道路的特殊优势从正面实现了对中国政治发展道路正当性的阐明。与西方民主的现实危机比较，中国政治发展道路确实到了对优势的提炼和正名的历史时刻。有学者认为，当代中国政治发展的特征与优势包括：稳定性、发展性、持续性、协调性、包容性。[②]从中国政治发展道路的探索实践看，集中展示出注重政治发展的经济基础、注重民主形式的自主探索、注重民主实质的实践优先以及注重政治发展与政治稳定相协调的鲜明特点。

三是，一些国家民主化实践的失败从反面实现了对中国政治发展道路坚持自主探索立场的证明。具有讽刺意味的是，当西方国家将西方民主模式作为"普世价值"大肆推销之际，新自由主义主导下的西方民主不仅导致了自身的政治危机，而且也使一些国家陷入了混乱和失序之中。

第二，强化探索更好社会制度的价值取向。

如前所言，当主动融入经济全球化前夕，与西方思想家在全球化与

---

① ［美］塞缪尔·P.亨廷顿：《文明的冲突与世界秩序的重建》，周琪等译，新华出版社1998年版，第213页。
② 张树华：《西方政治衰败凸显中国道路价值》，《环球时报》2017年1月19日。

西方民主关系的深入探讨明显区别的是,国内思想界关注的重点主要在利弊得失的考量与辩论上,政治视角关注的重点是捍卫国家主权的问题。这是因为,"全球化对政治价值、政治行为、政治结构、政治权力和政治过程的深刻影响,集中地体现为它对基于国家主权之上的民族国家构成了严重的挑战","国际政治的权力格局正在处于重构之中,国家主权的内容和形式也正在发生深刻的变化,维护国家主权的策略也必须做相应的调整"。[1] 随着全球化的逐步深入,随着西方民主危机的显露,政治视角关注的重点显然有了战略性调整的必要,需要站在新的历史高度审视中国政治发展道路探索的历史任务与前途命运。

党的十八大以来,习近平反复强调,让世界知道中国人民作出了什么贡献、还要作出什么贡献。这一论述意义重大,联系福山等人的相关言论,有着鲜明的现实针对性。福山承认:"自从金融危机发生后,中国人自己开始宣扬'中国模式',将其视为自由民主的另一种替代性方案。"不过,在福山那里,中国模式并不是一种作为民主模式的存在:"现在对自由民主挑战最大的是中国,中国结合了威权政府和局部市场化经济。"[2] 郑永年也指出:"中国改革开放以来的经验表明,即使没有民主,同样可以致富,并且以更快的速度致富。中国模式因此可以表述为'市场经济+权威主义政治'。""西方民主更面临来自权威主义的政治威胁。这里,中国的崛起和中国模式的形成是主要原因。""中国模式提供了有别于西方民主的另一种选择。"[3] 对于国内思想界而言,驳斥和回应福山等人对中国做出非民主化的错误判断,显然还有进一步深化的必要。

必须从理论上进一步阐明并在实践中更多地展现中国政治发展道路

---

[1] 俞可平:《全球化时代如何应对国家主权面临的挑战》,《学习月刊》2004年第12期。
[2] [美]弗朗西斯·福山:《历史的未来》,观察者网2012年1月5日。
[3] 郑永年:《当代民主危机:西方的认知》,新加坡《联合早报》2014年4月29日。

的探索承载着的是新文明类型的历史使命。这一新的文明类型包含三个方面的基本规定。一是，当代中国政治发展道路的探索必须坚持以人类解放为历史任务。我们不仅需要继续完成马克思所指出的政治解放任务，还必须明确今天我们所从事的事业纳入人类解放的历史任务之中。二是，当代中国政治发展道路的探索必须以"缩短和减轻"现代化过程中的苦痛为根本立意。马克思指出："一个社会即使探索到了本身运动的自然规律——本书的最终目的就是揭示现代社会的经济运动规律，——它还是既不能跳过也不能用法令取消自然的发展阶段。但是它能缩短和减轻分娩的痛苦。"[1] 既然民主是现代性的基本要素，那么就必须将"缩短和减轻"现代化过程的苦痛作为中国政治发展道路探索的价值诉求。三是，当代中国政治发展道路探索必须以党的领导、人民当家作主和依法治国有机统一为基本方针，"坚持人民主体地位，充分体现人民意志、保障人民权益、激发人民创造活力"[2]。其中，党的领导的加强和完善以及依法治国的强化和推进，构成政治体制改革两大基本着力点，蕴含中国政治发展的特殊规律。

第三，直面民主建设的突出问题。

对西方民主危机的揭示与批判，需要与社会主义民主的自我反思联系起来。一些人热衷于传播西方民主危机中近乎八卦的新闻，这并不能必然性地上升到中国政治发展道路社会主义自信的高度。在不少人的内心深处，既没有反映出对资本主义的制度批判，也没有激发起对社会主义民主建设的热情，更缺少基于马克思主义的视角审视自身存在的问题。由此，关于比较视野的运用，更为重要的是在全面和深刻地理解自我的基础上，揭示自身存在的问题与不足，这些问题和不足是按照社会主义民主起码

---

[1] 《马克思恩格斯选集》第2卷，人民出版社1995年版，第101页。
[2] 习近平：《高举中国特色社会主义伟大旗帜　为全面建设社会主义现代化国家而团结奋斗——在中国共产党第二十次全国代表大会上的报告（2022年10月16日）》，人民出版社2022年版，第37页。

的要求提出的。

强调这一点非常重要。坦率地说，在当下中国问题的清单中，民主问题并不是居于无足轻重的位置。社会主义与市场经济结合的探索，不仅涉及生产关系和交换关系领域的改革，也涉及上层建筑领域的改革，随着这一探索的逐步深入，上层建筑领域改革的重要性更加突出地呈现出来。在相互激荡的社会思潮中，政治发展问题的讨论一直处于焦点状态，就是一个有力的说明。由此，李侃如的观点值得关注："毫无疑问，如果中国想要保持稳定和保持在它所寻求的上升的经济轨道上，那么，坚定不移的政治改革努力就是必须的。政治改革问题对于预测中国在未来几十年中走势如何，是最重要的一个问题。"[1]

从中国社会现实出发，民主的社会主义探索必须直面和深入思考以下两个重大问题。一是，基于西方民主局限性的考察，经济基础是作为中国政治发展的前提性问题存在的。中国政治发展中出现的一系列现实问题，大都与经济基础的变化带来的社会结构变化有关。社会主义公有制既然是社会主义民主的基础和保证，那么，就应着力于经济基础的社会主义性质的巩固和完善。二是，联系西方民主的现实危机，民主不能被权力和资本操纵也是应注意把握的方面。在社会结构和利益关系日趋复杂的今天，私人资本、权力和资本的结合对民主的社会主义性质侵蚀不再是抽象的存在。社会主义民主的核心既然是人民当家作主，那么，就应不断割除封建性残余和资本消极方面的影响，在实际生活中展现出劳动人民作为民主的主干和核心力量的意义。

就此而言，对于西方所谓的"民主过度"应坚持批判性的立场。在有的学者看来，所谓政治过度，"即政治理想和行为超过了它的内在规定

---

[1] ［美］李侃如：《治理中国：从革命到改革》，胡国成、赵梅译，中国社会科学出版社2010年版，第349页。

性，或者说政治多做了它所不应当做的事情"，政治过度之所以会发生，"在于政治会不断迎合'免于匮乏'的需求，而匮乏是无止境的"。①实际上，所谓民主过度只是表象，背后都是民主的不足。就当下中国实际而言，社会主义民主形式供给与民主需求之间依然存在着矛盾，社会主义民主的优越性还没有充分释放出来，换言之，中国政治发展面临的不是民主过度的问题，而是民主不足的问题。这一方面取决于民主意识的增强，源于随着经济社会发展水平的不断提高，人民群众教育和文化水平大幅提升；另一方面与社会分化的程度相关。由于资本的强势地位与作用导致的与劳动的冲突不断增加，也由于党内一部分干部的精英背叛行为导致对社会向上流动渠道的堵塞以及对部分民众正当权益造成了侵害，一些中下层劳动群众的权利意识被激活并不断发展，民生问题催逼出民主问题。

当前中国的民主形式不仅存在着不足，更为重要的是民主形式在一定程度上出现了形式化的问题，导致了一些地方老百姓"形式上有权、实际上无权"的现象发生。在一定意义上，正是民主形式的形式化导致了民主形式的不足。这种状况在党内也有一致性的表现，正如习近平指出的，"在贯彻执行民主集中制方面，既有发扬民主不够导致的主要领导独断专行的问题，也有正确集中不够造成的领导班子软弱无力的问题，相对来说，前者更为突出一些"②。问题的特殊性和复杂性在于，中国正处于加速现代化的关键时期，政治发展、经济增长和社会稳定之间必须保持相互协调的状态。因此探讨社会主义民主与中国实际结合的方向与路径，必须以对这一矛盾关系的认识和把握为前提，由此决定了社会主义民主效果的完全呈现将是一个长期的历史过程。

---

① 程亚文：《匮乏、政治过度与文明危机》，《读书》2017年第2期。
② 《习近平总书记重要讲话文章选编》，中央文献出版社、党建读物出版社2016年版，第75页。

第五章　理论自信与马克思主义指导地位

理论自信是与道路自信一起提出来的，反映出两者之间的深刻关联。理论上一旦坚定成熟，就夯实了道路自信的基石。党的十八大以来，以我们党秉持强烈的问题意识，明确提出意识形态工作是党的一项极端重要的工作，深入思考和探索新时代增强马克思主义的理论自信、构建中国特色哲学社会科学和意识形态安全等一系列问题，为坚持和发展中国特色社会主义提供了坚实有力的思想支撑。

一、理论自信：挑战与回应

习近平指出："我们党是高度重视理论建设和理论指导的党，强调理论必须同实践相统一。我们坚持和发展中国特色社会主义，必须高度重视理论的作用，增强理论自信和战略定力。"[①] 深入阐释党的十八大以来习近平关于理论自信的系列重要论述，全面分析增强理论自信必须面对的一系列重大问题，积极探索增强理论自信的有效途径，是新时代坚持和发展中国特色社会主义的一项基础性任务。

[①] 《习近平在省部级主要领导干部"学习习近平总书记重要讲话精神，迎接党的十九大"专题研讨班开班式上发表重要讲话强调　高举中国特色社会主义伟大旗帜　为决胜全面小康社会实现中国梦而奋斗》，《人民日报》2017年7月28日。

1. 理论自信提出的基本考量

关于理论自信，毛泽东有过经典的概括："自从中国人学会了马克思列宁主义以后，中国人在精神上就由被动转入主动。"[①]这是我们党对理论自信最集中最充分的表达。从根本上说，中国共产党之所以能历经近百年沧桑而始终保持强大的生命力，是因为具有以先进的理论武装自己的理论自觉。基于这一理论自觉，党从成立之日起就将以改变世界为历史使命、以实现共产主义为奋斗目标的马克思主义作为始终不渝的指导思想。对于一个用马克思主义武装起来的政党来说，马克思主义是中国共产党人理想信念的灵魂，今天谈论理论自信的命题，首先需要明确与澄清的是，中国共产党人所讲的理论自信是马克思主义的赐予，而不是别的什么思想或理论的激励，换言之，马克思主义是中国共产党始终保持理论自信的力量源泉和最深刻根据。2017年9月29日，习近平在中央政治局第四十三次集体学习时指出："在人类思想史上，就科学性、真理性、影响力、传播面而言，没有一种思想理论能达到马克思主义的高度，也没有一种学说能像马克思主义那样对世界产生了如此巨大的影响。"[②]马克思主义的价值理想构筑起中国共产党人深厚的精神基础，马克思主义的科学理论提供了中国共产党强大的思想武器，马克思主义的价值理想和科学理论在塑造出一个带领中国人民实现民族解放和社会主义的马克思主义政党的同时，也赋予中国共产党以鲜明的政党特征和坚定的理论自信。

理论自信的命题在当下之所以凸显，首先与中国改革开放和社会主义现代化建设取得的巨大成就有关，因而宣示和强调理论自信具有理论优势自我表达的意义。党的二十大报告指出："实践告诉我们，中国共产党为

[①]《毛泽东选集》第4卷，人民出版社1991年版，第1516页。
[②]《习近平在中共中央政治局第四十三次集体学习时强调　深刻认识马克思主义时代意义和现实意义　继续推进马克思主义中国化时代化大众化》，《人民日报》2017年9月30日。

什么能，中国特色社会主义为什么好，归根到底是马克思主义行，是中国化时代化的马克思主义行。"①改革开放以来，中国共产党从社会主义初级阶段的基本国情出发，将马克思主义与中国具体实际结合起来，提出了建设有中国特色的社会主义的崭新命题，在探索中国特色社会主义道路的问题上取得了历史性的突破，实现了社会主义现代化事业的持续快速发展。中国加速向世界中心挺进的卓越表现首先催生了中国特色社会主义的道路自信，正如习近平指出的，"当今世界，要说哪个政党、哪个国家、哪个民族能够自信的话，那中国共产党、中华人民共和国、中华民族是最有理由自信的"②。中国道路的实践探索与理论探索相伴相随，没有中国特色社会主义理论体系的科学指导，就没有中国特色社会主义的伟大实践；中国道路的巨大成功无可辩驳地证明，中国特色社会主义理论体系是指导党和人民沿着中国特色社会主义道路实现中华民族伟大复兴的正确理论，是立于时代前沿、与时俱进的科学理论。从这个意义上，理论自信无疑是道路自信的逻辑必然，也构成文化自信的核心。

理论自信的命题在当下之所以凸显，其次与社会意识领域各种社会思潮的相互激荡有关，因而宣示和强调理论自信具有政治回应的积极意义。改革开放以来，中国道路的探索一直伴随着国内外各种各样社会思潮的争论，一直受到国内外关于改革方向错误论调的侵扰，构成中国改革开放历程的特殊景观，其中既有新自由主义思潮的强力鼓噪，也有民主社会主义思潮的不懈推销。这些社会思潮以外部反思的方式无视中国特殊的国情和条件，将西方发展模式作为解决中国问题的唯一方案，试

---

① 习近平：《高举中国特色社会主义伟大旗帜　为全面建设社会主义现代化国家而团结奋斗——在中国共产党第二十次全国代表大会上的报告（2022年10月16日）》，人民出版社2022年版，第16页。
② 习近平：《在庆祝中国共产党成立95周年大会上的讲话（2016年7月1日）》，《人民日报》2016年7月2日。

图影响马克思主义的指导地位和社会主义自我完善的正确方向。当下各种社会思潮的强劲表演,无论在思想空间还是在实践空间上都对马克思主义和社会主义产生了重大的冲击,这种实际状况从一个侧面说明和展示了中国道路探索的复杂程度和中国改革发展所处的关键阶段。就此而言,理论自信的命题的提出是有的放矢的,具有强烈而鲜明的现实针对性,也蕴含了坚持马克思主义和社会主义价值立场的明确态度,可以视为针对各种错误社会思潮的强力反驳。

理论自信的命题在当下之所以凸显,还必须联系苏联解体、东欧剧变之后世界社会主义陷入低潮的历史条件。中国共产党提出的理论自信,不仅蕴含中国视野,也体现了世界视野,是中国视野与世界视野的统一。宣示和强调理论自信,既具有社会主义在逆境之中自我正名的意义,又具有中国共产党人面对低潮时保持战略定力的意义。且不说苏联解体、苏共下台不是社会主义事业的失败,仅就背离和放弃社会主义这一实质而言,也不能得出这一历史事件是社会主义的失败。换言之,苏联社会主义的失败,既不是社会主义失败的证明,也不能颠覆马克思主义的科学真理。2017年9月29日,习近平在中共中央政治局第四十三次集体学习时强调:"时代在变化,社会在发展,但马克思主义基本原理依然是科学真理。尽管我们所处的时代同马克思所处的时代相比发生了巨大而深刻的变化,但从世界社会主义500年的大视野来看,我们依然处在马克思主义所指明的历史时代。这是我们对马克思主义保持坚定信心、对社会主义保持必胜信念的科学根据。"[①] 中国共产党提出的理论自信,不是一个孤立的政治话语,它与道路自信、制度自信和文化自信一起,汇合成中国自信的基本框架,是中国在经历苏联解体之后的困难期后向主动性姿态转变时释放的政治信号。

[①] 《习近平在中共中央政治局第四十三次集体学习时强调 深刻认识马克思主义时代意义和现实意义 继续推进马克思主义中国化时代化大众化》,《人民日报》2017年9月30日。

2. 增强理论自信的现实挑战

习近平指出："理论上坚定成熟，什么力量也不能动摇我们。"[①] 真正的理论自信，必须根植于对世界历史进程重大变化的正确认识，阐明马克思主义解决人类发展重大问题的当代价值；必须不断增强理论创新的彻底性，将中国特色社会主义实践经验的理论概括真正达及人们精神世界的最深处；必须不断提升国家文化软实力，不断改善硬实力与软实力之间的落差。正是在这个意义上，面对错综复杂的国际国内条件和丰富生动的中国实践，提出了增强理论自信的现实紧迫性，折射出以马克思主义为指导推动理论创新的迫切要求。

第一，大量时代课题亟待回答。

苏联解体之后，全球化成为我们认识和把握当今时代特征无法绕开的词语，全球化的逻辑成为影响全人类生存和发展最重要的历史机制。资本主导的全球化是世界历史进程的一个必然性现象。马克思主义辩证法的运用，不能只停留于积极效应和消极效应的分析，更为重要的是阶级分析方法的具体运用。在新自由主义的推波助澜下，西方资本主导的经济全球化正在遭遇严重的困境和挑战，全球化并没有像西方承诺的那样可以有效地缩小贫富差距，反而进一步强化了贫富两极世界，正如有学者指出的，"新一波全球化的独特问题在于造成了一条横跨国界的断层线：所有国家内部都同时存在着全球化的受益者与受挫者，也都出现了全球主义价值的支持者与反对者的群体"[②]。资本在成就西方作为全球化发起者的同时，也为西方世界的危机埋下了深深的伏笔。美国近几年相继发生的金融危机和民主危机不仅宣判了新自由主义的历史罪行，而且具象地展示出资本主义整体

[①] 《习近平总书记重要讲话文章选编》，中央文献出版社、党建读物出版社2016年版，第339页。

[②] 刘擎：《2016西方思想年度述评》，《学海》2017年第2期。

性衰落的特征。"历史终结论"还言犹在耳，福山又不得不发出了美国政治衰败的无奈感叹。种种迹象表明，这一场危机不是资本主义世界微小的、短暂的起伏，而是一起具有标志性意义的重大历史事件，值得深入思考和把握。习近平指出："世界格局正处在加快演变的历史进程之中，产生了大量深刻复杂的现实问题，提出了大量亟待回答的理论课题。这就需要我们加强对当代资本主义的研究，分析把握其出现的各种变化及其本质，深化对资本主义和国际政治经济关系深刻复杂变化的规律性认识。"① 马克思主义的当代价值就在于直面这个重大的转折时刻，揭示世界历史进程发生的重大而深刻的变化，阐明解决人类发展重大问题的根本途径，通过明确昭示资本主义的暂时性质，增强人们对马克思主义和社会主义的信心。

第二，马克思主义在社会意识领域的边缘化存在。

毋庸讳言，一段时期以来，马克思主义作为党和国家指导思想的地位在一定程度上存在着名义上和实际上的反差。2016年5月17日，习近平在哲学社会科学工作座谈会上全面揭示了这一问题："实际工作中，在有的领域中马克思主义被边缘化、空泛化、标签化，在一些学科中'失语'、教材中'失踪'、论坛上'失声'。这种状况必须引起我们高度重视。"② 在一些人看来，实际情形似乎没那么严重，只要中国不断发展，马克思主义是否"失语"或"失声"并不重要；而在另一些人看来，中国发展的巨大成就并不能说明马克思主义和社会主义在中国的成功，反而说明了非社会主义的成功，在他们的视野中，中国特色社会主义其实就是"中国特色资本主义"；更为重要的是，新自由主义等错误思潮不仅反映在思想理论领域，在有的地方和部门的实践中也有一定的表现。上述问题是导

---

① 《习近平在中共中央政治局第四十三次集体学习时强调 深刻认识马克思主义时代意义和现实意义 继续推进马克思主义中国化时代化大众化》，《人民日报》2017年9月30日。
② 习近平：《在哲学社会科学工作座谈会上的讲话（2016年5月17日）》，《人民日报》2016年5月19日。

致马克思主义在社会意识领域名义上与实际上出现强烈反差的重要原因。没有社会主义的底色,中国道路不可能赢得今天正加速走向世界舞台中心的历史进步,并且,人类遭遇的严重问题不断提出了对资本主义的质疑和否定,也是一个不容辩驳的客观事实。但是,这种强烈的反差确实反映了,中国道路探索取得的阶段性成功,并没有赢得社会意识领域对马克思主义和社会主义认同和肯定的增强。理论自信不能沦为自言自语和自欺欺人,需要在实践中不断努力消解这种反差。关键一点在于,马克思主义的理论创新需要重新评估价值层面和工具层面之间的关系。习近平指出:"理论上不彻底,就难以服人。"[①]彻底性是马克思主义赢得真理性的必要条件,它要求必须正确把握理论创新价值层面和工具层面的关系。两者关系如果阐释得不彻底,马克思主义的真理性力量就必然大打折扣,这是一段时期里马克思主义在有的领域处于失语状态,意识形态领域领导权和话语权遭受挑战的重要原因。很显然,只有真正坚持马克思主义立场观点方法,在理论创新的实践中进一步把握好思想和现实之间的张力,拒斥各种形式的形而上学,才能拥有理直气壮宣扬理论自信的底气。

第三,国家文化软实力相对薄弱。

提高国家文化软实力,是中国特色社会主义现代化历史进程的一项重要任务,关系"两个一百年"奋斗目标和中华民族伟大复兴中国梦的实现。一个经验性的事实是,尽管经济建设方面的中国奇迹获得了全世界的广泛认同,并且,党的十八大以来文化自信得到彰显,国家文化软实力和中华文化影响力大幅提升,但从整体上看,文化软实力还没有充分显现和释放出来,与作为世界上第二大经济体的中国硬实力之间依然存在较为明显的"落差"。如果联系苏联解体导致世界社会主义运动陷入空前低潮的背

[①] 习近平:《在庆祝中国共产党成立95周年大会上的讲话(2016年7月1日)》,《人民日报》2016年7月2日。

景,平心而论,文化软实力与硬实力之间"落差"的形成有其必然性的一面,西强我弱的现实条件决定了,国家文化软实力与国家硬实力之间的协调是一项长期性和复杂性的工程。

中华优秀传统文化是中华民族最深厚的文化软实力,中国文化软实力的提升当然不能离开中华优秀传统文化的继承和弘扬,也离不开传播能力的升级和扩展,但是,理论是文化的核心,是软实力的基础和根本。文化软实力之间的较量主要是价值理念的较量。社会主义核心价值观才是中国软实力的关键凭借和支撑。2014 年 2 月 24 日,习近平在中共中央政治局第十三次集体学习时指出:"核心价值观是文化软实力的灵魂、文化软实力建设的重点。这是决定文化性质和方向的最深层次要素。一个国家的文化软实力,从根本上说,取决于其核心价值观的生命力、凝聚力、感召力。"[①] 这就决定了,将中国实践的成功经验全面而深刻地提升为中国理论,阐明中国道路和中国制度的优势,必须依靠马克思主义真理观与价值观的指导和帮助。只有运用马克思主义立场观点方法科学总结中国经验和全面阐释中国问题,在此基础上,强化社会主义这一人类新文明类型的方向,才能在国际影响力和综合竞争力等方面逐步解决硬实力与文化软实力不协调的矛盾。

3. 增强理论自信的着力方向

第一,进一步坚定共产主义理想信仰,这是中国特色社会主义新时代增强理论自信的基础性任务。

共产主义的理想信仰,是中国共产党人特殊的精神优势,是理论自信最深刻的源泉。没有真正坚定的共产主义理想信仰,任何关于理论自

---

① 习近平:《把培育和弘扬社会主义核心价值观作为凝魂聚气强基固本的基础工程》,《人民日报》2014 年 2 月 26 日。

信的论调都是自欺欺人，都是骗人的鬼话。从这个意义上，增强理论自信迫切需要从坚定共产主义理想信仰开启。习近平反复强调，要回到我们的本源上去认识，"我们依据共产主义和社会主义理想确立了中国特色社会主义道路、理论、制度，这样整个逻辑才成立。如果前提都不要了，就完全变成了实用主义"[①]。历史没有终结，也不会终结。在世界社会主义运动仍然处于低潮的今天，习近平的这一强调尤为珍贵。中国特色社会主义进入新时代这个重大政治论断，就是坚定共产主义理想信仰的流露。从这个意义上，一切与共产主义无涉的关于理论自信的阐释版本，都与共产党人所坚持的理论自信无关。

进一步坚定共产主义理想信仰，有两点需要突出强调和说明：其一，必须进一步高扬起共产主义的伟大旗帜，始终保持和巩固共产党人的精神优势。在市场和资本的强力作用下，共产主义曾在一段时期里被视为不合时宜的话语，这是一个不争的事实。习近平要求全党不忘初心、牢记使命。在这个初心和使命中，共产主义理想信仰无疑是最为深层的内容和最深刻的规定。其二，从理论上进一步阐明共产主义远大理想与中国特色社会主义共同理想的关系。习近平指出："理论上清醒，政治上才能坚定。坚定的理想信念，必须建立在对马克思主义的深刻理解之上，建立在对历史规律的深刻把握之上。"[②] 中国特色社会主义可以做出多维度的解读，从理想的维度看，中国特色社会主义不仅具有共产主义远大理想的阶段性定位的意义，而且本身就是共产主义理想的现实展开。事实证明，尽管我们党对两者之间关系作出了多次阐明，但思想的实际告诉我们，关于两者之间关系的认识和理解还有待进一步深化。这就决定了，只有从共

---

① 《习近平总书记重要讲话文章选编》，中央文献出版社、党建读物出版社2016年版，第133页。
② 习近平：《在庆祝中国共产党成立95周年大会上的讲话（2016年7月1日）》，《人民日报》2016年7月2日。

产主义理想的高度理解两者之间的关系，才能获得认识上的清醒，从而更加有效地增强理论自信。

第二，进一步为发展和创新马克思主义作出原创性贡献，这是中国特色社会主义新时代增强理论自信的关键性任务。

习近平指出："新中国成立以来特别是改革开放以来，中国发生了深刻变革，置身这一历史巨变之中的中国人更有资格、更有能力揭示这其中所蕴含的历史经验和发展规律，为发展马克思主义作出中国的原创性贡献。要有这样的理论自觉，更要有这样的理论自信。"[①] 习近平新时代中国特色社会主义思想，就是以习近平同志为核心的党中央理论自觉和理论自信的理论结晶。党的十八大以来，以习近平同志为核心的党中央紧密结合新的时代条件和实践要求，围绕"坚持和发展什么样的中国特色社会主义、怎样坚持和发展中国特色社会主义"的基本问题，以全新的视野深化对共产党执政规律、社会主义建设规律、人类社会发展规律的认识，通过艰辛理论探索取得习近平新时代中国特色社会主义思想这一重大原创性理论成果。作为马克思主义中国化最新成果，习近平新时代中国特色社会主义思想为全党全国人民实现中华民族伟大复兴提供了科学的思想武器和行动指南，构成我们保持理论自信的新的思想支撑。

习近平指出："我们要在迅速变化的时代中赢得主动，要在新的伟大斗争中赢得胜利，就要在坚持马克思主义基本原理的基础上，以更宽广的视野、更长远的眼光来思考和把握国家未来发展面临的一系列重大战略问题，在理论上不断拓展新视野、作出新概括。"[②] 进一步深入思考社会主

---

① 《习近平在中共中央政治局第四十三次集体学习时强调 深刻认识马克思主义时代意义和现实意义 继续推进马克思主义中国化时代化大众化》，《人民日报》2017 年 9 月 30 日。
② 《习近平在省部级主要领导干部"学习习近平总书记重要讲话精神，迎接党的十九大"专题研讨班开班式上发表重要讲话强调 高举中国特色社会主义伟大旗帜 为决胜全面小康社会实现中国梦而奋斗》，《人民日报》2017 年 7 月 28 日。

义与市场经济的结合这个中国道路的核心课题，构成增强理论自信的关键环节。在人类社会发展史上，将社会主义与市场经济结合起来，是一条前人未曾走过的新路，是中国共产党人的伟大创举。20多年来，中国共产党围绕市场与政府的关系、公有制经济与私有制经济的关系等一系列基本问题作出了深入思考和探索，取得了一系列理论成就和实践成就。社会主义与市场经济结合的探索仍然在路上。市场经济的社会主义优势只有在理论与实践的双重探索中越来越充分体现出来，理论自信才能获得更加巩固更加充分的基础。应始终坚持马克思主义理论彻底性品格，科学总结社会主义与市场经济探索实践的经验教训，着力发挥市场和资本在推动生产力发展方面积极作用，有效抑制市场和资本逻辑导致的不平等，逐步"缩短和减轻"现代化的苦痛。

第三，进一步展示中国道路的普遍性意义，这是中国特色社会主义新时代增强理论自信的战略性任务。

从苏联解体导致世界社会主义运动陷入空前低潮，到今天西方世界相继发生政治和经济危机，短短20多年之后，世界历史进程正处于一个新的历史分水岭上。这个历史分水岭的意义因中国特色社会主义进入新时代更加鲜明而突出。中国特色社会主义进入新时代，一方面在中华人民共和国发展史上、中华民族发展史上具有重大意义，正如党的十九大报告指出的，"意味着近代以来久经磨难的中华民族迎来了从站起来、富起来到强起来的伟大飞跃，迎来了实现中华民族伟大复兴的光明前景；意味着科学社会主义在二十一世纪的中国焕发出强大生机活力，在世界上高高举起了中国特色社会主义伟大旗帜"①。另一方面，中国特色社会主义进入新时代，在世界社会主义发展史上、人类社会发展史上也具有重大意义，

---

① 习近平：《决胜全面建成小康社会　夺取新时代中国特色社会主义伟大胜利——在中国共产党第十九次全国代表大会上的报告（2017年10月18日）》，《人民日报》2017年10月28日。

正如党的十九大报告指出的，"意味着中国特色社会主义道路、理论、制度、文化不断发展，拓展了发展中国家走向现代化的途径，给世界上那些既希望加快发展又希望保持自身独立性的国家和民族提供了全新选择，为解决人类问题贡献了中国智慧和中国方案"[①]。中国特色社会主义新时代的开启，为那些关心世界社会主义历史命运的人们增添了一丝暖意，提供了新的期待。

中国发展和中国理论都应积极适应这一重大和深刻的转变。毫无疑问，我们不仅要继续倡导人类发展道路的多样性，坚持和强调"中国特色"，还应越来越多注重中国道路探索的普遍性意义的提炼与传播，以中国道路的普遍性价值彰显中国共产党和中国人民的理论自信。在全球化不断深入的今天，中国问题不是绝对的特殊，中国智慧和中国方案蕴含了越来越多的人类普遍性问题的解答。应进一步廓清中国方案的普遍性内涵和实践要求，在推动中国道路不断完善的同时为人类贡献更多的文明成果。中国方案不仅包括后发国家现代化的中国方案，也包含全球性问题的中国方案，两者有机统一，相辅相成，共同塑造出中国方案的世界意义。我们需要在实践中坚定不移地推进全球化的同时，以批判性的视角积极引导经济全球化的走向，加快世界社会主义运动的复兴步伐。

二、文化自信与中国特色哲学社会科学的构建

中国特色哲学社会科学是中国特色社会主义发展到一定阶段的产物，是成熟的标志，是实力的象征，也是理论自信的体现。坚持和发展中国特色社会主义，必须高度重视哲学社会科学，构建中国特色哲学社会科

[①] 习近平：《决胜全面建成小康社会 夺取新时代中国特色社会主义伟大胜利——在中国共产党第十九次全国代表大会上的报告（2017年10月18日）》，《人民日报》2017年10月28日。

学是推进中国特色社会主义伟大事业的重大战略任务。中国特色社会主义进入新时代，为中国特色哲学社会科学的构建创造了难得的历史机遇；习近平新时代中国特色社会主义思想作为马克思主义中国化的最新成果，为加快构建中国特色哲学社会科学提供了科学的指导思想。党的二十大报告指出："深入实施马克思主义理论研究和建设工程，加快构建中国特色哲学社会科学学科体系、学术体系、话语体系，培育壮大哲学社会科学人才队伍。"[①] 以习近平新时代中国特色社会主义思想为指导，加快构建中国特色哲学社会科学，对于增强理论自信具有重大意义。

1. 构建中国特色哲学社会科学的主要进展

新时代这一历史定位不仅为中国特色哲学社会科学的构建提供了难得机遇，也对中国特色哲学社会科学的构建提出了崭新要求。新时代中国特色哲学社会科学构建迈出了坚强有力的步伐，在认识和实践两个方面取得一系列重大进展，主要表现在以下几个方面。

第一，科学阐明哲学社会科学的中国特色。党的十八大以来，以习近平同志为核心的党中央以高度的理论自觉和理论自信，围绕"中国特色哲学社会科学是什么样的哲学社会科学、怎样加快构建中国特色哲学社会科学"这个基本问题，展开了积极而深入的思考和探索。习近平在哲学社会科学工作座谈会上的重要讲话，深刻阐述了构建中国特色哲学社会科学的重要意义、指导思想、基本原则以及哲学社会科学工作者的历史使命和社会责任等一系列重大问题，为新时代构建中国特色哲学社会科学提供了科学的指导，有力推动了构建中国特色哲学社会科学的步伐。

第二，切实加强党对意识形态工作的领导。意识形态是哲学社会科

[①] 习近平：《高举中国特色社会主义伟大旗帜　为全面建设社会主义现代化国家而团结奋斗——在中国共产党第二十次全国代表大会上的报告（2022年10月16日）》，人民出版社2022年版，第43—44页。

学的核心，习近平反复强调意识形态工作是党的一项极端重要的工作，进一步加强了党对意识形态工作的领导。党的十八大以来，习近平先后主持召开了文艺工作座谈会、全国党校工作会议、党的新闻舆论工作座谈会、网络安全和信息化工作座谈会、哲学社会科学工作座谈会和全国高校思想政治工作会议等，围绕如何牢牢掌握意识形态工作的领导权和话语权问题提出了一系列重大思想观点，作出了一系列重大战略部署。总体上，马克思主义在社会意识领域的指导地位得到巩固，方向性、根本性、全局性问题得以厘清，社会主义核心价值观广泛弘扬，主旋律更加响亮，正能量更加强劲，全党全社会思想上的团结统一更加巩固。

第三，全面推进党的理论创新。马克思主义是中国特色哲学社会科学的灵魂，党的理论创新是中国特色哲学社会科学构建的基础和关键，推进当代中国马克思主义是中国特色哲学社会科学的一项重要任务。党的十八大以来，以习近平同志为核心的党中央围绕"坚持和发展什么样的中国特色社会主义、怎样坚持和发展中国特色社会主义"这个重大时代课题，坚持紧密结合新的时代条件和实践要求，以全新的视野深化对共产党执政规律、社会主义建设规律、人类社会发展规律的认识，取得重大理论创新成果，创立了习近平新时代中国特色社会主义思想。这一马克思主义中国化最新成果不仅为中国特色哲学社会科学的构建提供了科学的指导思想和指明了正确的前进方向，而且成为新时代中国特色哲学社会科学构建进程中最高水平和最大意义的理论成果。

第四，深入实施马克思主义理论研究和建设工程。党的十八大以来，马克思主义理论研究和建设工程取得一系列重要成果，在推进马克思主义中国化、时代化、大众化，完善哲学社会科学学科体系和教材体系以及深化理论武装方面发挥了重要作用。仅以哲学领域的教材建设为例，《马克思主义基本原理概论》《马克思恩格斯列宁哲学经典著作导读》《马克思主义哲学》《马克思主义哲学史》《伦理学》等哲学教材或著作相继问世。

同时还启动了一批哲学方面的重大课题研究，如关于平等的重大理论和现实问题研究、中华优秀传统文化创造性转化与创新性发展研究、提升理论话语权与建构中国话语体系研究和当代国外马克思主义研究等。通过对马列主义经典著作进行重新编译，对基本观点进行深入研究，为干部群众学习提供了准确权威的译本和读物，科学阐释了中国特色社会主义的历史渊源、科学内涵、精神实质和实践要求，进一步坚定了广大党员群众的"四个自信"。

第五，大幅提升当代中国的文化软实力。党的十八大以来，习近平在道路自信、理论自信和制度自信的基础上提出了文化自信的理念。文化自信，是更基础、更广泛、更深厚的自信。文化自信的主要标志就是广泛形成中国话语，理直气壮大谈特谈中国话语。总体上，文化自信得到进一步彰显，国家文化软实力和中华文化影响力大幅提升。截至2022年8月，《习近平谈治国理政》已出版4卷，36个语种、170多个版本，发行覆盖全球170多个国家和地区，成为中国文化走出去的重要代表。

2. 构建中国特色哲学社会科学存在的突出问题

习近平在哲学社会科学工作座谈会上指出："我国是哲学社会科学大国，研究队伍、论文数量、政府投入等在世界上都是排在前面的，但目前在学术命题、学术思想、学术观点、学术标准、学术话语上的能力和水平同我国综合国力和国际地位还不太相称。"[①] 这是对当前中国特色哲学社会科学实际状况的科学判断。以强烈的问题意识深入思考当前中国哲学社会科学的一系列重大问题，是新时代中国特色哲学社会科学构建的基础性工作。

---

① 习近平：《在哲学社会科学工作座谈会上的讲话（2016年5月17日）》，《人民日报》2016年5月19日。

第一，主体性不够突出。

哲学社会科学的中国特色首先体现为主体性和原创性。就客观实际而言，在经济学、政治学、法学等学科领域，唯西方马首是瞻的学术风气依然强劲，西方化的思维方式和话语方式根深蒂固，挥之不去，集中体现为主体性和原创性的不充分状态。强调中国特色，基础性要求就是在构建中国特色哲学社会科学的实践进程中不断增强主体性和原创性，正如习近平在哲学社会科学工作座谈会上指出的，"我们的哲学社会科学有没有中国特色，归根到底要看有没有主体性、原创性。跟在别人后面亦步亦趋，不仅难以形成中国特色哲学社会科学，而且解决不了我国的实际问题"[①]。

就哲学社会科学的主体性和原创性关系而言，原创性为主体性所决定。正是主体性的弱化或缺失，使得中国哲学社会科学长期以来一直处于学徒状态，这一特点的形成与近代以来中国历史有关，并且，学徒状态在一定历史时期也曾发挥过正面作用。随着中国特色社会主义现代化建设步伐的逐步加快，哲学社会科学原创性不充分的问题逐渐凸显，摆脱依附性，增强主体性的实践要求也愈益突出。有学者认为，"我们要构建的中国特色哲学社会科学，无疑是成熟的、自立的学术，因而必须以摆脱学徒状态为前提"[②]。只有严格划清借鉴吸收与照抄照搬之间的界限，不断增强主体性，从学徒状态中摆脱出来，才有原创性的可能。

中国特色社会主义新时代的来临，为中国哲学社会科学主体性问题的彻底解决提供了历史性契机。习近平指出："新中国成立以来特别是改革开放以来，中国发生了深刻变革，置身这一历史巨变之中的中国人更有

---

① 习近平：《在哲学社会科学工作座谈会上的讲话（2016年5月17日）》，《人民日报》2016年5月19日。
② 吴晓明：《中国学术要有自我主张》，《人民日报》2017年6月19日。

资格、更有能力揭示这其中所蕴含的历史经验和发展规律，为发展马克思主义作出中国的原创性贡献。要有这样的理论自觉，更要有这样的理论自信。"[1] 既然巨大的中国成就为我们总结历史经验和发展规律、为发展马克思主义作出中国的原创性贡献提供了现实可能性，那么，中国哲学社会科学工作者就应有志气、有资格、有能力承担起这个历史使命。去西方化是主体性问题解决的关键所在。承担好这个历史使命，必须摒弃崇洋媚外的奴隶心态，从思维方式和话语方式上摆脱西教条的束缚，改变以西方标准为标准的洋奴行径，增强民族自信心和自豪感。必须牢牢坚持问题导向，以我国的实际问题为出发点，坚持实践的观点、历史的观点、辩证的观点、发展的观点，提出中国人自己原创性的理论观点。只有在学科体系、学术体系、话语体系等方面的主体性充分释放并显现出来，我国哲学社会科学才算具有了自己的特色。

第二，理论不够彻底。

改革开放以来马克思主义理论创新的繁荣，有力地指导和推动了中国特色社会主义实践，但同时存在一些不容忽视的问题。中国道路的探索虽然取得了阶段性成功，却没有完全赢得社会意识领域对马克思主义和社会主义认同和肯定的加强。承认问题才能解决问题，理论不够彻底难辞其咎。理论不彻底，马克思主义的真理性力量必然大打折扣，这是马克思主义在意识形态领域领导权和话语权遭受挑战的关键原因。正是从这个意义上，提升马克思主义理论创新彻底性的任务异常紧迫地提了出来。

首先，彻底性是马克思主义赢得大众的必要条件。所谓彻底就是抓住事物的根本。马克思主义是真理观与价值观的统一。这个统一性表现在认识和把握中国社会现实上，必须始终坚持马克思主义立场观点方法，

---

[1]《习近平在中共中央政治局第四十三次集体学习时强调　深刻认识马克思主义时代意义和现实意义　继续推进马克思主义中国化时代化大众化》，《人民日报》2017年9月30日。

如果认识不到一种学说是为哪一个阶级的利益代言，就不可能真正掌握这一学说，更不可能去坚持和发展这一学说。马克思主义的理论创新，必须站在工人阶级和劳动人民立场上，坚持问题导向，直面中国问题。

其次，彻底的理论要逻辑彻底，符合实际，经受得住实践检验，经得起追问与辩驳。本质指事物本身所固有的、决定事物性质、面貌和发展的根本属性。决定社会形态不同的，是人与人在生产中形成的关系即生产关系。社会主义不仅有生产力标准，更有生产关系标准。认为只要把生产搞上去就是搞社会主义、只要把生产搞上去社会主义制度就可以巩固，就会导致只讲经济不讲政治、只讲生产力而不讲生产关系。必须将生产关系纳入思想视野，基于生产力和生产关系的统一。

最后，彻底的理论要历史生成，逐步完善，历史的每一个环节都有其意义和价值，应正确认识和把握理论创新过程中的肯定与否定。在关于社会主义市场经济等重大问题的探索上，必须正确把握理论创新价值层面和工具层面的关系。两者关系如果处理得不好，就会产生思想上的困惑和实践中的偏差。只有在理论创新的实践中进一步把握好思想和现实之间的张力，拒斥各种形式的形而上学，才能不断提升理论的彻底性。

第三，批判性不够鲜明。

中国特色哲学社会科学的"中国特色"，从根本上反映为哲学社会科学的指导思想是马克思主义。革命性和批判性是马克思主义的固有品格。习近平指出："哲学社会科学要有批判精神，这是马克思主义最可贵的精神品质。"[1] 能不能保持批判精神，是能不能坚持马克思主义指导的重要标尺。中国特色哲学社会科学的构建，应正确认识和处理批判性与建构性的辩证关系，将理想性引导、批判性反思和规范性校正有机结合起来。

---

[1] 习近平：《在哲学社会科学工作座谈会上的讲话（2016年5月17日）》，《人民日报》2016年5月19日。

在改革开放以来中国道路探索的过程中，一直伴随着国内外各种各样社会思潮的争论，一段时期里所谓"政治淡出、学术凸显"大行其道，使得马克思主义的批判性严重弱化，这是导致各种非马克思主义、反马克思主义思潮强劲表演的重要原因。各种社会思潮相互激荡，无论在思想空间还是在实践空间上都对马克思主义和社会主义产生了强烈的冲击。批判性得不到有效张扬，也从一个侧面反映了马克思主义的实际指导地位。

党的十九大报告在提到工作中的不足、面临的困难和挑战时指出，"意识形态领域斗争依然复杂,国家安全面临新情况"[①]。报告还提出严密防范和坚决打击各种渗透颠覆破坏活动、暴力恐怖活动、民族分裂活动、宗教极端活动。种种事实表明，渗透颠覆破坏在哲学社会科学研究领域危害比较严重。党的二十大报告也坦承："意识形态领域存在不少挑战。"[②] 落实意识形态工作责任制，加强阵地建设和管理，区分政治原则问题、思想认识问题、学术观点问题，旗帜鲜明反对和抵制新自由主义、历史虚无主义等各种错误观点任重道远。

3. 加快构建中国特色哲学社会科学的实践要求

构建中国特色哲学社会科学，应遵循习近平提出的"立足中国、借鉴国外，挖掘历史、把握当代，关怀人类、面向未来"的基本思路，在古今中外的结合上下功夫，在指导思想、学科体系、学术体系、话语体系等方面充分体现中国特色、中国风格、中国气派。概括而言，应坚持和贯彻以下几个方面的实践要求。

---

① 习近平：《决胜全面建成小康社会　夺取新时代中国特色社会主义伟大胜利——在中国共产党第十九次全国代表大会上的报告（2017年10月18日）》，《人民日报》2017年10月28日。
② 习近平：《高举中国特色社会主义伟大旗帜　为全面建设社会主义现代化国家而团结奋斗——在中国共产党第二十次全国代表大会上的报告（2022年10月16日）》，人民出版社2022年版，第14页。

第一，坚持以马克思主义为指导。

习近平指出："坚持以马克思主义为指导，是当代中国哲学社会科学区别于其他哲学社会科学的根本标志，必须旗帜鲜明加以坚持。"[①] 坚持以马克思主义为指导构建中国特色哲学社会科学，是构建中国特色哲学社会科学的根本原则。坚持以马克思主义为指导不是一个抽象的口号或标签，内在包含一系列规定性的要求。其中，最关键是中国特色哲学社会科学的构建，必须始终坚持党的领导，必须始终坚持以人民为中心，不断深化马克思主义理论研究和建设。

坚持党对一切工作的领导，必然包括对哲学社会科学工作的领导。在构建中国特色哲学社会科学中坚持党的领导，就是要始终坚持科学社会主义的基本原则。中国特色社会主义进入新时代，是科学社会主义在21世纪中国焕发出强大的生机和活力的现实表征。中国特色哲学社会科学的构建必须始终贯穿和体现科学社会主义的基本原则；就是要把党的主张、社会主义的要求体现在当代中国哲学社会科学的学术研究、教材编写中，推进马克思主义中国化时代化大众化，建设具有强大凝聚力和引领力的社会主义意识形态，使全体人民在理想信念、价值理念、道德观念上紧紧团结在一起；就是要始终坚持马克思主义在哲学社会科学领域的指导地位，用习近平新时代中国特色社会主义思想武装全党，坚决反对一切削弱、歪曲、否定党的领导和社会主义制度的言行，对错误"四观"旗帜鲜明地亮剑，打好意识形态领域的主动仗。

中国特色哲学社会科学的构建应坚持以人民为中心的原则。人民群众是历史的创造者，是决定党和国家前途命运的根本力量。在构建中国特色哲学社会科学中坚持以人民为中心，就是要始终坚持人民主体地位，

[①] 习近平：《在哲学社会科学工作座谈会上的讲话（2016年5月17日）》，《人民日报》2016年5月19日。

认真践行全心全意为人民服务的根本宗旨,摒弃功利主义、个人主义,"为天地立心,为生民立命,为往圣继绝学,为万世开太平",把为人民做学问的初心贯穿始终,认真面向中国社会现实,深入群众、深入生活,在研究工作中切实贯彻群众路线,向人民群众学习,从人民的伟大实践中获取思想营养。中国特色社会主义新时代的伟大实践,为哲学社会科学研究提供了丰富生动的社会素材。在构建中国特色哲学社会科学中坚持以人民为中心,就是要把人民群众的伟大创造加以科学的总结和提炼,把论文写在祖国大地上,充实和反映到中国特色哲学社会科学之中,推动中国特色哲学社会科学的与时俱进,丰富和发展习近平新时代中国特色社会主义思想,为中国道路的探索提供科学的理论指导。

深化马克思主义理论研究和建设、加快构建中国特色哲学社会科学和加强中国特色新型智库建设三者之间不是并列关系,不能等量齐观。深化马克思主义理论研究和建设是前提和基础。没有这个前提和基础,构建中国特色哲学社会科学就会裹足不前。作为马克思主义中国化最新成果,习近平新时代中国特色社会主义思想为全党全国人民实现中华民族伟大复兴提供了科学的思想武器和行动指南。深化马克思主义理论研究和建设,就是要大力加强对习近平新时代中国特色社会主义思想的研究,充分展示中国特色社会主义道路的独特创造、理论的独特贡献、制度的独特优势、文化的独特魅力,将之贯穿于中国特色哲学社会科学构建的全过程,谱写反映当代中国发展进步的哲学社会科学新篇章。

第二,聚焦中国问题。

我国主要矛盾的变化不仅引起历史方位的变化,社会发展阶段的变化也随之而来。中国特色哲学社会科学的构建应坚持聚焦中国社会现实的突出问题,从社会主要矛盾发生变化的现实出发,进一步探索和回答社会发展阶段与社会主义普遍性等重大理论和实践问题。

进一步深入思考社会主义与市场经济的结合这个中国道路的核心课

题，这是构建中国特色哲学社会科学的关键切入点。20多年来，中国共产党围绕市场与政府的关系、公有制经济与私有制经济的关系等一系列基本问题作出了深入思考和探索，取得了一系列理论成就和实践成就。社会主义市场经济的特殊优势只有在理论与实践的双重探索中越来越充分体现出来，理论自信才能获得更加巩固和充分的基础。应坚持马克思主义理论的彻底性品格，基于社会主义与市场经济的探索实践，科学总结经验教训，更加清醒和理性地对待和把握市场和资本的两重性，在着力发挥市场和资本在推动生产力发展方面积极作用的同时，更要善于通过政策设计和制度安排有效抑制资本逻辑导致的消极后果。

进一步深入概括和提炼中国道路的普遍性内涵，构成中国特色哲学社会科学构建的重要任务。我国是世界最大发展中国家的国际地位没有变，但是不变中也有变。我国已经是世界第二大经济体，而且成为世界经济增长的发动机和经济全球化的推动者，毫无疑问，我国已经是世界最强大的发展中国家。处于这个位置，我们要当仁不让承担起维护广大发展中国家利益的责任。我们不仅要继续倡导人类发展道路的多样性，坚持和强调"中国特色"，还应进一步廓清中国方案的普遍性意义，在推动中国道路不断完善的同时为人类贡献更多的文明成果。在坚定不移地推进全球化的同时，以批判性的视角积极引导经济全球化的走向，加快世界社会主义运动的复兴步伐。

从"三个没有变"到党的十九大对社会主要矛盾作出崭新表述，没有必要的理论准备是不可想象的。如何更好发挥大国作用、贡献中国智慧和力量也离不开深入的理论研究。在党的十六大以来的历次报告起草过程中，都有人提议修改我国社会主要矛盾的表述，这次终于达成了共识，几乎所有反馈都认为重新定义我国社会主要矛盾的时机已经成熟，具体如何定义最终也趋于一致。这充分说明，只要我们善于聆听时代声音，勇于坚持真理、修正错误，21世纪中国的马克思主义一定能够展现出更强大、更有说服力的真理力量!

第三，拓展世界眼光。

引领时代和世界的民族特别需要理论思维，我们的理论研究也一定要跟上时代的步代，拓展世界眼光。

确立文化自信的标志是形成中国话语、涵养大国心态。当前，我国哲学社会科学在国际上的声音还比较小，还处于有理说不出、说了传不开的境地。拓展世界眼光，就是在中国特色哲学社会科学的构建中，善于提炼具有世界意义的标识性话语和概念。在这方面，习近平作出了表率。党的十九大报告强调，要推动构建人类命运共同体。这一理念首次被写入联合国决议中。中国已经成为新全球化的引领者，推动经济全球化朝着更加开放、包容、普惠、平衡、共赢的方向发展，这样的全球化成为人类命运共同体的基础。"一带一路"倡议是我们提供的联系世界人民的现实纽带，以共赢为目标，核心理念是共商、共建、共享。这一倡议自 2013 年提出以来，已经得到了世界上 150 多个国家和 30 多个国际组织的支持，联合国文件也写入了这个概念，建设"一带一路"已经成为一个真正具有全球性意义的倡议。我们秉持的共商共建共享的全球治理观具有强大生命力，"环球同此凉热"不再是遥远的梦想。对于产生如此重要影响的标识性概念，中国特色哲学社会科学应该在相关学科的理论研究中作为基础性、核心性概念展开。

中国共产党是为中国人民谋幸福的政党，也是为人类进步事业而奋斗的政党。拓展世界眼光，就是中国特色哲学社会科学的构建要站在世界社会主义和人类社会发展的高度。中国共产党始终把为人类作出新的更大的贡献作为自己的使命。习近平指出："世界格局正处在加快演变的历史进程之中，产生了大量深刻复杂的现实问题，提出了大量亟待回答的理论课题。"①资本主导的全球化是世界历史进程的一个必然性现象,既内含创造文明的逻辑,也内含追求价值增殖的逻辑,后者体现出资本主导的全球化的本质。在新自由主义的推波助澜下,西方资本主导的经济全球化正在遭遇严重的困境和挑战,全球化并没有像西方承诺的那样可以有效地缩小贫富的差距,反而进一步强化了贫富两极世界,世界进入了百年未有之大变局,世界社会主义迎来了新的发展机遇。要坚持运用马克思主义的辩证法,在作出积极效应和消极效应的辩证分析的同时,坚持用阶级分析方法揭示全球化的基本矛盾。百年沧桑,风云激荡,十月革命 100 多年以后,世界社会主义的希望寄托在了中国共产党身上。中国特色哲学社会科学的构建必须强化关涉世界社会主义和人类社会发展的普遍性问题的研究,以中国特色社会主义新时代推动世界社会主义新时代的来临。

中国正在加快走向世界舞台的中心。以习近平新时代中国特色社会主义思想为指导构建中国特色哲学社会科学是大有可为、前途无限的事业。广大哲学社会科学工作者应积极投身于这项事业之中,为我们走向高度的理论自信、文化自信,为建设社会主义文化强国,作出自己应有的贡献。

三、马克思主义话语权的维护和提升

话语权的维护和提升是意识形态工作的重要组成部分,马克思主义话语权问题是维护和巩固社会主义中国意识形态安全的基本问题。中国特色社会主义进入新时代,马克思主义话语权总体上呈现出逐步强化的趋向。秉持强烈的问题意识,深入分析深刻变化了的社会现实,凝练和把握提升马克思主义话语权的基本原则和主要着力点,精准施策,对于进一步

---

① 《习近平在中共中央政治局第四十三次集体学习时强调 深刻认识马克思主义时代意义和现实意义 继续推进马克思主义中国化时代化大众化》,《人民日报》2017 年 9 月 30 日。

巩固马克思主义在社会意识领域的指导地位，具有重要的现实意义。

1. 维护和提升马克思主义话语权的基本原则

对于国家安全而言，意识形态安全具有极其特殊而又极端重要的意义，正如习近平指出的，"一个政权的瓦解往往是从思想领域开始的，政治动荡、政权更迭可能在一夜之间发生，但思想演化是个长期过程。思想防线被攻破了，其他防线就很难守住"。在历史唯物主义的视域中，话语不是抽象的概念，而是与特定社会群体的利益、要求或愿望的表达相联系并为之服务的，任何话语都拥有其特殊的思想基础和理论支撑，"话语的背后是思想，是'道'"①。话语权问题的实质是不同理论、不同意识形态之间的矛盾和斗争，归属于社会主义与资本主义关系的基本框架。因此，仅仅在文化自信的意义上理解话语权，还没有达到充分的状态，话语权是领导权的重要构成，也是领导权的实现路径，正是基于话语权和领导权之间的内在关联，马克思主义话语权的提升，成为增强党的领导力的一项重要任务。

话语权的斗争贯穿于社会主义和资本主义关系的历史，在20世纪以来的世界历史进程中留下深刻的痕迹。马克思主义话语权的实际状况，折射的是社会主义在世界历史进程中的实践逻辑。马克思主义话语的边缘化，是苏联解体、东欧剧变所导致的世界社会主义运动陷入低潮的历史后果；马克思主义话语权呈现出逐步增强的趋势，与社会主义新的文明类型在中国发展和完善的进程相一致。中国特色社会主义进入新时代，必然性地提出了维护和提升马克思主义话语权的任务和要求，这意味着，提升马克思主义话语权，既有意识形态安全的考量，又是社会主义深度

---

① 《习近平总书记重要讲话文章选编》，中央文献出版社、党建读物出版社2016年版，第433页。

展开的必要。

尽管中国今天前所未有地靠近世界舞台的中心,但是,世界历史仍然处于西方资本主义主导的阶段,我国还处于并将长期处于社会主义初级阶段,这个最大的实际决定了意识形态工作仍应以更好地发挥主观能动性为根本前提,也同时决定了马克思主义话语权的提升,仍应以维护意识形态安全为基础性目标。

新时代马克思主义话语权的维护和提升,需要深入思考和贯彻几个基本原则。第一,特殊性与超越性相统一。话语权以话语体系为基础,在一定意义上,中国哲学社会科学仍然滞后于中国实践的发展,仍然与中国综合国力所处的国际地位不相一致。只有当中国道路的内涵和特征以一系列中国话语表达出来,并在世界范围内广泛传播和使用,话语权在世界历史进程中才得以确立。中国话语体系的建构不能仅仅理解为一种特殊性实践,马克思主义与中国道路的结合,是以"充分批判性地汲取现代性一切肯定的成果,避免或减少西方国家在人和社会发展中所出现的普遍异化"[1]为价值规定的,由此决定了话语体系的超越性特征。第二,建构性与批判性相统一。话语体系建构的过程内在包含了问题的意识和批判的维度,这个批判不仅是对自身实践不足的反思,意识形态工作需要迅速适应变化了的实际;也包含对错误社会思潮的否定,这是改变马克思主义在学科体系和学术话语体系边缘化特征的基本任务。第三,两点论与重点论相统一。西方在传播意识形态上积累了丰富的实践经验和高超的工艺水平。改革开放以来,西方打着所谓"学术性"的幌子在一些意识形态性强的学科"西化"上取得了明显成效,蕴含显著的系统性特征。马克思主义话语权问题的思考,需要综合分析从生产到传播以及评价的各个环节以及相互之

---

[1] 叶险明:《中国学术话语体系超越"西方中心主义"的逻辑和方法》,《中共中央党校学报》2015年第4期。

间的辩证关系，坚持"道"与"术"的辩证统一，由此决定了提升马克思主义话语权的主要着力点。

2. 理论创新的彻底性

马克思主义理论的实际境遇，是评价马克思主义话语权状况的基础性尺度。在对当下马克思主义在社会意识领域的指导地位作出肯定性判断的同时，必须承认存在一些不容忽视的问题，正如习近平在哲学社会科学工作座谈会上指出的，"实际工作中，在有的领域中马克思主义被边缘化、空泛化、标签化，在一些学科中'失语'、教材中'失踪'、论坛上'失声'。这种状况必须引起我们高度重视"[①]。究其原因，有的理论创新没能够抓住事物的根本，是问题形成的重要原因。"理论上不彻底，就难以服人。"[②]理论缺乏彻底性，话语就成了无本之木，话语权斗争也就失去了根本的凭借。关于提升马克思主义话语权的实践，不能不把增强马克思主义理论创新的彻底性提到首要的位置。

马克思主义是科学性和价值性的统一，增强马克思主义理论创新的彻底性，首先需要进一步高扬理想性。苏联解体之后，世界社会主义运动陷入空前低潮，理想性为现实性所压制是其一大表征。随着西方资本主导的经济全球化深入推进，社会意识领域最大的问题恐怕不再是所谓的"乌托邦的偏执和冲动"，而是思想在向现实渐趋靠近的轨道上滑行，实用主义的态度有了广泛的思想市场。"我们的历史使命是从资本主义走向社会主义，而不是从社会主义走向资本主义。"[③]担当这个使命，只有思想靠近现

---

① 习近平:《在哲学社会科学工作座谈会上的讲话（2016年5月17日）》,《人民日报》2016年5月19日。
② 习近平:《在庆祝中国共产党成立95周年大会上的讲话（2016年7月1日）》,《人民日报》2016年7月2日。
③ 李登贵、刘奔:《从方法论的高度反思现实——评阮纪正先生的〈中国：探究一个辩证的社会存在〉》,《哲学研究》2004年第9期。

实是不够的，现实也必须靠近思想。党的十八大以来，习近平反复强调要回到我们的本源上去认识，展现出强化辩证法和主观能动性的政治倾向。针对种种在改革和道路问题上的错误认识，习近平指出："中国特色社会主义是社会主义而不是其他什么主义。"①新时代高扬理想性的努力，提出了理论创新从突出强调适应的一面向突出强调牵引的一面转化的任务。就守正与创新的关系而言，守正是创新的唯一前提，理论创新必须正本清源，厚植共产主义的底蕴。深入推进马克思主义中国化，既要以中国"化"马克思主义，又要以马克思主义"化"中国，在现实的基础上将真理观与价值观辩证统一起来。

　　问题意识是理论创新的起点，增强马克思主义理论创新的彻底性，需要进一步强化问题意识。习近平指出："只有聆听时代的声音，回应时代的呼唤，认真研究解决重大而紧迫的问题，才能真正把握住历史脉络、找到发展规律，推动理论创新。"②中国正在进行的理论探索和创造，既不是西方思想在中国的复制，也不是向传统文化的回归，而是找寻一条将社会主义与市场经济结合起来的道路。这是一条前人所未曾走过的新路，20多年的艰难跋涉，中国道路探索虽然取得了阶段性的成功，但仍然面临一系列亟待解决的重大问题。随着全球化深度发展，中国问题与全球性问题日益紧密联系在一起，只有进一步强化问题意识，以宽阔的眼界审视世界历史进程正在发生的百年未有之大变局，揭示我国社会发展、人类社会发展的大逻辑大趋势，才能为新的文明类型的构建贡献具有标志性意义的成果，正如有学者所言："既然马克思主义话语权源自通过理论制高点站到历史的制高点，因此，其话语权的优势就在于从人类历史发展规律上，

---

① 习近平：《关于坚持和发展中国特色社会主义的几个问题》，《求是》2019年第7期。
② 习近平：《在哲学社会科学工作座谈会上的讲话（2016年5月17日）》，《人民日报》2016年5月19日。

以理论的前瞻性和预见性提出问题、设置议题，对我们面临的重大实践课题发出决定性的声音。"①

　　增强马克思主义理论创新的彻底性，需要进一步直面当代中国的思想争论。社会结构的多元化必然反映为多元的问题意识和价值诉求，即使面对同一个问题往往也会涌出诸多差异甚至对立的方案。马克思主义立场、观点、方法是一个总体性范畴，它注重倾听劳动阶级的声音和回应劳动阶级的呼唤，必然提出社会主义与现代化相统一的根本要求。伟大变革的年代，应以思想火花的碰撞和绽放为表现形式，百花齐放、百家争鸣，是繁荣发展我国哲学社会科学的基本方针，也是马克思主义理论创新的根本要求。当前，特别需要将马克思主义基本理论和中国社会现实结合起来，积极开展思想观点的交流和对话，通过平等、健康、活泼和充分说理的学术争鸣，厘清社会主义市场经济与国家资本主义之间的区别，划清社会主义与国家主义之间的界限，揭穿名义上打着马克思主义旗号实质上却削弱或消解共产主义意义与价值的所谓理论创新，在回答广大党员干部群众思想深处困惑和质疑的同时，为 21 世纪的马克思主义增添真理性颗粒。

3. 理论表达的适应性

　　理论的表达即理论的书写与言说，是当前提升马克思主义话语权需要面对的另一个突出问题。很显然，表达如果不能为对象所接受，就不仅削弱了理解和交流的可能，也必然降低理论对于实践的指导意义。一旦理论的真理性得以确立，理论的表达就成为理论走向实践的关键环节，换言之，言说如何吸引大众就成为话语权实现的关键。在理论的表达实践上，无论是革命战争年代和全面建设社会主义时期还是改革开放以来，我们党都积累了丰富而宝贵的历史经验，形成了自身的特殊优势。毛泽东的"枪

---

① 侯惠勤:《意识形态话语权建设方法论研究》，《中共贵州省委党校学报》2016 年第 2 期。

杆子里面出政权"和邓小平的"发展是硬道理"就是理论表达的成功典范。根据变化了的形势与条件推动理论表达的话语优化，构成提升马克思主义话语权的又一着力点。

文章因时而作，话语也应因时而变。在科学技术日新月异、社会主义市场经济深入发展的条件下，马克思主义理论的表达既要保持传统的特殊优势，更要直面深刻变化了的实际。从客观的方面看，现代媒介文化就是变化了的实际之一。人们的认识一般是经过语言符号和媒介等来实现的，语言—媒介成为认识活动不可或缺的要件。现代媒介文化生产和消费的逻辑是，文化的市场化培植起来的追求感性满足的消费型需求，不仅导致感性对理性的压制，促成文化生产的游戏化和浅俗性，也强化了文化生产的大众化和日常化，以真理、价值和未来为指向的思想理论遭受挤压。在现代媒介文化生产和消费的逻辑冲击下，思想和理论的抗争并没有显示出应有的价值和力量，与伟大理论引领伟大时代的应然之间形成了强烈的反差，推动理论的话语创新成为消解这个反差的重要任务。

平心而论，马克思主义理论的表达一直在积极适应外部条件的变化，在话语形式上不断作出自我超越的努力，比如挖掘高度凝练且有思想穿透力的"金句"，就是一种积极的探索，但是，有的理论表达还是主观的和外部化对现代媒介文化的适应，形式化的创新遮蔽了理论的价值；有的理论话语更是通过通俗化达成大众化的效果，反映出对大众化的片面理解，并没有显著提升大众的阅读兴趣。书写和言说不能吸引群众的后果是，理论创新虽然具有真理性，但只能在理论界的圈子里盘桓，成了自言自语、自说自话。如果说理论彻底性的不足折射出的是学风问题的话，那么，理论话语的内部盘桓折射的是形式主义文风问题，两者都是形式主义在理论界的突出表现。

这说明，在话语权力越来越具有直观性的今天，"酒好也怕巷子深"。马克思指出："语言是一种实践的、既为别人存在因而也为我自身而存的、现实的意识。"①理论语言只有为他人存在才能为言说者自己存在的逻辑决定了，马克思主义理论的表达在政治和意识形态维度的基础上，还需要向思想和学术的维度转换，向社会和大众的维度转换。思想和学术的维度，意味着理论创新成果蕴含可以置放在世界范围内思想和学术框架中开展研究和对话的基本范畴和逻辑。强调马克思主义理论话语的学术性和意识形态性的统一，一方面针对的是有人蓄意把马克思主义归为一种缺乏学理性和体系性的意识形态说教，从而将马克思主义的学术性与意识形态性对立或割裂开来的错误观点；另一方面针对的是没有赋予政治话语以理论营养使之具有历史和思想的深度，呈现为从政治话语到政治话语的理论搬运工的不良倾向。社会和大众的维度，意味着理论创新成果蕴含可以置放在社会和大众框架中进行传播和对话的语言和逻辑，所针对的是书生气的言说所导致的党的理论与社会和大众之间的隔离。大众化决不能简单地定位于话语通俗化的层面，而应该上升到以真理为群众掌握的目的性的高度。

就三个维度之间相互关系而言，社会和大众既是马克思主义理论表达的根本出发点又是马克思主义理论表达的最终落脚点。马克思主义中国化的历史证明，凡是实现上述三个维度有机统一的，理论创新成果都能产生凝聚人心的力量；凡是没有实现上述三个维度有机统一的，理论创新成果的实践价值都必然大打折扣。马克思主义理论的表达如何更好地实现上述三个维度的有机统一，是新时代提升马克思主义话语权的重要课题。概括而言，至少需要注意把握两点：其一，当下一些理论话语之所以产生模糊甚至错误的认识，与话语反映的思想和理论清晰度不高有关。"以人民为中心""共享发展"等话语的示范性意义在于，它们明白无误地是与劳动解放的社会主义价值诉求相联系的。话语的创新需要强化适应性，

---

① 《马克思恩格斯选集》第1卷，人民出版社1995年版，第81页。

但不能无条件地迎合、屈从与迁就，否则不仅容易造成认识上的混乱，也必然会削弱价值指引和规范的功能。其二，提升话语的适应性需要从中国传统思想中汲取智慧和养分。事实也证明，基于传统思想渊源的"天下大同""天下为公"等话语表达，确实极大地增强了马克思主义传播的有效性，但这一适应性并不意味着马克思主义理论话语向中国传统话语体系的回归。党的十八大以来，以习近平同志为核心的党中央在理论创新的表达上发挥了榜样和示范的作用。无论是中国梦还是新时代，都是三个维度有机统一的典型性成果，值得马克思主义理论界推广和效仿。

4. 理论传播的大众性

理论传播能力是执政党意识形态工作能力的重要构成，是衡量和评价执政党领导水平和执政能力的重要标尺。党的十八大以来，我们党在理论传播上越来越注重各种形式的媒介之间的融合与发展，越来越注重理论传播策略和方法的拿捏和把握，国内传播和国际传播的效果都有了很大程度的改善。但理论对社会现实的参与和干预度不高的实际状况，也向理论传播能力和水平提出了提升的要求。

理论传播亟待引起关注的突出问题有：第一，单向灌输的传播思维尚没有根本扭转。在传播主体和传播对象、传播形式和传播效果关系的认识和处理上，不是从对象出发而是从自我出发，不是从效果出发而是从形式出发的思维惯性，没有随着大众传播时代的来临而告退，依然有比较顽强的存在，"人们通常对'主流价值观'的理解，往往只注意它在'话语空间'中的地位，即在政治口号和宣传教育中被规定的分量；而不大注意它在价值的'实践空间'中的切实意义，即它与人们现实利益、思想感情和行为方式的实际联系"①。如果不从对象和效果出发,理论传播从一开始就注定了低效甚至无效的结局。第二,理论传播的现实针对性不足。随着理论的传播空间不断扩大,阐释性的理论传播呈现不断增强的趋势,但是,聚焦中国特色社会主义重大理论和现实问题,与各种社会思潮展开深入对话的理论力作供给量相对不足。第三,理论传播的国际性不强。随着我国综合国力不断提升,国际社会对我国的关注也在扩大和加深。习近平指出:"中国在世界上的形象很大程度上仍是'他塑'而非'自塑',我们在国际上有时还处于有理说不出、说了传不开的境地。"②理论不能成功地走出去,"挨骂"问题就难以实现有效的回应。具有新的历史特点的伟大斗争既包括硬实力的斗争也包括软实力的较量,只有不断增强理论的国际传播能力,才能逐步增强国际话语权,改变国际舆论西强我弱的格局。

提升马克思主义理论的传播能力,需要在传播思维与传播技巧等方面做出系统性和战略性的思考与安排。一是推动三个强化:第一,强化大众传播意识。意识形态正在发生由自上而下的组织传播转向大众传播的历史性转变,大众传播不仅意味着网络技术媒体的多元化,更意味着传播的平民化和市场化,意味着传播的选择性和交互性。这个历史性转变要求意识形态的传播改变居高临下的姿态和口气。第二,强化问题意识。马克思主义理论从来都不只有象牙塔学问的意义,实践性是特殊品性。理论传播不能顾左右而言他,应不断强化介入思维,从大众聚焦的社会现实问题切入,与之展开对话,在碰撞中激活马克思主义的当代价值。比如,在"一带一路"国际合作高峰论坛召开前后,针对"一带一路"西方炮制的"新殖民主义"理直气壮地批判与反驳,就是传播能力提升的显著标志。第三,

---

① 李德顺:《当前的价值冲突与主导价值观到位——从"主流价值观边缘化"的危机谈起》,《学习时报》2010年3月29日。
② 《习近平总书记重要讲话文章选编》,中央文献出版社、党建读物出版社2016年版,第432页。

强化媒介意识。现代社会的认识都是经过媒介的认识，媒介构成认识主体开展认识活动的基础与要件。习近平指出："要抓紧做好顶层设计，打造新型传播平台，建成新型主流媒体，扩大主流价值影响力版图，让党的声音传得更开、传得更广、传得更深入。"[1] 在对网络媒介的重视程度不断提升的同时，不仅需要深入统筹考虑纸媒和网媒各自的功能，实现优势互补，还应扩展媒介思维，将新闻发布会、重大活动以及学术会议等纳入媒介框架之中，加快构建融为一体、合而为一的全媒体传播格局。

二是正确认识和处理传播实践中的若干关系：其一，正确认识和处理国内传播和国际传播的关系。在中国和世界相互联系日益紧密的今天，传播的国内和国际之间的边界已经模糊化，意识形态风险的国际视角考量需要进一步强化，应逐步确立起国内传播和国际传播有机统一的传播思维，不仅要求传播视野的进一步拓展，也要求对传播对象加以统筹考虑，"对内报道要有外宣意识，考虑国际影响；对外报道要有内宣意识，兼顾国内受众感受"。[2] 其二，正确认识和处理政治逻辑与资本逻辑的关系。马克思主义理论与资本的意识形态是天然的对立关系。随着新兴媒体中资本力量的逐步强大，对马克思主义理论传播的抑制和消解必然会逐步强化。如何最大限度地克服资本逻辑对政治逻辑的扭曲，不断扩大马克思主义理论传播的实践空间，成为理论传播面临的一个突出问题。这需要从立法、行政和技术等方面统筹安排并不断完善，逐步抑制和减少媒介为资本操纵的状况发生。

---

[1] 习近平：《加快推动媒体融合发展 构建全媒体传播格局》，《求是》2019年第6期。
[2] 《习近平总书记重要讲话文章选编》，中央文献出版社、党建读物出版社2016年版，第434页。

第六章　全面从严治党与党的自我革命

全面从严治党是党的十八大以来党的工作的关键性内容，也是新时代党的工作的最大亮点和最大政绩。全面从严治党以加强作风建设开局，总体上采取了"软硬兼施"的实践方针：一方面通过强化思想教育，补足全党同志精神之"钙"；另一方面强力反腐和严明纪律，刀刃向内，刮骨疗毒。通过持续深入的自我革命，中国共产党的纯洁性得以强力修复，中国共产党作为中国特色社会主义事业领导核心的地位得到进一步巩固。

一、精神补"钙"与党的纯洁性修复

党的十八大以来，基于党内信仰缺失的严峻现实和保持党的纯洁性的根本要求，习近平就坚定共产主义理想信念的问题作出了一系列重要论述。这些重要论述作为习近平新时代中国特色社会主义思想的重要组成部分，在新时代全面从严治党实践中发挥了重要的指导和推动作用。

1. 革命理想高于天

革命理想高于天，这一论断集中反映了我们党对共产主义信仰之于自身意义与价值的崇高评价和极端重视。在信仰为利益不断驱逐的当下，信仰缺失成为我们党必须引起高度重视的问题。党的十八大以来，习近平深刻阐明了理想信念之于共产党人的价值和意义,强调只有在立根固本上下功夫,才能防止歪风邪气近身附体,才能始终成为中国特色社会主义事业的坚强领导核心。这意味着,为了保持党的先进性和纯洁性,就必须首先从理想信仰破题并在实践中切实展开。

第一,信仰纯洁:共产党人最根本的纯洁。

党的纯洁性问题,是习近平思考多年的重大问题。1991年6月25日,在为福建省福州市直机关党员领导干部讲授"共产党员必须保持纯洁性"的党课中,时任福州市委书记的习近平指出,国际风云变幻,有些同志出现了"信念危机",认为共产主义"渺茫不可及",这种想法是极端错误的。保持党员纯洁性是一个重要而紧迫的问题。在他看来,党的纯洁性虽然体现在党的思想、政治、组织和作风各个方面,但"信仰纯洁是共产党人最根本的纯洁"[①]。正是在这个意义上,党的纯洁性问题集中反映为党的理想信仰问题。

党的十六大之后,党的建设的核心课题一般表述为党的先进性问题。党的十八大召开之前,时任中共中央政治局常委、国家副主席的习近平在党的先进性问题基础上把党的纯洁性问题提了出来,并和党的先进性问题联系在一起作为党的建设的核心课题。2012年3月1日,习近平在出席中央党校春季学期开学典礼时,集中阐发了他对党的纯洁性及其与党的先进性关系的思考。习近平认为,一方面,保持党的纯洁性是马克思主义政党的本质要求。马克思主义政党之所以高度重视保持党的纯洁性,从根本上说是为了永葆党的政治本色,永葆党的生机活力,从而更好地肩负起自己的历史使命。另一方面,先进性和纯洁性都是马克思主义政党的本质属性。党的性质和宗旨,既决定了党的先进性,也决定了党的纯洁性。"党的纯洁性同党的先进性相辅相成、密不可分。纯洁性是先进性的前提

[①] 习近平:《扎实做好保持党的纯洁性各项工作》,《求是》2012年第6期。

和基础,先进性是纯洁性的体现和保证,二者在本质上是一致的。"[1]而且,党的纯洁性同党的先进性一样,都不是也不可能一劳永逸,都必须随着时代的前进、党和人民事业的发展而发展。

进一步而言,没有以纯洁性建设为前提和基础,马克思主义政党的先进性就是难以实现的甚至完全不可能实现的,这是一个为我们党的历史反复证明了的真理。党的坚强有力和党的事业健康发展虽然取决于多种因素的影响和作用,但是,纯洁性对党的创造力、凝聚力和战斗力产生根本性的影响。纯洁性保持得好,党就坚强有力,党的事业就能健康发展;纯洁性受到影响和削弱,党的战斗力就会下降,党的事业就自然会遭遇挫折。

在改革开放和社会主义现代化建设处于关键时期的历史条件下,对党的自身状况和突出问题作出更加深入、更加准确的分析和把握,是一项重要而紧迫的政治任务。习近平指出,在新的历史条件下,党所面临的执政考验、改革开放考验、市场经济考验、外部环境考验更加突出,所面临的精神懈怠的危险、能力不足的危险、脱离群众的危险、消极腐败的危险更加凸显。在深刻变化的国内外环境中,管党治党的任务越来越艰巨,特别是在一些党员和党的干部中不同程度地存在的理想信念不坚定、作风不正、原则性不强、为政不廉等问题,严重影响了党在人民群众中的威信和削弱了党的战斗力,保持党的纯洁性的极端重要性和紧迫性不可避免地显露出来。可以认为,突出强调党的纯洁性问题,就抓住了改革开放条件下党的建设关键性和根本性的问题。关于党的纯洁性问题的理论思考,不仅构成习近平关于党的建设理论探索的重要成果,也构成党的十八大以来全面从严治党从理想信念问题破题的重要依据。全面从严治党的思路和举措,都能在这里找到思想的源头。

---

[1] 习近平:《扎实做好保持党的纯洁性各项工作》,《求是》2012年第6期。

第二，信仰缺失：一个需要引起高度重视的问题。

在充分肯定当前大多数党员干部理想信念坚定、政治上可靠的同时，信仰缺失确实是一个值得引起全党高度重视的重大现实问题。2013年8月19日，习近平在全国宣传思想工作会议上的讲话对此做了具体而形象的描述："在一些人那里，有的以批评和嘲讽马克思主义为'时尚'、为噱头；有的精神空虚，认为共产主义是虚无缥缈的幻想，'不问苍生问鬼神'，热衷于算命看相、求神拜佛，迷信'气功大师'；有的信念动摇，把配偶子女移民到国外、钱存在国外，给自己'留后路'，随时准备'跳船'；有的心为物役，信奉金钱至上、名利至上、享乐至上，心里没有任何敬畏，行为没有任何底线。"①理想信念就是人的志向，这些问题的客观存在，反映了伴随经济的快速增长，物质主义、个人主义和享乐主义已经深深地浸透部分党员干部的躯体，导致志向趋于瓦解的严酷现状。国外观察者的相关评价由此具有了一定的参考价值："大量党的干部自身已经不再认真地看待共产主义。""党本身是一个缺乏精神的组织。没有一种催人奋进的意识形态来激发其成员胜任于公共服务并忍受个人牺牲。"②

"一个政党的衰落，往往从理想信念的丧失或缺失开始。"③显然，对于我们党而言，理想信念弱化或缺失是具有起始性意义的蜕变。2012年11月17日，在十八届中共中央政治局第一次集体学习时，习近平指出："形象地说，理想信念就是共产党人精神上的'钙'，没有理想信念，理想信念不坚定，精神上就会'缺钙'，就会得'软骨病'。现实生活中，一些党员、

---

① 《习近平关于党风廉政建设和反腐败斗争论述摘编》，中央文献出版社、中国方正出版社2015年版，第17页。
② [美]李侃如：《治理中国：从革命到改革》，胡国成、赵梅译，中国社会科学出版社2010年版，第332、340—341页。
③ 习近平：《在庆祝中国共产党成立95周年大会上的讲话（2016年7月1日）》，《人民日报》2016年7月2日。

干部出这样那样的问题,说到底是信仰迷茫、精神迷失。"[①]在他看来,"四风"为什么盛行,为什么不断有人沦为腐败分子,走向犯罪的深渊,说到底,还是理想信念不坚定。2016年1月12日,习近平在十八届中央纪委六次全会上再次指出:"'身之主宰便是心';'不能胜寸心,安能胜苍穹'。'本'在人心,内心净化、志向高远便力量无穷。对共产党人来讲,动摇了信仰,背离了党性,去掉了宗旨,就可能在'围猎'中被人捕获。"[②]

在政党的构成要素中,信仰是最深层、最核心的要素,正是因为信仰之于政党的根本性意义,信仰的丧失对于政党的消极性后果就不仅具有起始性的意义,更具有决定性的影响。2013年1月5日,习近平在新进中央委员会的委员、候补委员学习贯彻党的十八大精神研讨班上严正地向全党发出告诫:"如果丢失了我们共产党人的远大目标,就会迷失方向,变成功利主义、实用主义。"[③]2013年6月28日,他在全国组织工作会议上强调:"事实一再表明,理想信念动摇是最危险的动摇,理想信念滑坡是最危险的滑坡。"[④]"现在,既贪财又怕死的人大有人在,弄了那么多钱怎么可能秉公用权,怎么可能舍生取义?!"[⑤]基于这一逻辑的深刻把握,如果哪天在我们眼前发生"颜色革命"那样的复杂局面,我们的干部是不是都能毅然决然站出来捍卫党的领导、捍卫社会主义制度的问题,就一直萦绕在习近平的脑海之中。

第三,共产主义信仰:共产党人安身立命的根本。

革命理想高于天。马克思主义、共产主义既是科学的理论也是科学

[①] 《十八大以来重要文献选编(上)》,中央文献出版社2014年版,第80—81页。
[②] 《习近平总书记重要讲话文章选编》,中央文献出版社、党建读物出版社2016年版,第374页。
[③] 《十八大以来重要文献选编(上)》,中央文献出版社2014年版,第116页。
[④] 《十八大以来重要文献选编(上)》,中央文献出版社2014年版,第339页。
[⑤] 《习近平总书记重要讲话文章选编》,中央文献出版社、党建读物出版社2016年版,第263页。

的信仰，是科学理论与科学信仰的统一。共产党人的根本目的，就是为人民大众的根本利益而奋斗，为实现共产主义远大理想而奋斗。这一目的的实践活动，不仅构成共产党存在的根据和社会主义的特殊优势，也成为共产党人占领真理制高点和价值制高点的一大法宝。

基于安身立命根本的高度，习近平深刻阐明了共产主义信仰之于共产党的意义与价值。共产主义信仰不仅赋予马克思主义政党以精神的寄托和支柱，而且赋予精神的动力和导向。邓小平说过："为什么过去我们能在非常困难的情况下奋斗出来，战胜千难万险使革命胜利呢？就是因为我们有理想，有马克思主义信念，有共产主义信念。"[1] 在这个问题上，无论是西方世界还是中国传统，都不可能为当下中国共产党信仰重塑或精神重建提供科学的答案。2012 年 11 月 17 日，习近平在十八届中共中央政治局第一次集体学习时指出："坚定理想信念，坚守共产党人精神追求，始终是共产党人安身立命的根本。对马克思主义的信仰，对社会主义和共产主义的信念，是共产党人的政治灵魂，是共产党人经受住任何考验的精神支柱。"[2] 2013 年 1 月 5 日，他在新进中央委员会的委员、候补委员学习贯彻党的十八大精神研讨班开班式上指出："在我们党九十多年的历史中，一代又一代共产党人为了追求民族独立和人民解放，不惜流血牺牲，靠的就是一种信仰，为的就是一个理想。"[3] 在他看来，"有了坚定的理想信念，站位就高了，眼界就宽了，心胸就开阔了，就能坚持正确政治方向，在胜利和顺境时不骄傲不急躁，在困难和逆境时不消沉不动摇，经受住各种风险和困难考验，自觉抵御各种腐朽思想的侵蚀，永葆共产党人政治本色"[4]。2016 年 7 月 1 日，习近平再次强调："中国共产党之所以叫共产党，就是

---

[1] 《邓小平文选》第 3 卷，人民出版社 1993 年版，第 110 页。
[2] 《十八大以来重要文献选编（上）》，中央文献出版社 2014 年版，第 80 页。
[3] 《十八大以来重要文献选编（上）》，中央文献出版社 2014 年版，第 116 页。
[4] 《十八大以来重要文献选编（上）》，中央文献出版社 2014 年版，第 117 页。

因为从成立之日起我们党就把共产主义确立为远大理想。我们党之所以能够经受一次次挫折而又一次次奋起，归根到底是因为我们党有远大理想和崇高追求。"①

基于全面从严治党的高度，习近平明确发出了立根固本重塑信仰的战略号召和要求。2015年9月11日，他在十八届中央政治局第二十六次集体学习时指出："我们共产党人的根本，就是对马克思主义的信仰，对共产主义和社会主义的信念，对党和人民的忠诚。立根固本，就是要坚定这份信仰、坚定这份信念、坚定这份忠诚。"②同年12月28—29日，习近平在中央政治局"三严三实"专题民主生活会上的讲话指出："我们现在做的是社会主义初级阶段的事情，但不能忘记初衷，不能忘记我们的最高奋斗目标。在这个问题上，不要含糊其辞、语焉不详。含糊其辞、语焉不详是理想信念模糊甚至动摇的一种表现。"③2016年7月1日，在庆祝中国共产党成立95周年之际，习近平再次向全党发出了这一号召："坚持不忘初心、继续前进，就要牢记我们党从成立起就把为共产主义、社会主义而奋斗确定为自己的纲领，坚定共产主义远大理想和中国特色社会主义共同理想，不断把为崇高理想奋斗的伟大实践推向前进。"④很显然，在习近平那里，坚定理想信念、重塑信仰是保持党的纯洁性的根本性手段，是全面从严治党的基础性工作。英国《金融时报》在题为《习近平表示中国共产党正在回归马克思主义的本质根源》的文章中指出，习近平对"保

---

① 习近平：《在庆祝中国共产党成立95周年大会上的讲话（2016年7月1日）》，《人民日报》2016年7月2日。
② 《习近平总书记重要讲话文章选编》，中央文献出版社、党建读物出版社2016年版，第262页。
③ 《习近平总书记重要讲话文章选编》，中央文献出版社、党建读物出版社2016年版，第338页。
④ 习近平：《在庆祝中国共产党成立95周年大会上的讲话（2016年7月1日）》，《人民日报》2016年7月2日。

持意识形态纯洁的重要"予以了强调。《金融时报》称,在经济日趋繁荣和拜金主义日益盛行的中国,不断扩大的贫富差距正在制造阶层紧张关系。在这一大背景下,习近平敦促全体党员不要"背离或放弃"马克思主义。① 可以认为,重塑精神和信仰,是针对市场经济条件下实际起作用的唯利是图原则的强力反弹,具有明确的回归性趋向。

2. 补精神之"钙"

中国共产党视野中的"德",就是党的理想信念宗旨、优良传统作风。以德治党为先,是党的十八大以来全面从严治党的实践思路。如何以德治党? 习近平认为,历史唯物主义观点不牢固,是部分党员信仰缺失的根本原因,由此,加强马克思主义理论学习成为重塑信仰的基础性工作。

第一,坚持高标准在前。

2013年4月19日,习近平在十八届中央政治局第五次集体学习时指出:"从思想道德抓起具有基础性作用,思想纯洁是马克思主义政党保持纯洁性的根本,道德高尚是领导干部做到清正廉洁的基础。"②

全面从严治党坚持以德治党为先,为依法治国和以德治国相结合的重要原则所决定。依法治国和以德治国相结合,是我们党治国理政的重要理念,是社会主义法治的鲜明特色。习近平认为,依法治国不能都踩到法律底线上。我们国家这么大、有14亿人口,如果仅仅依靠法律治理,都退到了底线,那就会很危险。思想教育手段和法制手段并用才能相得益彰,自律和他律相结合才能达到最佳效果。因此,推进反腐倡廉建设,必须坚持依法治国和以德治国相结合。反腐倡廉是一个复杂的系统工程,必须多管齐下、综合施策,但是,从思想道德抓起,无疑具有基础性的意义和作用。

---

① 宦佳:《中共95年来一直与人民同在》,《人民日报》(海外版)2016年7月13日。
② 习近平:《积极借鉴我国历史上优秀廉政文化 不断提高拒腐防变和抵御风险能力》,《人民日报》2013年4月21日。

全面从严治党坚持以德治党为先，是对高标准和守底线相结合的基本原则的贯彻。事实证明，全面从严治党，光靠纪律是守不住的。守底线必须与坚持高标准相结合。2016年1月12日，习近平在第十八届中央纪委六次全会上指出："全面从严治党，既要注重规范惩戒、严明纪律底线，更要引导人向善向上，发挥理想信念和道德情操引领作用。"[1]只有立根固本，筑牢广大党员干部的思想道德防线，才有解决"不想"的问题的可能性。时任中共中央纪委书记的王岐山也指出："依规治党，党员也绝不能全站在纪律的边缘。党中央坚持全面从严治党，提出'把纪律和规矩挺在前面'，这是相对于在管党治党和党内法规中纪法不分、错把法律当底线而言的。在党的建设中，则要坚持高标准在前，先把党的理想信念宗旨立起来、挺起来。"[2]

中国共产党以德治党的"德"，内在包含两个特殊性。第一个特殊性在于，它的内核与中华民族传统美德一脉相承，由中华民族的文化基因所决定。基于这一点，党的十八大以来，习近平大量运用古代典籍、经典名句，强调弘扬中华优秀传统文化，并赋予新的时代内涵。他反复强调，我们要继承和弘扬中华优秀传统文化，汲取德治礼序、崇德重礼的文化精华，坚持古为今用、推陈出新，使之成为新形势下加强反腐倡廉教育和廉政文化建设的重要资源。第二个特殊性在于，中国共产党这个基于政治信念塑造的"德"，要比普通的道德信念更富内涵、更有力量、更有高度。道德一般内含三个基本层次或价值向度，即作为人类理想信念的道德（境界），与之相应的是所谓"信念伦理"；作为人类行为普遍规范的道德（原则、规范或准则、范畴），与之相应的是所谓"规范伦理"；作为个人品格德性

---

[1]《习近平总书记重要讲话文章选编》，中央文献出版社、党建读物出版社2016年版，第374页。

[2]《十八大以来重要文献选编（中）》，中央文献出版社2016年版，第763页。

的美德,与之相应的是所谓"美德伦理"。在道德的三个层次中,基于理想信念的道德具有支撑性、超越性和终极性的意义。① 正如有学者指出的,基于信仰的道德即信仰道德与普通道德可以重合,一个相信共产主义的人出于自己的信仰来服务人民,一个并不具有这种信仰的人也可以出于良心或善良的本性来服务人民,但相比之下,"出于强烈信仰动机的为人民服务具有更强大的精神动力和顽强的行动意志"②。

第二,根本原因在于历史唯物主义观点不牢固。

习近平认为,当前,一些党员和干部理想信念之所以动摇或缺失,和他们在理想信念上遇到的多重纷扰有一定的关系。关于多重纷扰,可从国际和国内两个视角分析。基于国际视角,苏联解体、东欧剧变之后,"历史终结论"的喧嚣之下,理想性缺失成为一种世界性的景象,"正如美国左翼学者弗雷德里克·詹姆逊论及的那样,再也没有人严肃认真地考虑可能用什么来取代资本主义了,就好像即使在全球性生态灾难的境况下,自由资本主义也仍然是一个注定存在下去的'实在'"③。基于国内视角,随着改革开放的逐步深入,在资本和市场因素巨大的冲击力面前,一些党员和干部理想和道德防线迅速土崩瓦解,物质主义、个人主义和享乐主义实现了对理想主义、集体主义和奉献精神的替代。习近平认为,在多重纷扰之中,西方对中国的价值渗透是一个重要因素。2014年5月9日,他在河南省兰考县委常委班子专题民主生活会上特别强调了这一点:"西方敌对势力一直妄图将我国纳入他们的价值体系,国内一些人与之遥

---

① 万俊人:《道德何以兴国立人?——学习领会习近平总书记在山东考察时重要讲话精神》,《光明日报》2013年12月13日。
② 刘建军:《为人民服务是一种信仰》,载北京大学中国文化发展研究中心、马克思主义学院组编《实践发展与理论创新》,北京大学出版社2010年版,第97页。
③ [斯洛文尼亚]斯拉沃热·齐泽克等:《图绘意识形态》,方杰译,南京大学出版社2002年版,第1页。

相呼应，各种思想观念交锋碰撞异常激烈。面对纷纷扰扰的社会，一些党员和干部疑惑了、动摇了，甚至蜕变了。"[1]

理想信仰的问题从根本上说是世界观的问题。2013年1月5日，习近平在新进中央委员会的委员、候补委员学习贯彻党的十八大精神研讨班开班式上指出，"一些人认为共产主义是可望而不可及的，甚至认为是望都望不到、看都看不见的，是虚无缥缈的。这就涉及是唯物史观还是唯心史观的世界观问题。我们一些同志之所以理想渺茫、信仰动摇，根本的就是历史唯物主义观点不牢固。"[2]2015年12月28—29日，他在中央政治局"三严三实"专题民主生活会上进一步指出："理论上坚定成熟，什么力量也不能动摇我们。""理论上的成熟是政治上成熟的基础，政治上的坚定源于理论上的清醒。"[3]

理论上的坚定成熟首先来源于理论上的彻底。就此而言，共产主义远大理想与中国特色社会主义共同理想之间的关系，恐怕是一些党员干部困惑或质疑共产主义理想最为突出的问题。党的十八大以来，习近平围绕这一问题展开了深入思考。一方面，中国特色社会主义是共产主义理想的现实表现，不能把两者割裂开来或对立起来。习近平强调，共产主义是中国特色社会主义的本源，不能离开共产主义谈论中国特色社会主义。"我们党以马克思主义为立党之本，以实现共产主义为最高理想，以全心全意为人民服务为根本宗旨。这就是共产党人的本。没有了这些，就是无本之木。我们整个道路、理论、制度的逻辑关系就在这里。""我们依据共产主义和社会主义理想确立了中国特色社会主义道路、理论、制度，这样整个逻

---

[1] 《习近平总书记重要讲话文章选编》，中央文献出版社、党建读物出版社2016年版，第133页。
[2] 《十八大以来重要文献选编（上）》，中央文献出版社2014年版，第116页。
[3] 《习近平总书记重要讲话文章选编》，中央文献出版社、党建读物出版社2016年版，第339页。

辑才成立。如果前提不要了,就完全变成了实用主义。"①另一方面,理想的意义就在于超越现实和改变现实。2014年5月9日,习近平在参加河南兰考县委常委班子专题民主生活会上指出,"我们从来没有把共产主义作为唾手可得、一蹴而就的目标,但绝对不能因为共产主义不是马上可以实现的目标、不是我们有生之年能看到其实现的目标,就没有理想信念,就认为共产主义是虚无缥缈的海市蜃楼,就不做一个忠诚的具有共产主义远大理想的共产党人"②。2015年1月12日,他在中央党校县委书记研修班学员座谈会上再次阐明:"共产主义决不是'土豆烧牛肉'那么简单。"但是,"如果大家都觉得这是看不见摸不着的东西,没有必要为之奋斗和牺牲,那共产主义就真的永远实现不了了。我们现在坚持和发展中国特色社会主义,就是向着最高理想进行的实实在在努力"③。

第三,加强马克思主义理论的学习。

习近平指出:"坚定的理想信念,必须建立在对马克思主义的深刻理解之上,建立在对历史规律的深刻把握之上。"④在他看来,从一定意义上说,掌握马克思主义理论的深度,决定着政治敏感的程度、思维视野的广度、思想境界的高度。⑤只有加强马克思主义理论的学习,不断补精神之"钙"、固思想之元、培为政之本,做到内化于心、外化于行,才能从根本上解决好理想信念问题。

---

① 《习近平总书记重要讲话文章选编》,中央文献出版社、党建读物出版社2016年版,第132、133页。
② 《习近平总书记重要讲话文章选编》,中央文献出版社、党建读物出版社2016年版,第133页。
③ 《十八大以来重要文献选编(中)》,中央文献出版社2016年版,第321页。
④ 习近平:《在庆祝中国共产党成立95周年大会上的讲话(2016年7月1日)》,《人民日报》2016年7月2日。
⑤ 《习近平总书记重要讲话文章选编》,中央文献出版社、党建读物出版社2016年版,第339页。

学习首先要学马克思主义经典著作。马克思主义科学性的一个重要表现，就在于它的当代性。马克思主义基本原理不只属于马克思恩格斯生活的那个时代，它同样适用于当代，换言之，马克思主义不仅具有重要的历史价值，同样具有鲜明的当代价值。熟练地掌握和运用这些原理，是阐释和理解中国特色社会主义的马克思主义本质的基础。2015年12月28—29日，习近平在中央政治局"三严三实"专题民主生活会上指出："我觉得，作为党章明确规定的内容，作为我们党一贯明确坚持的理想，我们要坚定信念，坚信它是具有科学性的。如果觉得心里不踏实，就去钻研经典著作，《共产党宣言》多看几遍。"[1] "抓理想信念，最关键的是要抓好高级干部。"[2] 党的十八大以来，中央政治局带头加强了对马克思主义基本原理的学习，先后集体学习了历史唯物主义基本原理和方法论、辩证唯物主义基本原理和方法论、马克思主义政治经济学基本原理和方法论等，释放出强烈地坚持马克思主义的政治信号。

学习特别要学毛泽东思想、邓小平理论、"三个代表"重要思想、科学发展观，学习马克思主义中国化最新成果。导致当前一些党员理想信念模糊动摇的一个重要原因，恐怕就在于"中国向何处去"这一问题的客观存在。在承认中国道路取得巨大成就的同时，中国问题的客观存在也是影响党内精神状况的重要因素之一。习近平新时代中国特色社会主义思想这一马克思主义中国化最新成果关于中国道路基本问题的思考，蕴含马克思主义执政党理想信念问题的解决。党中央强调把党章党规与习近平新时代中国特色社会主义思想贯通起来学习，统一起来领会，正是对党章党规与习近平新时代中国特色社会主义思想一致性的深刻认识和准确把握。

---

[1] 《习近平总书记重要讲话文章选编》，中央文献出版社、党建读物出版社2016年版，第338页。

[2] 《十八大以来重要文献选编（中）》，中央文献出版社2016年版，第194页。

学习马克思主义最坚决地拒绝形而上学，关键是领会和掌握马克思主义的立场、观点和方法。毛泽东曾经指出："在担负主要领导责任的观点上说，如果我们党有一百个至二百个系统地而不是零碎地、实际地而不是空洞地学会了马克思列宁主义的同志，就会大大地提高我们党的战斗力量。"[①] 在习近平看来，这个任务，今天依然很现实地摆在我们党面前。2013年6月28日，他在全国组织工作会议上指出："干部要勤于学、敏于思，认真学习马克思主义理论特别是中国特色社会主义理论体系，掌握贯穿其中的立场、观点、方法，提高战略思维、创新思维、辩证思维、底线思维能力，正确判断形势，始终保持政治上的清醒和坚定。"[②] 在党的二十大报告中，习近平再次强调了掌握马克思主义立场观点方法这一学习的根本目的："我们坚持以马克思主义为指导，是要运用其科学的世界观和方法论解决中国的问题，而不是要背诵和重复其具体结论和词句，更不能把马克思主义当成一成不变的教条。"[③] 在习近平那里，学习马克思主义理论最具现实性的意义和价值在于，学习实际上体现为一种政治担当、历史担当。只有掌握了马克思主义立场、观点和方法，才能心明眼亮，深刻认识和把握共产党执政规律、社会主义建设规律、人类社会发展规律，始终坚定理想信念，才能在纷繁复杂的形势下坚持科学指导思想和正确前进方向，带领人民走对路，把中国特色社会主义事业不断推向前进。

---

① 《毛泽东选集》第2卷，人民出版社1991年版，第533页。
② 《十八大以来重要文献选编（上）》，中央文献出版社2014年版，第342页。
③ 习近平：《高举中国特色社会主义伟大旗帜　为全面建设社会主义现代化国家而团结奋斗——在中国共产党第二十次全国代表大会上的报告（2022年10月16日）》，人民出版社2022年版，第17页。

3. 坚持依规治党与以德治党相统一

和平建设时期如何检验理想信念，是习近平提出的重大现实课题。关于和平建设时期理想信念检验标准的概括与检验时间的判定，构成习近平关于坚定共产主义理想信念重要论述的重要组成部分。这一理论思考也为我们党在立规修规中坚持依规治党与以德治党相统一提供了根据，提出了要求。

第一，和平建设时期检验理想信念也有客观标准。

党的十八大以来，围绕和平建设时期如何检验理想信念的现实课题，习近平进行了深入的思考。2013年6月28日，他在全国组织工作会议上指出："革命战争年代，检验一个干部理想信念坚定不坚定，就看他能不能为党和人民事业舍生忘死，能不能冲锋号一响立即冲上去，这样的检验很直接。和平建设时期，生死考验有，但毕竟不多，检验一个干部理想信念是否坚定确实比较难。"[①] 在革命战争年代，中国共产党的生存和发展面临的是残酷的外部斗争环境。正是这一逆境客观上造就了特殊的选择机制、磨砺机制和淘汰机制。沧海横流，方显英雄本色，理想信念的检验由此变得异常鲜明。其实，对于党保持自身纯洁性的外部环境而言，和平建设时期也可以赋予"逆境"的理解。这个"逆境"，指的是中国共产党人面临着四大考验，存在着四大危险，构成保持纯洁性的严峻挑战。关键的原因在于，党已经成为执政党这一自身角色的根本性转变。

在习近平看来，与革命战争年代相比，和平建设时期检验一个党员是否坚定理想信仰确实不再直接而鲜明，但是，检验难也不是不能检验："对理想信念的检验，和平年代不像战争年代那样直截了当，但依然可以分出优劣高低。"[②] 2013年1月5日，他在新进中央委员会的委员、候补委

---

① 《十八大以来重要文献选编（上）》，中央文献出版社2014年版，第340页。
② 《十八大以来重要文献选编（中）》，中央文献出版社2016年版，第677页。

员学习贯彻党的十八大精神研讨班开班式上指出:"今天,衡量一名共产党员、一名领导干部是否具有共产主义远大理想,是有客观标准的,那就要看他能否坚持全心全意为人民服务的根本宗旨,能否吃苦在前、享受在后,能否勤奋工作、廉洁奉公,能否为理想而奋不顾身去拼搏、去奋斗、去献出自己的全部精力乃至生命。"①2013年6月28日,他在全国组织工作会议上进一步指出:理想信念是否坚定,"那就主要看干部是否能在重大政治考验面前有政治定力,是否能树立牢固的宗旨意识,是否能对工作极端负责,是否能做到吃苦在前、享受在后,是否能在急难险重任务面前勇挑重担,是否能经得起权力、金钱、美色的诱惑"②。2015年9月11日,习近平在十八届中央政治局第二十六次集体学习时指出:"领导干部的一招一式、一言一行,都有理想信念的影子。特别是在关键时刻和重大考验面前,公私是否分明,法纪是否严明,就是对理想信念是否坚定的最好检验。"③

与革命战争年代理想信仰检验的直接性相比,和平建设时期的"检验需要一个过程,不是一下子、经历一两件事、听几句口号就能解决的,要看长期表现,甚至看一辈子"④,这是习近平关于和平建设时期理想信仰检验时间上的理解和判定。虽然有苏联解体、苏共下台前车之鉴,但在中国共产党党内,无须大费周折就能容易地发现,仅仅把马克思主义和社会主义当作标签和遮羞布的风气依然在有的地方和单位盛行,甚至比中国共产党历史上的教条主义者还有过之而不及:"有的修身不真修、信仰不真信,很会伪装,喜欢表演作秀,表里不一、欺上瞒下,说一套、做一套,台上一套、台下一套,当面一套、背后一套,手腕高得很;有的公开场

---

① 《十八大以来重要文献选编(上)》,中央文献出版社2014年版,第116页。
② 《十八大以来重要文献选编(上)》,中央文献出版社2014年版,第340页。
③ 《十八大以来重要文献选编(中)》,中央文献出版社2016年版,第677页。
④ 《十八大以来重要文献选编(上)》,中央文献出版社2014年版,第340页。

合要党员、干部坚定理想信念,背地里自己不敬苍生敬鬼神,笃信风水、迷信'大师';有的口头上表态坚定不移反腐败,背地里对涉及领导干部的问题线索不追问、不报告;有的张口'廉洁'、闭口'清正',私底下却疯狂敛财。"①口是心非"两面人"表象与本质的对立与分裂,既集中反映为党内理想信仰严重弱化的现实表征,又集中反映了和平建设时期检验的困难程度,构成习近平强调考验和评价长期性的现实根据。"靠包装掩饰,管得了一时,管不了长久,欺骗组织、欺骗他人同时是在欺骗和毁灭自己。"②习近平强调,这种口是心非的"两面人",对党和人民事业危害很大,必须及时把他们辨别出来、清除出去。

第二,立规修规要坚持依规治党与以德治党相统一。

作为用革命理想和铁的纪律组织起来的马克思主义政党,信念坚定、纪律严明是我们党的优良传统、政治优势和力量所在,作为马克思主义政党两个本质规定,理想性与纪律性之间有着内在而深刻的逻辑关联。2015年12月28—29日,习近平同志在中央政治局"三严三实"专题民主生活会上指出:"理想信念是'主心骨',纪律规矩是'顶梁柱',没有了这两样,必然背离党的宗旨,做人做事就会走偏走邪,思想就会百病丛生,人生就会迷失方向。"③把权力关进制度的笼子里,首先要扎牢党规党纪的笼子。扎牢党规党纪的笼子必须坚持高标准在前,在立规修规上坚持依规治党与以德治党相统一。

可以认为,《中国共产党廉洁自律准则》的修订,是立规修规要坚持依规治党与以德治党相统一的一次成功实践。《中国共产党党员领导干部

---

① 《习近平总书记重要讲话文章选编》,中央文献出版社、党建读物出版社2016年版,第373—374页。
② 《十八大以来重要文献选编(中)》,中央文献出版社2016年版,第677页。
③ 《习近平总书记重要讲话文章选编》,中央文献出版社、党建读物出版社2016年版,第352页。

廉洁从政若干准则》1997年试行，2010年修订后颁布实施。该准则对加强党的领导干部队伍建设发挥了重要作用，但随着全面从严治党的不断深入，其与现实要求不适应的问题越来越多地显示出来。当前一个最突出的问题在于，党内规则混同于国家法律，党规党纪套用"法言法语"，难以体现对党员特别是领导干部在坚定理想信念、践行党的宗旨上的高标准和严要求。经过一年的修订，2015年10月12日，中央政治局会议审议通过了《中国共产党廉洁自律准则》（以下简称《准则》）。《准则》作为一部坚持正面倡导、面向全体党员的廉洁自律规范，是我们党发出的道德宣示和向人民群众的庄严承诺，构成十八大以来我们党依规治党与以德治党相统一的标志性成果。

《准则》切实贯彻了习近平提出的"化繁为简、突出重点、针对时弊"的修订要求，体现出几个鲜明的特点：第一，高标准。从高不就低，是中华民族道德规范一向坚持的基本原则。《准则》开宗明义提出了"四个必须"，即中国共产党全体党员和各级党员领导干部必须坚定共产主义理想和中国特色社会主义信念，必须坚持全心全意为人民服务根本宗旨，必须继承发扬党的优良传统和作风，必须自觉培养高尚道德情操。这就为广大党员、干部明确树立起能够看得见、摸得着、够得到的崇高标准。第二，具体化。《准则》紧扣廉洁自律的主题，鲜明提出坚持廉洁自律、自觉接受监督的规范，要求党员干部严以修身、严以用权、严以律己，具体化了党章关于廉洁自律的要求，告诉全体党员干部应该朝着什么境界修炼。第三，自律性。变"不准"为"自觉"，只提出正面要求，不作禁止性规定，"四个坚持"和"四个自觉"集中体现出自律性特征。第四，整体性。《准则》的适用对象，不仅包括党员领导干部这个"关键少数"，还包括全体党员。

二、强力反腐与党的自我净化

党的二十大报告指出:"腐败是危害党的生命力和战斗力的最大毒瘤,反腐败是最彻底的自我革命。"①新时代十年来,习近平围绕反腐败斗争这个重大现实问题提出了一系列重要思想观点,在将我们党对反腐败斗争的认识提升到一个新水平的同时,为反腐败斗争取得压倒性胜利并巩固发展提供了科学有效的实践方针。

1. 反腐败斗争关系党和国家生死存亡

党的十八大以来,针对反腐败斗争这个关涉党的历史命运问题,习近平作出了一系列重要阐发,进一步深化了我们党在这个基本问题上的认识,为新时代反腐败斗争的深入开展提供了充分的思想准备。

第一,腐败是我们党面临的最大威胁。

2012年11月15日,习近平在十八届中央政治局常委与中外记者见面时指出:"新形势下,我们党面临着许多严峻挑战,党内存在着许多亟待解决的问题。尤其是一些党员干部中发生的贪污腐败、脱离群众、形式主义、官僚主义等问题,必须下大气力解决。全党必须警醒起来。打铁还需自身硬。"②两天之后,在十八届中央政治局第一次集体学习时,习近平再提"警醒"二字:"反对腐败、建设廉洁政治,保持党的肌体健康,始终是我们党一贯坚持的鲜明政治立场。党风廉政建设,是广大干部群众始终关注的重大政治问题。'物必先腐,而后虫生。'近年来,一

---

① 习近平:《高举中国特色社会主义伟大旗帜 为全面建设社会主义现代化国家而团结奋斗——在中国共产党第二十次全国代表大会上的报告(2022年10月16日)》,人民出版社2022年版,第69页。
② 习近平:《人民对美好生活的向往就是我们的奋斗目标》,《人民日报》2012年11月16日。

些国家因长期积累的矛盾导致民怨载道、社会动荡、政权垮台，其中贪污腐败就是一个很重要的原因。大量事实告诉我们，腐败问题越演越烈，最终必然会亡党亡国！我们要警醒啊！"[1]

习近平"警醒"的告诫，首先是基于反腐败斗争严峻复杂形势的清醒认识和准确判断。众所周知，新中国成立后相当长的历史时期里，腐败现象近乎绝迹，但是，改革开放以来，面对长期的、复杂的、严峻的执政考验、改革开放考验、市场经济考验和外部环境考验，精神懈怠的危险、能力不足的危险、脱离群众的危险、消极腐败的危险逐渐增大。在充分肯定反腐败斗争取得很大成绩的同时，反腐败斗争形势严峻复杂是一个不争的事实。中共中央纪律检查委员会在向党的第十八次全国代表大会的工作报告中具体指出："腐败现象在一些地方和部门仍然易发多发，有的案件涉案金额巨大、涉及人员众多，特别是高级干部中发生的腐败案件影响恶劣；腐败行为更加复杂化、隐蔽化，监督机制和预防腐败手段还不健全，揭露和查处难度加大；一些领导干部利用职权或职务影响，为配偶、子女、其他亲属和身边工作人员谋取非法利益问题突出；少数领导干部理想信念动摇，宗旨意识淡薄，缺乏艰苦奋斗精神，严重脱离群众，形式主义、官僚主义和铺张浪费问题比较严重；个别领导干部无视党纪国法，甚至严重违法乱纪。"[2] 这一描述集中反映了腐败在党内弥漫的广度和深度，构成党的先进性和纯洁性严重削弱的典型标志。

习近平"警醒"的告诫，不仅揭示了党内腐败问题的严重程度，而且从党和国家生死存亡的高度阐明了腐败问题的严重后果，表现出对党的前途命运的深重忧虑。改革开放以来相当长时间里，腐败问题的出现并逐步发展虽然引起了广大人民群众的关注和不满，却没有导致对执政党合法

---

[1] 《十八大以来重要文献选编（上）》，中央文献出版社2014年版，第81页。
[2] 《十八大以来重要文献选编（上）》，中央文献出版社2014年版，第55—56页。

性问题的提出和质疑。但是，当腐败发展到一定程度后，其转折性的标记就会在人民群众心目中留下深刻的印迹，从而促成了具有转折性意义的政治态度。党的十八大前夕腐败问题的严重状况，不可避免地将执政党合法性问题推送到社会舆论的中心。正是基于这一判断，2013年1月22日，习近平在十八届中央纪委二次全会上指出："腐败是社会毒瘤。如果任凭腐败问题愈演愈烈，最终必然亡党亡国。我们党把党风廉政建设和反腐败斗争提到关系党和国家生死存亡的高度来认识，是深刻总结了古今中外的历史教训的。中国历史上因为统治集团严重腐败导致人亡政息的例子比比皆是，当今世界上由于执政党腐化堕落、严重脱离群众导致失去政权的例子也不胜枚举啊！"[①] 在他看来，贪污腐败盛行如果得不到有效遏制，弄得民怨盈涂，一有风吹草动，社会就动荡不已，最后必然导致政权垮台。一些大党老党的深刻教训必须牢牢记取。

习近平"警醒"的告诫，更为重要的是明确了新一届中央领导集体肩负的历史重任与政治使命。习近平反复强调了这一重任和使命：只有坚决反对腐败，始终坚持党的性质和宗旨，不变色，不变质，才能够跳出历史周期率。2016年7月1日，习近平在庆祝中国共产党成立95周年大会上进一步强调："我们党作为执政党，面临的最大威胁就是腐败。""治国必先治党，治党务必从严。如果管党不力、治党不严，人民群众反映强烈的党内突出问题得不到解决，那我们党迟早会失去执政资格，不可避免被历史淘汰。"[②] 在反腐败问题上频频发声，措辞严厉，集中反映了我们党开展自我革命的坚定决心和坚强意志。

[①] 《习近平关于党风廉政建设和反腐败斗争论述摘编》，中央文献出版社、中国方正出版社2015年版，第5页。
[②] 习近平：《在庆祝中国共产党成立95周年大会上的讲话（2016年7月1日）》，《人民日报》2016年7月2日。

第二，一场关系党和国家前途命运的严重政治斗争。

坚决惩治和有效预防腐败，是一场关系党和国家前途命运的严重政治斗争。正是站在这样的政治高度，2013年1月21日，习近平在十八届中央纪委二次会议上指出："党风廉政建设和反腐败斗争，是党的建设的重大任务。"[①]2014年1月14日，他在十八届中央纪委三次会议上再次强调："坚决反对腐败，防止党在长期执政条件下腐化变质，是我们必须抓好的重大政治任务。"[②]马克思主义政党的特殊性质和政治使命决定了，反腐败斗争是一场输不起的斗争，必须决战决胜，实现自我净化。

坚持不懈地反对腐败，首先是保持党的先进性和纯洁性的必然要求。先进性和纯洁性是马克思主义政党的本质属性，但这种先进性和纯洁性不是固定不变的，而是随着形势和任务的发展变化而不断丰富的；不是一劳永逸的，而是必须通过坚持不懈地加强党的自身建设才能保持的。中国共产党自成立之日起，就其自身的发展轨迹而言，时时刻刻与党内的一切弱化先进性、损害纯洁性的问题作斗争，祛病疗伤，激浊扬清，由之而来的一切才成为党的一种积极的积累，不断实现、保持、发展自己的先进性和纯洁性。腐败现象是侵入党的健康肌体，侵蚀党的先进性和纯洁性的毒瘤。"一棵参天大树，如任蛀虫繁衍啃咬，最终必会逐渐枯萎。"[③]坚持不懈地反对腐败，坚定不移割除这种毒瘤，是对党的先进性和纯洁性建设规律的基本遵循。一些人提出的"不反腐败要亡党，真反腐败也要亡党"的消极性论调，既低估了党的自我革命的政治勇气，也错判了反腐败之于党的自救的正面意义。2014年10月23日，习近平在十八届四中全会第二次全体会议上指出："不反腐确实要亡党，真反腐不仅不会亡党，

---

① 《习近平在十八届中央纪委二次全会上发表重要讲话》，新华网2013年11月23日。
② 习近平：《使纪律真正成为带电的高压线》，新华网2014年1月14日。
③ 习近平：《在第十八届中央纪律检查委员会第六次全体会议上的讲话(2016年1月12日)》，《人民日报》2016年5月3日。

而且能增强党自我净化、自我完善、自我革新、自我提高能力，保持党同人民群众的血肉联系，使我们党更加坚强、更有力量。"①

坚持不懈地反对腐败，是保持党同人民群众血肉联系的必然要求。在改革开放和发展社会主义市场经济的条件下，我们党脱离群众的危险比过去大大增加，而脱离群众的最大危险就来自腐败。2013年4月19日，习近平在十八届中央政治局第五次集体学习时指出："核心的问题是党要始终紧紧依靠人民，始终保持同人民群众的血肉联系，一刻也不脱离群众。要做到这一点，就必须坚定不移把党风廉政建设和反腐败斗争深入进行下去。人民群众最痛恨各种消极腐败现象，最痛恨各种特权现象，这些现象对党同人民群众的血肉联系最具杀伤力。一个政党，一个政权，其前途和命运最终取决于人心向背。我们必须下最大气力解决好消极腐败问题，确保党始终同人民心连心、同呼吸、共命运。"② 如果我们党不能遏制腐败的蔓延势头，任由其横行泛滥下去，最终必然严重脱离群众、失去人民的信任和支持，动摇直至丧失党的执政之基。坚定不移地惩治腐败，不仅是我们党有力量的表现，更为重要地表现为全党同志和广大人民群众的共同愿望，正如习近平2014年1月14日在十八届中央纪委三次全会上所言，"腐败问题对我们党的伤害最大，严惩腐败分子是党心民心所向，党内决不允许有腐败分子藏身之地"。③

坚持不懈地反对腐败，是完善社会主义市场经济体制的必然要求。长期以来，反腐败的意义大多停留于党的建设层面，少有中国道路视角的分

---

① 《习近平总书记重要讲话文章选编》，中央文献出版社、党建读物出版社2016年版，第224页。
② 《习近平关于党风廉政建设和反腐败斗争论述摘编》，中央文献出版社、中国方正出版社2015年版，第6—7页。
③ 《习近平关于党风廉政建设和反腐败斗争论述摘编》，中央文献出版社、中国方正出版社2015年版，第7页。

析。美国政治学者亨廷顿认为，在后发国家中，腐败、改革和现代化几乎是同义语，"一定的腐化不失为一种打通现代化道路的润滑剂"①。中国的社会现实是，腐败越来越充分暴露出其作为执政党腐蚀剂的意义，正在塑造出影响和改变中国改革正确方向的重要力量，显示出社会主义现代化道路阻塞剂的意义。2015年12月18日，习近平在中央经济工作会议上强调："我们正在坚决反对腐败，坚持'老虎'、'苍蝇'一起打，这本质上有利于维护市场秩序、发展法治经济，从而有利于社会生产力大解放大发展。"②2016年3月4日，他在参加全国政协十二届四次会议民建、工商联界委员联组会时进一步指出："反腐败斗争有利于净化政治生态，也有利于净化经济生态，有利于理顺市场秩序、还市场以本来的面目，把被扭曲了的东西扭回来。如果很多有大大小小权力的人都在吃拿卡要，为个人利益人为制造障碍，或者搞利益输送、暗箱操作，怎么会对经济发展有利呢？这一点，相信广大正直的民营企业家都有切身感受。"③在习近平看来，反腐败斗争不仅具有党的自救的意义，也是完善社会主义市场经济体制的内在环节。

2. 让腐败分子在党内没有任何藏身之地

党的十八大以来，以习近平同志为核心的党中央紧紧抓住惩治腐败这一手不放，以强力高压态势掀起了强劲的反腐风暴，展现出与腐败势不两立的政治立场。腐败发展至今呈现出一系列阶段性特征，反腐败的思路和举措必须因应这种变化。习近平就新形势下如何反腐败进行了一

---

① ［美］塞缪尔·P.亨廷顿：《变化社会中的政治秩序》，王冠华、刘为等译，沈宗美校，生活·读书·新知三联书店1989年版，第59页。
② 《习近平总书记重要讲话文章选编》，中央文献出版社、党建读物出版社2016年版，第324页。
③ 《习近平总书记重要讲话文章选编》，中央文献出版社、党建读物出版社2016年版，第449页。

系列新的思考,在打"老虎"与拍"苍蝇"之间关系、国内反腐与国际追讨追赃之间关系、反腐败领导力量与依靠力量之间关系、治标与治本之间关系以及反腐败的实践与舆论宣传引导之间的关系等问题的认识上,作出了一系列重要论述,全面系统地提出了具有典型习式风格的反腐思路与举措,对于反腐败斗争的深入开展发挥了指导和推动作用。

第一,坚持"老虎""苍蝇"一起打。

会不会打"老虎",反腐有无禁区,成为检验中国共产党是否真正反腐最具现实性的标尺。2013年1月22日,习近平在十八届中央纪委二次全会上指出:"要坚持'老虎'、'苍蝇'一起打,既坚决查处领导干部违纪违法案件,又切实解决发生在群众身边的不正之风和腐败问题。要坚持党纪国法面前没有例外,不管涉及到谁,都要一查到底,决不姑息。"[①]2013年9月26日,习近平在中央政治局常委会审议《关于二〇一三年上半年中央巡视组巡视情况的综合报告》时的讲话指出:"不管级别有多高,谁触犯法律都要问责,都要处理,我看天塌不下来。"2015年12月28—29日,他在中央政治局"三严三实"专题民主生活会上进一步强调:"干部子弟也要遵纪守法,不要以为是干部子弟就谁都奈何不了了,触犯了党纪国法都要处理,而且要从严处理,做给老百姓看。哪有动不了的人?!"[②]中央纪委副书记,国家监委副主任肖培在党的二十大新闻记者招待会上介绍,党的十八大以来,全国纪检监察机关共立案464.8万余件,其中,立案审查调查中管干部553人,处分厅局级干部2.5万多人,县处级干部18.2万多人。[③]我们党严肃查处如此众多的"老虎""苍蝇"的客观事实,是向全党全社会表明,无论什么人,无论职务多高,只要触犯了党纪国法,

---

① 《十八大以来重要文献选编(上)》,中央文献出版社2014年版,第135页。
② 《习近平总书记重要讲话文章选编》,中央文献出版社、党建读物出版社2016年版,第356页。
③ 《党的二十大代表谈坚持全面从严治党综述》,《中国组织人事报》2022年10月21日。

都要受到严肃追究和严厉惩处,这绝不是一句空话。

随着反腐败斗争的逐步深入,社会意识领域关于打"老虎"和拍"苍蝇"关系的认识也发生了变化。有人认为,反腐的主要目的是反寡头,在切断寡头之后,反腐运动将回归到之前的状态;还有人判断,打"老虎"应该会告一段落,但拍"苍蝇"肯定会继续;更有媒体指出,从长期看,反腐的命运将取决于拍"苍蝇",而非打"老虎"。以上"老虎""苍蝇"二分法的观点是对习近平坚持"老虎""苍蝇"一起打方略的片面理解。撇开有的人故意搅局不言,反腐既没有设立禁区,也不允许出现盲区,反腐败的命运既取决于打"老虎"也取决于拍"苍蝇",打拍必须始终保持联动的状态。在惩治腐败的高压态势下,仍有一些党员干部不收敛不收手,甚至变本加厉,一个重要原因就是保护伞的支撑,"老虎"和"苍蝇"都不是孤立的存在,几乎每个"老虎"身边都有一群"苍蝇"在飞,大小贪腐分子往往都有长期的经营,形成自下而上的利益链条,结成盘根错节的利益网络。正是基于这一判断,我们党始终坚持"老虎""苍蝇"一起打的基本方针,有媒体还总结出了中共中央纪委反腐"周一拍苍蝇,周末打老虎"的规律。

与此同时,随着一只只"老虎""苍蝇"应声落网,一些人的心理也悄然发生了变化:大"老虎"太远,而眼前"苍蝇"每天扑脸。2015年1月,在《中国青年报》社会调查中心对2167人进行的一项题为"您对2015年反腐败工作有什么期待"的在线调查中,"解决老百姓身边的腐败"以76.4%的得票率排在首位。[①] 这种社会心理的微妙变化,折射出人们对反腐败流露出的新的期待。2016年1月12日,习近平在十八届中央纪委六次全会上指出:"相对于'远在天边'的'老虎',群众对'近在眼前'

[①] 向楠、亓玉昆:《七成受访者满意2014反腐成绩单 不满意者仅占4.2%》,《中国青年报》2015年1月22日。

嗡嗡乱飞的'蝇贪'感受更为真切。'微腐败'也可能成为'大祸害',它损害的是老百姓切身利益,啃食的是群众获得感,挥霍的是基层群众对党的信任。"① 这也意味着,在坚持打"老虎"的基础上,基层贪腐以及执法不公等问题的认真纠正和严肃查处会进一步加强,通过这一努力维护群众切身利益,让群众更多感受到反腐倡廉的实际成果。

第二,把惩治腐败的天罗地网撒向全球。

将国际追讨追赃工作纳入党风廉政建设和反腐败斗争的总体框架之中,是党的十八大以来反腐败斗争深入开展的重要表现。腐败分子外逃呈现出的反腐对象空间上的转移,是开放条件下反腐败斗争面临的特殊问题。随着中国与外部世界的联系越来越多,腐败分子的"国际视野"和"国际情怀"也在不断强化:有的理想信念动摇,与党离心离德,一边大搞贪污贿赂,一边筹划着外逃。有的腐败分子先做"裸官",把配偶子女和财产转移到国外,一有风吹草动,就脚底抹油、逃之夭夭。有的逃到国外,开豪车、住豪宅,挥金如土、纸醉金迷,过起奢靡生活,一些富人区成了他们的聚居区。有的跑出去还不甘寂寞,当上侨领,掺和当地政治。有人外逃后,摇身一变,"衣锦还乡",以外商身份回国搞投资,影响十分恶劣。②过去贪官逃出去的多,追回来的少,随着党的十八大以来强力反腐的展开,一些腐败分子纷纷把外逃作为后路,外逃现象进一步凸显,如何惩治外逃腐败分子成为深入开展反腐败斗争面临的一个重大现实课题。

党员干部携款外逃,不仅偷走了国家和人民的钱财,而且是叛党叛国的行为,这些人如果长期逍遥法外,会产生一系列负面效应。反腐败斗争没有禁区、盲区,也没有特区,必须做到全覆盖。2014年1月14日,

---

① 习近平:《在第十八届中央纪律检查委员会第六次全体会议上的讲话(2016年1月12日)》,《人民日报》2016年5月3日。
② 王婵、韩亚栋:《决不让腐败分子躲进避罪天堂》,《中国纪检监察报》2016年6月6日。

习近平在十八届中央纪委三次全会上发出严告:"不能让外国成为一些腐败分子的'避罪天堂',腐败分子即使逃到天涯海角,也要把他们追回来绳之以法,五年、十年、二十年都要追,要切断腐败分子的后路。"[①]2014年10月9日,习近平在十八届中央政治局常委会第七十八次会议上强调:"要以零容忍态度惩治腐败,不管腐败分子跑到天涯海角,也要把他们绳之以法,决不能让其躲进'避罪天堂'、逍遥法外。"[②]把惩治腐败的天罗地网撒向全球,让已经潜逃的无处藏身,让企图外逃的丢掉幻想,彰显了我们党以零容忍态度惩治腐败、决不让腐败分子逍遥法外的鲜明态度和坚定决心。

我们党对开放的环境下反腐败斗争的认识和实践也在不断深化。第一,开展国际追逃追赃,对象在国外,基础在国内。中央反腐败协调小组制定党员和国家工作人员外逃信息统计报告制度,基本摸清了底数,掌握了情况。第二,成立国际追逃追赃工作办公室,建立省级追逃追赃机制,加大追逃防逃指挥协调力度,通过组织制度创新整合了资源,形成了合力。第三,将反腐败国际合作纳入我国外事工作格局,上升到国家政治和外交层面,主动提出一系列反腐败国际合作倡议,倡议构建国际反腐新秩序,有力地打破了一些国家在反腐败问题上的双重标准,有的国家原来认为那些腐败分子是他们手中的牌,现在却都感觉成了手里的烫山芋。数据显示,党的十八大至二十大期间,"天网行动"共追回外逃人员10668人,追回赃款447.9亿元,"百名红通人员"已有61人归案。反腐败国际追逃追赃作为遏制腐败蔓延势头的重要一环,成为新时代强力反腐的一大亮点。

第三,依靠群众的力量反腐败。

---

① 《习近平关于党风廉政建设和反腐败斗争论述摘编》,中央文献出版社、中国方正出版社2015年版,第98页。
② 《习近平关于党风廉政建设和反腐败斗争论述摘编》,中央文献出版社、中国方正出版社2015年版,第100页。

人民群众中蕴含反腐败的无穷智慧和无限力量,"人民群众是腐败的最大受害者,是反腐败斗争的主力军。离开人民群众的支持和帮助,反腐败斗争就没有动力"①。反腐败必须紧紧依靠群众,坚持群众路线,发挥人民群众在反腐败斗争中的特殊作用。反腐败必须坚持用法治思维和法治方式反腐,对于这一原则恐怕没有什么异议,但一旦将反腐败与群众路线相联系,社会意识领域就会有种种污名化或妖魔化的论调,比如有人就带着矫情的口气抱怨要搞"文革"式的群众运动了。说得严重一点,这种将依靠法律反腐与依靠群众反腐简单对立起来的观点,其实是阻挠反腐败向纵深推进的刻意搅局。人民群众对于反腐败最大的支持和帮助,首先在于有效帮助识别"苍蝇"。与"老虎"相比,"群蝇"乱飞,无处不在。他们或披着美丽的外衣,或哼着动听的赞歌,识别并不容易。只有群众明晓"苍蝇"美丽外衣里面的丑恶,动听赞歌中的不安。只要轻轻戳破,揭开盖子,就是臭不可闻、腐烂透顶。正如2014年10月8日习近平在党的群众路线教育实践活动总结大会上指出的,"群众的眼睛是雪亮的,群众的意见是我们最好的镜子。只有织密群众监督之网,开启全天候探照灯,才能让'隐身人'无处藏身"。②这一观点,既是群众观点和群众路线在反腐败斗争中的体现,也是对人民主体地位的尊重。

在习近平看来,批评监督是让人民支持和帮助我们全面从严治党的重要渠道。依靠群众反腐,需要正确认识和处理三个方面的问题。一是,群众监督需要保护。群众对身边的党员干部究竟是不是贪官污吏了如指掌,问题只在于敢不敢群起而"拍"之。一段时期以来,群众监督往往流于形式,制约乏力,效果不显,根本原因不在于监督机制不够完备,而在于群众监督的保护机制严重缺失。群众监督成本非常高昂,在担心打击报复的心

---

① 邵景均:《学习习近平同志关于反腐败的思想》,《红旗文稿》2015年第15期。
② 《十八大以来重要文献选编(中)》,中央文献出版社2016年版,第101页。

理作用下，能洁身自好已属不易，更别说挺身而出了，最终沦为沉默的大多数。针对这一问题，习近平指出："群众发现党员、干部有违纪违法问题，要让他们有安全畅通的举报渠道。"① 二是，拍"苍蝇"需要向群众曝光。毛泽东在下决心处决刘青山、张子善说过："只有处决他们，才可能挽救20个，200个，2000个，20000个犯有各种不同程度错误的干部。"② 在腐败蔓延和渗透到社会每一个角落的今天，杀一儆百的效果虽然不及以往，但仍然有一定的震慑作用。打"老虎"公开曝光有目共睹，拍"苍蝇"也要以适当的方式公开，让群众通过一只只"苍蝇"落地，一点点增添对党的信心。三是，拍"苍蝇"要与群众权益的维护结合。争取消灭一只"苍蝇"，解决一些问题，赢得一片人心，恢复一片净土，让群众切切实实地感受反腐败所带来的利益。

第四，完善权力运行制约和监督体系。

把权力关进制度的笼子里，是党的十八大以来我们党倡导和坚持的反腐思路和举措。2013年1月22日，习近平在十八届中央纪委二次全会上指出："要善于用法治思维和法治方式反对腐败，加强反腐败国家立法，加强反腐倡廉党内法规制度建设，让法律制度刚性运行。扬汤止沸，不如釜底抽薪。要从源头上有效防止腐败，加强对典型案例的剖析，从中找出规律性的东西，深化腐败问题多发领域和环节的改革，最大限度减少体制障碍和制度漏洞。要加强对权力运行的制约和监督，把权力关进制度的笼子里，形成不敢腐的惩戒机制、不能腐的防范机制、不易腐的保障机制。"③ 2013年4月19日，他在中共中央政治局第五次集体学习时进一步指出："制度问题更带有根本性、全局性、稳定性、长期性。""如

---

① 《十八大以来重要文献选编（中）》，中央文献出版社2016年版，第101页。
② 薄一波：《若干重大决策与事件回顾（上）》，中央党校出版社2008年版，第108页。
③ 《十八大以来重要文献选编（上）》，中央文献出版社2014年版，第135—136页。

何靠制度更有效地防治腐败，仍然是我们面临的一个重大课题。"①

只有用最坚决的态度惩治腐败，才能有效减少腐败存量；只有不断健全权力运行制约和监督体系，才能压缩和削弱消极腐败现象生存空间和滋生土壤，从而极大地遏制腐败增量。一般而言，把惩治腐败理解为治标，把预防腐败的法规制度建设理解为治本。关于反腐败治标与治本的关系，一直存在着争论，一个较为广泛的看法是，党的十八大以来采取的是先治标后治本的反腐思路。这种认识并不全面。鉴于反腐败严峻复杂的形势，党中央明确了当前要以治标为主，为治本赢得时间的方针，但是以坚持标本兼治前提，因此突出治标并不否认治本的缺位，就反腐败斗争而言，治标与治本两者之间不存在根本性的转换和替代。

随着反腐败斗争的不断深入，依靠法规制度治本的要求越来越为迫切。2015年6月26日，习近平在中共中央政治局就加强反腐倡廉法规制度建设进行第二十四次集体学习时指出："铲除不良作风和腐败现象滋生蔓延的土壤，根本上要靠法规制度。要加强反腐倡廉法规制度建设，把法规制度建设贯穿到反腐倡廉各个领域、落实到制约和监督权力各个方面，发挥法规制度的激励约束作用，推动形成不敢腐不能腐不想腐的有效机制。"② 当前的主要问题在于，制度虽然尚不完善但可以说基本形成，却在有的地方形同虚设。对此，一方面要加大贯彻执行力度，让铁规发力、让禁令生威，确保各项法规制度落地生根；另一方面，要加强监督检查，落实监督制度，用监督传递压力，用压力推动落实。"对违规违纪、破坏法规制度踩'红线'、越'底线'、闯'雷区'的，要坚决严肃查处，不以权势大而破规，不以问题小而姑息，不以违者众而放任，不留'暗门'、

---

① 《习近平关于党风廉政建设和反腐败斗争论述摘编》，中央文献出版社、中国方正出版社2015年版，第124页。
② 《习近平在中共中央政治局第二十四次集体学习时强调 加强反腐倡廉法规制度建设 让法规制度的力量充分释放》，《人民日报》2015年6月28日。

不开'天窗',坚决防止'破窗效应'。"[1]

第五,加强反腐倡廉教育、宣传和舆论引导。

通过法治教育帮助广大党员干部树立法治思维,是反腐败斗争的一大治本之策。在关于加强反腐倡廉法规制度建设的战略部署中,习近平反复阐明法治教育的根本性和战略性意义。他强调,要强化法规制度意识,在全党开展法规制度宣传教育,引导广大党员、干部牢固树立法治意识、制度意识、纪律意识,形成尊崇制度、遵守制度、捍卫制度的良好氛围。习近平在加强反腐倡廉教育和廉政文化建设的同时,特别注重反腐宣传和舆论引导的作用,并赋予其特殊的功能和意义。这一特点在关于国际追逃追赃工作的安排中表现尤其充分。2014年10月9日,习近平在十八届中央政治局常委会第七十八次会议上就加强反腐败国际追逃追赃工作指出:"中央媒体要及时发声,揭露外逃腐败分子违纪违法、逃避惩罚的真面目。对一些证据确凿、定性清晰的外逃腐败分子,可以考虑向全世界公布,点名道姓公开曝光,使之在世界任何一个角落都成为过街老鼠、人人喊打。这样震慑力就会更强。"[2] 在他看来,开展国际追逃追赃工作,就要边干边说,主动发声,既理直气壮地向全世界讲好中国共产党坚决惩治腐败的故事,又义正词严地向全世界阐发中国共产党和中国政府反腐败主张,努力抢占反腐败的国际话语权。

与此同时,随着反腐败斗争的不断深入,社会意识领域也出现了一些值得注意的错误论调。其中一些属于认识上的模糊,另一些则是有人故意造势,由此,加强舆论引导,澄清关于反腐败问题的种种错误论调,构成当前反腐败斗争的一个重要方面。一段时间以来,反腐亡党论、反

---

[1] 《习近平在中共中央政治局第二十四次集体学习时强调 加强反腐倡廉法规制度建设 让法规制度的力量充分释放》,《人民日报》2015年6月28日。
[2] 《习近平关于党风廉政建设和反腐败斗争论述摘编》,中央文献出版社、中国方正出版社2015年版,第101页。

腐导致干部不作为论、反腐影响经济发展论、反腐应当缓缓手论、反腐同群众利益无关论和反腐是权力斗争论等错误论调此起彼伏，颇有市场。这些错误论调的共同出发点，就是为贪腐官员开脱罪责，阻挠和破坏全面从严治党的战略布局。习近平强调："对这些模糊认识和错误言论，必须加以辨析、引导，驳斥错误言论，化解消极情绪，消除偏见误解，说清楚我们党反腐败不是看人下菜的'势利店'，不是争权夺利的'纸牌屋'，也不是有头无尾的'烂尾楼'。"①显然，只有通过一系列积极的思想斗争，才能为深入开展反腐败斗争营造良好舆论氛围，推动全面从严治党走向深入。

3. 反腐败斗争永远在路上

第一，反腐败斗争取得显著成效。

今天中国无论任何一个变化都能吸引国际社会的关注和思量。党的十八大召开后，国际社会普遍注意到中国共产党反腐败决心和意志的表达，对于这一斗争能否取得成功却有不同的认识和看法。2012年11月23日，美国哥伦比亚大学政治学教授吕晓波在其发表的文章中指出，控制腐败对任何政权来说都是巨大的挑战。打击腐败，意识到这是个问题并把这当作工作要点并不一定就意味着能成功。与之相比，美国前国务卿基辛格则充满了乐观的论调："在一个国家从低水平到高水平的发展过程中，腐败问题几乎在任何一个国家都难以避免，但是，中国领导层已经意识到了这个问题的严重性，并下决心要加以解决。从我与中国历届领导人的交往中，他们都能言出必行，所以这一次我也充满信心。"②波澜壮阔的

---

① 习近平：《在第十八届中央纪律检查委员会第六次全体会议上的讲话（2016年1月12日）》，《人民日报》2016年5月3日。
② 曾虎、牛海荣、王超：《"中国正继续沿着正确的方向航行"——美国前国务卿基辛格谈中国战略机遇期》，《经济参考报》2012年12月11日。

反腐败斗争实践证明，中国共产党反腐之认真、力度之强大、成果之显著，堪称史无前例。概括而言，新时代中国共产党的强力反腐，产生了以下几个方面的积极效果。

其一，反腐败斗争取得了重大战略成果。改革开放以来，腐败在经历了1978—1992年再生和初步发展之后，迅速进入迅猛发展期，我们党虽一直坚持开展反腐败斗争，但腐败越演越烈，几近积重难返之势。就此而言，没有破釜沉舟的政治勇气，反腐败大旗就难以扛上肩头。十年来，以习近平同志为核心的党中央矢志不移，披荆斩棘，攻坚克难，痛打"老虎"，狠拍"苍蝇"，将反腐败斗争推向深入。2016年1月12日，习近平在十八届中央纪委六次全会上宣布"反腐败斗争压倒性态势正在形成"[1]。在党的十九大报告中，习近平进一步作出"反腐败斗争压倒性态势已经形成并巩固发展"[2]的重大政治判断。在党的二十大报告中，习近平指出："我们开展了史无前例的反腐败斗争，以'得罪千百人、不负十四亿'的使命担当祛疴治乱，不敢腐、不能腐、不想腐一体推进，'打虎'、'拍蝇'、'猎狐'多管齐下，反腐败斗争取得压倒性胜利并全面巩固，消除了党、国家、军队内部存在的严重隐患，确保党和人民赋予的权力始终用来为人民谋幸福"[3]。

其二，反腐败斗争增强了广大人民群众对党的信任和支持。民心是最大的政治，反腐败其实是一场争取人心的政治斗争。"2015年，国家统计局问卷调查结果显示，91.5%的群众对党风廉政建设和反腐败工作成效表

---

[1] 习近平：《在第十八届中央纪律检查委员会第六次全体会议上的讲话（2016年1月12日）》，《人民日报》2016年5月3日。

[2] 《党的十九大报告辅导读本》，人民出版社2017年版，第8页。

[3] 习近平：《高举中国特色社会主义伟大旗帜　为全面建设社会主义现代化国家而团结奋斗——在中国共产党第二十次全国代表大会上的报告（2022年10月16日）》，人民出版社2022年版，第13—14页。

示很满意或比较满意。中国社科院一个问卷调查也显示，93.7%的领导干部、92.8%的普通干部、87.9%的企业人员、86.9%的城乡居民对中国反腐败表示有信心或比较有信心。"① 反腐败斗争在很大程度上凝聚了党心，收拢了民心，极大地增强了中国共产党执政的合法性。

其三，反腐败斗争获得了国际社会的赞誉和尊重。中国共产党的强力反腐不仅得到了国际社会的高度关注，也赢得了国际社会的高度评价。拉美社2016年7月1日报道称："在新的时期，贪污腐败等现象都是阻碍实现建设社会主义精神文明这个梦想的障碍。""正是由于近年来中共采取了严厉措施打击贪污腐败，才得以维护党的威望，重建群众的信任，并顺利推进改革开放。"② 我们党的反腐败实践，有力提升了党在国际政治舞台上的形象，占领了国际道义制高点，掌握了反腐败的国际话语权。

第二，反腐败斗争形势依然严峻复杂。

从现代化与腐化关系的视角看，改革开放以来中国现代化的速度与腐化的程度客观上呈现出明显的一致性，这倒应和了美国政治学者亨廷顿"腐化现象在现代化进程的最激烈阶段，就会最广泛地蔓延于整个官场"③的观点。从这个意义上，反腐败斗争形势严峻复杂的特点，与中国加速现代化的历史阶段存在一定的关联。经过强力反腐，我们党在作出反腐败斗争压倒性态势已经形成并巩固发展的政治判断的同时，也保持了反腐败斗争形势依然严峻复杂的清醒估计，蕴含了这一视角的科学分析。

反腐败斗争形势依然严峻复杂最直接的现实根据在于，即使在当下强力反腐的压力之下。"有的仍心存侥幸，搞迂回战术，卖官帽、批土地、

---

① 习近平：《在第十八届中央纪律检查委员会第六次全体会议上的讲话(2016年1月12日)》，《人民日报》2016年5月3日。
② 宦佳：《中共95年来一直与人民同在》，《人民日报(海外版)》2016年7月13日。
③ [美]塞缪尔·P.亨廷顿：《变化社会中的政治秩序》，王冠华、刘为等译，沈宗美校，生活·读书·新知三联书店1989年版，第54—55页。

抢项目、收红包，变着花样收钱敛财，动辄几百万、几千万甚至数以亿计；有的欺瞒组织、对抗组织，藏匿赃款赃物，与相关人员订立攻守同盟，企图逃避党纪国法惩处。他们故意制造一些噪音杂音，企图混淆视听，自己好从中脱身。"四风"在面上有所收敛，但并没有绝迹。党的十八大之后查处的领导干部，很多在享乐主义和奢靡之风上没有收手，贪图享乐，大吃大喝，花天酒地，骄奢淫逸，依然我行我素。有的"四风"问题改头换面、花样翻新，出现了各种变异。"① 冰冻三尺，非一日之寒。种种情况表明，腐败问题依然顽固地存在，依然拥有一定的"生命力"。

反腐败斗争形势依然严峻复杂最深刻的根据在于，腐败问题与政治问题之间呈现出相互交织的复杂状况。2014年10月23日，习近平在十八届四中全会第二次全体会议上指出："腐败问题与政治问题往往是相伴而生的。搞拉帮结派这些事，搞收买人心这些事，没有物质手段能做到吗？做不到，那就要去搞歪门邪道找钱。反过来，如果有腐败行为，那就会想着如何给自己找一条安全通道，找保护伞，就会去搞团团伙伙，甚至想为一己私利影响组织上对领导班子配备的决定。"② 2016年1月12日，他在十八届中央纪委六中全会上进一步指出："从党的十八大以来查处的中管干部违纪违法案件看，腐败分子往往集政治蜕变、经济贪婪、生活腐化、作风专横于一身。"③ 就此而言，有国外观察者指出的"腐败已经深深地渗入了党的组织"④ 就有重要的参考价值。事实上，腐败已经成为党内既得

---

① 习近平：《在第十八届中央纪律检查委员会第六次全体会议上的讲话(2016年1月12日)》，《人民日报》2016年5月3日。
② 《习近平总书记重要讲话文章选编》，中央文献出版社、党建读物出版社2016年版，第225页。
③ 习近平：《在第十八届中央纪律检查委员会第六次全体会议上的讲话(2016年1月12日)》，《人民日报》2016年5月3日。
④ ［美］李侃如：《治理中国：从革命到改革》，胡国成、赵梅译，中国社会科学出版社2010年版，第341页。

利益集团形成的催化剂,只用了短短一二十年时间,这个集团不仅生成并壮大起来,而且实现了政治、经济和文化的深刻结合,不仅是腐败呈现出愈演愈烈、难以遏制态势的主要原因,也对坚持和发展中国特色社会主义产生了巨大阻力。由此,反腐败斗争的意义也超越了自我革命的意旨,更蕴含中国道路方向性问题的解决。

第三,反腐败斗争是一场持久战。

在中国共产党成立95周年之际,俄罗斯人民友谊大学东方学教授尤里·塔夫罗夫斯基在俄罗斯《明日周报》网站刊文指出:"习近平在中共十八大以来的重要会议上数次号召中共党员和各级干部进行关键性的改革,采取有效措施实现民族的进一步发展。其中最重要、也是最难的就是开展反腐败斗争。"[①]在改革开放条件下,反腐败斗争是一个长期的历史过程,不可能一蹴而就。中国共产党必须始终如一地将反腐败斗争作为严重的政治斗争来对待,并通过坚持不懈的努力而使中国共产党名副其实并得以延续下去。当中国共产党强调全面从严治党任务依然艰巨、党风廉政建设和反腐败斗争"永远在路上"的时候,最为深刻的考量就在这里。

2013年1月22日,习近平在十八届中央纪委二次全会上指出:"党风廉政建设和反腐败斗争是一项长期的、复杂的、艰巨的任务。反腐倡廉必须常抓不懈,拒腐防变必须警钟长鸣,关键就在'常'、'长'二字,一个是要经常抓,一个是要长期抓。我们要坚定决心,有腐必反、有贪必肃,不断铲除腐败现象滋生蔓延的土壤,以实际成效取信于民。"2014年1月14日,习近平在十八届中央纪委三次全会上指出:"全党同志要深刻认识反腐败斗争的长期性、复杂性、艰巨性,以猛药去疴、重典治乱的决心,以刮骨疗毒、壮士断腕的勇气,坚决把党风廉政建设和反腐败斗争

---

① 宦佳:《中共95年来一直与人民同在》,《人民日报》(海外版)2016年7月13日。

进行到底。"①2016年7月1日，他在庆祝中国共产党成立95周年大会上指出："我们要以顽强的意志品质，坚持零容忍的态度不变，做到有案必查、有腐必惩，让腐败分子在党内没有任何藏身之地！"②党的十八大以来，习近平如此频繁地阐明反腐败斗争的长期性和彻底性，就是昭示我们党与腐败现象势不两立的决心和意志，为反腐败斗争不断深入提供强大的精神支撑。开弓没有回头箭，反腐没有休止符。西班牙《国家报》网站的一篇文章指出了这一点："反腐斗争是中共增加人民对其信任度的重要任务。""如果有官员指望中共声势浩大的反腐斗争会逐渐偃旗息鼓，那他就打错了算盘。"③

我们党对反腐败斗争长期性、复杂性和艰巨性认识的深化，集中表现在以下三个方面。其一，"持久战"。魔高一尺，道高一丈。党要管党、从严治党任务尤为紧迫，是一场持久战。其二，两个"没有变"和四个"要有足够自信"。在2016年1月12日召开的十八届中央纪委六次全会上，习近平提出了两个"没有变"和四个"要有足够自信"："党中央坚定不移反对腐败的决心没有变，坚决遏制腐败现象蔓延势头的目标没有变。全党同志对党中央在反腐败斗争上的决心要有足够自信，对反腐败斗争取得的成绩要有足够自信，对反腐败斗争带来的正能量要有足够自信，对反腐败斗争的光明前景要有足够自信！"④其三，"自我革命的政治勇气"。2016年7月1日，习近平在庆祝中国共产党成立95周年大会上指出："全党要以自我革命的政治勇气，着力解决党自身存在的突出问题，不断增

---

① 习近平：《强化反腐败体制机制创新和制度保障 深入推进党风廉政建设和反腐败斗争》，《人民日报》2014年1月15日。
② 习近平：《在庆祝中国共产党成立95周年大会上的讲话（2016年7月1日）》，《人民日报》2016年7月2日。
③ 宦佳：《中共95年来一直与人民同在》，《人民日报》（海外版）2016年7月13日。
④ 习近平：《在第十八届中央纪律检查委员会第六次全体会议上的讲话（2016年1月12日）》，《人民日报》2016年5月3日。

强党自我净化、自我完善、自我革新、自我提高能力，经受'四大考验'、克服'四种危险'，确保党始终成为中国特色社会主义事业的坚强领导核心。"① 对于习近平提出的"持久战"、两个"没有变"和四个"要有足够自信"以及"自我革命的政治勇气"，必须做统一性的理解，这三个重要概念和论断不仅彰显了我们党在反腐败斗争上的战斗性和强大的韧性，也展示出我们党将反腐败进行到底的决心和必胜的信念。

三、严明纪律与党的自我约束

马克思主义政党铁的纪律性，是区别于世界上其他政党的最重要特征。纪律严明，是中国共产党的光荣传统和独特优势。在新的历史条件下，中国共产党作为工人阶级的先锋队只有从严管好自己，才能在中国特色社会主义事业中发挥领导核心和模范带头作用。党的十八大以来，基于纪律之于全面从严治党重大意义的深刻理解，基于党的纪律的实际状况的深刻体察和问题意识，以习近平同志为核心的党中央将纪律建设摆在了全面从严治党的重要位置，深入思考和阐明了新时代党的纪律建设的行动逻辑，有力地推动了全面从严治党的深入发展。

1. 加强纪律建设是治本之策

党的十八大刚闭幕，习近平就在《人民日报》发表题目为《认真学习党章 严格遵守党章》的文章，明确提出："认真学习党章、严格遵守党章，是加强党的建设的一项基础性经常性工作，也是全党同志的应尽义务和庄严责任，对强化全党党章意识，增强党的创造力、凝聚力、战斗力具有

---

① 习近平：《在庆祝中国共产党成立95周年大会上的讲话（2016年7月1日）》，《人民日报》2016年7月2日。

极为重要的作用。"① 这可以视为新时代加强纪律建设的先声。2013 年 1 月 22 日，习近平在十八届中央纪委二次全会上指出："我们党有八千五百多万党员，在一个幅员辽阔、人口众多的发展中大国执政，如果不严明党的纪律，党的凝聚力和战斗力就会大大削弱。""新的历史条件下，我们党要团结带领人民全面建成小康社会、基本实现现代化，同样要靠铁的纪律保证。党面临的形势越复杂、肩负的任务越艰巨，就越要加强纪律建设，越要维护党的团结统一，确保全党统一意志、统一行动、步调一致前进。"② 这是习近平第一次向全党明确释放出强化纪律建设的政治信号。这一重要论述，不仅阐明了纪律建设在全面从严治党中的特殊地位和作用，而且通过纪律与执政使命的联系，提出了需要深入思考的一个至关重要的问题：如果缺乏铁的纪律，中国特色社会主义事业的成功是否可能？

习近平之所以强调严明党的纪律，更主要来自于对党内纪律松弛的深切体察。在他看来，纪律松弛不仅是涉及党和国家能不能永葆生机活力的大问题，更是关系党的生死存亡的大问题。问题的关键不在于无纪可守，而在于有纪不守，纪律在客观上成为"不带电的高压线"和"稻草人"。2013 年 8 月 31 日，习近平在辽宁考察工作结束时讲话指出："对领导干部来说，守纪律本来是一个常识，但就是这个常识也被一些人淡忘了、丢弃了。这些年，在各级领导干部特别是高中级干部中，违反政治纪律、组织纪律、财经工作纪律、群众工作纪律的行为不是在减少，而是在增多，一些目无法纪、胆子比天大的典型案例发人深省。"③ 从党的十八大以来查处的严重违纪违法"活"的案例看，无论对于财经纪律和政治纪律还是对于生活纪律和组织纪律，有的领导干部都毫无戒惧之心。就此而言，有

---

① 习近平：《认真学习党章　严格遵守党章》，《人民日报》2012 年 11 月 20 日。
② 《十八大以来重要文献选编（上）》，中央文献出版社 2014 年版，第 131 页。
③ 《习近平总书记重要讲话文章选编》，中央文献出版社、党建读物出版社 2016 年版，第 80 页。

国外观察者在党的十八大之前作出"这个国家甚至已经不具有与列宁主义政党体系相联系的严密的组织和机械服从的外表了"①的判断，就有重要的参考价值。

千里之堤，不防微杜渐，就会溃于蚁穴，更何况党内纪律松弛之情形已经发展到极其严重的程度。以习近平同志为核心的党中央越来越深刻认识到，纪律松弛已经发展成为坚持党的领导面临的主要挑战。加强纪律建设，具有十分重大而深远的意义。

加强纪律建设，是全面从严治党的治本之策。2013年8月31日，习近平在辽宁考察工作结束时指出："要加强党章及其他党内法规的学习，心存敬畏，手握戒尺，'吾日三省吾身'，使守纪律成为浸在骨子里、融在血液中的自觉修养。"②2014年1月14日，习近平在十八届中央纪委三次全会上指出："党要管党、从严治党，靠什么管，凭什么治？就是靠严明纪律。"③时隔不到4个月，当年5月9日，在参加河南省兰考县委常委班子专题民主生活会时，习近平指出："我们这么大一个政党，靠什么来管好自己的队伍？靠什么来战胜风险挑战？除了正确理论和路线方针政策外，必须靠严明规范和纪律。我们提出那么多要求，要多管齐下、标本兼治来落实，光靠觉悟不够，必须有刚性约束、强制推动，这就是纪律。"④5个月之后，当年10月8日，习近平在党的群众路线教育实践活动总结大会上指出："纪律不严，从严治党就无从谈起。"⑤在2015年1月13日的

---

① ［美］李侃如：《治理中国：从革命到改革》，胡国成、赵梅译，中国社会科学出版社2010年版，第332页。
② 《习近平总书记重要讲话文章选编》，中央文献出版社、党建读物出版社2016年版，第80页。
③ 《十八大以来重要文献选编（上）》，中央文献出版社2014年版，第764页。
④ 《习近平总书记重要讲话文章选编》，中央文献出版社、党建读物出版社2016年版，第136页。
⑤ 《习近平总书记重要讲话文章选编》，中央文献出版社、党建读物出版社2016年版，第178页。

十八届中央纪委五次全会上，习近平指出："党面临的形势越复杂、肩负的任务越艰巨，就越要保持党的团结统一。党的团结统一靠什么来保证？要靠共同的理想信念，靠严密的组织体系，靠全党同志的高度自觉，还要靠严明的纪律和规矩。"① 强化纪律建设表明全面从严治党从一开始就是一个治标为主、标本兼治的过程，所谓"先治标、后治本"的认识显然是片面的。

加强纪律建设，是全面推进依法治国的内在环节。全面推进依法治国，既要求党依据宪法和法律治国理政，也要求党依据党内法规管党治党。依规治党是依法治国的引领和保障，依法治国是依规治党的基础和依托，在坚持党的领导的基础上，实现依规治党和依法治国统筹推进、有机统一，构成中国特色社会主义法治道路的基本规定和实践逻辑。就治国与治党之间关系而言，治党无疑处于优先的地位，只有治党有效，才能增强党治国理政的能力，也才能更有力地推进国家治理体系和治理能力现代化；就党规与国法的关系而言，党规也无疑居于优先的地位。邓小平指出，"国有国法，党有党规党法"，"没有党规党法，国法就很难保障"。② 很显然，全面推进依法治国，加强党的纪律建设构成其中的基础性环节。基于此，党的十八届四中全会把形成完善的党内法规体系纳入全面推进依法治国的总目标，对增强党内法规制度的系统性和有效性提出了新的要求。

加强纪律建设，是完成执政使命的必然要求。毛泽东指出："一个有纪律的，有马克思列宁主义的理论武装的，采取自我批评方法的，联系人民群众的党。一个由这样的党领导的军队。一个由这样的党领导的各革命阶级各革命派别的统一战线。这三件是我们战胜敌人的主要武器。"③

---

① 《习近平总书记重要讲话文章选编》，中央文献出版社、党建读物出版社2016年版，第249页。
② 《邓小平文选》第2卷，人民出版社1994年版，第147页。
③ 《毛泽东选集》第4卷，人民出版社1991年版，第1480页。

这一重要论述，内在包含马克思主义政党理想性和纪律性两大本质特征。一般而言，理想性为里，纪律性为表，两者相互统一、有机联系、表里如一，构筑起马克思主义政党先进性和纯洁性的基础。一旦丧失了纪律性，理想性就会自然削弱，马克思主义政党的先进性和纯洁性就会大打折扣。美国《华尔街日报》网站的报道称，在中共看来，意识形态热情的滑坡会危及该党近七十年对政权的掌控。"自2012年底以来，中共一直努力用铁腕纪律和民族主义使命感为该党重新注入活力，遏制令中共领导人担心可能削弱其执政合法性的腐败和不良官僚作风。"加强纪律性，革命无不胜。没有一支富有纪律性和战斗性的领导力量，中国特色社会主义的坚持和发展不仅会失去关键支撑，也必然迷失方向，正如《日本经济新闻》网站报道称："中共一直强调坚持党的领导核心地位，但由于中国要确保到2020年实现'全面建成小康社会宏伟目标'，党纪已显得比以往更为重要。"①

2. 把纪律和规矩挺在前面

党的纪律从来都不是一个理论问题，主要反映为实践的问题。把纪律和规矩挺在前面，是新时代全面从严治党的重要实践方针。

《孟子》有言："不以规矩，不能成方圆。"在习近平看来，没有规矩不成其为政党，更不成其为马克思主义政党。"规矩"一词，是党的十八大以来全面从严治党理论探索中的一个重要概念，折射出党自身存在的问题及解决。2013年8月31日，习近平在辽宁考察工作结束时首次公开谈到规矩的问题。他指出："领导干部必须懂规矩，懂党的规矩，懂政治规矩，哪些事能做、哪些事不能做，哪些事该这样做、哪些事该那样做，哪些事该发扬民主、哪些事该请示报告，都得按规矩办，不能随心所欲、百无禁忌，更不能明知故犯、肆无忌惮。""党内必须加强懂规矩教育，把

---

① 宦佳：《中共95年来一直与人民同在》，《人民日报》（海外版）2016年7月13日。

懂规矩、守规矩作为衡量一个干部是否合格的重要标准。"①在这次讲话中，他是把懂规矩和守纪律分开谈的。这至少意味着，在他的视野中，规矩和纪律并非同一概念，两者之间有着明显的区别。这一认识在2015年1月13日召开的十八届中央纪委五次全会上发生了变化。在这次会议上，习近平不仅把规矩阐述为成文的纪律和不成文纪律的统一，而且将规矩上升到包括党的纪律和国家法律的高度。在他看来，党的规矩是党的各级组织和全体党员必须遵守的行为规范和规则。总的包括：其一，党章是全党必须遵循的总章程，也是总规矩。其二，党的纪律是刚性约束，政治纪律更是全党在政治方向、政治立场、政治言行、政治行动方面必须遵守的刚性约束。以党章为统领的党内法规制度，体现党的先锋队性质和先进性要求，是维护党的集中统一，保持党的凝聚力、战斗力的根本保证。其三，国家法律是党员、干部必须遵守的规矩，法律是党领导人民制定的，全党必须模范执行。其四，党在长期实践中形成的优良传统和工作惯例。

可见，习近平视野中的"规矩"有两种不同的含义，一种是包括了党纪国法和传统以及惯例，另一种是不成文纪律的专门指向。当他把纪律和规矩联系在一起使用时，主要是基于后一种含义的理解。对于党在长期实践中形成的优良传统和工作惯例也是十分重要的党内规矩的问题，习近平有专门的解释。在他看来，对我们这么一个大党来讲，不仅要靠党章和纪律，还得靠党的优良传统和工作惯例。党内很多规矩是我们党在长期实践中形成的优良传统和工作惯例，经过实践检验，在历史中约定俗成，在实践中行之有效。"这些规矩看着没有白纸黑字的规定，但都是一种传统、一种范式、一种要求。"②纪律是成文的规矩，规矩是不成文的

---

① 《习近平总书记重要讲话文章选编》，中央文献出版社、党建读物出版社2016年版，第79、80页。
② 《习近平总书记重要讲话文章选编》，中央文献出版社、党建读物出版社2016年版，第250页。

纪律；纪律是刚性的规矩，一些未明文列入纪律的规矩是自我约束的纪律。无论是成文的纪律还是未成文的纪律，全党都应长期坚持并自觉遵循。

违纪违规既是组织涣散、纪律松弛的具体表征，也是党员干部滑向犯罪深渊的开始。干部如果出问题的话，一般首先都表现为对纪律红线的突破，这是纪律严于法律决定了的规律性现象。把纪律和规矩挺在前面，是基于党员"破法"无不始于"破纪"的深刻反思和总结。问题主要在于，党内在相当长的一个时期形成了这么一种特殊的景观，就是干部只要不到违法的程度，大家都可以"包容""宽容"，而且，即使违法行为已经发生，有的地方或部门主要领导仍然保持做"好人"的心态和姿态。这不仅从一个侧面折射出有的地方或部门党内政治生态的畸形与扭曲，更为严重的是折射出党内既得利益群体的发展程度。在习近平看来，这是对党和干部不负责任的表现，如果开始就咬耳朵、扯袖子的话，是可以避免违法犯罪发生的，这就提出把纪律挺在前面的必要性和紧迫性。他强调："无数案例证明，党员'破法'，无不始于'破纪'。只有把纪律挺在前面，坚持纪严于法、纪在法前，才能克服'违纪只是小节、违法才去处理'的不正常状况。用纪律管住全体党员。"①

纪法分开是纪严于法、纪在法前的前提。对纪法分开的重申，除了确立这一前提外，还主要是强调纪律和法律之间有着严格的边界，针对的是两者之间无论在内容上还是在实践中都存在混杂的突出问题。把纪律和规矩挺在前面，意味着纪严于法、纪在法前，同时意味着与国家法律相比，党纪的标准更严，蕴含一般性要求与特殊性要求的统一。就一般性而言，任何一个组织内部的规则都比国家法律严格，换言之，党规党纪对党员的要求要严于国家法律对普通公民的要求。党员如果严格执行党规党纪，

---

① 《习近平总书记重要讲话文章选编》，中央文献出版社、党建读物出版社2016年版，第372页。

就自然会模范遵守法律法规;就特殊性而言,党的党规党纪严于国家法律,不仅是由党的先锋队性质决定的,也是由党的执政地位和历史使命决定的。作为一个肩负神圣使命的政治组织,党只有以更严的标准、更严的纪律要求和约束各级党组织和广大党员干部,才能永葆先进性和纯洁性,才能有效地维护党的执政地位,担当好党的执政使命。

把纪律和规矩挺在前面,就是治本的实践举措。标本兼治,是我们党在反腐败斗争中长期形成并始终坚持的战略方针。治标与治本的关系是一个关涉新时代全面从严治党的基础性问题。就治标而言,主要起到惩治、震慑、遏制作用,突出"惩"的功能。在党风廉政建设和反腐败斗争形势依然严峻复杂的条件下,在腐败存量依然比较庞大的条件下,只有以治标为主,严肃执纪、严厉惩治,形成"不敢腐"的威慑力,遏制腐败蔓延势头,才能为治本赢得时间。就治本而言,对权力进行制约和监督,突出的是"防"的功能。随着全面从严治党的不断深入,形势和任务的发展倒逼党中央加大治本力度的步伐,进一步扎紧制度的笼子,把纪律和规矩挺在前面,就是治本的现实展开。道理很简单,党员干部只要守住了纪律,就不至于滑向违法犯罪的深渊,就此而言,党中央强调把纪律和规矩挺在前面,不仅深化了对治标与治本关系的认识,也标志着以治标为主向标本兼治的深入。

3. 以严明政治纪律为重点

众所周知,任何一个现代政党在政治方向、政治立场、政治言论、政治行为等方面都有其特殊的规定和严格的要求。以严明政治纪律为重点,构成党的十八大以来以习近平同志为核心的党中央加强纪律建设的显著特点。2013年1月22日,习近平在十八届中央纪委二次全会上指出:"严明党的纪律，首要的就是严明政治纪律。党的纪律是多方面的，但政治纪律是最重要、最根本、最关键的纪律，遵守党的政治纪律是遵守党的全部纪律的重要基础。"① 在十八届中央纪委三次全会上，他再次指出了政治纪律的极端重要性。2015年1月13日，习近平在十八届中央纪委五次全会上强调："在所有党的纪律和规矩中，第一位的是政治纪律和政治规矩。"② 在十八届中央纪委六次全会上，他进一步阐明："政治问题，任何时候都是根本性的大问题。全面从严治党，必须注重政治上的要求，必须严明政治纪律，特别是各级领导干部要时刻绷紧政治纪律这根弦，坚持党的领导不动摇，贯彻党的路线方针政策不含糊，始终做政治上的明白人。"③ 可以说，在党的十八大以来每一次中央纪委全会上，都能听到习近平对政治纪律的深刻阐发和特别强调。对政治纪律的特殊关注，既体现了政治纪律在党的纪律基本框架中的重要地位，更具有鲜明的现实针对性。当习近平表达他对政治纪律的高度关注时，主要基于党的政治纪律遭受严重破坏的严峻现实。长期以来，在有的领导干部那里，政治权力与政治纪律之间呈现出反相关的关系。权力越大、位置越重要，往往越不拿党的政治纪律和政治规矩当回事，耐人寻味！

党内严重的经济腐败问题为广大普通党员群众所深恶痛绝，消除这一毒瘤成为全面从严治党的主要任务，有着广泛的民意基础。但是，在习近平看来，全面从严治党因为其与政治之间的深刻联系，因而有着更为丰富的内涵和意旨："一个政党，不严明政治纪律，就会分崩离析。"④

一方面，全面从严治党既要联系经济腐败的问题，也要联系政治的

---

① 《十八大以来重要文献选编（上）》，中央文献出版社2014年版，第131—132页。
② 《十八大以来重要文献选编（中）》，中央文献出版社2016年版，第351页。
③ 习近平：《在第十八届中央纪律检查委员会第六次全体会议上的讲话（2016年1月12日）》，《人民日报》2016年5月3日。
④ 《十八大以来重要文献选编（上）》，中央文献出版社2014年版，第133页。

问题。经济腐败问题和政治问题虽然往往是交织在一起的，但必须作出严格区分。改革开放和发展社会主义市场经济的条件，对党内生活带来不可低估的影响，所引发的种种问题中，山头主义和圈子文化是集政治问题、经济腐败问题和组织纪律问题于一体的典型反映。具体表现："一是结成利益集团，妄图窃取党和国家权力；二是山头主义宗派主义搞非组织活动，破坏党的集中统一。"①2014 年 1 月 14 日，习近平在十八届中央纪委三次全会上指出："党内决不能搞封建依附那一套，决不能搞小山头、小圈子、小团伙那一套，决不能搞门客、门宦、门附那一套，搞这种东西总有一天会出事！有的案件一查处就是一串人，拔出萝卜带出泥，其中一个重要原因就是形成了事实上的人身依附关系。"②2014 年 10 月 23 日，他在十八届四中全会二次全会上进一步指出："政治纪律和政治规矩这根弦不能松，腐败问题是腐败问题，政治问题是政治问题，不能只讲腐败问题、不讲政治问题。干部在政治上出问题，对党的危害不亚于腐败问题，有的甚至比腐败问题更严重。"③换言之，全面从严治党不能只关注经济腐败的问题，回避政治问题，而是要在对经济腐败和政治问题作出严格区分的基础上，从政治高度切实重视和消除政治隐患。

另一方面，全面从严治党既要联系政治利益集团的清除，又要联系政治生态的恢复。改革开放条件下，中国共产党最大的忧虑，莫过于内部形成既得利益集团，因为这个党深知，苏共下台的根本原因即在于此。2013 年 1 月 22 日，在十八届中央纪委二次全会上，习近平指出："如果党的政治纪律成了摆设，就会形成'破窗效应'，使党的章程、原则、制度、部署丧失严肃性和权威性，党就会沦为各取所需、自行其是的'私

---

① 《党的十九大报告辅导读本》，人民出版社 2017 年版，第 18 页。
② 《十八大以来重要文献选编（上）》，中央文献出版社 2014 年版，第 770 页。
③ 《习近平总书记重要讲话文章选编》，中央文献出版社、党建读物出版社 2016 年版，第 225—226 页。

人俱乐部'。"①2015年12月28—29日，习近平在中央政治局"三严三实"专题民主生活会上进一步指出："现在，我们不说'阶级斗争'，但他们的问题也是社会上的复杂情况在党内的反映。这里面根本的问题，就是他们把入党誓词中说的对党忠诚、永不叛党的话抛到九霄云外去了，把党看成是自己可以谋取、控制的私物了。"②在他看来，除了工人阶级和最广大人民群众的利益，中国共产党没有自己特殊的利益。党内不能存在形形色色的政治利益集团，也不能存在党内同党外相互勾结、权钱交易的政治利益集团。全面从严治党，就是要防范和清除其对党内政治生活的影响，恢复党的良好政治生态。

对于如何遵守政治纪律的问题，习近平先后多次提出要求。2013年1月22日，习近平在十八届中央纪委二次全会上指出："遵守党的政治纪律，最核心的，就是坚持党的领导，坚持党的基本理论、基本路线、基本纲领、基本经验、基本要求，同党中央保持高度一致，自觉维护中央权威。"为此，他提出了"四个决不允许"，即"决不允许散布违背党的理论和路线方针政策的意见，决不允许公开发表违背中央决定的言论，决不允许泄露党和国家秘密，决不允许参与各种非法组织和非法活动，决不允许制造、传播政治谣言及丑化党和国家形象的言论"③。2013年1月13日，习近平在十八届中央纪委五次全会上从遵守政治纪律和政治规矩的高度，要求全党同志重点做到"五个必须"。2016年1月12日，在十八届中央纪委六次全会上，习近平围绕政治纪律又进一步提出了"四个始终"："要始终忠诚于党，不折不扣执行党的路线方针政策，自觉从思想上政治上行动上同

---

① 《习近平总书记重要讲话文章选编》，中央文献出版社、党建读物出版社2016年版，第23—24页。
② 《习近平总书记重要讲话文章选编》，中央文献出版社、党建读物出版社2016年版，第344页。
③ 《十八大以来重要文献选编（上）》，中央文献出版社2014年版，第132页。

党中央保持高度一致；始终对组织坦诚，相信组织、依靠组织、服从组织，自觉接受组织安排和纪律约束；始终正确对待权力，立志为人民做好事、做实事，安分守己为党工作；始终牢记政治责任，襟怀坦白，言行一致，自觉维护党的形象。"① 从"四个决不允许"到"四个始终"，核心在于坚持"两个维护"。这不仅是习近平发出的关于遵守政治纪律和政治规矩的倡导和要求，也是广大党员衡量和评价是否做到遵守政治纪律和政治规矩的标准和尺度。

4. 健全党内法规体系

拥有一整套完整系统的党内规则，是中国共产党的特殊政治优势之一。我们党在取得执政地位后，党规党纪成为管党治党的重器。经过长期的实践探索，我们党逐步形成了包括党章、准则、条例、规则、规定、办法、细则7种类型的一整套完整的党内规章制度体系。层次清晰、运行有效的党内法规制度体系不仅明确了党的性质宗旨、纲领目标、组织保障，而且明确了党的行为规范、纪律约束，使管党治党建设党有章可循、有规可依，成为我们党永葆先进性、纯洁性的重要保证。但是，与新时代党面临的形势和任务相比，党规党纪自身及其实践都存在一些不容忽视的问题。具体而言，除了不学不守的问题外，党规党纪也暴露出自身的一些不足，主要表现在：第一，党纪与国法混同，这既表现为党规党纪套用"法言法语"，又表现为党内规则混同于国家法律。比如，党纪处分条例一共178条，其中70多条同刑法等国家法律重复。第二，对党内存在的一些突出问题缺乏富有针对性的规范，尤其是对政治纪律和规矩等规定得不够细致和具体。第三，适用对象存在过窄的情形。比如，廉政准则所针对的只是县（处）

---

① 习近平：《在第十八届中央纪律检查委员会第六次全体会议上的讲话（2016年1月12日）》，《人民日报》2016年5月3日。

级以上党员领导干部，党纪处分条例的主要违纪情形，也主要针对领导干部。党规党纪与现实要求之间的矛盾，也折射出党内突出问题的历史变迁。基于1980年党的十一届五中全会制定的《关于党内政治生活的若干准则》和2016年党的十八届六中全会制定的《关于新形势下党内政治生活的若干准则》的比较，就不难发现，不同的历史阶段，党内在政治上的突出问题存在明显的差异，由此也提出了完善党内法规体系的必要性和紧迫性。

把纪律和规矩挺在前面，根本前提就是进一步扎紧党规党纪的笼子，构建不敢腐、不能腐、不想腐的有效机制。健全党内法规体系，还有通过立规修规，真正把党规党纪的权威性、严肃性确立起来的政治立意；与此同时，随全面从严治党的不断深入，修订党规党纪的理论和实践基础越来越扎实。就如何健全完善党内法规体系的问题，习近平首先明确要求以党章为根本遵循。在他看来，"党章就是党的根本大法，是全党必须遵循的总规矩"[1]。作为全党必须共同遵守的根本行为规范，党章之于立规修规具有母法的意义。在此基础上，习近平要求按照于法周延、于事有效的原则完善党内法规体系，"制度不在多，而在于精，在于务实管用，突出针对性和指导性。如果空洞乏力，起不到应有的作用，再多的制度也会流于形式。牛栏关猫是不行的！要搞好配套衔接，做到彼此呼应，增强整体功能"[2]。

从党的十八大到党的二十大，我们党一共制定修订了180多部中央党内法规，针对性、规范性、协调性、完整性以及对质量的特别重视，既成为党的纪律建设的重要指针，又成为党的纪律建设成果的显著特点。比如，就规范性而言，修订后的《中国共产党纪律处分条例》将原来以破坏社

---

[1]《习近平总书记重要讲话文章选编》，中央文献出版社、党建读物出版社2016年版，第1页。
[2]《习近平总书记重要讲话文章选编》，中央文献出版社、党建读物出版社2016年版，第172—173页。

会主义市场秩序等为主的十类违纪行为，整合规范为政治纪律、组织纪律、廉洁纪律、群众纪律、工作纪律、生活纪律等六类，无论是内容还是话语，都真正做到了对党的纪律的回归，既突出了党纪特色，重点对违反党的政治纪律、组织纪律、财经纪律、工作纪律、生活纪律的行为作出处分规定，又体现了作风建设和反腐败斗争的最新成果，适应了全面从严治党的最新要求，使之成为管党治党的尺子、党员不可逾越的底线。就完整性而言，2016年6月《中国共产党问责条例》的问世，补齐了责任领域的"短板"，从而让"失责必问"不再停留在口头上。这些党内规则的出台，不仅标志着党内法规体系的不断完善，实现了纪律建设的与时俱进，也深化了我们党对依规治党的认识，有力地推进了全面从严治党的深入。党的二十大提出了完善党的自我革命制度规范体系的任务，要"坚持制度治党、依规治党，以党章为根本，以民主集中制为核心，完善党内法规制度体系，增强党内法规权威性和执行力，形成坚持真理、修正错误，发现问题、纠正偏差的机制"[①]。

5. 实践监督执纪的"四种形态"

把纪律和规矩挺在前面，就要用好监督执纪的"四种形态"。2015年9月，王岐山在福建调研期间首先提出了"四种形态"。他指出："党内关系要正常化，批评和自我批评要经常开展，让咬耳扯袖、红脸出汗成为常态；党纪轻处分和组织处理要成为大多数；对严重违纪的重处分、作出重大职务调整应当是少数；而严重违纪涉嫌违法立案审查的只能是极极少数。这'四种形态'都是为了惩前毖后、治病救人，必须改变要么是'好同志'、要么是'阶下囚'的状况，真正体现对党员的严格要求和关心爱

[①] 习近平：《高举中国特色社会主义伟大旗帜　为全面建设社会主义现代化国家而团结奋斗——在中国共产党第二十次全国代表大会上的报告（2022年10月16日）》，人民出版社2022年版，第65—66页。

护。"① 监督执纪"四种形态"是全面从严治党的系统性举措,需要正确认识和准确把握。

监督执纪的"四种形态"一提出,社会意识领域就迅速出现了诸多有意或无意的误读,有必要加以澄清。其一,反腐拐点论。随着反腐败斗争的不断深入,反腐拐点论不时为人提起,其中包含有意的搅局和误导。有人说,实践"四种形态"就意味着反腐败要减缓收兵。其实,运用"四种形态"所要努力的,是通过在法律底线之上设置多道防线,从违纪走向违法的路上加以拦截,发挥止滑的功能。进一步而言,"四种形态"对应的不仅仅是反腐败斗争,而是全面从严治党的战略布局。其二,纪委主体论。"四种形态"前面的"监督执纪"四个字,让一些人认为仅仅是对纪委提出的要求。这也是一种严重的误读。很显然,监督执纪"四种形态"是对各级党组织落实全面从严治党主体责任提出的明确要求。换言之,运用监督执纪"四种形态"的主责和主体就在党委。如果各级党委真正做到切实发挥领导核心作用,注重平时和细微,使党员、干部时时处处感受到纪律的严格约束,腐败发生率不仅会大幅降低,党的面貌也会有明显改观。其三,弱化"关键少数"论。有人认为,监督执纪"四种形态"的提出意味着"关键少数"会被淡化或隐藏。这种观点实际上远离了辩证法。一方面,对烂掉根的树,必须毫不手软连根拔起,这一点必须毫不动摇。动摇了这一点,"四种形态"的现实意义就会严重削弱;另一方面,对歪树、病树,要尽可能正过来、治好病;对整片森林,则要经常维护,保持健康。这一点也必须毫不动摇。动摇了这一点,"四种形态"的长远意义就会完全丧失。

如前文所言,从纪律涣散的原因看,问题的关键在于有纪不守,这一问题的解决已经发展到只能依靠外部强制力量倒逼的地步,也从一个侧

---

① 《王岐山在福建调研时强调:全面从严治党 严明党的纪律 把握运用监督执纪"四种形态"》,《人民日报》2015年9月27日。

面反映出党内问题的严重程度。2014年1月14日,习近平在十八届中央纪委三次全会上指出:"遵守党的纪律是无条件的,要说到做到,有纪必执,有违必查,而不能合意的就执行,不合意的就不执行,不能把纪律作为一个软约束或是束之高阁的一纸空文。"[1]2014年10月8日,习近平在党的群众路线教育实践活动总结大会上指出:"要坚持制度面前人人平等、执行制度没有例外,不留'暗门'、不开'天窗',坚决维护制度的严肃性和权威性,坚决纠正有令不行、有禁不止的行为,使制度成为硬约束而不是橡皮筋。"[2]只有强化制度的刚性,党内法规建设的实际意义才能呈现出来。

实践好"四种形态",应将惩治"极极少数"和扭住"常态"紧密结合起来。在当前党风廉政建设和反腐败斗争形势依然严峻复杂的条件下,既要严肃惩治"极极少数",更要面向大多数用好批评和自我批评的武器。历史表明,从源头抓起虽然是难度最大的,却是成本最低的。只有实现党内政治生活正常化、严肃化,使党员干部远离底线,全面从严治党才能真正落到实处。谈话、批评是思想政治工作,对谈话主体有特别高的要求,既要有严肃性,更要有思想性,还要有艺术性,拿捏好分寸火候。问题的关键在于,谈话主体自身要过硬,否则,在谈话对象那里,对方如果是一个典型的两面人,谈话和批评从一开始就注定了毫无意义的结果。

全面从严治党的实践表明,纪律建设虽然是全面从严治党的治本之策,但必须与强力反腐和思想教育有机结合起来才能发挥出最大的效能。只要在实践中坚持三个举措的辩证统一,全面从严治党就一定能不断深入,中国共产党作为中国特色社会主义事业领导核心的地位也就一定能够得到不断巩固和加强。

---

[1] 《十八大以来重要文献选编(上)》,中央文献出版社2014年版,第764页。
[2] 《习近平总书记重要讲话文章选编》,中央文献出版社、党建读物出版社2016年版,第173页。

第七章　党的战略定力与政治领导力

世界正处于百年未有之大变局，这是习近平运用马克思世界历史理论对人类社会发展新的历史方位作出的重大论断。从国际视角观察，这是一个机遇与挑战双重强化的历史时期。一方面，"新一轮科技革命和产业变革深入发展，国际力量对比深刻调整，我国发展面临新的战略机遇"；另一方面，"世纪疫情影响深远，逆全球化思潮抬头，单边主义、保护主义明显上升，世界经济复苏乏力，局部冲突和动荡频发，全球性问题加剧，世界进入新的动荡变革期"。[1] 党的十八大以来，以习近平同志为核心的党中央在探索中国道路的过程中，反复强调战略定力的意义与价值，并在全面深化改革和全面从严治党的实践中予以充分体现，这显示出我们党对世界百年未有之大变局这一新的历史条件的深刻认知和正确把握。

一、党的战略定力的理论阐发与实践要求

在 2012 年 12 月召开的中央经济工作会议上，习近平首次提出并使用了"战略定力"一词，之后，战略定力作为他经常使用的一个概念，成

---

[1] 习近平：《高举中国特色社会主义伟大旗帜　为全面建设社会主义现代化国家而团结奋斗——在中国共产党第二十次全国代表大会上的报告（2022 年 10 月 16 日）》，人民出版社 2022 年版，第 26 页。

为习近平新时代中国特色社会主义思想的一个重要范畴。深入阐释习近平关于战略定力的重要论述，对于深刻理解习近平新时代中国特色社会主义思想的基本内涵和准确把握新时代坚持和发展中国特色社会主义的实践要求，对于全面系统总结改革开放的历史经验和中国特色社会主义现代化建设的历史经验，具有极其重要的价值和意义。

1. 习近平阐发战略定力的三重根据

拥有强大而持久的战略定力，是中国共产党的一大特点和优势，是中国共产党重要的领导能力之一。既然战略定力是中国共产党的基本特点和特殊优势，那么，是什么原因让习近平在党的十八大之后格外注重和反复强调战略定力呢？

第一，强调战略定力，为中国与世界及其关系的战略变化所决定。

经过新中国成立以来特别是改革开放以来的持续发展，中国发展的历史方位发生了重大而深刻的变化。2012年11月29日，习近平在参观《复兴之路》基本陈列时指出："我们比历史上任何时期都更接近中华民族伟大复兴的目标，比历史上任何时期都更有信心、有能力实现这个目标。"① 中国发展新的历史方位决定了，我国已经进入了实现中华民族伟大复兴的关键阶段。习近平第一次使用"战略定力"一词，就是基于这一新的历史方位提出的。他指出："从历史上看，新兴大国出现必然带来国际格局调整，必然遭到守成大国遏制。这也是我国在今后较长时期内将面临的重大挑战。我们要充分认识这种战略变化的客观必然性，把握好大国关系演变的特点，保持战略清醒和战略定力。"②

问题的复杂性在于，在中国特色社会主义进入新时代的同时，世情

---

① 《十八大以来重要文献选编（上）》，中央文献出版社2014年版，第83页。
② 转引自孙业礼：《担当·定力·规矩——学习习近平系列讲话中的新概念、新韬略》，《党的文献》2014年第2期。

也发生了重大而深刻的变化。在科技革命和全球化的推动下，人类社会发展呈现出一系列新的特点，正如有学者指出的，福山的"历史终结论"被事实证明是错的，"在现代性的顶峰之时，历史很快就重新开展并且全面进入全球时代，而真正终结的是现代"①。这就使得中国面临前所未有的复杂情形：中国尚处于现代化加速进行的状态，又必须担负起全球性问题解决的现实任务。"中国的现代性到今天仍然在建构过程中，可同时又已经深深加入了全球游戏，参与建构世界的未来。"②当中国一只脚还踏着过去时，另一只脚已经踏进未来。由于同时存在于过去和未来两个时空之中，中国不得不同时考虑现代性问题和全球性问题这两个新老问题的一致性解决。

这与其说是中国的宿命，倒不如说是中国的光荣，但毫无疑问地增加了实现中华民族伟大复兴和社会主义现代化的艰难程度。正是在这个意义上，习近平强调，中华民族的伟大复兴，绝不是轻轻松松就可以实现的。这是因为，我国越发展壮大，遇到的阻力和压力就会越大，面临的外部风险就会越多。"我们不知还要爬多少坡、过多少坎、经历多少风风雨雨、克服多少艰难险阻。"③由此，习近平强调战略定力就具有了鲜明的现实针对性，蕴含党中央对国际国内形势的科学判断。这个战略定力就是，不管世界格局如何变化，必须坚持以自己的事情为中心不动摇。正如习近平指出的，"我们必须牢记一个历史铁律，决定世界政治经济格局的，归根到底是大国力量对比，最终靠的还是实力。我们要集中精力办好自己的事，不断全面提高综合国力。只有这样，我们才能从根本上保障国家主权、安

---

① 赵汀阳：《现代性的终结与全球性的未来》，《文化纵横》2013年第4期。
② 赵汀阳：《现代性的终结与全球性的未来》，《文化纵横》2013年第4期。
③ 《习近平总书记重要讲话文章选编》，中央文献出版社、党建读物出版社2016年版，第158页。

全、发展利益,才能在激烈的国际竞争中赢得主动、赢得优势、赢得未来"[1]。

第二,强调战略定力,为更多更复杂的中国问题所决定。

1993年9月16日,邓小平指出:"过去我们讲先发展起来。现在看,发展起来以后的问题不比不发展时少。"[2]这是邓小平晚年的思考,具有深重的预警意味。2015年10月29日,在党的十八届五中全会上,习近平指出:"过去,我们常常以为,一些矛盾和问题是由于经济发展水平低、老百姓收入少造成的,等经济发展水平提高了、老百姓生活好起来了,社会矛盾和问题就会减少。现在看来,不发展有不发展的问题,发展起来有发展起来的问题,而发展起来后出现的问题并不比发展起来前少,甚至更多更复杂了。"[3]这一重要论述已经不是对邓小平晚年告诫的简单重申,因为时隔20多年之后,无论在程度上还是在范围上,发展起来的中国已经显现出更多更复杂的中国问题。几乎每一个巨大的中国成就背后都蕴含巨大的中国问题,中国成就与中国问题并行不悖地延展于中国现代化的历史进程之中,成为中国道路之所以聚焦国内外目光的一个重要原因。

从中国自身现代化的历史逻辑看,中国问题总体上是在社会分化和重聚的基础上显现出来的。如亨廷顿所言,"现代化在很大程度上会引起社会上各种社会势力的集聚化和多样化"[4],随着社会贫富差距逐步拉大,社会意识渐趋多元,差异性不断扩大,利益矛盾加剧,价值观念冲突增强,这些变化不仅反映了经济结构变化作用下的社会结构和关系的变化,也折射出伴随改革开放重生和新生的社会阶级的成熟状态。众所周知,作为中

---

[1] 转引自孙业礼:《担当·定力·规矩——学习习近平系列讲话中的新概念、新韬略》,《党的文献》2014年第2期。
[2] 《邓小平年谱(1975—1997)(下)》,中央文献出版社2004年版,第1364页。
[3] 《习近平总书记重要讲话文章选编》,中央文献出版社、党建读物出版社2016年版,第276页。
[4] [美]塞缪尔·P.亨廷顿:《变化社会中的政治秩序》,王冠华、刘为等译,沈宗美校,生活·读书·新知三联书店1989年版,第8页。

国改革的一个基本特点，关于改革的理论争论与改革实践相伴相随。党的十八大以来全面深化改革的开启，也激发了关于改革方向的新的争论，这是与新世纪新阶段中国道路的热烈讨论几乎一致的时间里发生的关于改革争论的延续。激烈交锋的双方虽然基于共同性的问题指向，但在问题解决的方案上存在根本的分歧。道路选择的基本问题在思想空间中强劲激荡，不仅显示出改革共识不再像改革之初那样易于达成，更为重要的是，由于中国问题的集中呈现，进一步显示出改革进入深水区和攻坚期的根本特征。

正如习近平指出的，"现在，我国改革面临十分复杂的国内国际环境，各种思想观念和利益诉求相互激荡。要从纷繁复杂的事物表象中把准改革脉搏，在众说纷纭中开好改革药方，没有很强的战略定力是不行的"[①]。对于中国共产党来说，改革是基于中国现实生产力水平作出的一系列适应性调整，旨在解决中国特色社会主义的物质基础问题，是社会主义的自我完善和发展。从现实情况看，中国问题总体上反映为社会主义与现代化的矛盾，这一矛盾的解决只能沿着社会主义的轨道前行，换言之，中国方案不能滑向对科学社会主义的修正，中国主张不是走向资本主义的邪路。面对相互激荡的社会思潮，习近平明确指出："一个政党执政，最怕的是在重大问题上态度不坚定，结果社会上对有关问题沸沸扬扬、莫衷一是，别有用心的人趁机煽风点火、蛊惑搅和，最终没有不出事的！所以，道路问题不能含糊，必须向全社会释放正确而又明确的信号。"[②]

第三，强调战略定力，为党自身存在的突出问题所决定。

习近平强调战略定力，还有全面从严治党战略任务的考量。能否在

---

① 《习近平总书记重要讲话文章选编》，中央文献出版社、党建读物出版社2016年版，第100页。
② 《习近平总书记重要讲话文章选编》，中央文献出版社、党建读物出版社2016年版，第206—207页。

长期执政和市场经济的条件下领导中国实现社会主义现代化而避免先进性和纯洁性的削弱，保证党始终成为中国特色社会主义事业的坚强领导核心，这是当代中国共产党人必须回答的现实课题。经过改革开放的历史积累，我们党越来越充分认识到，在面临的各种各样的风险和挑战中，最大的风险和挑战还是来源于党自身。客观的事实是，党的十八大召开前夕，我们党在领导中国式现代化建设取得巨大成就的同时，自身纯洁性的严重削弱已是不争的事实，党的未来显示出一定的不确定性，党内和社会上显露出越来越强烈的反映和担忧。很显然，以自我革命的政治勇气坚定不移地全面从严治党，是中国共产党重塑自我的唯一出路。2014年10月，习近平在十八届四中全会第二次全体会议上指出，不反腐败确实要亡党，真反腐败不仅不会亡党，而且能增强党自我净化、自我完善、自我革新、自我提高能力，保持党同人民群众的血肉联系，使我们党更加坚强、更有力量。

习近平基于全面从严治党对战略定力的强调，还蕴含对党的地位和作用的战略意义的深刻认识。党的十八大以来，习近平不断深化中国共产党的领导与中国特色社会主义关系的认识，将中国共产党之于中国特色社会主义意义的认识提升到前所未有的政治高度。他指出："中国最大的国情就是中国共产党的领导。""中国特色社会主义最本质的特征是中国共产党领导，中国特色社会主义制度的最大优势是中国共产党领导。"[①]这几个"最"有机联系在一起，蕴含我们党对全面从严治党的意义和价值的双重考量：一重是自身命运的考量，另一重则是事业命运的考量，两者相比较，后者更为重大而深远。没有一支以建设社会主义现代化为奋斗目标的领导力量，社会主义现代化事业就无从谈起。坚持和完善党的领导，是党和国家的根本所在、命脉所在，是全国各族人民的利益所在、幸福所

---

① 习近平：《在庆祝中国共产党成立95周年大会上的讲话》，人民出版社2016年版，第22页。

在。正是基于这一逻辑,习近平强调战略定力,这也意味着全面从严治党是一场输不起也决不能输的斗争。2016年初,习近平在十八届中央纪委六次全会上作出"反腐败斗争压倒性态势正在形成"的政治判断的同时,强调"全面从严治党永远在路上"。在党的十九大报告中,习近平进一步强调,要保持问题导向,保持战略定力,推动全面从严治党向纵深发展。"一刻不能松,半步不能退。"在党的二十大报告中,习近平再次重申:"全面从严治党永远在路上,党的自我革命永远在路上,决不能有松劲歇脚、疲劳厌战的情绪。"[1]一系列铿锵誓言,彰显了我们党将全面从严治党进行到底的战略定力。

2. 习近平关于战略定力的阐发和运用

理解"战略定力",需要对"战略"和"定力"分别作出具体的分析。战略一般理解为全局和长远的谋划,对于一个政党的生存和发展来说,意义不言自明,正如习近平指出的,"战略问题是一个政党、一个国家的根本性问题。战略上判断得准确,战略上谋划得科学,战略上赢得主动,党和人民事业就大有希望"[2]。定力一般理解为不受外部因素变化的干扰的能力。"战略定力"这个概念,是指基于理想信念的支撑,在复杂多变的条件下保持的一种思维能力和一种精神状态。就其内在逻辑而言,理想信念是战略定力的根本支撑,战略思维是战略定力的核心内容,战略心态则是战略定力的表现形态。理想信念、战略思维、战略心态分别是从价值视角、能力视角、心理视角切入,三者相互联系,有机统一。党的十八大以来,

---

[1] 习近平:《高举中国特色社会主义伟大旗帜　为全面建设社会主义现代化国家而团结奋斗——在中国共产党第二十次全国代表大会上的报告(2022年10月16日)》,人民出版社2022年版,第64页。

[2] 习近平:《在纪念邓小平同志诞辰110周年座谈会上的讲话(2014年8月20日)》,《人民日报》2014年8月21日。

习近平就上述三个方面作出了系统阐发,并在坚持和发展中国特色社会主义的实践中加以充分运用。

第一,理想信念。

理想信念不仅是战略定力的基础性内容,也是战略定力的根本支撑。正是因为理想信念与战略定力之间这种深刻的关联,有学者基于战略定力的分析框架将理想信念称为"战略信念"[1]。关于理想信念,习近平从战略定力的视角提出了两个重要概念:一个是政治定力,一个是道路自信。无论是政治定力还是道路自信,都表达了一种意思:理想信念对于战略定力而言是一种根本性力量,而这种根本性力量直接决定了战略定力的方向和深度。

坚定的理想信念与坚定的政治定力是一致的。拥有了坚定的理想信念,才可能拥有坚定的政治定力。2012年11月15日,习近平在党的十八届一中全会上指出:"我们必须始终保持对马克思主义的坚定信仰、对共产主义和中国特色社会主义的坚定信念,按照马克思主义政治家的标准严格要求自己,始终把人民放在心中最高位置,把为党和人民事业贡献力量作为自己的最高追求,为坚持和发展中国特色社会主义不懈奋斗,以此来开阔胸襟和眼界,以此来增强政治定力和政治敏锐性,以此来提高抵御各种风险和经受住各种考验的能力。"[2] 正是基于政治定力与理想信念一致性的逻辑,习近平特别强调了坚定理想信念的极端重要性。

坚定的理想信念必然反映为坚定的道路自信。没有坚如磐石的精神信仰的力量,道路自信就无从谈起。众所周知,近代以来中国道路的探索,一直处于西方的压力和影响之下。新中国走上社会主义道路后,社会主义

---

[1] 刘建军:《深刻把握"战略定力"》,《北京日报》2018年8月13日。
[2] 转引自孙业礼:《担当·定力·规矩——学习习近平系列讲话中的新概念、新韬略》,《党的文献》2014年第2期。

与资本主义两种社会制度之间矛盾也始终是一个客观性存在。改革开放以来，西方一直没有放弃过按照它们的价值观来塑造中国的企图。从这个意义上，能否保持社会主义的道路自信，始终是我们党必须面对的重大现实问题。2013年1月5日，习近平在新进中央委员会的委员、候补委员学习贯彻党的十八大精神研讨班上指出："道路问题是关系党的事业兴衰成败第一位的问题，道路就是党的生命。"① 这不仅是对道路问题之于党的事业重要性的一般性论述，更是对坚定不移走社会主义道路的特殊性宣示。对于中国道路的未来探索，习近平明确强调，"我们必须有很强大的战略定力，坚决抵制抛弃社会主义的各种错误主张"②，牢牢把握社会主义的方向，"坚持道不变、志不改"③。

党的十八大以来，习近平战略定力的一个突出表现，就是在对待改革方向问题上的社会主义原则立场。习近平之所以在这个问题上强调战略定力，不仅是因为社会主义理想信念的驱使，也因为改革始终伴随着种种非社会主义甚至资本主义的思潮的影响，"中国向何处去"的问题一直在场。他郑重指出："我们的改革是有方向、有立场、有原则的。""我们的改革是在中国特色社会主义道路上不断前进的改革，既不走封闭僵化的老路，也不走改旗易帜的邪路。推进改革的目的是要不断推进我国社会主义制度自我完善和发展，赋予社会主义新的生机活力。"④ 从改革的这一初衷出发，就不能简单地注重"改"的一面，还应坚持"不改"的一面，必须把握好改与不改的辩证法，因为"我国是一个大国，决不能在根本性问题上出现

---

① 《十八大以来重要文献选编（上）》，中央文献出版社2014年版，第117页。
② 《十八大以来重要文献选编（上）》，中央文献出版社2014年版，第117页。
③ 习近平：《高举中国特色社会主义伟大旗帜　为全面建设社会主义现代化国家而团结奋斗——在中国共产党第二十次全国代表大会上的报告（2022年10月16日）》，人民出版社2022年版，第27页。
④ 《习近平总书记重要讲话文章选编》，中央文献出版社、党建读物出版社2016年版，第99页。

颠覆性错误，一旦出现就无法挽回、无法弥补"①。问题的实质是改什么和不改什么，问题的关键则在于对待西方模式的科学态度。"我们不断推进改革，是为了推动党和人民事业更好发展，而不是为了迎合某些人的'掌声'，不能把西方的理论、观点生搬硬套在自己身上"②。

第二，战略思维。

战略思维，就是高瞻远瞩、统揽全局，善于把握事物发展总体趋势和方向的能力。作为战略定力的核心，战略思维包括战略预见、战略谋划等内容。2014年8月20日，习近平在纪念邓小平同志诞辰110周年座谈会上指出："我们要学习邓小平同志'放眼世界，放眼未来，也放眼当前，放眼一切方面'的世界眼光和战略思维，学习他善于抓住关键、纲举目张的思想方法和工作方法，站在时代前沿观察思考问题，把党和人民事业放到历史长河和全球视野中来谋划，以小见大、见微知著，在解决突出问题中实现战略突破，在把握战略全局中推进各项工作。"③这是他对战略思维作出的一次集中论述，反映了战略思维之于当代中国共产党人特殊而重大的意义。

仅仅从认识论来理解战略思维是远远不够的，必须上升到历史观的高度。战略思维是与历史唯物主义这一科学的、革命的方法论相联系的，战略思维能力就是运用马克思主义立场观点方法，对世界历史进程的特点及其趋势的分析和把握的能力。正是遵循唯物史观的基本理论和方法，习近平突出强调了战略思维的历史视野和全球视野，彰显了历史唯物主义

---

① 《习近平总书记重要讲话文章选编》，中央文献出版社、党建读物出版社2016年版，第102页。
② 《习近平总书记重要讲话文章选编》，中央文献出版社、党建读物出版社2016年版，第100页。
③ 习近平：《在纪念邓小平同志诞辰110周年座谈会上的讲话（2014年8月20日）》，《人民日报》2014年8月21日。

的宏大叙事功能。他指出："我们看世界，不能被乱花迷眼，也不能被浮云遮眼，而要端起历史规律的望远镜去细心观望。"① 同时，在"全球化导致的世界的内在化状态"下，习近平特别强调："当今世界是开放的世界，当今中国是开放的中国。中国和世界的关系正在发生历史性变化，中国需要更好了解世界，世界需要更好了解中国。"②

在对待全球化的态度上，习近平运用战略思维给予了历史唯物主义的科学阐释。从世界历史进程看，资本对空间有天然的偏好，全球化是资本运动的产物。冷战结束之后，西方主导的新一轮全球化强势展开，中国对经济全球化的参与，是在充分认识全球化两重性的基础上的一种高度自觉和战略选择，蕴含经济文化相对落后的社会主义国家获取西方肯定性文明成果和"利用资本本身来消灭资本"③的战略考量。面对西方逆全球化抬头的迹象，中国也确实有必要运用战略思维重新审视全球化与中国的关系，明确对待全球化的态度。2017年1月17日，在达沃斯世界经济论坛2017年年会开幕式上，习近平指出："我们要坚定不移发展全球自由贸易和投资，在开放中推动贸易和投资自由化便利化，旗帜鲜明反对保护主义。"④ 对此,法国《欧洲时报》发表题为《"逆全球化"下的"中国定力"》的社论，指出：全球化确实有需要反思的地方，中国在享有全球化带来的快速发展的同时，也付出了资源损耗、环境污染等代价，但中国没有由此否定全球化，而是体现出很强的战略定力，同时不断提出"中国主张"尽力改善它。⑤

---

① 《中央外事工作会议在京举行 习近平发表重要讲话》，《人民日报》2014年11月30日。
② 《习近平致信祝贺中国国际电视台（中国环球电视网）开播》，《人民日报》2017年1月1日。
③ 《马克思恩格斯全集》第46卷上，人民出版社1979年版，第394页。
④ 习近平：《在世界经济论坛2017年年会开幕式上的主旨演讲（2017年1月17日，达沃斯）》，《人民日报》2017年1月18日。
⑤ 王文伟：《法媒：习近平APEC演讲传递中国推进全球化的战略定力》，国际在线2016年11月22日。

党的十八大以来，习近平基于国际形势变化表现出来的战略定力，集中反映在两个方面。第一，坚定不移走和平发展道路。和平发展是社会主义的本质特征之一，是中国道路的基本规定。这就要求，不能因一时一事或某些人、某些国家的言论而受到影响，更不能掉入西方故意设置的陷阱，耽误和平发展大局。2013年1月28日，习近平在主持十八届中共中央政治局举行第三次集体学习时指出："走和平发展道路，是我们觉根据时代发展潮流和我国根本利益作出的战略抉择。""加强战略思维，增强战略定力，更好统筹国内国际两个大局，坚持开放的发展、合作的发展、共赢的发展，通过争取和平国际环境发展自己，又以自身发展维护和促进世界和平。"[1]第二，牢牢把握重要战略机遇期。习近平指出，"十三五"时期我国发展仍然处于可以大有作为的重要战略机遇期，只不过，战略机遇期的内涵发生了深刻变化。"面对复杂形势，最根本的还是要办好我们自己的事情，我们要审时度势、居安思危，既要有抓住和用好重要战略机遇期推进改革发展的战略定力，又要敏锐把握内外环境的变化，统筹国内国际两个大局。"[2]这是在国际形势发生重大而复杂变化的条件下，对重要战略机遇期的判断是否需要作出调整的科学回答。一方面，我国发展仍然处于可以大有作为的重要战略机遇期，我们最大的机遇就是自身不断发展壮大；另一方面，在确认仍然处于重要战略机遇期的同时，也要重视各种风险和挑战，善于化危为机、转危为安。

基于新时代如何建设社会主义现代化的问题，习近平的战略谋划集中体现在两个方面。一是，"四个全面"战略布局。邓小平说过："十三大确定了'一个中心、两个基本点'的战略布局，我们十年前就是这样提

---

[1] 习近平：《更好统筹国内国际两个大局　夯实走和平发展道路的基础》，《人民日报》2013年1月30日。
[2] 《习近平总书记重要讲话文章选编》，中央文献出版社、党建读物出版社2016年版，第221页。

出的,十三大用这个语言把它概括起来。这个战略布局我们一定要坚持下去,永远不改变。"① 可见,在他的视野中,基本路线就是最根本的战略布局。党的十八大以来,以习近平同志为核心的党中央作出的"四个全面"战略布局,是在坚持"一个中心、两个基本点"这个最根本的战略布局的基础上的实践着力点。二是"两步走"的发展战略。在党的十九大报告中,习近平对第二个百年奋斗目标制定了更加具体的战略步骤:从2020年到本世纪中叶可以分两个阶段来安排。第一个阶段,从2020年到2035年,在全面建成小康社会的基础上,再奋斗15年,基本实现社会主义现代化。第二个阶段,从2035年到本世纪中叶,在基本实现现代化的基础上,再奋斗15年,把我国建成富强民主文明和谐美丽的社会主义现代化强国。

第三,战略心态。

习近平在不少场合论及的战略定力,指的是战略心态。作为战略定力的精神状态的表达,战略心态对于战略思维的正常运行具有极其重要的保障功能和作用。

一是平常心态。平常心态就是一种从容不迫的心态,也是一种成熟稳定的心态。2014年5月,习近平在河南考察时指出:"我国发展仍处于重要战略机遇期,我们要增强信心,从当前我国经济发展的阶段性特征出发,适应新常态,保持战略上的平常心态。"② 习近平所提出的平常心态,有着鲜明的现实针对性。改革开放以来,经过长期高速发展的惯性之后,中国经济开始从粗放到集约、从简单分工到复杂分工的演进。"速度情结"难以摆脱,陷入"换挡焦虑"状态。正是针对这种心态,习近平提出了经济发展的新常态,这是战略心态在我国发展阶段认识上的具体体现。平常心

---

① 《邓小平文选》第3卷,人民出版社1993年版,第345页。
② 《习近平在河南考察时强调:深化改革发挥优势创新思路统筹兼顾 确保经济持续健康发展社会和谐稳定》,《人民日报》2014年5月11日。

态既表现在对我国发展阶段的科学认识上,又表现在对世界历史发展阶段的科学认识上。中国走向世界舞台中心的步伐是任何力量也不能阻挡的,强调平常心态,就是"任凭风浪起,稳坐钓鱼船"。

二是大国心态。大国心态一方面是大度心态。2014年11月,习近平在澳大利亚联邦议会的演讲中形象描绘道:"中国是一个拥有13亿多人口的大国,是人群中的大块头,其他人肯定要看看大块头要怎么走、怎么动,会不会撞到自己,会不会堵了自己的路,会不会占了自己的地盘。"[①] 在中国面对外界误解、猜想、疑忌时,习近平作为一国领袖展现出一种客观、大度与平和心态。大国心态另一方面还是责任心态。关于中国的理解,需要基于历史、现实和未来的统一,中国无论在历史上还是在现实中都是一个大国,并且对于人类的未来有自身无法摆脱的天命:为人类的发展作出自己的贡献。正如习近平2015年3月28日在博鳌亚洲论坛发表主旨演讲时所言:"作为大国,意味着对地区和世界和平与发展的更大责任,而不是对地区和国际事务的更大垄断。"[②]

三是乐观心态。战略心态反映为一种乐观必胜的心态,"不畏浮云遮望眼,自缘身在最高层",是中国共产党作为马克思主义政党应有的精神状态。这一乐观心态从根本上说来源于马克思的"两个必然",来源于"道路是曲折的,前途是光明的"的必胜信念。风物长宜放眼量。没有乐观心态,就没有毛泽东的《论持久战》。毛泽东面对日本侵略者的军事优势,一方面对战争的持久性作出了充分的估计,另一方面指出最后的胜利属于中国而不属于日本。沧海横流,方显英雄本色。面对苏联解体、东欧剧变,世界社会主义运动陷入空前低潮的不利态势,邓小平同样显现出了乐观心

[①] 习近平:《携手追寻中澳发展梦想 并肩实现地区繁荣稳定——在澳大利亚联邦议会的演讲(2014年11月17日,堪培拉,澳大利亚议会大厦)》,《人民日报》2014年11月18日。

[②] 习近平:《迈向命运共同体 开创亚洲新未来——在博鳌亚洲论坛2015年年会上的主旨演讲(2015年3月28日,海南博鳌)》,《人民日报》2015年3月29日。

态：" 一些国家出现严重曲折，社会主义好像被削弱了，但人民经受锻炼，从中吸收教训，将促使社会主义向着更加健康的方向发展。因此，不要惊慌失措，不要认为马克思主义就消失了，没用了，失败了。哪有这回事！"[1]

3. 新时代增强战略定力的实践要求

世界正处于百年未有之大变局，国际形势日益复杂多变，中国走近世界舞台中心的过程必然是一个面临更大的风浪和挑战的过程。习近平对战略定力的反复强调，因而具有重大的现实意义。保持和不断增强战略定力，至少应注重以下几个方面的建设。

第一，马克思主义理论的学习是第一位的任务。

理想信念是中国共产党人事业和人生的灯塔，是中国共产党人战略定力的价值支撑和力量源泉，决定中国共产党人的方向和立场，也决定中国共产党人的言论和行动。既然理想信念的坚定性是形成战略定力的最根本力量，那么，对党的理想信念状况的现实审视，就必然性地成为保持和增强战略定力的基础性工作。在世界社会主义运动陷入空前低潮和市场经济深入发展的条件下，"共产主义渺茫论"在党内已经有一定的思想市场，党内理想信念状况总体上呈现出的是很不乐观的情形。在很大程度上，理想信念缺失已经成为影响党的先进性和纯洁性的关键性因素。

习近平对这一问题形成的原因作出了深刻分析。他指出："这就涉及是唯物史观还是唯心史观的世界观问题。我们一些同志之所以理想渺茫、信仰动摇，根本的就是历史唯物主义观点不牢固。"[2]在一定意义上，"不忘初心、牢记使命"就是针对这一问题提出的。"不忘初心、牢记使命，就不要忘记我们是共产党人，我们是革命者，不要丧失了革命精神。"[3]只

---

[1]《邓小平文选》第3卷，人民出版社1993年版，第383页。
[2]《十八大以来重要文献选编（上）》，中央文献出版社2014年版，第116页。
[3] 习近平：《坚持和发展中国特色社会主义要一以贯之》，《求是》2022年第18期。

有补足精神之钙，坚定理想信念，才能为战略定力的形成构筑坚实的价值基础。新时代中国共产党人意义世界的再造，离不开历史唯物主义的熏陶，正如习近平指出的，"理论修养是干部综合素质的核心，理论上的成熟是政治上成熟的基础，政治上的坚定源于理论上的清醒。从一定意义上说，掌握马克思主义理论的深度，决定着政治敏感的程度、思维视野的广度、思想境界的高度"[①]。

增强战略定力，一方面表现为加强马克思主义基本原理的学习的要求。习近平指出："好学才能上进。中国共产党人依靠学习走到今天，也必然要依靠学习走向未来。"[②] 面对十分复杂的国内外环境，如果缺乏理论思维的有力支撑，就难以战胜各种风险和困难，也难以不断前进。坚定的理想信念和坚定的理论自信具有内在的一致性。要通过对马克思主义基本原理的学习，深刻认识马克思主义的彻底性真理性科学性，不断增强理论自信，以理论自信的增强推动战略定力的增强；要通过马克思主义基本原理的学习，掌握马克思主义立场、观点、方法，在纷繁复杂的国际国内形势面前，增强政治敏锐性和政治鉴别力，以科学性的认识推动战略定力的增强。

增强战略定力，另一方面表现为加强习近平新时代中国特色社会主义思想的学习的要求。我们党是高度重视理论建设和理论指导的党，强调理论必须同实践相统一，坚持和发展中国特色社会主义的伟大斗争，须臾离不开理论的指导，也须臾离不开理论的创新。在习近平看来，"我们要在迅速变化的时代中赢得主动，要在新的伟大斗争中赢得胜利，就要在坚持马克思主义基本原理的基础上，以更宽广的视野、更长远的眼光来思考

[①] 《习近平总书记重要讲话文章选编》，中央文献出版社、党建读物出版社2016年版，第339页。
[②] 《习近平总书记重要讲话文章选编》，中央文献出版社、党建读物出版社2016年版，第37页。

和把握国家未来发展面临的一系列重大战略问题,在理论上不断拓展新视野、作出新概括"①。从新的实践出发推动马克思主义的理论创新,构成厚植战略定力价值基础的最高境界。理论学习应在紧密联系实际的基础上,将习近平新时代中国特色社会主义思想的学习与马克思主义基本原理的学习有机结合起来,不断增强对现实世界和现实中国的科学认知。

第二,准确把握战略定力的实践指向。

从根本上说,战略定力始终是一个与道路相联系的范畴,因此,能否准确把握和提炼强化党的战略定力的实践指向,决定了战略定力的意义与价值。

其一,社会主义道路的指向。道路就是党的生命,在道路、方向、立场等重大原则问题上,必须要旗帜鲜明,态度明确,不能有丝毫含糊。"理想信念不是拿来说、拿来唱的,更不是用来装点门面的,只有见诸行动才有说服力。"②在2013年6月召开的全国组织工作会议上,习近平就曾作出这样的反问:"我一直在想,如果哪天在我们眼前发生'颜色革命'那样的复杂局面,我们的干部是不是都能毅然决然站出来捍卫党的领导、捍卫社会主义制度?"③当前,在社会思潮相互强劲激荡的条件下,全面深化改革必须牢牢坚持社会主义市场经济的方向。对于马克思主义理论工作者而言,面对大是大非的原则问题,必须主动发声,敢于亮剑,积极投身宣传思想领域斗争第一线,不能做开明绅士,不能搞折中主义,"要增强战略定力、站稳政治立场,在'乱花渐欲迷人眼'的诱惑干扰面前,保持'乱

---

① 习近平:《高举中国特色社会主义伟大旗帜　为决胜全面小康社会实现中国梦而奋斗》,《人民日报》2017年7月28日。
② 习近平:《在党的十九届一中全会上的讲话(2017年10月25日)》,《求是》2018年第1期。
③ 《习近平总书记重要讲话文章选编》,中央文献出版社、党建读物出版社2016年版,第60页。

云飞渡仍从容'的政治定力"①。

其二，全面从严治党的指向。由于中国共产党领导与中国特色社会主义的逻辑关联，全面从严治党的状况如何，不仅关涉党自身的前途命运，更关涉社会主义在中国的前途命运。新时代全面从严治党虽然取得了举世瞩目的成效，但党内存在的思想不纯、组织不纯、作风不纯等突出问题尚未得到根本解决，全面从严治党的历史任务还远远没有完成，党的纯洁性的修复必将经历一个长期的复杂的历史过程。如果不能在全面从严治党这个战略布局上保持战略定力，消极腐败力量必将卷土重来，所取得的成效不仅会毁于一旦，而且将葬送社会主义在中国的未来。我们要站在事业的高度深刻认识全面从严治党的战略意义，保持战略定力，对党内消极腐败力量保持强大压力，将全面从严治党引向深入，为党内健康力量的壮大创造历史性的机会。

其三，两制之间关系的指向。冷战结束以后，随着西方主导全球化的深入展开，国家利益矛盾上升，意识形态矛盾下降，但这并不意味着后者的终结。随着中国一步步走向世界舞台中心的步伐加速，引起了西方一些人的恐慌。在他们看来，中国作为"异端"对西方的核心价值理念形成了冲击。西方阻遏中国崛起不仅有国家利益的考虑，也有意识形态的考虑。基于马克思主义的立场观点方法，中美经贸摩擦从表面看是经济利益的矛盾，实质是社会主义与资本主义两种社会制度之间的矛盾。各种敌对势力绝不会让我们顺顺利利实现中华民族伟大复兴，这是习近平郑重提醒全党必须准备进行具有许多新的历史特点的伟大斗争的一个原因。这场斗争既有硬实力的斗争，也有软实力的斗争。我们既要深刻把握这一矛盾的历史必然性，又要深刻把握这一矛盾的全面性和长期性，始

---

① 《习近平总书记重要讲话文章选编》，中央文献出版社、党建读物出版社2016年版，第420页。

终保持既合作又斗争的战略定力。

第三，战略定力的三重提升。

其一，提升主体能动性，保持思想对现实的牵引。中国共产党不仅需要承担起实现中华民族伟大复兴和社会主义现代化的历史责任，还承载着人类社会未来的历史责任。改革开放以来，中国共产党逐步探索出了社会主义市场经济这条前人未曾走过的路，通过主动融入西方国家主导的资本主义世界体系，谋求实现双重历史责任的现实路径。这条道路是历史辩证法的赋予，正如有学者指出的，"'中国特色'和'社会主义'构成我国市场经济的最根本特征，这两大特征恰恰是世界历史与民族道路之矛盾的实际解决"[①]。社会主义与市场经济的辩证统一，只有发挥更大的主体能动性才能更好地实现。如果说改革开放前的历史时期毛泽东的错误主要在于对主体能动性的过分强调的话，那么，在改革开放和发展社会主义市场经济的条件下，对于主体能动性的强调就有了特别重要的现实意义。增强战略定力就是要增强主体能动性，发挥主观能动作用。要深刻认识中国共产党的战略选择和历史责任，坚定理想信念，风雨无阻，始终保持思想对现实的牵引，避免在市场经济中沉沦。

其二，提升战略预见力，善于见微知著。战略预见力是战略思维能力框架中最重要的一种。2017年10月25日，习近平在党的十九届一中全会上指出："要注重提高政治能力，特别是把握方向、把握大势、把握全局的能力和保持政治定力、驾驭政治局面、防范政治风险的能力。"[②] "见之于未萌、识之于未发"的战略预见力从哪里来？答案只有一个：马克思主义。马克思主义基本原理没有随着时间的流逝而失去其生命力，反而通过对历史发展趋势的验证进一步彰显了其科学性和当代价值。无论是历史

---

① 孙伯鍨、张一兵主编：《走进马克思》，江苏人民出版社2001年版，第50页。
② 习近平：《在党的十九届一中全会上的讲话（2017年10月25日）》，《求是》2018年第1期。

视野的获得还是全球视野的掌握，都需要与马克思主义的世界观和方法论相联系。实事求是的思想路线，是提升战略预见力的根本方法。要牢牢坚持实事求是这个马克思主义的根本观点，牢牢把握实事求是这个我们党的基本思想方法、工作方法和领导方法，不断增强工作的原则性、系统性、预见性、创造性，就能防范和化解各种各样可预见和不可预见的风险。

其三，提升辩证分析能力，把握好变与不变的辩证法。在一定意义上，习近平反复强调增强战略定力，是强调在国际国内形势变幻不定的条件下保持不变的定力，面对美国对中国和平崛起的强力压制，需要保持"咬定青山不放松，任尔东西南北风"，做到"乱云飞渡仍从容"。正如习近平指出的，如果没有足够的战略定力，往往容易出现患得患失、犹豫不决、摇摆不定、随波逐流、进退失据、迷失方向、错失机遇。如果只是将定力一味理解为不变的话，那就走向了形而上学。习近平对战略定力的强调，也包含对战略不变和策略有变的辩证把握。不变中有变，应根据形势的变化作出积极的适应和调整；变中有不变，在根本立场和根本方向上必须保持不变的姿态。

二、党的政治领导力的内涵、意义与提升

党的二十大报告指出："全面建设社会主义现代化国家，是一项伟大而艰巨的事业。"[①] 首先必须牢牢把握坚持和加强党的全面领导这一重大原则。坚持历史唯物主义基本理论和方法，深入阐释党的政治领导力概念的科学内涵，全面分析增强党的政治领导力的现实挑战，正确把握增强党的政治领导力的实践指向，是贯彻和落实这一实践要求的基础性工作。

---

① 习近平：《高举中国特色社会主义伟大旗帜　为全面建设社会主义现代化国家而团结奋斗——在中国共产党第二十次全国代表大会上的报告（2022年10月16日）》，人民出版社2022年版，第26页。

1. 党的政治领导力的若干辨析

改革开放 40 多年来，从恢复和发展个私经济到逐步强化市场在资源配置中的作用，生产关系和交换关系领域的一系列调整，无不是在党的领导下有序展开并深入推进的。改革逐步深化的过程，也是党审视经济基础的变化对上层建筑所提出的新要求，逐步调整领导体制和领导方式，推进党和政府职能转变的过程。巨大的中国成就，折射出政治对经济强大的能动作用和导向功能。正如邓小平指出的，"改革，现代化科学技术，加上我们讲政治，威力就大多了。到什么时候都得讲政治，外国人就是不理解后面这一条"[1]。强大的政治领导力作为中国道路的一大特点和优势，成为梳理和总结改革开放历史经验不可或缺的重要维度。

理论界对于这个重要范畴的研究，已经有了初步的积累。关于党的政治领导力的意义，有学者认为，"政治领导力是国家实力的关键，决定大国实力对比转变及国际规范变化。中国过去四十年取得非凡成就，逐渐缩小与美国综合国力的差距，靠的是中国领导人的领导能力"[2]。关于党的政治领导力的内涵，有学者认为，"政治领导力是政党领导力的重要因素，是由政党的性质、宗旨、目标和行为等因素构成的，体现为政党的胜任力、执行力和影响力，显示着政党建设和政治能力运作的实际状态和效果"[3]。有学者认为，集中统一、问题导向、法治主义、整体应对、高效协同以及合作思维等六个方面，是新时代党的政治领导力的特点。[4] 诸多研究普遍呈现出肯定性态度的同时，也提出了强化问题导向展开深入研究的必要性，政治领导力的阐释依然是一个重要的现实课题。

首先需要厘清三组概念。第一，党的领导权与党的领导力。领导权指

---

[1] 《邓小平文选》第 3 卷，人民出版社 1993 年版，第 166 页。
[2] 阎学通：《政治领导力的核心是改革能力》，《中国新闻周刊》2019 年第 17 期。
[3] 张垚：《政治领导力是衡量政党领导力重要尺度》，《人民日报》2017 年 10 月 30 日。
[4] 樊鹏：《改革时代的政治领导力：制度变革与适应调整》，《科学社会主义》2019 年第 1 期。

的是领导资格，作为执政党的中国共产党是中国特色社会主义事业的领导核心；领导力指的是领导能力，与执政能力相一致。就两者关系而言，领导权是领导力外化得以实现的前提，党的执政地位和领导地位不是自然而然就能长期保持下去的，领导力始终是领导权的内在环节，领导力的提升始终是维护和巩固领导权的一个重要问题。第二，党的领导力与党的政治领导力。党的十六大报告规定了党的领导的基本内容："党的领导主要是政治、思想和组织领导，通过制定大政方针，提出立法建议，推荐重要干部，进行思想宣传，发挥党组织和党员的作用，坚持依法执政，实施党对国家和社会的领导。"[1] 根据这一规定，党的领导力包括政治领导力、思想领导力、组织领导力，这三个方面是辩证统一的，由政党的政治属性决定，政治领导力在党的领导力中居于首要和核心的地位。第三，广义政治领导力与狭义政治领导力。政治领导力可以分别作广义和狭义的理解。广义上，思想引领力、群众组织力和社会感召力都可以纳入政治领导力的分析框架；狭义上，政治领导力主要体现为解决方向问题的能力，就是"把握方向、把握大势、把握全局的能力，辨别政治是非、保持政治定力、驾驭政治局面、防范政治风险的能力"，"善于从政治上分析问题、解决问题"[2]。

政治概念的历史唯物主义解读，是深入阐释习近平政治领导力观点的关键。在历史唯物主义看来，政治是一种社会关系，即"在一定的经济基础上，人们围绕着特定利益，借助于社会公共权力来规定和实现特定权利的一种社会关系"[3]。在此基础上，历史唯物主义还赋予政治以历史范畴的规定。恩格斯在《论权威》中指出："所有的社会主义者都认为，政治国家以及政治权威将由于未来的社会革命而消失，这就是说，公共职

---

[1] 《十六大以来重要文献选编（上）》，中央文献出版社2011年版，第26页。
[2] 习近平：《增强推进党的政治建设的自觉性和坚定性》，《求是》2019年第14期。
[3] 王浦劬主编：《政治学基础》，北京大学出版社1995年版，第8—9页。

能将失去其政治性质,而变为维护真正社会利益的简单的管理职能。"① 这意味着,政治具有与阶级及国家相一致的特性。亨廷顿准确解读了这一点:"马克思主义者关于人类社会演变的理想,就是在历史进程的终点,重新创造一个尽善尽美的共同体,其时政治就将成为多余之物。"② 这也就意味着,马克思主义政党视域中的政治,以无产阶级的阶级性为基础并与共产主义的理想性相联系,是事实性与价值性的统一。关于政治与理想性的内在一致性,习近平作了充分的阐明:"讲政治,是我们党补钙壮骨、强身健体的根本保证,是我们党培养自我革命勇气、增强自我净化能力、提高排毒杀菌政治免疫力的根本途径。"③ 上述两个方面的统一,给予了政治以积极意义的确认,构筑了党的政治领导力的根本基础。有学者认为,政治与统治有区别,最关键在于政治蕴含政治理想和使命。"政治变成统治的政治意义就在于回避了政治的原则性问题,特别是政治合法性、政治责任以及政治理想等等问题","放弃了政治思想和政治理想,不考虑政治合法性、社会合作以及万民公利等问题,而只考虑统治的'千秋万代'问题,政治就变成统治"④。这一比较,对于理解马克思主义政党关于政治的理想性规定,具有重要的参考价值。

从实践角度把握党的政治领导力,首先需要正确认识党的政治领导力所蕴含的道与术之间的关系。所谓道,即价值、理论和路线等方向性的内容,是决定政党领导力的根本,是党的政治领导力最深刻的来源和最重要的体现。习近平指出:"政治方向是党生存发展第一位的问题,事关党

---

① 《马克思恩格斯选集》第 3 卷,人民出版社 1995 年版,第 227 页。
② [美]塞缪尔·P. 亨廷顿:《变化社会中的政治秩序》,王冠华、刘为等译,沈宗美校,生活·读书·新知三联书店 1989 年版,第 11 页。
③ 习近平:《以解决突出问题为突破口和主抓手 推动党的十八届六中全会精神落到实处》,《人民日报》2017 年 2 月 14 日。
④ 赵汀阳:《反政治的政治》,《哲学研究》2007 年第 12 期。

的前途命运和事业兴衰成败。我们所要坚守的政治方向，就是共产主义远大理想和中国特色社会主义共同理想、'两个一百年'奋斗目标，就是党的基本理论、基本路线、基本方略。"①与道相比，领导能力的效率和水平等技术性问题只能居于次要的位置。就党的政治领导力的内在建设与外在建设之间的关系而言，内在建设也必然性地处于首要的位置。"领导力不是单向的，是领导者与被领导者相互作用产生的合力，是党与人民群众呼应传递、双向激励的政治过程。"②评价的实践，既要考察党的政治领导力的提升状况，更应倾听群众的声音，并以后者作为评价的根本尺度。

2. 党的政治领导力的现实挑战

党的十九大报告提出政治领导力的范畴，超越了改革开放实践经验的意义，主要是基于国际国内形势的深刻变化提出了新的实践要求。党的政治领导力命题的提出，是世界百年未有之大变局的历史条件下与党的历史使命和党的自身状况相联系的未来指向议题。概念一经提出，本身就被赋予战略性和紧迫性的色彩。

第一，历史使命和全球性问题。

由实现中华民族伟大复兴和社会主义现代化的战略目标所决定，政治领导力对于中国共产党而言是一个基于又超越于维护和巩固执政地位的命题。在历史唯物主义的分析框架中，党的政治领导力包含了一种全球视野的规定，这不仅是中华民族天下为公的文化传统的赋予，也不仅是中国问题的世界性——中国就是一个世界，中国问题不仅是世界问题的一部分，甚至在一定意义上，中国问题就是世界问题——所赋予，更是社会主义的赋予——社会主义是一项全球性的事业，党的政治领导力天然涉

---

① 习近平:《把党的政治建设作为党的根本性建设　为党不断从胜利走向胜利提供重要保证》，《人民日报》2018年7月1日。
② 冯秋婷:《新时代中国共产党领导力专题研究》,《中国井冈山干部学院学报》2019年第3期。

及世界历史牵引力的宏大叙事。同时，为资本主导的世界历史和社会主义市场经济的双重条件所决定，党的政治领导力又包含了反作用力的思维，是一个与主体能动性相联系的范畴。习近平关于中国共产党与中国特色社会主义关系的认识，正是基于反作用思维的认识成果，将中国特色社会主义最本质的特征和制度的最大优势与中国共产党领导联系在一起，更多地意味有中国共产党之于社会主义前途命运的政治责任和历史担当，这必然对反作用力的发挥提出了更高水平的要求。

在世界社会主义运动陷入低潮的历史条件下，党的政治领导力的全球视野一度有所蛰伏，反作用力主要释放于国内空间并且有历史的局限。但随着综合国力迅速增强，这种全球视野又逐步展开，与世界对中国的关注度的提升相一致，越来越充分地呈现出来。正如美国学者李侃如所言："中国的成就已经极大地增强了它在全球政治和国际经济中的地位。中国的未来不仅是整个亚洲、而且是整个国际社会关注的重大问题。"[1] 全球视野展开的另一个重要的推动力，是世界历史进程正在发生重大变化，处于一个新的历史分水岭上。随着科技革命和全球化的深入发展，全球性问题作为人类共同面临的课题也达到了一个历史的高度："不仅限于经济方式的全球化过程将使我们逐渐接受另一种观点，使我们日益清晰地看到社会舞台的局限性、风险的共同性和集体命运的相关性。""即使从中期来看，日益变小的世界已不允许人们将行为后果外化：无须担心制裁，而把代价和风险转嫁给他人如其他社会部门、其他地区、其他文化或子孙后代的机会越来越少。"[2] 随着人类社会生活的复杂化特征的增强，生存危机加深，人类的共同命运从来没有像当下联系得如此紧密。全球性问题的增加与

---

[1] [美]李侃如：《治理中国：从革命到改革》，胡国成、赵梅译，中国社会科学出版社2010年版，第331页。
[2] [德]乌·贝克、哈贝马斯：《全球化与政治》，王学东、柴方国等译，中央编译出版社2000年版，第82页。

中国地位的上升相互作用，极大地拓展了党的政治领导力的全球视野。

当然，世界历史当下还处于一种过渡性的状态，世界历史的性质也没有发生根本的改变，因此，全球视野的展开，不仅没有从根本上改变反作用力的方向，而且在为主体能动性的发挥提供更加有力凭借的同时，也提出更为严峻的挑战，反作用力由此被赋予了更多的践行未来社会意义的要求。

第二，改革风险和阶级基础。

改革既然关涉经济基础和上层建筑的调整，也必然带来利益结构和关系的变化。能否有效地处理好改革、发展与稳定的关系，是党的政治领导力的重要评价指标之一。亨廷顿在研究后发国家现代化过程中认识到，强大的政党之于政治的稳定具有决定性的作用："处于现代化之中的政治体系，其稳定取决于其政党的力量"，"那些在实际上已经达到或者可以被认为达到政治高度稳定的处于现代化之中的国家，至少拥有一个强大的政党"。[1] 稳定可分为积极的稳定和消极的稳定，主要取决于社会中下层成员的主观感受。改革开放40多年来，工人阶级和农民阶级基于历史比较的获得感提升，是社会总体上处于稳定状态的重要原因。在改革、发展和稳定三者关系的协调和处理上，党的政治领导力显示出自身的强大，构成改革成功的一个重要经验。

当前，改革进入深水区和攻坚期，发展不平衡不充分问题和各种周期性、结构性、体制性因素的高度交织叠加在一起，系统性风险增加，复杂难解。更为重要的是，渐进性改革的特点决定了，随着改革的逐步深化，不可避免地会触及越来越深层的利益矛盾。在改革面临的各类风险和挑战中，最突出的是改革触及利益格局调整的深刻性前所未有。马克思主

---

[1] ［美］塞缪尔·P.亨廷顿：《变化社会中的政治秩序》，王冠华、刘为等译，沈宗美校，生活·读书·新知三联书店1989年版，第377页。

义关于政治的理解是与阶级相联系的范畴，对待劳动者地位的态度问题始终是划分马克思主义政党与其他政党的分水岭和试金石。恩格斯指出："唯物主义的方法在这里就往往只得局限于把政治冲突归结于由经济发展所造成的现有各社会阶级以及各阶级集团的利益的斗争，而把各个政党看做是这些阶级以及阶级集团的多少确切的政治表现。"[①] 准确地说，阶级基础问题的凸显，向党的政治领导力提出了增强的要求。

改革开放历史实践的一个重要启示在于，如果政治领导力的增强只关注资本和市场之于经济的意义，无视我国工人阶级的成长进步和主力军作用，认为科技进步条件下工人阶级越来越无足轻重，就可能会导致阶级基础的疏离，进而导致阶级基础的弱化。任何关于提升政治领导力的讨论，一旦离开我们党最坚实最可靠的阶级基础，就会成为毫无意义的话题，也必然丧失正确的评价尺度。当前，改革发展到了一个新的历史关头，如何在利益关系的处理上把阶级性和人民性更好地统一起来，彰显社会主义的优越性，构成党的政治领导力建设面临的一大现实课题。

第三，党的权威和信任。

习近平指出："如果丢失了我们共产党人的远大目标，就会迷失方向，变成功利主义、实用主义。"[②] 这一重要论述，集中表达了对苏联解体之后党内思想状况的深层忧思。20世纪末，世界社会主义运动陷入低潮，不仅改变了马克思主义政党生存的历史条件，也与理想性的弱化交织在一起，成为资本全球扩张似乎无可匹敌的有力证明。在社会主义市场经济条件下，一段时期以来，腐化在一些地方和部门客观上发挥出加速现代化进程的"润滑剂"意义，虽然在短期内释放出有利于经济增长的正效应，但其对于党的政治领导力的消极影响也随之越来越强烈地释放出来。随

---

① 《马克思恩格斯文集》第4卷，人民出版社2009年版，第532页。
② 习近平：《关于坚持和发展中国特色社会主义的几个问题》，《求是》2019年第7期。

着腐化的不断强化,"共产主义"话语不仅远离了社会日常生活,甚至在不少党员干部那里也早已不合时宜,避之唯恐不及。理想性的祛除成全了官僚政治的强力回归。"官僚政治是一种独特的政治,其本质是反政治,因此它是对政治的终结,它把政治变成了统治,于是,退化了的政治变成了一种似乎是自动的习惯运动,政治问题被屏蔽了,人们似乎不再需要思考政治问题,而只需要完成行政工作。"[1]一些地方的官僚政治和市场经济相互联结在一起,不断扩展腐化的空间,导致党的政治属性不断削弱,成为削弱党的政治领导力的源头。

党的权威弱化是腐化的一个后果。亨廷顿认为,"腐化与政治组织的程度成反比关系"[2]。党内一些干部理想性与纪律性的弱化,山头主义、圈子文化,破坏了党的集中统一领导,导致党的权威弱化。正是在这个意义上,政治腐败是最大的腐败。党中央权威和集中统一领导,不仅是党和国家前途命运所系,也是全国各族人民根本利益所在。强化党中央权威和集中统一领导,构成新时代全面从严治党的一个重要目标。尽管反腐败斗争已经取得了决定性的胜利,但还没有取得彻底胜利,反腐败斗争形势依然严峻复杂,大大小小的山头和圈子依然忽明忽暗地存在并发挥作用,党的政治生态还没有根本改善,这些都决定了党的自我革命任重而道远,"两个维护"依然是一个紧迫的现实课题。

人民群众对党的信任度的弱化是腐化的另一个后果。中国共产党领导的合法性源自历史的必然和人民的选择,人民群众对党的信任赋予了党的领导资格。1936年12月,毛泽东在《中国革命战争的战略问题》一文中指出:"中国共产党在革命斗争中的伟大的历史成就,使得今天处在民

---

[1] 赵汀阳:《反政治的政治》,《哲学研究》2007年第12期。
[2] [美]塞缪尔·P.亨廷顿:《变化社会中的政治秩序》,王冠华、刘为等译,沈宗美校,生活·读书·新知三联书店1989年版,第65页。

族敌人侵入的紧急关头的中国有了救亡图存的条件，这个条件就是有了一个为大多数人民所信任的、被人民在长时间内考验过因此选中了的政治领导者。"① 信任关系不是永恒不变的，党的信任度的维持和巩固始终是一个现实的课题。在各种消极性力量中，腐化是摧毁信任关系最直接和最关键的因素，腐化的上升和信任的下降，具有了一定的普遍性特征。信任的弱化是政治领导力弱化的重要标志，由于最初反映为一种内心的感受，觉察和警醒往往存在滞后的情形，一旦被清晰地意识到，信任的弱化也已经从隐形存在发展到显性存在的严重程度，不仅逾越了政治领导力的框架，更为严重地导致党的领导合法性的弱化。只有坚持党的无产阶级先锋队性质和全心全意为人民服务的宗旨，保持党同人民群众之间的血肉联系，才能始终得到人民群众的信任和认同。克服党群之间信任关系解体的危险，成为党的政治领导力建设的关键环节。

3. 深化党的自我革命

办好中国的事情，关键在党。改革开放以来，党的政治领导力在发挥强力支撑的同时，自身的政治性也出现了严重的损耗，付出了一定的代价。习近平提出新时代加强党的政治建设的战略任务，主要就是基于"党内存在的政治问题还没有得到根本解决，一些党组织和党员干部忽视政治、淡化政治、不讲政治的问题还比较突出，有的甚至存在偏离中国特色社会主义方向的严重问题"，在他看来，"加强党的政治建设，目的是坚定政治信仰，强化政治领导，提高政治能力，净化政治生态，实现全党团结统一、行动一致"。② 在这个目的性阐述中，党的政治建设、党的纯洁性建设和党的政治领导力建设有机统一在了一起。

---

① 《毛泽东选集》第 1 卷，人民出版社 1991 年版，第 185 页。
② 《中共中央关于加强党的政治建设的意见(2019 年 1 月 31 日)》，新华网 2019 年 2 月 27 日。

如何保持自身纯洁性，是增强党的政治领导力和加强党的政治建设的核心课题。党的十七大报告提出"把党的执政能力建设和先进性建设作为主线"；党的十八大报告提出"牢牢把握加强党的执政能力建设、先进性和纯洁性建设这条主线"，增加了"纯洁性建设"的字样；党的十九大报告中"加强党的长期执政能力建设、先进性和纯洁性建设"被明确为主线，"执政能力建设"前增加了"长期"二字。稍加梳理党的十七大以来党的建设主线表述的历史演变，不难发现，新时代党的建设的主要任务，一个是长期执政能力建设，一个是纯洁性建设。就两者关系而言，纯洁性建设居于基础性地位。政治领导力虽然从属于执政能力的框架之中，但根本上是与纯洁性相联系的。可以说，抓住了纯洁性建设，就抓住了增强党的政治领导力的关键，就抓住了新时代党的政治建设的关键。新时代增强政治领导力的实践要求，首先就反映在强化党的自我革命上。

彰显理想的力量，为中国道路的探索强化价值牵引，是深化党的自我革命的基础性任务。现代化尽管总体上奉献了发展与进步，但资本逻辑有着自身无法克服的历史局限，物化的力量对超越性的消解内在于现代化的过程，丰裕的物质生活的追求带来的满足感，往往伴随现实生活中想象力的匮乏和精神家园的荒芜，理想的缺失成为一个客观的社会景象。李侃如在论及中国全面建成小康社会奋斗目标时，提出值得国人警醒的两个问题，一个问题是"中国在这个过程中不发展出一种有助于保持社会一致的有意义的价值观共识，能够达到这种水平的成就吗？"；一个问题是"如果它在经济上取得了成功而没有指导行为的基本道德准则，那么，更加强大的中国对其邻国及整个世界将会有什么样的影响？"。[1] 如果党的政治领导力不能在价值牵引上积极有为的话，中华民族的伟大复兴必

---

[1] ［美］李侃如：《治理中国：从革命到改革》，胡国成、赵梅译，中国社会科学出版社2010年版，第331页。

将呈现为一种不充分的状态。

党的政治领导，从根本上反映为提供一种超越性的想象和美好的预期以及道德品行的示范，唤起人们内心深处的精神和道德力量。毛泽东曾深刻论述了理想与作风之间的关系："没有坚定正确的政治方向，就不能激发艰苦奋斗的工作作风；没有艰苦奋斗的工作作风，也就不能执行坚定正确的政治方向。"① 在革命、建设和改革的各个历史时期，中国共产党之所以保持强大的领导力，是一大批党员干部群众在理想的激励下艰辛奋斗和无私奉献的结果。历史的价值不能消失在时间的黑洞中，听不到任何积极的回声，这在很大程度上仍然依赖于反作用力的强化，因为任何一种上层建筑都是以特定的社会现实条件为基础的。"而发展着自己的物质生产和物质交往的人们，在改变自己的这个现实的同时也改变着自己的思维和思维的产物。"② 社会主义初级阶段的客观实际加上物质主义的历史惯性，使得党的十八大之前共产主义话语处于近乎失语的状态，构成以习近平同志为核心的党中央发起自我革命的现实背景和根本原因。他告诫全党："我们现在做的是社会主义初级阶段的事情，但不能忘记初衷，不能忘了我们的最高奋斗目标。在这个问题上，不要含糊其辞、语焉不详。"③ 党的十八大以来，党不仅将共产主义拉回主流话语空间，而且在意义世界再造的实践上迈出了坚实有力的步伐，成为自我革命的标志性成果和政治领导力增强的显著表征。增强党的政治领导力，应进一步通过党的科学理论的武装，深化对中国特色社会主义与共产主义理论逻辑内在一致性的认识，挺起共产党人的精神脊梁；在深刻洞察世界历史大势的基础上，把握世界社会主义复兴新的发展机遇，彰显超越性的价值。

---

① 毛泽东：《国民精神总动员的政治方向》(1939年5月1日)，《新中华报》1939年5月10日。
② 《马克思恩格斯选集》第1卷，人民出版社1995年版，第73页。
③ 《习近平总书记重要讲话文章选编》，中央文献出版社、党建读物出版社2016年版，第338页。

深化党的自我革命，需要深入开展反腐败斗争，冲破利益固化的藩篱。美国学者大卫·科茨在解释他为什么把讨论苏联解体原因的书名定为《自上而下的革命》时指出："苏联解体的真正原因来自苏共内部，我这里指的是为数十万人左右的占据着党政机关重要领导岗位的精英集团。正是这个精英集团企图实行资本主义，以便他们享有更大的权力，拥有更多的财富。"[①] 今天，利益固化不仅成为改革进入深水区和攻坚期的突出表征，也成为凝聚改革共识的障碍和全面深化改革的重要阻力。习近平指出："在深化改革问题上，一些思想观念障碍往往不是来自体制外而是来自体制内。"[②] 他提出的"进一步思想解放"，就是在看清各种利益固化症结的基础上深化自我革命的要求。如果说 40 多年前主要是僵化地、教条主义地对待马克思主义的态度倒逼解放思想出场的话，那么，40 多年后的今天，深层次的社会关系和利益矛盾的进一步触动和深层调整，构成了解放思想出场的关键根据。触动利益比触动灵魂还难的实际情形，必然使得强力反腐成为增强党的政治领导力的重要手段。以彻底的自我革命精神深入开展反腐败斗争，必须与强化人民群众的监督结合起来。正如习近平指出的，"对党内的一些突出问题，人民群众往往看得很清楚。党员、干部初心变没变、使命记得牢不牢，要由群众来评价、由实践来检验。我们不能关起门来搞自我革命，而要多听听人民群众意见，自觉接受人民群众监督"[③]。

民主集中制既是党的根本组织原则，也是党的自我革命的制度保障。深化党的自我革命，必然提出健全和完善民主集中制的实践要求，从政治生态的改善来说，这是党的自我革命的治本之策，是新时代政治体制

---

① ［美］大卫·科茨：《苏联解体原因是精英集团主张资本主义》，观察者网 2013 年 9 月 26 日。
② 习近平：《关于〈中共中央关于全面深化改革若干重大问题的决定〉的说明（2013 年 11 月 9 日）》，《人民日报》2013 年 11 月 16 日。
③ 习近平：《全党必须始终不忘初心牢记使命　在新时代把党的自我革命推向深入》，《人民日报》2019 年 6 月 26 日。

改革的重要构成。坚决维护习近平总书记党中央的核心、全党的核心地位，坚决维护党中央权威和集中统一领导，不仅是健全和完善民主集中制的根本要求，也是改革进入深水区和攻坚期提出的迫切要求。民主集中制的问题意识，不仅需要关注党的权威的弱化，还需要关注党内民主的发扬。健全和完善民主集中制，发展党内民主也是不容忽视的重要内容。民主集中制不能异化为集中制，不能成为个人说了算或者少数人说了算的遮羞布。党的建设科学化水平的提升，不能陷入形式和技术提升的崇拜之中，应将法治和民主有机统一起来，逐步克服形式和实质之间的矛盾，向既充分民主又集中统一的良好政治生态逐步靠近。

4. 增强正确把握改革方向的能力

有学者认为，改革能力是政治领导力的核心，因此可将政治领导力简化为一国政府的改革能力。在他看来，史蒂夫·班农提出中美之争是"模式之争"，但其实中美战略竞争是政府改革能力的竞争，不是模式之争，更不是制度之争。[①] 姑且不论中美竞争中改革能力和制度模式谁为关键，仅就其将改革能力等同于政治领导力而言，就凸显了改革能力之于政治领导力的重要意义。一种在西方颇有影响力的观点是，改革开放以来中国道路探索的历史逻辑，是从国家主导的社会主义（state socialism）过渡到国家主导的资本主义（state capitalism）。这一结论仅从使用的概念上就可以嗅到浓烈的意识形态气味。基于唯物史观，40多年来中国改革的实质是从社会主义计划经济向社会主义市场经济转变，社会主义和市场经济的结合是改革开放以来中国道路探索的核心课题。资本主导的全球化的外部条件和资本与市场作用逐步强化的内部条件决定了，增强党的政治领导力，必然提出更充分地发挥主体能动性正确把握改革方向的根本要求。

---

① 阎学通：《政治领导力的核心是改革能力》，《中国新闻周刊》2019年第17期。

正确把握改革方向的能力，就是党遵循社会主义原则对资本逻辑坚持既适应又抑制的能力。在社会主义市场经济行进 30 多年之后，中国之所以能够在经济全球化进程中获得相对主动的地位，除了广大人民群众勤劳和忍耐以及巨大的付出和牺牲以外，还有一个重要的原因就是党始终保持着对资本全球化的警惕和抵抗的意识。这一意识从提出建立社会主义市场经济起就初步确立，并随着改革开放的深入逐步明确，对于经济全球化坚持和贯彻了有限融入的根本原则。更为重要的是，对于权力与资本的关系、资本与劳动的关系、资本与社会的关系，尽管不同发展阶段党的认识和处理的水平有所差异，并在社会主义市场经济建立初期有相对滞后的特征，但规范性校正的实践总体上呈现出逐步深化的趋向。这一意识及其强化，与其说是世界历史发展进程中超越性探索的创新，倒不如说是在市场和资本的挤压下社会主义价值惯性的反弹，即德里克所说的"社会主义革命的遗产"的作用。无论是"两个大局"战略的提出，还是新时代共享发展理念和脱贫攻坚行动，以及关于共同富裕这个社会主义核心议题作出的"两步走"的战略安排，绝不是社会主义色彩的点缀，而是权力逻辑对资本逻辑反作用的呈现，是浓墨重彩的社会主义历史叙事。

世界正处于百年未有之大变局，使得社会主义与市场经济结合的探索既面临着难得的机遇，也面临着更为严峻的考验。我们的方向是社会主义的市场经济，而不是资本主义的市场经济，在全面深化改革启动之际，习近平就指出："问题的实质是改什么、不改什么"，"我们不断推进改革，是为了推动党和人民事业更好发展，而不是为了迎合某些人的'掌声'"。[1]作出这一强调，不是对特殊性的偏执，而是对超越性的重申。增强把握改革正确方向的领导能力，需要强化总体性思维、底线思维和风险意识，

---

[1] 《习近平总书记重要讲话文章选编》，中央文献出版社、党建读物出版社 2016 年版，第 100 页。

把正确的政治方向贯彻到战略谋划和政策制定的实践中。

第一，增强维护经济基础和阶级基础的能力。改革需要强化总体性思维，坚持经济基础和阶级基础的统一、公平和效率的统一、物质基础和精神基础的统一，逐步纠正在经济体制改革问题上单一的经济思维。体现在所有制形式的改革上，党的政治领导力的增强，应在坚持"两个毫不动摇"的基础上，进一步深入把握市场经济的要求和社会主义价值原则的要求的辩证统一。公有制经济的主体地位是定量与定性的统一，一方面基于经济功能和政治功能的统一性，推动全面从严治党和深化国有企业改革相互促进；另一方面基于经济基础和阶级基础的一致性，切实保障劳动者的主人翁地位。习近平指出："不论时代怎样变迁，不论社会怎样变化，我们党全心全意依靠工人阶级的根本方针都不能忘记、不能淡化，我国工人阶级地位和作用都不容动摇、不容忽视。"[1] 工人阶级作为领导阶级的政治话语只有真正深入工人阶级的内心，党的政治领导力的意义才能充分体现出来。

第二，增强处理市场和政府关系的能力。社会主义与市场经济的深入结合，问题主要不在于如何理解市场对资源配置的决定性作用，而在于理解政府如何更好发挥作用，进一步厘清和规范国家干预特殊性的功能和边界，是新时代完善社会主义市场经济体制需要深入思考的重要问题。这当然要与取消国家干预的自由市场经济划清界限，因为即使是在资本主义条件下，自由市场经济也只是一种理想，从来没有在现实中落地过。问题的关键从来不是需不需要权力逻辑，而是"如何将其与资本逻辑置于一种合理的存在结构中"[2]。权力逻辑的不当使用，往往会导致其消极性

---

[1] 《习近平在庆祝"五一"国际劳动节暨表彰全国劳动模范和先进工作者大会上的讲话（2015年4月28日）》，《人民日报》2015年4月29日。

[2] 叶险明：《当代中国政治经济学批判的缺失与马克思主义哲学研究的困境》，《学术界》2019年第2期。

和资本逻辑的消极性结合在一起。要更好地发挥政府作用，应进一步消解官本位色彩，为资本活力的释放开辟道路，与此同时，权力逻辑应依据社会主义原则把握好资本作用的边界和限度，妥善处理好资本与劳动的关系以及资本与社会的关系。

第三，增强防范化解重大风险的能力。贝克将风险界定为"系统地处理现代化自身引致的危险和不安全的方式"[①]，本身就包含着风险社会与现代化一致性的理解。现代化的风险既有确定性的，也有不确定性的，后者更具挑战性。2019年1月21日，习近平在省部级主要领导干部坚持底线思维着力防范化解重大风险专题研讨班上，提出了防范化解政治、意识形态、经济、科技、社会、外部环境、党的建设等领域七个重大风险。如果深入思考现代化过程中风险形成的内在逻辑的话，那么，改革方向的正确把握，无疑具有消解和规避风险的价值和意义。这就要求，一方面，在改革过程中深入探索新的文明类型的构建路径，不断发展和完善中国特色社会主义；另一方面，增强从政治高度把握风险的意识和能力，正如党的二十大报告指出的，"我们必须增强忧患意识，坚持底线思维，做到居安思危、未雨绸缪，准备经受风高浪急甚至惊涛骇浪的重大考验"[②]。

[①] ［德］乌尔里希·贝克:《风险社会》，何博闻译，译林出版社2004年版，第19页。
[②] 习近平:《高举中国特色社会主义伟大旗帜　为全面建设社会主义现代化国家而团结奋斗——在中国共产党第二十次全国代表大会上的报告（2022年10月16日）》，人民出版社2022年版，第26页。

第八章　人类文明新形态与中国式现代化

一、人类文明新形态视域下的中国道路

中国共产党以其百年艰苦卓绝的不懈奋斗，不仅书写了中华民族几千年历史上最恢宏的史诗，而且为我们生存的世界提供了超越历史的积极前景。2021年7月1日，习近平在庆祝中国共产党成立100周年大会上指出："我们坚持和发展中国特色社会主义，推动物质文明、政治文明、精神文明、社会文明、生态文明协调发展，创造了中国式现代化新道路，创造了人类文明新形态。"① 党的十九届六中全会通过的《中共中央关于党的百年奋斗重大成就和历史经验的决议》进一步将"党领导人民成功走出中国式现代化道路，创造了人类文明新形态"纳入中国共产党百年奋斗历史意义的框架之中。这一重要论述，是对中国共产党百年伟大历史创造最深刻的理论概括和最高层次的政治表达，在历史唯物主义理论框架中展开深入阐释，具有重大而深远的理论意义与实践价值。

---

① 习近平：《在庆祝中国共产党成立100周年大会上的讲话（2021年7月1日）》，《人民日报》2021年7月2日。

1. 水平、道路、性质：中国式现代化的三重理解

在当前中国马克思主义研究中，中国道路已经成为一个极端重要的话题。这个话题的一个特殊意义在于它肩负着为改革开放以来中国现代化探索提供阐释、辩护和支持的理论任务，因此，该话题在21世纪以来中国马克思主义研究领域始终处于焦点的位置。改革开放以来，中国道路一般被理解为中国特色社会主义道路的简称，习近平使用中国式现代化道路的话语以及关于中国式现代化道路与人类文明新形态关系的论述，蕴含对中国道路新的反思与理解。众所周知，"中国式的现代化"是邓小平最先提出并使用的，并从多个维度作出过阐发，厘清不同维度各自的含义及其相互之间的关系，构成解读中国式现代化道路内涵和意义的基础性任务。

邓小平首先从现代化水平的维度提出了中国式的现代化的概念。1979年3月21日，他在会见英中文化协会执行委员会代表团时指出："我们定的目标是在本世纪末实现四个现代化。我们的概念与西方不同，我姑且用个新说法，叫做中国式的四个现代化。现在我们的技术水平还是你们五十年代的水平。如果本世纪末能达到你们七十年代的水平，那就很了不起。"[①]1979年12月6日，在会见来华访问的日本首相大平正芳时，邓小平进一步指出："我们要实现的四个现代化，是中国式的四个现代化。我们的四个现代化的概念，不是像你们那样的现代化的概念，而是'小康之家'。"[②]无论是"中国式的四个现代化"还是"小康之家"，都是邓小平在开启改革开放大门时对中国现代化目标作出重新审视和设计的成果，中国式的现代化作为"中国式的四个现代化"的简称，成为阐释中国现代化世纪目标的基本概念，"小康"这一富含中华传统文化意味的话语也由之成为中国现代化世纪目标的形象表达，家喻户晓，妇孺皆知。有学者认为："现

---

① 《邓小平年谱（1975—1997）（上）》，中央文献出版社2004年版，第496页。
② 《邓小平文选》第2卷，人民出版社1994年版，第237页。

代化（modernization）是一个用来描述技术水平的概念，即现代科学技术的实践和落实水平。现代化是一个普遍问题，是技术上可衡量的成就。现代性却是一个特殊问题，是一个特殊的文化或价值观问题。"[1] 将现代化与现代性分离开来，进而将两者分别解释为技术与价值，显然过于简单化了，不过，这一分离倒是有助于我们对中国现代化世纪目标的理解和对现代化的一般的把握。

从现代化水平的维度来理解现代化的目标，代表了中国共产党在这个问题上的普遍看法。中华人民共和国成立后，经济文化相对落后的实际，客观上提出了尽快缩小与西方国家现代化水平之间差距的问题。1954年9月，毛泽东在第一届全国人大一次会议上宣布：准备在几个五年计划之内，将我国"建设成为一个工业化的具有高度现代文化程度的伟大的国家"。1957年，他在《关于正确处理人民内部矛盾的问题》的讲话中，进一步明确提出要"将我国建设成为一个具有现代工业、现代农业和现代科学文化的社会主义国家"[2]。在全面建设社会主义现代化的过程中，中国共产党不断深化对现代化的认识，主要体现为两个方面：其一，把现代化水平的问题作为中心，因为该问题代表着现代化问题的核心，即实现先进的工业国对落后的农业国的替代。在相当长的历史时间里，"楼上楼下，电灯电话"，成为无数人内心深处的现代化梦想。尽管在内涵上发生过变化，但"四个现代化"作为一面旗帜，极大地激发出全党全国人民建设强大而可亲的社会主义国家的热情和力量。赶超，成为一个时代的最强音。其二，基于人口多、底子薄、经济落后的基本国情，中国现代化水平的赶超需要长时期不懈努力。毛泽东在20世纪60年代初坦承："中国的工业基础是有了一些，但不够，并且不是在一个很短的时间里就可以建立起来，

---

[1] 赵汀阳：《从智慧民主看现代化》，《中国社会科学报》2021年10月15日。
[2] 《毛泽东文集》第7卷，人民出版社1999年版，第207页。

可以赶上世界水平的，需要一个世纪，我们准备用五十到一百年时间。"①

邓小平提出中国式的现代化，既与中国社会主义现代化的实际水平有关，更为重要的是基于中国现代化水平与西方现代化水平的实际比较，1978年10月访问日本和1979年1月访问美国，无疑成为他提出中国式的现代化的直接影响因素。与四个现代化相比，邓小平对中国现代化世纪目标的阐释，也呈现出一系列新的特点。其一，与从基础性和关键性行业或部门表述现代化目标不同的是，邓小平侧重从整体上表达他对现代化目标的理解；其二，"小康"是一个生活概念，这反映出邓小平对现代化的理解，在注重生产水平的同时更侧重于人民群众的实际生活水平。其三，中国式的现代化的提出，延续了毛泽东实事求是的态度，也是对他提出的半个世纪到百年实现赶超任务的具体化，即阶段性目标的确立。邓小平在现代化问题上坚持从实际出发，不仅体现在现代化的目标层面，更在生产关系和交换关系领域的改革层面得到进一步的证实。

几乎在从现代化水平维度提出中国式的现代化的同一时间，邓小平从现代化道路的维度对中国式的现代化作出了阐发。1979年3月30日，邓小平在党的理论工作务虚会上指出："过去搞民主革命，要适合中国情况，走毛泽东同志开辟的农村包围城市的道路。现在搞建设，也要适合中国情况，走出一条中国式的现代化道路。"② 独立自主，作为中华民族的精神品质，是中国共产党深植于中国革命历史之中的特殊情结，伴随着铭心刻骨的历史记忆。新中国成立后，社会主义现代化开启不久，毛泽东就针对照抄照搬苏联经验的问题，强调要从中国实际出发，独立自主地探索现代化道路，这一点在《论十大关系》中集中反映出来："特别值得注意的是，最近苏联方面暴露了他们在建设社会主义过程中的一些缺点和错误，他们

---

① 《毛泽东年谱（1949—1976）》第5卷，中央文献出版社2013年版，第173页。
② 《邓小平文选》第2卷，人民出版社1994年版，第163页。

走过的弯路,你还想走？过去我们就是鉴于他们的经验教训,少走了一些弯路,现在当然更要引以为戒。"①规律的一致性和道路的多样性的辩证统一,作为历史唯物主义关于规律和道路关系问题上的基本观点,成为走自己的路的理论凭借。正如习近平指出的,"独特的文化传统,独特的历史命运,独特的基本国情,注定了我们必然要走适合自己特点的发展道路"②。总的说来,作为一个后发国家,现代化的过程尽管不可避免地受到外来因素的影响,有的甚至是重大而深刻的影响,但回顾新中国现代化的历史,现代化在中国的实际展开具有鲜明的民族性色彩,是道路探索的自主性立场和理论探索的马克思主义中国化的有机统一。

中国一直在努力走自己的道路。1982年,邓小平在党的十二大开幕词中,提出了那段关于中国道路的经典论述:"把马克思主义的普遍真理同我国的具体实际结合起来,走自己的道路,建设有中国特色的社会主义,这就是我们总结长期历史经验得出的基本结论。"③改革开放成为继续克服苏联模式弊端,探寻中国自己的社会主义现代化道路的崭新尝试。1983年6月18日,邓小平在会见参加1983年北京科学技术政策讨论会的外籍专家时指出:"我们搞的现代化,是中国式的现代化。我们建设的社会主义,是有中国特色的社会主义。"④这一论述,可以理解为邓小平关于现代化水平和道路两个维度的集中表达。中国特色社会主义之所以引人注目,成为当代中国最显著的政治话语,原因便在于其准确抓住了中国道路的根本问题,揭示了中国道路探索的根本原则。正是借助于自身特殊性的强调,中国共产党开辟了一种与社会主义根本原则相适应的新的理论空间,中国道路探索由此拥有了更为广阔的实践空间。

---

① 《毛泽东文集》第7卷,人民出版社1999年版,第23页。
② 《习近平谈治国理政》,外文出版社2014年版,第156页。
③ 《邓小平文选》第3卷,人民出版社1993年版,第3页。
④ 《邓小平文选》第3卷,人民出版社1993年版,第29页。

时隔数年之后，邓小平从社会性质的维度对中国式的现代化作出了新的阐发。1986年9月28日，他在党的十二届六中全会上指出："我多次解释，我们搞的四个现代化有个名字，就是社会主义四个现代化。"[1] 针对"很多人只讲现代化，忘了我们讲的现代化是社会主义现代化"[2] 的问题，邓小平反复提醒全党："我们搞的四个现代化，是社会主义的四个现代化。只有社会主义，才能有凝聚力，才能解决大家的困难，才能避免两极分化，逐步实现共同富裕。"[3] 这些论述触及中国式现代化理解的更深层次问题，即对中国现代化根本属性的阐明。水平、道路和性质三个层面的辩证统一，构成邓小平对中国式的现代化的完整理解，从水平和道路维度的解读转向社会性质维度的解读，折射出改革方向性问题在改革开放历史进程中的凸显。由此，邓小平对中国现代化的社会主义属性的阐明，成为中国式的现代化的最深刻理解。

在历史唯物主义的理论视野中，中国的现代化蕴含双重历史必然性。一方面，现代化是人类历史的一种进步，成为近代以来中国的奋斗目标，具有历史必然性。"现代化一旦在某一国家和某一地区出现，其他国家或地区为了生存和自保，必然采取现代化之道……换言之，现代化本身具有一种侵略的能力，而针对这一侵略力量能做得最有效的自卫，则是以其矛攻其盾，即尽快实现现代化。"[4] 另一方面，中国的现代化被赋予社会主义的性质，同样具有历史必然性。具体点说，中国的现代化之所以被规定为社会主义现代化，是因为中国革命不仅为中国的现代化打开了通道，而且确立了社会主义的定向，中国的现代化由此获得了崭新的内涵，承载

---

[1] 《邓小平文选》第3卷，人民出版社1993年版，第181页。
[2] 《邓小平文选》第3卷，人民出版社1993年版，第209页。
[3] 《邓小平文选》第3卷，人民出版社1993年版，第357页。
[4] ［美］艾恺：《世界范围内的反现代化思潮——论文化守成主义》，贵州人民出版社1991年版，第3页。

起超越性的历史使命。与之相联系,中国的现代化包含两个层次的特殊性:第一个层次是基本国情赋予的,第二个层次是社会主义赋予的,后一个层次决定了中国的现代化质的规定性。与西方现代化相较,中国的现代化既表现出现代化水平和道路上的差异性,更表现出社会属性的差异性,后者揭示了两种现代化之间的本质区别。基于世界历史的视野理解中国的现代化,它不仅是一种有别于西方的现代化,更是对资本主义文明的扬弃,是超越资本主义文明的人类文明新形态的伟大实践,换言之,在它的特殊性中展现出一种新的普遍性。

中国的现代化的起步虽然落后于西方,但对于中国共产党来说,中国道路的探索始终承载着关于人类文明新形态的想象,无论是毛泽东还是邓小平,始终将社会主义现代化立于价值制高点上,作为坚持不懈的奋斗目标。"一个社会主义的现代化的强国",是中国现代化历史叙事绵延不断的红色主线,习近平在中国共产党百年诞辰之际对中国式现代化新道路的阐发,就是对这一超越性精神的继承和发扬。不过,由于中国现代化挺进到了一个新的历史高度,习近平已经不再主要从水平和道路的维度强调自身的特殊性,而是更多地关注中国道路社会性质的问题,中国式不再只是一种特殊性的说明,而是更多地体现为一种超越性的宣示。习近平指出:"我国现代化是人口规模巨大的现代化,是全体人民共同富裕的现代化,是物质文明和精神文明相协调的现代化,是人与自然和谐共生的现代化,是走和平发展道路的现代化。"[①] 侧重从社会属性的维度理解中国式现代化的基本取向,清楚地表达出习近平阐发中国道路概念及其意义的理论动机,一方面,为中国社会主义现代化历史的连续性作出正名。用习近平自己的话就是,"从第一个五年计划,到第十四个五年规划,一以贯之的

---

① 习近平:《把握新发展阶段,贯彻新发展理念,构建新发展格局》,《求是》2021年第9期。

主题是把我国建设成为社会主义现代化国家"①。另一方面,对邓小平的晚年提醒作出呼应。从人类文明新形态的高度对中国式现代化道路加以肯定与颂扬的同时,基于中国问题提出了发展和完善中国道路的任务。

2. 社会主义与市场经济的结合：中国式现代化道路之新

如前文所述,中国道路的探索从一起步就确立起超越资本文明和构建人类文明新形态的历史任务,并通过实践的不断深入展开其世界历史意义。换言之,中国自走上社会主义道路起,人类文明新形态就不再是书斋中的理论著述,已经转化为一种现实的实践。在中国式现代化新道路与人类文明新形态之间,从理论到实践都蕴含丰富而深刻的内在关联,由此,无论是对中国式现代化新道路的解读还是对人类文明新形态的解读,都需要基于两者的统一。中国道路既是人类文明新形态的创造实践,又是其内在的基本构成,从这个意义上理解人类文明新形态之新,关键在于理解中国道路之新。

新中国成立以来的历史之所以划分为改革开放前后两个历史时期,主要基于社会主义现代化道路探索具体路径的差异性,在走出现代化新道路和创造人类文明新形态这个历史任务上是根本一致的。这就意味着,中国道路之新的理解,不能离开对改革开放前历史时期的回望,只有走进中国现代化的历史深处,触摸中国道路的初心,才能正确把握中国道路探索的失误从来都没有出在合目的性上,而是主要出在合目的性与合规律性的辩证统一上。社会主义与计划经济的结合,是中国共产党从交换关系的视角忠实于科学社会主义理论原旨展开的超越资本主义现代化的第一轮尝试。在这一轮探索中,毛泽东不仅畅想"六亿神州尽舜尧",而且完整描绘出一个强大而可亲的社会主义现代化国家的战略构想。他在发展

---

① 习近平：《论中国共产党历史》,中央文献出版社2021年版,第304页。

生产的方式、生产关系和上层建筑变革等方面的探索，事实上形成了一个完整的现代化思想体系和发展模式。平心而论，这个历史时期取得了中国现代化史上前所未有的巨大成就。在费正清看来，这是"一个面貌一新的民族，一片经过改造的国土"，"国家复兴的证据是全国遍地可见的，并且是目不胜收的"①。但是，第一轮探索的历史局限性和教训也极其明显且深刻。毛泽东关于社会主义的认识逻辑和实践逻辑以及偏差，具体体现在两个方面：一是在物质和精神关系的问题上将精神置于优先的地位，对精神因素的独立性作了过度的运用，最终与规律的冲突就变得不可避免；二是在生产力和生产关系之间关系的问题上将生产关系置于优先的地位。"既然社会主义公有制生产关系是先进的、优越的，那么它一经形成，就该维持不变，依靠它就能不断提高社会生产力；如果生产力不能向前发展，那就必须把公有制生产关系搞得更'先进'。"②事实证明，一旦忽视了生产力的实际状况，只专注于生产关系和交换关系社会主义属性的维护，最终的调整也同样变得不可避免。

如何认识和处理市场和计划的关系，是从交换关系视角反思中国现代化道路第一轮探索提出的一个重要问题，也是关系改革开放条件下整个社会主义现代化建设全局的重大问题。众所周知，在马克思关于未来社会的构想中，市场作为一个暂时性因素被计划生产所替代，基于生产力的实际状况，中国共产党重新评估市场因素的作用，进而对市场与计划两者之间张力的揭示，准确地捕获了中国道路探索的一个基本问题。随着改革开放的深入，市场因素的作用总体上处于不断上升的趋势，并显示出在破除高度集中的计划经济体制弊端方面的积极意义，将社会主义与市场经

---

① [美]费正清：《美国与中国》，张理京译，世界知识出版社2000年版，第428页。
② 胡绳：《什么是社会主义，如何建设社会主义？——学习〈邓小平文选〉第三卷》，《人民日报》1994年6月16日。

济结合起来，成为在探索中国特色社会主义道路过程中逐步清晰起来的核心课题。可以说，通过建立社会主义市场经济体制，以进一步强化市场因素之于现代化的推动作用，不仅是深化对计划和市场关系认识的产物，而且是深化对社会主义与资本主义关系认识的产物。如果联系改革开放以来交换关系变化的历史轨迹的话，建立社会主义市场经济体制并不是苏共下台和苏联解体之后中国共产党基于自救考虑的应急性举措，而是经济体制改革深入推进的必然性结果，是基于社会主义初级阶段这个最大的实际，深入思考社会主义与市场经济关系的必然性结论。它具体体现为，将市场作为发展经济的手段，进而将市场经济作为一般与资本主义基本经济制度分割开来，并使之与社会主义初级阶段基本经济制度结合，形成社会主义市场经济体制这个新的特殊的过程。作为中国道路探索的核心课题，社会主义与市场经济的结合构成超越资本主义现代化的第二轮探索。这个过程大体上可分为四个历史阶段：从 1978 年到 1992 年，为社会主义与市场经济结合的酝酿阶段；从 1992 年到 2002 年，为初步建立社会主义市场经济体制的阶段；从 2002 年到 2012 年，为完善社会主义市场经济体制的历史阶段；2012 年以来，为全面深化改革和构建更加系统完备、更加成熟定型的高水平社会主义市场经济体制的历史阶段。这四个历史阶段有机联系在一起，折射出社会主义市场经济体制从萌芽逐步趋于成熟的历史轨迹。

根据历史唯物主义的理论和方法，改革开放以来中国道路之新，就直接表现为社会主义与市场经济的结合。习近平指出："在社会主义条件下发展市场经济，是我们党的一个伟大创举。我国经济发展获得巨大成功的一个关键因素，就是我们既发挥了市场经济的长处，又发挥了社会主义制度的优越性。"[①] 基于社会主义与市场经济的结合理解中国式现代化道

---

① 习近平：《不断开拓当代中国马克思主义政治经济学新境界》，《求是》2020 年第 16 期。

路，大致可以从三个方面展开：其一，两者的结合是对直接占有西方具有普遍性意义的文明成果的一次尝试。如列宁所言："我们不能设想，除了建立在庞大的资本主义文化所获得的一切经验教训的基础上的社会主义，还有别的什么社会主义。"[①] 党的十四大提出，"社会主义要赢得同资本主义相比较的优势，必须大胆吸收和借鉴世界各国包括资本主义发达国家的一切反映现代社会化生产和商品经济一般规律的先进经营方式和管理方法"[②]，可以视为对列宁这一观点的坚持和运用。其二，两者结合的根本立意，是发挥计划和市场各自的优点，避免两者各自的缺点。这一实践过程就主要表现为社会主义力量驾驭资本逻辑的过程，通过这一努力，最大程度地缩短和减轻资本主义现代化过程中曾经出现的弊端和苦痛。驾驭绝非如一些人理解的"政府驾驭着市场决定"那样，因为两者有不同的作用空间和目标定位，不能将政府驾驭论与市场决定论对立起来。驾驭的辩证法在于，实践主体必须坚持自我革命以保持纯洁性和先进性，从而使得社会主义原则得以充分地贯彻，否则就可能为资本所俘获。其三，两者的结合有着严格的边界和底线。在一定意义上，社会主义与市场经济的结合具有让步性的特征，正是在这一点上，这条新路具有了列宁尝试过的"迂回过渡"的特征。但是，这种让步只是一种"浅层让步"或"有限让步"，这不仅表现在对资本和市场活动空间的规定上，更为重要的是，社会主义市场经济体制与社会主义基本制度结合在一起，通过市场经济体制与社会主义初级阶段基本经济制度相结合，确立起与资本主义市场经济体制根本不同的社会主义市场经济体制的特殊性根基。"政权在人民手中，又有强大的公有制经济，这样做不会损害社会主义，只会有利于社会主

---

① 《列宁全集》第34卷，人民出版社1985年版，第252页。
② 《十四大以来重要文献选编（上）》，人民出版社1996年版，第17页。

义的发展。"①不难看出，中国共产党几乎在作出建立社会主义市场经济体制重大战略决策的同时，就围绕社会主义与市场经济的结合这一崭新课题给出了马克思主义的价值原则和基本规定，体现出这条新路的探索从一开始就确立起了"摸着石头过河"与顶层设计辩证统一的方法论原则。

基于上述分析，中国式现代化道路既有适应性的一面，又有超越性的一面。正是社会主义对市场经济从内部和外部的多重规定，促进了中国式现代化道路超越性的生成。市场在资源配置中起决定性作用与更好地发挥党和政府的作用的辩证统一，从交换关系层面实现了对资本主义自由市场经济的超越。历史唯物主义将人类社会发展史的经济形态划分为自然经济、商品经济和产品经济三个阶段。社会主义与市场经济的结合，在塑造出中国现代化新的实践路径的同时，也塑造出一种与资本主义市场经济共时性存在的新的市场经济形态，成为资本主义主导的世界历史时代的特殊历史景观。与之相联系，社会主义与市场经济结合的价值目标和历史任务，不是从人对人的依赖关系向人对物的依赖关系的方向转化，而是向人的自由个性和全面发展的方向转化。在建立和完善社会主义市场经济体制的过程中，中国共产党在越来越充分发挥资本和市场经济积极作用的同时，发展和完善一种更多的、特殊的干预，推动物质文明、政治文明、精神文明、社会文明、生态文明协调发展，推动"做蛋糕"和"分蛋糕"历史的辩证的统一，推动改革、发展与稳定之间，发展与安全之间关系的有效处理，社会主义市场经济的优越性得以不断彰显。

与中国式现代化道路相联系的人类文明新形态是一个在历史唯物主义理论框架中才能得到正确阐释的概念。文明是人们经常使用的概念，有其丰富而复杂的内涵，它可以与文化等同使用，也可以作为超越文化的范畴。雷蒙·威廉斯就认为："文明通常被用来描述有组织性的社会生活状

---

① 《十四大以来重要文献选编（上）》，人民出版社1996年版，第17页。

态。"① 它还与进步相一致,因而与野蛮相比较而存在。马克思经常使用"资产阶级文明""现代文明"等词汇来指认他所生活的社会形态。正是从这里出发,人类文明新形态的创造过程实质上就是扬弃与超越资本文明的过程。可以认为,社会主义与市场经济的结合不仅遵循了现代化的一般规律,而且蕴含中国作为后发国家走向现代化的特殊规律和作为社会主义国家走向现代化的特殊规律,在担负起现代化历史任务的同时又致力于对现代性发展困境的解决,进而构成人类文明新形态生成的基础与根据,两者结合的深入程度与人类文明新形态的现实展开高度一致。当社会主义与市场经济的结合客观上承载起创造人类文明新形态的历史任务时,这就意味着,如果离开两者结合的现实基础,既难以深刻理解中国道路的新意所在,也难以正确把握人类文明新形态的现实进展。

3. 中国道路最新论述的重大意义

任何关于意义的论述都蕴含现实问题的思考和解决。作为习近平新时代中国特色社会主义思想的重要构成,习近平关于中国道路的最新论述,在增强全党道路自信和理论自信的同时,实现了中国道路意义与价值的扩展和深化,从自主性立场的最高表达到事业成功的政治宣示,从普遍性意义的彰显到世界社会主义新的历史叙事的开启,这一论述的多重意义同时呈现出来,释放出了中国道路之于人类文明新形态重大而特殊的价值。

第一,这一论述是中国道路自主性立场的最高表达。

习近平对"中国式"话语的使用,最深刻的立意在于自主性的高扬。中国是一个文明古国,孕育了天下大同的人类情怀和自强不息的文化基因,在人类社会发展史上,中国曾长期处于领跑的状态,只是在近代才

---

① [英]雷蒙·威廉斯:《关键词:文化与社会的词汇》,刘建基译,生活·读书·新知三联书店2016年版,第46页。

落后于西方。近代中国史的开启是以西方用坚船利炮打开中国大门为主要标志的，中国的现代化由此长期处于一种被动的状态，中国人民长期处于一种受辱的境地，如费正清所言："帝国主义的真正的创痛是心理的。对于任何具有自豪感的民族来说，它最令人感到羞辱，因而是一种政治的弊害。"[1]在向外部世界探求救亡图存和现代化良方的过程中，中华民族先进分子内心深处的自主性意识更加鲜明而强烈地被激发出来，这一点在中国共产党身上得到最为集中的体现，自主性成为革命、建设和改革各个历史时期中国共产党探索中国道路始终恪守的政治底线，构成始终坚持把马克思主义基本原理同中国具体实际相结合、同中华优秀传统文化相结合的深层文化基因。冷战结束之后，现代化作为当今世界历史理论的话语，被西方上升到意识形态的高度，这在很大意义上是"西方资本主义再度占居了世界体系的中心地位的结果"，"实质是用西方资本主义的经济、政治和文化统一发展中国家的经济、政治和文化，以实现西方资本对全球的统治"[2]。换言之，西方企图在世界上任何一个地方展现出它的普遍性意义，造就出一个资本统治的世界。对于中国共产党来说，如何在现代化过程中把握好普遍性与特殊性，处理好一般与个别的关系，与如何保持世界历史进程中的自主性状态是根本一致的。在西方资本主导的全球化条件下，需要坚持将辩证法置于现代性观念之上，这与其说是一种能力或技术，倒不如说是一种信仰或意志。冷战结束30多年后，中国共产党向全世界宣示在现代化问题上的实践成果，可谓中国道路自主性立场的最新声明，是对西方所谓一体化的全球化的彻底批判和全面解构。

---

[1] ［美］费正清：《伟大的中国革命（1800—1985）》，刘尊棋译，世界知识出版社2000年版，第57页。
[2] 何萍：《马克思主义世界历史理论中的决定论与非决定论——关于马克思、卢森堡、列宁的一个比较研究》，《哲学研究》2008年第3期。

第二，这一论述是中国共产党伟大事业成功的政治宣示。

在习近平看来，"道路问题是关系党的事业兴衰成败第一位的问题，道路就是党的生命"①。他在中国共产党成立百年之际宣示中国道路的成功，与其说是对道路自信的重申，倒不如说是对中国共产党伟大事业成功的声明。理解这一论述，首先需要基于中国近代以来的历史视角。民族独立和现代化是近代中国的两大主题，中国共产党成立后就自觉肩负起实现现代化和民族复兴的双重历史使命。在长达百年的艰辛探索中，中国共产党不仅开辟了一条中国革命的成功道路，为中国现代化打开了宽阔的通道，更创造出一条社会主义现代化道路，赋予民族复兴更为丰富的内容和更为美好的前景。对于中国共产党来说，这既是一种事业的成功，更是一种使命的不负。从马克思主义发展史的视角看，这一论述还可以理解为一种穿越百年时光隧道的理论回应。在西方思想家中，马克思对西方中心主义的批判无疑最为彻底而深刻，基于对资本主义社会中一般与特殊及其相互之间关系的认识，他在晚年对东方国家在世界历史进程中的作用的问题进行了深入思考，指出："极为相似的事变发生在不同的历史环境中就引起了完全不同的结果。如果把这些演变中的每一个都分别加以研究，然后再把它们加以比较，我们就会很容易地找到理解这种现象的钥匙；但是，使用一般历史哲学理论这一把万能钥匙，那是永远达不到这种目的的，这种历史哲学理论的最大长处就在于它是超历史的。"② 在中国共产党的领导下，中国这个东方大国和世界上最大的发展中国家，以现代化新道路的开辟和人类文明新形态的创造，在理论和实践上全面回答了马克思晚年提出并讨论的关于不同于西方的东方社会发展前途的问题，论证了马克思历史道路理论的科学性，宣告了以西方制度模式为归宿的单线式历史观的破

---

① 习近平：《关于坚持和发展中国特色社会主义的几个问题》，《求是》2019年第7期。
② 《马克思恩格斯选集》第3卷，人民出版社1995年版，第342页。

产。对于中国共产党来说，这既是一种百年的回应，更是一种使命的升华。

第三，这一论述进一步彰显了中国道路的普遍性意义。

对于人类有较大的贡献，既为中国共产党胸怀天下的情怀所决定，又为实现共产主义的远大理想所决定。中国道路的探索自始至终蕴含中国意义和世界意义的统一，正如邓小平所指出的，"我们的改革不仅在中国，而且在国际范围内也是一种试验"。[①] 在巨大的中国成就面前，西方一些人提出的"中国崩溃论"已经不攻自破，陷入崩溃的境地，与之相对应，中国为自己正名的心理不断滋长，自辩性意识不断增强。新世纪以来，中国共产党一方面对"中国模式"的概念保持适度的距离，坚持使用中国道路的话语，显示出在道路成熟程度和示范性问题上的慎重；另一方面不断丰富和强化中国道路的理论阐释，中国道路自辩性色彩愈益浓厚。在这个过程中，最重要的是坚持特殊性阐明的适度原则。有的人反对从普遍性的视角解读中国道路，显现出一种实用主义的态度；有的人片面注重特殊性的解说，力图以特殊性的强化达成合理性辩护的目的。两种不同的阐释方式异曲同工，都忽略了中国道路内在普遍性的关注和揭示。如果只是从特殊性出发来阐释的话，就有可能陷入绝对的特殊之中，诠释中国经验和构建中国理论时对此必须有所警觉。中国道路的本质规定，是与人类文明的发展趋向相一致的，蕴含丰富的普遍性：一方面包含着人类文明新形态的理念与元素，另一方面包含着后发国家现代化的实践路径与改革的方法和策略，两者结合在一起，给世界上那些既希望加快发展又希望保持自身独立性的国家和民族提供了全新选择，并赋予有益的借鉴和启示。中国共产党提出的构建人类命运共同体理念，是中国道路在全球空间的逻辑展开，为解决人类重大问题，建设持久和平、普遍安全、共同繁荣、开放包容、清洁美丽的世界贡献了智慧和力量。很显然，我们只有通过普遍性的阐明，

[①] 《邓小平文选》第 3 卷，人民出版社 1993 年版，第 135 页。

才能彰显社会主义的优越性，也只有上升到这个高度，才能揭示西方道路的局限性，进而深刻认识中国道路是如何超越西方中心主义的。新时代是中国道路普遍性意义从实践到话语都不断彰显的新时代。中国共产党在纪念百年之际从创造人类文明新形态的高度对中国道路意义的阐发，进一步昭示了中国智慧和中国方案之于人类现代化事业的普遍性价值，既凸显了中国道路之于世界历史进程的深刻影响，又凸显了发展中国家在世界历史进程中的地位和作用。

第四，这一论述强化了世界社会主义新的历史叙事的开启。

基于社会形态的视角，20世纪以来的世界历史是社会主义与资本主义两种社会制度共时存在的历史，决定了中国道路的探索始终蕴含双重历史叙事，中华民族的伟大复兴与社会主义现代化的实现相一致，两者之间互为表里，本质上都归属于世界社会主义的宏大叙事。在20世纪90年代以来世界社会主义运动陷入严重低潮的条件下，中国共产党保持战略定力，通过对中国道路的坚持和拓展，顽强地坚守着世界上最大的社会主义根据地。"历史同认识一样，永远不会在人类的一种完美的理想状态中最终结束；完美的社会、完美的'国家'是只有在幻想中才能存在的东西；相反，一切依次更替的历史状态都只是人类社会由低级到高级的无穷发展进程中的暂时阶段。"[1] 中国道路的成功，不仅延续了全球空间社会主义制度的存在，而且复苏了渴望超越资本主义生存方式的人们内心深处的理想。当今世界正处于百年未有之大变局，中国作为影响世界历史进程的重要变量，既构成百年变局的根据，又构成百年变局的表现。正如美国学者李侃如所言，"中国的成就已经极大地增强了它在全球政治和国际经济中的地位。中国的未来不仅是整个亚洲，而且是整个国际社会关注

---

[1] 《马克思恩格斯选集》第4卷，人民出版社1995年版，第216—217页。

的重大问题"①。中国道路成功的深远意义在于，中国在短短30年时间里以一己之力极大地增强了世界社会主义的力量，改变了社会主义与资本主义力量的对比，成长为影响世界历史进程的重要变量，从而在深刻改变了世界发展格局的同时，也深刻影响了世界发展的趋势，为世界社会主义的复兴迎来了新的历史性机遇，展现出世界社会主义在21世纪复兴的积极前景。这意味着，和中华民族伟大复兴进程不可逆转一样，世界社会主义运动的复兴同样没有什么力量可以阻挡。也正是在这个意义上，建党百年的中国共产党新的奋斗的起点，也是世界社会主义运动从低潮走向复兴的新的起点。

4. 中国道路完善的方向与路径

现代化在中国依然是一项未竟的事业。我们需要在历史唯物主义的理论视野和社会主义现代化的实践视野中，深化对人类文明新形态的认识，以此进一步明确中国道路完善的方向和路径。

深化对人类文明新形态的认识，首先需要与马克思的未来社会构想开展深入的对话。马克思是在批判旧世界中发现新世界的，他关于未来社会的构想，是批判现代社会得出的结论，马克思的现代性批判与资本批判之间具有内在一致性，资本批判构成现代性批判的实质。在他看来，资本逻辑虽然在推动器物层面的现代化有了前所未有的巨大发展，但是，物质成为文明的代表，在物质文明繁荣的背后，是精神的尴尬困境，是人只有工具性的意义。马克思指出："我们的一切发现和进步，似乎结果是使物质力量成为有智慧的生命,而人的生命则化为愚钝的物质力量。"② 马克思通过对资本主义社会的系统性诊断和批判，作出了"两个必然"的科

---

① ［美］李侃如：《治理中国：从革命到改革》，胡国成、赵梅译，中国社会科学出版社2010年版，第331页。
② 《马克思恩格斯选集》第1卷，人民出版社1995年版，第775页。

学结论。所谓的人类文明新形态与共产主义社会形态相一致。在马克思看来，"共产主义是私有财产即人的自我异化的积极的扬弃，因而是通过人并且为了人而对人的本质的真正占有；因此，它是人向自身、向社会的即合乎人性的人的复归，这种复归是完全的，自觉的和在以往发展的全部财富的范围内生成的。这种共产主义，作为完成了的自然主义＝人道主义，而作为完成了的人道主义＝自然主义，它是人和自然界之间、人和人之间的矛盾的真正解决，是存在和本质、对象化和自我确证、自由和必然、个体和类之间的斗争的真正解决。它是历史之谜的解答，而且知道自己就是这种解答"①。这一论述一方面说明，在马克思关于未来社会的构想中，人的解放是核心命题，离开人的自由而全面的发展这一根本原则，就不可能真正理解共产主义；另一方面说明，任何离开共产主义社会形态对人类文明新形态的阐释，不可能真正把握其实质或真谛。

深化对人类文明新形态的认识，还需要与现代性的内在超越和社会主义初级阶段相联系。现代化是一个总体性概念，技术和价值不可分离，如亨廷顿所言，"现代化是一个多层面的过程，它涉及人类思想和行为所有领域里的变革"，"从心理的层面讲，现代化涉及价值观念、态度和期望方面的根本性转变"。② 新中国成立后，中国共产党最初试图在直接超越资本逻辑的同时达成新社会的创造，基于这一探索的经验教训，改革开放以来，中国共产党调整了中国道路探索的思路，即在恢复和发挥市场和资本作用的同时对其消极的一面作出最大程度的克服和抑制。现实永远丰富于理论。如果说共产主义社会对资本主义社会的替代在理论上表现为现代性的外在超越的话，那么，社会主义与市场经济的结合，则在现

---

① 《马克思恩格斯全集》第3卷，人民出版社2002年版，第297页。
② ［美］塞缪尔·P. 亨廷顿：《变化社会中的政治秩序》，王冠华、刘为等译，沈宗美校，生活·读书·新知三联书店1989年版，第30页。

实中表现为现代性内在超越的努力。可以认为，现代性的内在超越是中国共产党在理想性引导下主观能动性的又一轮发挥。对此，有学者用"新现代性"或"别样现代性"来表达，概念使用虽然不同，但核心意旨是一致的，即在现代化过程中缩短和减轻资本主义现代化过程中经历的弊端和苦痛。由此，对于这一探索成果的判定需要与社会主义初级阶段这个最大的实际相联系。人类文明新形态的现实前提，"是在特定的现代化基础上产生出来的，但它的成长却绝不仅限于现代性之中"[1]。新的文明要素不仅为人类文明新形态大厦奠定基础，而且本身就是大厦的成长过程。这一成长既包含社会主义量的因素的积累，又包含社会主义质的因素的新生。社会主义初级阶段的社会主义还只是初级形态的社会主义，中国社会现实呈现的只是人类文明新形态的初步展开，换言之，与未来社会基本原则相一致的人类文明新形态虽然已经生成，但具有不全面不充分的特征，客观上必然表现为一个逐步丰富的过程。我们需要基于现代性内在超越与社会主义初级阶段的辩证统一，正确把握理想的人类文明新形态和现实的人类文明新形态之间既一致又有差异的关系。

新时代社会主要矛盾的新变化，既表明人类文明新形态的现实高度，又蕴含对中国问题的揭示，进而提供了新的创造的着力点。习近平关于中国道路的最新论述，在确认人类文明新形态的基础上，更多地显示出定向和目标的意义，提出了发展和完善中国道路的现实任务。习近平指出："社会主义初级阶段不是一个静态、一成不变、停滞不前的阶段，也不是一个自发、被动、不用费多大气力自然而然就可以跨过的阶段，而是一个动态、积极有为、始终洋溢着蓬勃生机活力的过程，是一个阶梯式递进、不断发展进步、日益接近质的飞跃的量的积累和发展变化的过程。全面建设社会主义现代化国家、基本实现社会主义现代化，既是社会主义初级阶段我

---

[1] 吴晓明：《世界历史与中国道路的百年探索》，《中国社会科学》2021年第6期。

国发展的要求，也是我国社会主义从初级阶段向更高阶段迈进的要求。"① 社会主义从初级阶段向更高阶段的迈进，人类文明新形态的进一步创造无疑具有决定性作用，人类文明新形态要素的不断丰富将直接促成初级阶段的边界越来越清晰。中国现代化的实践呼唤的绝不仅仅是对既有理论的诠释，而是以中国问题为中心的新的理论建构，只有坚持以自己的事情为中心，将中国问题作为理论创新的基点和旨归，推动中国道路不断完善，才能促进新的文明要素不断增添，加快社会主义从初级阶段向更高阶段迈进的步伐。

中国式现代化道路的完善，应继续致力于现代性的内在超越，推动市场经济与社会主义更好地结合起来，正如习近平指出的，"我们要坚持辩证法、两点论,继续在社会主义基本制度与市场经济的结合上下功夫"②。这一任务，不仅涉及市场与政府关系的进一步优化，还涉及社会主义基本经济制度的进一步完善。完成这一任务,首先需要强化对资本逻辑的反思，进一步确立起超越资本逻辑的政治视野和战略定力。社会主义与市场经济的结合之所以是一个艰难的探索，其中一个很重要的原因是市场和资本不仅与资本主义社会有天然联系，而且具有销蚀社会主义价值的天然动力，仅仅从这一点出发，就决定了分离和结合的困难程度。习近平指出："我们是在中国共产党领导和社会主义制度的大前提下发展市场经济，什么时候都不能忘了'社会主义'这个定语。之所以说是社会主义市场经济，就是要坚持我们的制度优越性，有效防范资本主义市场经济的弊端。"③ 推进现代性的内在超越，应在深化对资本的特性和行为规律认识的基础上，"要发挥资本作为生产要素的积极作用，同时有效控制其消极作用"④。更

---

① 习近平：《把握新发展阶段，贯彻新发展理念，构建新发展格局》,《求是》2021年第9期。
② 习近平：《不断开拓当代中国马克思主义政治经济学新境界》,《求是》2020年第16期。
③ 习近平：《不断开拓当代中国马克思主义政治经济学新境界》,《求是》2020年第16期。
④ 《中央经济工作会议在北京举行》,《人民日报》2021年12月11日。

为重要的是，前资本主义或传统社会的腐朽和没落的因素及其影响还依然顽强地存活着，它们与社会主义市场经济格格不入，进一步强化了现代性内在超越的难度，由此决定了社会主义与市场经济的深入结合，必然经历许多具有新的历史特点的伟大斗争。尽管在不同的历史阶段，现代化的某项任务被安排在突出的位置，但人类文明新形态是一个包括经济、政治和文化等方面的有机整体。从发展是硬道理的口号到科学发展观再到新发展理念，反映了我们党在发展观层面对社会主义与市场经济结合的认识的深化。面向未来，一方面应突出共同富裕任务的现实紧迫性。共同富裕是社会主义的本质要求，是中国式现代化的重要特征。在所有的中国问题中，防止两极分化、实现共同富裕的问题始终居于核心的位置，共同富裕作为人类文明新形态的基本表征，构成检验现代化内在超越的基本标尺，"要坚持以人民为中心的发展思想，在高质量发展中促进共同富裕"[①]。另一方面，应突出"在政治上创造比资本主义国家的民主更高更切实的民主"[②]任务的现实紧迫性。要不断发展全过程人民民主，进一步彰显人民当家作主这一中国民主的本质和核心，促进物质文明和政治文明、精神文明、社会文明、生态文明之间的协调发展。这两个方面的进展状况，将在很大程度上体现出人类文明新形态成长的进度。

中国式现代化道路的完善，还应进一步强化全球视野，深入思考全球性问题的成因及解决路径。日益走近世界舞台中心的中国已经和世界前所未有地紧密联系在一起，中国问题与外部世界的问题之间已经没有了严格的界限，这既意味着中国问题的思考和解决需要在全球视野下展开，又意味着全球性问题的解决不能离开中国这一主体性力量。人类社会在它

[①] 《习近平主持召开中央财经委员会第十次会议强调　在高质量发展中促进共同富裕　统筹做好重大金融风险防范化解工作》，《人民日报》2021年8月18日。
[②] 《邓小平文选》第2卷，人民出版社1994年版，第322页。

过去的历史演进中有一成不变的特点和规则,马克思在概括以往各种社会文明形态特征时指出:"一方的人的能力的发展是以另一方的发展受到限制为基础的。迄今为止的一切文明和社会发展都是以这种对抗为基础的。"[1] 阶级关系如此,民族关系也是如此。现代化和全球化是当今世界历史理论的两个重要话语,如果说"现代化相当准确地表达了当代西方资本主义体系的内在结构和特点"[2]的话,那么,全球化则相当准确地表达了当代西方资本主义的全球一体化的愿望。但是,无论是现代化还是全球化,它们既没有改变当代世界历史中最根本的问题即东西方民族的关系问题,也没有改变世界历史进程中国际关系弱肉强食的实质,当然,更不可能解决这两个根本问题。由此出发,应对人类命运共同体的理念寄予新的期待,它蕴含和平、发展、合作、共赢的主张,强调"国际社会要从伙伴关系、安全格局、经济发展、文明交流、生态建设等方面作出努力"[3],是对以往各种文明形态的对抗性特点的彻底颠覆,从而为全球性问题的解决提供了中国智慧和中国方案。在不确定性日益增强的今天,应继续丰富和发展人类命运共同体的理念与实践,以此促进人类文明新形态的构建。

中国共产党的领导是中国特色社会主义最本质特征和中国特色社会主义制度的最大优势,习近平这一论述不仅从上层建筑的视角阐明了中国共产党在社会主义事业中的关键地位,更为重要的是强调了在资本主导的世界历史进程中中国共产党作为反作用力量的特殊意义。习近平在庆祝中国共产党成立100周年大会上指出:"中国共产党根基在人民、血脉在人民、力量在人民。中国共产党始终代表最广大人民根本利益,与人民休戚与共、生死相依,没有任何自己特殊的利益,从来不代表任何利益集团、任何权

---

[1] 《马克思恩格斯全集》第47卷,人民出版社1979年版,第215页。
[2] 何萍:《马克思主义世界历史理论中的决定论与非决定论论——关于马克思、卢森堡、列宁的一个比较研究》,《哲学研究》2008年第3期。
[3] 《习近平谈治国理政》第2卷,外文出版社2017年版,第541页。

势团体、任何特权阶层的利益。"[①] 这一论述表明，坚持以人民为中心，始终保持党的纯洁性和先进性，是中国共产党的领导与社会主义事业一致性的关键所在。正是从这个意义上，中国共产党的领导，是中国式现代化新道路的内在构成。在新的征程中，中国共产党依然需要更多地发挥主观能动性深入开展自我革命，这一革命的深刻程度在很大意义上决定了中国道路的完善程度与社会革命的深入程度，进而决定了新的文明类型清晰和丰富的程度。

二、中国式现代化的内在规定与实践指向

对"中国式现代化"作出全面而深刻的阐释，是党的二十大报告的一个重要理论贡献。中国共产党是在与西方几乎完全不同的特殊国情的基础上，担负起领导中国现代化的历史任务的。这一实践从一开始就呈现出一个强烈的自我塑造的历史趋势，赋予中国式现代化两个鲜明特色：一是将社会主义现代化明确为中国现代化道路的根本方向，并由此必然性地确立了人类文明新形态的奋斗目标；二是将中国共产党的领导纳入中国现代化道路的内在规定。基于中国空间的现代化实践不可避免蕴含着浓厚的民族特色，中国式现代化就是这一特殊性的空间表达，但从本质属性上看，社会主义是中国式现代化的根本底色，中国式现代化是民族性与社会主义的辩证统一，正如党的二十大报告所言："中国式现代化，是中国共产党领导的社会主义现代化，既有各国现代化的共同特征，更

---

① 习近平：《在庆祝中国共产党成立100周年大会上的讲话（2021年7月1日）》，《人民日报》2021年7月2日。

有基于自己国情的中国特色。"① 基于历史唯物主义理论和方法，深化对中国式现代化的基本内涵、本质属性和目标指向的认识，对于坚持和发展中国特色社会主义这场伟大的社会革命来说，既具有重要的理论价值，又具有重要的实践意义。

1. 中国共产党的领导与党的自我革命

中国共产党领导是中国式现代化的关键所在，这是关于中国式现代化的解读之所以将这个问题摆放在首要位置的原因。党的二十大报告指出："中国特色社会主义最本质的特征是中国共产党领导，中国特色社会主义制度的最大优势是中国共产党领导，中国共产党是最高政治领导力量，坚持党中央集中统一领导是最高政治原则。"② 这是对中国共产党在中国特色社会主义事业中的关键性地位和作用最全面最集中的论述。中国共产党领导权的获得，首先源于马克思主义政党的特殊性质和政治品格。"中国共产党根基在人民、血脉在人民、力量在人民。中国共产党始终代表最广大人民根本利益，与人民休戚与共、生死相依，没有任何自己特殊的利益，从来不代表任何利益集团、任何权势团体、任何特权阶层的利益。"③ 站在人民的一边，就站在了历史正确的一边。中国共产党领导权的获得，是自身的付出和业绩的赋予，是历史和人民的最终选择。1936 年 12 月，毛泽东在《中国革命战争的战略问题》一文中指出："中国共产党在革命

---

① 习近平：《高举中国特色社会主义伟大旗帜　为全面建设社会主义现代化国家而团结奋斗——在中国共产党第二十次全国代表大会上的报告（2022 年 10 月 16 日）》，人民出版社 2022 年版，第 22 页。
② 习近平：《高举中国特色社会主义伟大旗帜　为全面建设社会主义现代化国家而团结奋斗——在中国共产党第二十次全国代表大会上的报告（2022 年 10 月 16 日）》，人民出版社 2022 年版，第 6 页。
③ 习近平：《在庆祝中国共产党成立 100 周年大会上的讲话（2021 年 7 月 1 日）》，《人民日报》2021 年 7 月 2 日。

斗争中的伟大的历史成就，使得今天处在民族敌人侵入的紧急关头的中国有了救亡图存的条件，这个条件就是有了一个为大多数人民所信任的、被人民在长时间内考验过因此选中了的政治领导者。"[1] 没有中国共产党，既难以摆脱受奴役的历史命运，更难以取得今天如此巨大的现代化成就，正如《中共中央关于党的百年奋斗重大成就和历史经验的决议》指出的，"中国共产党是领导我们事业的核心力量。中国人民和中华民族之所以能够扭转近代以后的历史命运、取得今天的伟大成就，最根本的是有中国共产党的坚强领导"[2]。

中国共产党在中国现代化事业中的领导作用，党的二十大报告用"两个确保"作出了集中概括，即"确保我国社会主义现代化建设正确方向，确保拥有团结奋斗的强大政治凝聚力、发展自信心"[3]。比较而言，基础性的领导作用在于对中国现代化道路正确方向的选择、维护和捍卫。在百年奋斗的历程中，中国共产党不仅筹画和塑造了中国历史发展的逻辑，也改变和影响了世界历史的进程，正如习近平在庆祝中国共产党成立100周年大会上指出的，"中国产生了共产党，这是开天辟地的大事变，深刻改变了近代以后中华民族发展的方向和进程，深刻改变了中国人民和中华民族的前途和命运,深刻改变了世界发展的趋势和格局"[4]。20世纪世界历史的特殊条件、马克思主义政党的价值取向和中国具体实际等因素的相互作用，推动中国的现代化必然性地纳入了社会主义的轨道。新中国70多年来的中国现代化史，就是一部中国共产党带领中国人民探索中国自己的社

---

[1] 《毛泽东选集》第1卷，人民出版社1991年版，第185页。
[2] 《中共中央关于党的百年奋斗重大成就和历史经验的决议》,《人民日报》2021年11月17日。
[3] 习近平:《高举中国特色社会主义伟大旗帜　为全面建设社会主义现代化国家而团结奋斗——在中国共产党第二十次全国代表大会上的报告（2022年10月16日）》,人民出版社2022年版，第69页。
[4] 习近平:《在庆祝中国共产党成立100周年大会上的讲话（2021年7月1日）》,《人民日报》2021年7月2日。

会主义现代化道路的历史。领导权因素之于道路方向的意义不仅体现在改革开放前的历史时期,也体现于改革开放以来的历史时期。从改革一起步,中国的社会意识领域就出现了"左"和右的社会思潮对改革方向的干扰,这种状况一直存在于40多年来改革开放的历程之中。中国改革之所以能够坚持正确方向,其中一个重要原因,如邓小平所说:"我们社会主义的国家机器是强有力的。一旦发现偏离社会主义方向的情况,国家机器就会出面干预,把它纠正过来。"① 通过领导权的行使对中国的现代化发挥社会主义的定向功能,是中国共产党作为中国现代化事业领导者的基础性意义所在。

对于中国共产党来说,领导者的角色不是一种权力和地位的享有,而是一种责任和使命的承受,其百年奋斗折射的是负重前行,是奉献牺牲。"党在内忧外患中诞生、在历经磨难中成长、在攻坚克难中壮大,为了人民、国家、民族,为了理想信念,无论敌人如何强大、道路如何艰险、挑战如何严峻,党总是绝不畏惧、绝不退缩、不怕牺牲、百折不挠。"② 在巨大的奉献和牺牲的背后,蕴含着一条特殊的叙事逻辑,即中国共产党一以贯之地在践行一个超越性的使命,因此,无论是革命、建设还是改革时期,中国共产党的领导一直以来都是一个与主体能动性相联系的范畴,始终在践行一种反作用的逻辑。习近平将中国共产党领导与中国特色社会主义最本质特征联系在一起,正是这种反作用思维的最新表现。为资本主义主导的世界历史和发展社会主义市场经济的双重客观条件所决定,中国共产党对于自身主体能动性的强调有着特别重要的现实意义。习近平强化这一联系更多地意味着中国共产党之于社会主义现代化事业的政治责任和历史担当,并且对反作用力的发挥提出了新的更高水平的要求。随

---

① 《邓小平文选》第3卷,人民出版社1993年版,第139页。
② 《中共中央关于党的百年奋斗重大成就和历史经验的决议》,《人民日报》2021年11月17日。

着社会主义与市场经济结合的深入，中国共产党只有通过增强自身的主观能动性，才能实现对资本逻辑和权力逻辑的有效驾驭，进而实现现代性的内在超越，达成社会主义现代化的历史任务。

打铁必须自身硬。中国共产党的领导实践始终伴随着维护自身先进性和纯洁性问题的思考和解决。究其原因，中国共产党的先进性和纯洁性，不是固定不变的，而是随着形势和任务的发展变化而不断丰富的；不是一劳永逸的，而是必须通过坚持不懈地加强党的自身建设才能保持的。一旦丧失了先进性和纯洁性，中国共产党不仅会失去在中国的执政资格，更为严重的后果在于中国的现代化也会因此走向歧路。党的自我革命之所以极端重要，就在于其实践成效不仅与自身的执政地位休戚相关，更与中国现代化道路的方向休戚相关。党的二十大报告指出："我们党作为世界上最大的马克思主义执政党，要始终赢得人民拥护、巩固长期执政地位，必须时刻保持解决大党独有难题的清醒和坚定。"[1] 就"大党的独有难题"的内在结构而言，既包含因其之大赋予自身治理的复杂性难题，更为根本的是作为马克思主义政党在执政条件下如何保持自身先进性和纯洁性的难题。

如何防止公仆蜕变为主人的问题一直与中国式现代化的探索相伴相随。中国特色社会主义进入新时代，习近平在全面从严治党的实践中不断深化对这个难题的思考，在他看来，"毛泽东同志在延安的窑洞里给出了第一个答案"，即"只有让人民来监督政府，政府才不敢松懈"。经过百年奋斗特别是党的十八大以来新的探索实践，中国共产党又给出了第二个答案即党的自我革命。习近平的这一重要论断，可以从三个方面作出深入阐发：第一，中国共产党毫无私利，赋予了自我革命的政治底气。"我们党

---

[1] 习近平：《高举中国特色社会主义伟大旗帜　为全面建设社会主义现代化国家而团结奋斗——在中国共产党第二十次全国代表大会上的报告（2022年10月16日）》，人民出版社2022年版，第63页。

没有任何自己特殊的利益，这是我们党敢于自我革命的勇气之源、底气所在。正因为无私，才能本着彻底的唯物主义精神经常检视自身、常思己过，才能摆脱一切利益集团、权势团体、特权阶层的围猎腐蚀，并向党内被这些集团、团体、阶层所裹挟的人开刀。"[1] 第二，自我革命是党保持先进性和纯洁性的必然要求。将自我革命称为跳出治乱兴衰历史周期率的第二个答案，强调的是自我净化、自我完善、自我革新、自我提高的主动性和自觉性。如果说第二个答案的提出侧重于保持先进性和纯洁性内生动力维度的话，那么，第一个答案的提出侧重于保持先进性和纯洁性的外部压力维度。第三，提出了将自我革命与人民群众的监督结合起来的实践要求。正如习近平指出的，"对党内的一些突出问题，人民群众往往看得很清楚。党员、干部初心变没变、使命记得牢不牢，要由群众来评价、由实践来检验。我们不能关起门来搞自我革命，而要多听听人民群众意见，自觉接受人民群众监督"[2]。总之，两个答案统一在一起，可以有效防止"精英背叛"，避免公仆蜕变为主人，是新时代维护党的先进性和纯洁性的系统性举措。

新时代十年全面从严治党取得了显著成就，但"四大考验"和"四大危险"将长期存在，党的自我革命永远在路上，永远是现在进行时态。党的二十大报告提出"反腐败是最彻底的自我革命"的重要论断，表明腐败之于党的生命力和战斗力的危害最为严重，也说明反腐败是党的自我革命的最为关键的内容。党的二十大报告在坚持以零容忍态度反腐惩恶的根本原则的同时，深化了对反腐败斗争规律的认识，主要体现在：一是进一步强化反腐败斗争的系统观念。比如，党的二十大报告提出要"坚持不敢腐、不能腐、不想腐一体推进"；"更加有力遏制增量，更加有效清除存量"；"坚

---

[1] 习近平：《以史为鉴、开创未来　埋头苦干、勇毅前行》，《求是》2022年第1期。
[2] 习近平：《全党必须始终不忘初心牢记使命　在新时代把党的自我革命推向深入》，《人民日报》2019年6月26日。

持受贿行贿一起查";"深化反腐败国际合作,一体构建追逃防逃追赃机制";等等。二是进一步强化了监督之于反腐败斗争的特殊意义。对待人民群众监督的态度问题是划分马克思主义政党与其他政党的分水岭和试金石。恩格斯指出:"唯物主义的方法在这里就往往只限于把政治冲突归结于由经济发展所造成的现有各社会阶级以及各阶级集团的利益的斗争,而把各个政党看做是这些阶级以及阶级集团的大体相应的政治表现。"① 要不断深化党和国家监督体制改革,以党内监督为主导,促进各类监督力量整合、工作融合,调动广大人民群众监督积极性和主动性,强化对权力监督的全覆盖、有效性。可以说,党内监督与外部监督结合的深入程度,在很大意义上决定了反腐败斗争的彻底程度。三是进一步强化重点论。党的二十大报告明确了"三个坚决",即"坚决查处政治问题和经济问题交织的腐败,坚决防止领导干部成为利益集团和权势团体的代言人、代理人,坚决治理政商勾连破坏政治生态和经济发展环境问题"②,提出要"深化整治权力集中、资金密集、资源富集领域的腐败,坚决惩治群众身边的'蝇贪',严肃查处领导干部配偶、子女及其配偶等亲属和身边工作人员利用影响力谋私贪腐问题,坚持受贿行贿一起查,惩治新型腐败和隐性腐败"③。

2. 社会主义现代化与中华民族伟大复兴

社会主义与现代化的结合,是中国式现代化最大的特色。只有社会主义才能救中国,只有社会主义才能发展中国,以中国式现代化全面推

---

① 《马克思恩格斯文集》第 4 卷,人民出版社 2009 年版,第 535 页。
② 习近平:《高举中国特色社会主义伟大旗帜 为全面建设社会主义现代化国家而团结奋斗——在中国共产党第二十次全国代表大会上的报告(2022 年 10 月 16 日)》,人民出版社 2022 年版,第 69 页。
③ 习近平:《高举中国特色社会主义伟大旗帜 为全面建设社会主义现代化国家而团结奋斗——在中国共产党第二十次全国代表大会上的报告(2022 年 10 月 16 日)》,人民出版社 2022 年版,第 69 页。

进中华民族伟大复兴的实践逻辑贯穿着发展和完善社会主义的主线。中华民族伟大复兴的中国梦"并不仅仅代表近一百七十多年来在西方现代化压力下民族复兴和繁荣的历史要求,而且代表在当代全球转型中创造新文明的现实追求"[1],因此从本质上说是社会主义梦。复兴了的中华民族是以社会主义现代化的实现作为实质性内容和根据的,社会主义现代化与中华民族伟大复兴可谓互为表里。"形象地说,社会主义现代化与中华民族伟大复兴仿佛一个硬币的两面,分别从社会主义现代化的价值维度和中华民族伟大复兴中国梦的价值维度,标识出中国共产党的历史使命。"[2]

无论在社会上还是在学术界,社会主义现代化的概念事实上一直存在着不同的理解,有人并不认为现代化有社会主义与资本主义不同属性的划分,也有人只是从具体的现实出发来思考社会主义现代化的基本规定。党的二十大报告的这一特别阐明提供了对这一概念作出深入的理论探讨的机会。理解这一概念,需要从两个维度展开。一是现代化道路与现代化规律的关系。现代化是人类社会发展的一般趋势,但现代化的道路和现代化的规律不同,"规律是道路的本质依据,道路则是规律的具体实现形式"[3],两者不能简单地作出一致性的理解。换言之,在承认规律具有普遍性的同时还需要同时承认道路的多样性,正如有学者指出的,"历史原则的具体化承诺首先就在于捍卫现实的差别"[4]。中国式现代化的提出,进一步阐明了在世界现代化进程中中国现代化道路作为一种具体的特殊的存在。二是社会主义现代化与资本主义现代化的关系。现代化是人类社会一

---

[1] 胡大平:《地理学想象力和空间生产的知识——空间转向之理论和政治意味》,《天津社会科学》2014 年第 4 期。
[2] 吴波:《习近平治国理政思想的理论主题研究——论什么是社会主义现代化怎样建设社会主义现代化》,《贵州省党校学报》2017 年第 5 期。
[3] 丰子义:《发展的呼唤与回应:哲学视野中的社会发展》,北京师范大学出版社 2009 年版,第 388 页。
[4] 吴晓明:《马克思的历史道路理论及其具体化承诺》,《哲学研究》2013 年第 7 期。

场深刻的历史变迁，正如亨廷顿所说，"现代化是一个多层面的进程，它涉及人类思想和行为所有领域里的变革"[①]。为了强调变革的整体性，亨廷顿还特别引述了丹尼尔·勒纳的一段话："城市化、工业化、世俗化、民主化、普及教育和新闻参与等，作为现代化进程的主要层面，它们的出现绝非是任意而互不相关的。"[②] 不过，这个整体性特征的具体表现并非千篇一律，在各国现代化的实践中，既有共性的一面，也有个性的一面。在历史唯物主义视域下，社会主义现代化与资本主义现代化共时存在，是一个现代性内在超越的历史进程。无论在实践方式还是在历史任务等方面，社会主义现代化与资本主义现代化之间都存在严格的区别，不以牺牲人自身的发展为代价来推进现代化，构成社会主义现代化与资本主义现代化的最本质区别。两者的区别还具体表现在：一方面，"缩短"和"减轻"资本主义现代化过程中的弊端和苦痛，构成社会主义现代化的价值原则；另一方面，社会主义现代化不是向人对物的依赖关系转变，而是从一起步就确立起实现人的自由个性和全面发展的历史任务。

中国式现代化是社会主义与现代化在近代以来中国历史空间中交汇融合的产物。改革开放以来中国共产党将社会主义与市场经济结合作为中国式现代化道路的核心课题，既有对改革开放前历史时期社会主义现代化建设历史经验的深刻反思，又有对科学社会主义理论认识的深化：社会主义是对资本主义的扬弃，对于像中国这样的经济文化相对落后的国家建设社会主义现代化，就必须保持开放的姿态，吸取西方资本主义的肯定性文明成果，正如邓小平所言，"社会主义要赢得与资本主义相比较的优势，就必须大胆吸收和借鉴人类社会创造的一切文明成果，吸收和借鉴当今世

---

① ［美］塞缪尔·P. 亨廷顿：《变化社会中的政治秩序》，王冠华、刘为等译，沈宗美校，生活·读书·新知三联书店1989年版，第30页。
② ［美］塞缪尔·P. 亨廷顿：《变化社会中的政治秩序》，王冠华、刘为等译，沈宗美校，生活·读书·新知三联书店1989年版，第30页。

界各国包括资本主义发达国家的一切反映现代社会化生产规律的先进经营方式、管理方法"[1]。改革开放40多年来巨大成就的取得证明了中国式现代化道路的成功。习近平指出："在社会主义条件下发展市场经济，是我们党的一个伟大创举。我国经济发展获得巨大成功的一个关键因素，就是我们既发挥了市场经济的长处，又发挥了社会主义制度的优越性。"[2]这一伟大创举，是马克思主义辩证法的成功运用，"'中国特色'和'社会主义'构成我国市场经济的最根本特征，这两大特征恰恰是世界历史与民族道路之矛盾的实际解决"[3]。这一探索实践，不仅极大地增强了社会主义的物质基础，也有力捍卫了社会主义的声誉，进而拓展了超越性想象的空间。

中国特色社会主义进入新时代，意味着中国的现代化水平达到了一个新的历史高度，极大地提升了道路自信。习近平之所以提出中国式现代化，最深刻的立意在于自主性的高扬。自主性是革命、建设和改革各个历史时期中国共产党探索中国道路始终恪守的根本原则。基于苏联解体之后世界社会主义陷入低潮的历史条件，这一立意的意义无疑极其重大而深远。"西方国家的理论家们赋予现代化以普遍价值理念的意义，把它提升为意识形态，只代表了西方资本主义国家统治世界的愿望，对于非西方世界的发展中国家来说，它却是一种陷阱。当然，这并不是说现代性的观念对于发展中国家来说是完全无用的，而是说，发展中国家在运用这种观念时，要结合本民族的发展加以取舍，反之，简单地全盘照搬这个理论，就意味着自动放弃自己的历史主动性。"[4]这一自主性首先来源于社会主义的自信。社会主义是中国共产党带领中国人民自主选择的道路，正是道路

---

[1]《邓小平文选》第3卷，人民出版社1993年版，第373页。
[2] 习近平：《不断开拓当代中国马克思主义政治经济学新境界》，《求是》2020年第16期。
[3] 孙伯鍨、张一兵主编：《走进马克思》，江苏人民出版社2001年版，第50页。
[4] 何萍：《马克思主义世界历史理论中的决定论与非决定论——关于马克思、卢森堡、列宁的一个比较研究》，《哲学研究》2008年第3期。

的正确，才使得中华民族伟大复兴的进程得以延续并不断发展。这一自主性还深刻地蕴含中华民族的自尊。自主性是中华民族的深层文化基因，"中国式"话语的使用，无疑还有中华优秀传统文化的赋予，是一种民族自尊心的显示。

习近平提出中国式现代化，有着西方现代化这一特定的参照，从他对中国式现代化特征的阐释中很容易发现这一点，换言之，他是在与西方资本主义国家的比较中论述中国式现代化道路的中国特色的。习近平指出："我国现代化是人口规模巨大的现代化，是全体人民共同富裕的现代化，是物质文明和精神文明相协调的现代化，是人与自然和谐共生的现代化，是走和平发展道路的现代化。"[①] 这一比较，展现出中国式现代化的双重特殊。首先是具体实际的特殊性即自然特殊，中国式现代化是人口规模巨大的现代化。"我国十四亿多人口整体迈进现代化社会，规模超过现有发达国家人口的总和，艰巨性和复杂性前所未有，发展途径和推进方式也必然具有自己的特点。"更为重要的是现代化价值理念的特殊性即价值特殊。在社会主义语境中，一般将共同富裕与社会主义作一致性的理解，将两极分化与资本主义作一致性的理解。习近平关于中国式现代化的解读，突出强调了"着力维护和促进社会公平正义，着力促进全体人民共同富裕，坚决防止两极分化"。在社会主义语境中，和平发展是社会主义的根本原则，而资本主义则意味着殖民和掠夺。习近平关于中国式现代化的解读，突出强调了"我国不走一些国家通过战争、殖民、掠夺等方式实现现代化的老路，那种损人利己、充满血腥罪恶的老路给广大发展中国家人民带来深重苦难"[②]。

---

① 习近平：《把握新发展阶段，贯彻新发展理念，构建新发展格局》，《求是》2021年第9期。
② 习近平：《高举中国特色社会主义伟大旗帜 为全面建设社会主义现代化国家而团结奋斗——在中国共产党第二十次全国代表大会上的报告（2022年10月16日）》，人民出版社2022年版，第23页。

基于上述分析,需要对中国式现代化的有关解读加以辨析。有人将"中国特色社会主义现代化"与"中国式现代化"加以比较,认为前者"侧重点是中国国内的现代化建设",而后者是"国内外兼顾的,甚至某种意义上是侧重国际视角的"。其实,第一,邓小平提出的中国特色社会主义是将苏联模式的社会主义作为参照物的,恰恰也是国际视野的产物;第二,无论是中国特色社会主义现代化还是中国式现代化,都是一种对自身特殊性的强调,都主要着眼于自身现代化问题的解决。只不过,中国特色社会主义主要是基于世界社会主义框架内现代化模式的比较来体现自身特殊性的,后者则是基于社会主义与资本主义的比较来体现自身特殊性的。

在世界百年未有之大变局的历史条件下,习近平强调中国式现代化与社会主义现代化的一致性,是一种强烈的确定性供给,不仅具有自我正名的意味,而且具有批判性反思的意味,蕴含对于中国式现代化道路加以规范性校正的实践指向。有学者注意到了反腐败斗争与中国道路完善之间的关系,指出:"中国共产党所进行的持续的严厉反腐,其目的就是要为改变权力逻辑与资本逻辑的存在结构、进一步推动劳动的解放打开和拓宽通道,以最终完成对'权力逻辑'与'资本逻辑'既有存在结构的改造。"[①] 由此,新时代社会主义与市场经济结合的深化,需要强化对权力逻辑的辩证分析。如何有力破解权力逻辑与资本逻辑的勾连,如何克服官僚主义的痼疾,构成促进政府作用更好地发挥出来的两大现实课题。新时代社会主义与市场经济结合的深化,还需要强化对资本逻辑的辩证分析。习近平指出:一方面,"在社会主义市场经济体制下,资本是带动各类生产要素集聚配置的重要纽带,是促进社会生产力发展的重要力量,

---

① 叶险明:《当代中国政治经济学批判的缺失与马克思主义哲学研究的困境》,《学术界》2019年第2期。

要发挥资本促进社会生产力发展的积极作用"[1]；另一方面，"资本具有逐利本性，如不加以规范和约束，就会给经济社会发展带来不可估量的危害"[2]。资本的积极效应和消极效应的双重凸显，进一步提出了在保障资本积极作用的同时，规范和引导资本的发展的现实任务。

3. 人类文明新形态与伟大的社会革命

作为中国式现代化的伟大创造，人类文明新形态与马克思的未来社会构想相一致。党的二十大报告提出的中国式现代化的本质要求是一个有机统一的整体，大体可以分为三个层次。第一个层次的"坚持中国共产党领导，坚持中国特色社会主义"可以理解为中国式现代化的基础性和前提性要求；第二个层次的"实现高质量发展，发展全过程人民民主，丰富人民精神世界，实现全体人民共同富裕，促进人与自然和谐共生，推动构建人类命运共同体"可以理解为中国式现代化对经济建设、政治建设、文化建设、社会建设、生态文明建设和全球治理参与分别提出的实践要求；第三个层次的"创造人类文明新形态"是中国式现代化总体性的价值目标，是前两个层次实践的集中体现和逻辑结果。当中国共产党把中国式现代化规定为社会主义的现代化时，不仅意味着现代化建设在中国的实践必须遵循社会主义价值原则作出相应的制度设计和规定，同时也必然性地提出了这一实践所要实现的特殊目的。之所以把这个目的称为"人类文明新形态"，是将资本主义的现代文明作为参照物和替代对象的。文明的概念虽然有多种多样的解释，但大体归为两类：一类是文化人类学意义上的文明，亨廷顿的"文明冲突论"就是基于这一理解；一类是历史唯物主义视域

---

[1] 《习近平在中共中央政治局第三十八次集体学习时强调　依法规范和引导我国资本健康发展　发挥资本作为重要生产要素的积极作用》，《人民日报》2022年5月1日。
[2] 《习近平在中共中央政治局第三十八次集体学习时强调　依法规范和引导我国资本健康发展　发挥资本作为重要生产要素的积极作用》，《人民日报》2022年5月1日。

下社会发展意义上的文明。人类文明新形态与马克思设想的未来社会相一致，是对资本主义现代文明的扬弃与超越，因而是一个与伟大的社会革命逻辑一致的概念。人类文明新形态的创造就意味着伟大的社会革命的持续。

　　社会革命是历史唯物主义的一个基本范畴。在马克思主义创始人那里，其一，只有社会革命才被理解为真正的革命。"任何一次真正革命都是社会革命，因为它使新阶级占据统治地位并且让它有可能按照自己的面貌来改造社会。"[①] 马克思指出："每一次革命都破坏旧社会，所以它是社会的。每一次革命都推翻旧政权，所以它具有政治性。"[②] 这一论述清晰地阐明了社会革命与政治革命各自的内涵及其关系。社会革命与政治革命之于人类社会发展的意义存在明显的区别，因而在科学社会主义理论中的地位和作用也是不同的。其二，共产主义革命是人类社会最后一次社会革命。"迄今为止的一切革命始终没有触动活动的性质，始终不过是按另外的方式分配这种活动，不过是在另一些人中间重新分配劳动，而共产主义革命则针对活动迄今具有的性质，消灭劳动，并消灭任何阶级的统治以及这些阶级本身。"[③] 今天，关于伟大的社会革命的深刻理解和准确把握，既要与马克思主义政党的初心和使命及其历史实践相联系，还要与共产主义这一新的文明类型的现实进展及其面临的机遇与挑战相联系。

　　深刻理解这一伟大的社会革命，首先应充分了解中国共产党初心和使命并走进百年奋斗的历史深处，"只有回看走过的路、比较别人的路、远眺前行的路，弄清楚我们从哪儿来、往哪儿去，很多问题才能看得深、把得准"[④]。革命性是作为马克思主义政党的中国共产党与生俱来的政治品

---

① 《马克思恩格斯选集》第3卷，人民出版社1995年版，第276页。
② 《马克思恩格斯全集》第1卷，人民出版社1956年版，第488页。
③ 《马克思恩格斯选集》第1卷，人民出版社2012年版，第170—171页。
④ 习近平：《坚持和发展中国特色社会主义要一以贯之》，《求是》2022年第18期。

格，打碎一个旧世界和建设一个新世界的坚定信念，让无数中国共产党人前仆后继，浴血奋斗。1949年10月，费正清在美国国务院对华政策会议上强调，应理解中国共产党和中国共产主义，"美国对华关系与其说是对一个国家的关系，不如说是对一场革命的关系"[1]。从新民主主义革命到社会主义革命和社会主义建设，20世纪中国伟大的社会革命是一个持续并不断展开的过程。改革开放是中国共产党领导人民进行的伟大社会革命的继续。邓小平不止一次指出，"我们的改革不仅在中国，而且在国际范围内也是一种试验，我们相信会成功。如果成功了，可以对世界上的社会主义事业和不发达国家的发展提供某些经验"[2]。中国特色社会主义进入新时代，伟大的社会革命开启了新的历史篇章，正如习近平指出的，"新时代中国特色社会主义是我们党领导人民进行伟大社会革命的成果，也是我们党领导人民进行伟大社会革命的继续，必须一以贯之进行下去"[3]。

深刻理解这一伟大的社会革命，还应与创造人类文明新形态的实际进展的科学认识相联系，辩证分析和把握伟大社会革命面临的机遇和挑战。一方面，与未来社会基本原则相一致的人类文明新形态虽然显现出相较于资本主义现代文明的超越性特征，但还是初级形态社会主义条件下的创造，处于不全面不充分的状态，理想的人类文明新形态与现实的人类文明新形态之间既有一致性的一面也有差异性的一面。我们需要继续坚持把马克思主义基本原理同中国具体实际相结合、同中华优秀传统文化相结合，在坚持和发展中国特色社会主义的实践中逐步丰富和完善；另一方面，当今世界正处于百年未有之大变局，世界历史处于一个转折点上。世界社会主义正在逐步摆脱它自苏联解体以来空前的低潮，迎来新的发展机遇。

---

[1] 路克利：《凝聚力：中国模式的巨大政治优势》，《北京日报》2017年6月26日。
[2] 《邓小平文选》第3卷，人民出版社1993年版，第135页。
[3] 习近平：《坚持和发展中国特色社会主义要一以贯之》，《求是》2022年第18期。

中国特色社会主义作为振兴世界社会主义的中流砥柱，成为21世纪科学社会主义发展的旗帜。我们需要坚持辩证法，深入分析21世纪社会主义与资本主义关系的变化趋势，为世界社会主义的复兴创造越来越充分的条件。前途的光明与道路的曲折总是紧密联系在一起的，"历史和现实都告诉我们，一场社会革命要取得最终胜利，往往需要一个漫长的历史过程"[①]。我们需要对创造人类文明新形态的长期性复杂性艰巨性保持清醒的认识和估计。

以党的自我革命引领伟大的社会革命，是习近平围绕党的自我革命与伟大社会革命关系提出的重要论断。在他看来，我们党只有勇于进行自我革命，把党建设得更加坚强有力，才能把新时代坚持和发展中国特色社会主义这场伟大社会革命进行好。从伟大的社会革命与马克思主义政党的内在一致性而言，革命党始终是中国共产党的底色和胎记。一段时间里从革命党话语向执政党话语的转变，是革命话语消解的成功。习近平指出："有人说，我们党现在已经从'革命党'转变成了'执政党'。这个说法是不准确的。""我们党是马克思主义执政党，但同时是马克思主义革命党。"[②]将马克思主义革命党的本色鲜明亮出来，必然导向对伟大的社会革命的推动，由此彰显出一种强烈的历史担当精神。一方面，引领是方向的牵引。"中国共产党是为中国人民谋幸福、为中华民族谋复兴的党，也是为人类谋进步、为世界谋大同的党。"[③]理想信念和天下情怀构成中国共产党为人类作出更大贡献的根本动力。另一方面，引领是精神的激励。习近平指出："不忘初心，牢记使命，就不要忘记我们是共产党人，我们是革命者，不

---

① 习近平：《坚持和发展中国特色社会主义要一以贯之》，《求是》2022年第18期。
② 习近平：《坚持和发展中国特色社会主义要一以贯之》，《求是》2022年第18期。
③ 习近平：《高举中国特色社会主义伟大旗帜 为全面建设社会主义现代化国家而团结奋斗——在中国共产党第二十次全国代表大会上的报告（2022年10月16日）》，人民出版社2022年版，第21页。

要丧失了革命精神。""要保持过去革命战争时期的那么一股劲、那么一股革命热情、那么一种拼命精神,把革命工作做到底。"① 这两个方面的辩证统一,构成中国共产党自我革命的最高目的,也构成中国共产党领导的集中体现。

三、资本逻辑、权力逻辑与中国道路的完善

世界正处于百年未有之大变局,构成新时代坚持和发展中国特色社会主义的客观条件。党的二十大报告指出,"当前,世界百年未有之大变局加速演进,新一轮科技革命和产业变革深入发展,国际力量对比深刻调整,我国发展面临新的战略机遇"②。坚持以马克思世界历史理论为指导,正确认识和把握百年变局的实质与走向,是推进全面建设社会主义现代化国家这项伟大而艰巨的事业的基础性工作。对于中国共产党来说,应继续坚持以自己的事情为中心,一方面以社会主要矛盾为根本依据,坚持社会主义初级阶段基本路线不动摇,统筹好发展与安全,不断夯实社会主义的物质基础;另一方面聚焦社会主义与市场经济结合这一中国道路的核心课题,深化对资本逻辑和权力逻辑及其关系的辩证认识和处理,不断发展和完善社会主义。通过这两个方面的辩证统一,坚持把国家和民族发展放在自己力量的基点上,坚持把中国发展进步的命运牢牢掌握在自己手中,在推进中华民族伟大复兴历史进程的同时进一步深刻影响和改变世界历史进程。

---

① 习近平:《坚持和发展中国特色社会主义要一以贯之》,《求是》2022 年第 18 期。
② 习近平:《高举中国特色社会主义伟大旗帜 为全面建设社会主义现代化国家而团结奋斗——在中国共产党第二十次全国代表大会上的报告(2022 年 10 月 16 日)》,人民出版社 2022 年版,第 26 页。

1. 百年变局与社会主义自信

世界正处于百年未有之大变局，是习近平在党的十九大召开后不久以世界历史眼光观察和分析世界大势作出的重大判断，它准确揭示了我们当下所处的国际环境的基本特征，成为我们党在时代问题上的标志性成果。近几年来，学界从成因、特征、实质、趋势以及应对等维度对这一成果展开了深入阐释，形成了若干共识。其一，新科技革命是根本原因。在历史唯物主义关于人类社会发展的分析框架中，生产力因素始终居于首要的和决定性的位置。从根本上说，百年变局是新科技革命赋予的，"由于技术革新的发展和广泛普及为相应的改变速度的提高做出了很大的贡献，因而社会变化的加速是技术加速的直接的(并且最终也是不可避免的)后果"[1]。其二，世界权力格局发生重大变化，"百年变局中最为关键的变量在于世界上主要国家之间的力量对比"[2]。其三，不确定性是关键性特征。人们越来越强烈地感知和体验到，"百年大变局正在重塑世界秩序，过程和结果都充满不确定性"[3]。最重要的问题在于百年变局的实质和走向。马克思世界历史理论是正确认识时代性质和观察世界历史走向的科学工具，也是正确认识百年变局实质与走向的根本遵循。社会主义是一项"世界历史性"的事业，对于像中国这样的社会主义国家来说，只有基于社会主义与资本主义关系变化的高度，才能准确把握世界秩序分裂与重构的内涵与意义，进而更好地坚持和发展中国道路。

关于百年变局的分析，首先需要联系冷战结束这一20世纪世界历史进程中的重大事件。苏联解体之后，世界社会主义运动陷入了空前低潮，"别无选择"的气氛在全球范围内弥漫开来，呈现出一种资本主导的确定

---

[1] 张康之:《论风险社会生成中的社会加速化》，《社会科学研究》2020年第4期。
[2] 冯维江、张宇燕:《世界百年未有之大变局》，《经济研究》2022年第6期。
[3] 黄平:《百年变局越是具有不确定性，世界各国越是要走合作之路》，《经济导刊》2020年第9期。

性状态。从两制关系的视角看,经济全球化是以资本主义对社会主义的暂时胜利拉开序幕的,以美国为主要代表的西方国家主导了这一历史进程,西方资本在两个平行市场结束之后获得了全球性的投放机会,凯歌行进之下是资本逻辑在全球空间广度和深度的拓展与深耕。历史的辩证法在于,技术进步和全球化的加速化不仅加深了世界历史联系的程度,而且加速了世界历史发展的进程,既为人类社会带来了更多的机遇,又产生了更多的风险和挑战。随着资本逻辑的深化,全球性的贫富分化日益严重,诸如恐怖主义、网络安全、重大传染性疾病、气候变化等全球性问题也逐渐凸显。在资本逻辑对空间和时间的掌握与运用达到前所未有的水平的同时,解放的程度与束缚的程度一样地获得了快速提升,两者之间的冲突超过了以往任何历史时期,如马克思所言,"技术的胜利,似乎是以道德的败坏为代价换来的。随着人类愈益控制自然,个人却似乎愈益成为别人的奴隶或自身的卑劣行为的奴隶"[①]。技术进步、虚无主义和现代性之间的相关性,大变局、转折点和临界点的一致性,凸显了"人类社会向何处去"的时代之问。

从空间化的视角看,百年变局是东西方力量共同作用的结果,既有以美国为主要代表的西方资本主义力量变化的影响,又有以中国为主要代表的社会主义力量变化的作用。马克思世界历史理论蕴含丰富的辩证法,对于"作为整体的世界历史及其演变发展与世界历史各个构成部分及其演变发展之间的关系问题"[②],始终要求将对世界整体化状况和趋势的分析与民族和国家作用及影响的分析辩证统一起来。民族和国家的自身变化虽然不意味着作为整体的世界历史的变化,但这一变化必然导致民族和国家之间关系的变化,也必然导致各自所承载和代表的社会制度之间关

[①] 《马克思恩格斯选集》第1卷,人民出版社1995年版,第775页。
[②] 叶险明:《马克思世界历史理论的特性与世界历史理论基本问题——马克思主义世界历史理论在当代发展的一个重要逻辑环节》,《马克思主义研究》2010年第1期。

系的变化,进而影响作为整体的世界历史的变化。重大的历史转折关头,最先涌现的往往是回首的意识。中国共产党的百年奋斗,一直扛的是顶风的旗,养成了逆境下不屈不挠的韧性。一个组织的韧性是外在弹性与内在刚性的有机统一,后者是韧性生成的根基和关键,坚定的共产主义信仰作为刚性要素为中国共产党韧性的生成提供了坚硬的内核,外化为自主性的高扬。一般来说,"本土因素和外来因素都会对一个国家现代化的发展道路产生影响"①。作为一个后发国家,新中国现代化道路的探索虽然不可避免地受到外来因素的影响,但是自主性始终是一种根深蒂固的存在并一直在顽强地发挥着作用,无论在改革开放前的历史时期还是改革开放以来的历史时期都表现出对外来因素的辩证态度,从而呈现出"一种既被规定又行规定的自我活动的情形"②。自主性立场的一以贯之,延展成中国自己的现代化道路,集中体现为民族性与社会主义的辩证统一,折射出中国共产党的韧性品质。改革开放以来,中国共产党的韧性不仅体现在世界社会主义陷入严重低潮的条件下守护社会主义生存空间的坚定性,而且体现在通过将社会主义与市场经济结合起来发展壮大自己的灵活性。正是坚持坚定性与灵活性的辩证统一,中国共产党领导的中国不仅避免让自己成为资本主义大家庭的新成员,而且成功延续了社会主义在中国的事业,迎来了世界历史新的重大转折。

不过,百年变局下的世界还处于西方资本主义主导的世界历史时代,时代的性质依然没有发生根本性变化,正如马克思所言,"我们判断一个人不能以他对自己的看法为根据,同样,我们判断这样一个变革时代也不能以它的意识为根据;相反,这个意识必须从物质生活的矛盾中,从社会

---

① [美]吉尔伯特·罗兹曼主编:《中国的现代化》,国家社会科学基金"比较现代化"课题组译,江苏人民出版社2003年版,第4页。
② 吴晓明:《从社会现实的观点把握中国社会的性质与变迁》,《哲学研究》2017年第10期。

生产力和生产关系之间的现存冲突中去解释"①。但是,中国共产党正在逐步摆脱苏联解体之后的被动状态,并由此赋予世界社会主义在蛰伏几十年之后从低潮逐步走出的客观趋势,也是一个不争的客观事实。历史的回望不仅赋予历史的自信,更蕴含对未来的信心。我们需要继续借助马克思主义宏大叙事的理论力量,在廓清世界历史走向的同时进一步坚定社会主义的信心。关于文明的阐释和理解虽然繁多复杂,但大体可以划分为两类:一类是文化人类学意义上的文明,一类是社会发展意义上的文明。前一类文明虽然有变化,但总体上保持一种稳定的状态,继承性是其主要特征;后一类文明则体现出鲜明的历史演进,发展性是其主要特征。在历史唯物主义的视野中,西方所谓的现代文明实质是资本的文明,这种文明形态既不能提供解决人类社会基本问题的答案,也不是人类社会的终点和归宿。如果说中国道路的成功业已证明现代化道路不只有西方模式,可以有多种选择的话,那么,这个新的选择就不只是一种多样性的存在,更是一种超越性的方案。中国的现代化是一场伟大的社会革命,本身就是一种具有"世界历史意义"的存在。单一的现代化史观的叙事方式不能准确揭示近代以来中国的历史进程,中国现代化的历史叙事需要植根于革命史观的基础之上;单一的民族复兴的叙事方式也不能准确揭示中国式现代化的历史任务,中华民族伟大复兴是以社会主义现代化作为根本标志和实质性内容的。战略上的相对主动,无疑有助于增强中国共产党主观能动性发挥的水平和能力,更好地肩负起作为时代引领者的历史责任,正如习近平指出的,"中国特色社会主义正成为 21 世纪科学社会主义发展的旗帜,成为振兴世界社会主义的中流砥柱,我们党有责任、有信心、有能力为科学社会主义新发展作出更大历史贡献"②。

---

① 《马克思恩格斯选集》第 2 卷,人民出版社 1995 年版,第 33 页。
② 习近平:《坚持和发展中国特色社会主义要一以贯之》,《求是》2022 年第 18 期。

习近平在党的二十大报告中对中国式现代化作出"中国共产党领导的社会主义现代化"①的阐明，既从理论上判定中国道路的性质，又提出了完善中国道路的实践要求。理想性与现实性能否很好地在实践中统一起来，决定了中国伟大事业的未来，也决定了人类社会的未来。新时代和发展中国特色社会主义，更好地肩负起作为时代引领者的历史责任，需要正确认识和把握辩证统一的三重实践指向。其一，保持战略定力，正确认识和把握经济与政治的辩证关系，坚持以自己的事情为中心，以社会主要矛盾为根本依据作为全部工作的出发点，坚持社会主义初级阶段基本路线不动摇，不断提升生产力的发展水平，进一步夯实社会主义的物质基础。其二，坚持以人民为中心的发展思想，将理想性引导、批判性反思和规范性校正统一起来，进一步深化对社会主义与市场经济结合的探索，一方面不断深化对资本逻辑的辩证认识，强化对资本逻辑的引导和规范；另一方面不断深化对党的自我革命与社会主义市场经济关系的辩证认识，在保持党的纯洁性的同时推动政府作用更好地发挥出来，不断发展和完善社会主义，促进人类文明新形态的创造。其三，深入贯彻总体国家安全观，积极应对国内改革和外部打压以及全球性问题等各类风险挑战，统筹好安全和发展，以新安全格局保障新发展格局，努力实现高质量发展、国家安全、社会稳定与道路完善的有机统一。

2. 共同富裕与资本逻辑的驾驭

马克思对资本的批判始终贯彻辩证法的原则。他既指出资本是人世间一切"匮乏和穷困、愚昧和罪恶的真正根源"，也阐明了"资本的文明之一就是，它榨取这种剩余劳动的方式和条件，同以前的奴隶制、农奴制

---

① 习近平：《高举中国特色社会主义伟大旗帜 为全面建设社会主义现代化国家而团结奋斗——在中国共产党第二十次全国代表大会上的报告（2022年10月16日）》，人民出版社2022年版，第22页。

等形式相比，都更有利于生产力的发展，有利于社会关系的发展，有利于更高级的新形态的各种要素的创造"。[①] 正如有学者所概括的，资本的规定和本性决定了资本的双重逻辑："一种是借助物的力量而产生的创造文明的逻辑，另一种是从社会关系中产生的追求价值增殖的逻辑。"[②] 马克思在对资本作出历史范畴的指认的同时，勾勒出一个没有资本的未来社会图景。基于马克思的这一思想，在20世纪世界社会主义的历史实践中，资本一直是作为一个批判性对象存在于社会主义的话语空间的。改革开放以来，随着非公经济成分的恢复和发展，资本通过自身之于经济增长的促进作用在逐步扩展生存空间的同时，也逐步增强了其作为一个生产要素之于中国道路探索的肯定性意义。党的十四大作出建立社会主义市场经济体制的重大决策，是在世界历史还处于西方资本主义主导的历史时代，基于社会主义初级阶段的生产力实际水平及改革开放以来恢复和发展私人资本的实际成效的战略安排，即在承认资本现实合理性的基础上，将之作为一个基本的生产要素纳入社会主义与市场经济结合的框架之中。比较而言，改革开放前侧重对资本追求价值增殖逻辑的批判与拒绝以维护社会主义的经济基础，改革开放以来则侧重对资本创造文明的逻辑的承认和运用以增强社会主义的物质基础。中国道路这一战略设计，既贯彻马克思主义理论传统的告诫，又包含新的创造的考量，在发挥资本创造文明效能的同时克服和减轻资本的消极效应的价值立意，折射出从工具性意义的视角利用资本和从价值性视角超越资本相统一的战略思维。由此，能否成功驾驭资本逻辑，在"占有资本主义制度所创造的一切积极的成果"[③]的同时而不被其支配和控制，不仅关涉科学社会主义理论逻辑与中国实

[①] 马克思：《资本论》第3卷，人民出版社2004年版，第927—928页。
[②] 丰子义：《全球化与资本的双重逻辑》，《北京大学学报（哲学社会科学版）》2009年第3期。
[③] 《马克思恩格斯选集》第3卷，人民出版社1995年版，第769页。

践逻辑一致性的自我辩护，也成为能否真正超越资本主义市场经济的关键所在。

从党的十四大提出建立社会主义市场经济体制起，社会主义与市场经济的结合已经走过30多年的旅程。经过30多年的发展，资本逻辑有力地推动经济快速增长，不仅充分展现出"伟大文明作用"，也充分展现出在财富分配极化和人的物化等方面的消极作用，中国在一步步筑就物质现代化大厦的同时也一步步进入了"马克思的问题域"。这一结论，与其说是对马克思资本批判理论的重温，倒不如说是一种纯粹的感性体验，资本已经深入经济社会生活的方方面面，对人们的思想观念和行为方式产生了重大而深刻的影响，在巨大的中国成就和巨大的中国问题的背后，无处不在的是资本忙碌的身影。如果说建立社会主义市场经济体制之初，我们党就充分认识到这"是一个长期发展的过程，是一项艰巨复杂的社会系统工程"[①]的话，那么，今天对于这一探索的艰巨复杂有了更为直观和强烈的感知。新时代从理论层面深化对资本及其作用的认识，蕴含三重逻辑必然性。其一，直面中国重大社会现实问题的逻辑必然。正是资本消极作用的进一步展开，导致现代化与社会主义之间冲突性增强，构成我们党深化对资本的批判性反思的直接由头。其二，共同富裕的理想性引导增强的逻辑必然。习近平指出："我们必须坚持发展为了人民、发展依靠人民、发展成果由人民共享，作出更有效的制度安排，使全体人民朝着共同富裕方向稳步前进，绝不能出现'富者累巨万，而贫者食糟糠'的现象。"[②]与党的十九大报告提出从2020年到2035年"全体人民共同富裕迈出坚实步伐"的过程性表述相比，党的十九届五中全会提出的"人的全面发展、

---

① 《十四大以来重要文献选编（上）》，人民出版社1996年版，第20页。
② 习近平：《在党的十八届五中全会第二次全体会议上的讲话（节选）（2015年10月29日）》，《求是》2016年第1期。

全体人民共同富裕取得更为明显的实质性进展"的效果性表述,明显反映出思想对现实介入的强化。其三,发展和完善中国道路的逻辑必然。作为中国道路的核心课题,社会主义与市场经济的结合已经完成了三个十年的探索。在理想性引导和批判性反思的基础上展开更为有效的规范性校正,成为社会主义与市场经济结合的第四个十年探索的重要任务。

新时代深化对资本及其作用的理论认识,关键在于基于社会主义与市场经济结合的最初立意,强化辩证法的运用。辩证法的运用,首先需要对资本积极作用作出充分肯定的同时,深化对资本消极作用的反思。驾驭资本逻辑的前提是对资本逻辑的现实合理性的承认,这个承认是以资本的积极作用作为基本根据的,"在社会主义市场经济体制下,资本是带动各类生产要素集聚配置的重要纽带,是促进社会生产力发展的重要力量"[1]。不过,资本力量的增强不只是促进生产力发展的积极作用的增强,"资本具有逐利本性,如不加以规范和约束,就会给经济社会发展带来不可估量的危害"[2]。托马斯·皮凯蒂在《21世纪资本论》一书中用翔实的数据和严密的论证进一步证实了资本逻辑必然导致两极分化这一马克思主义政治经济学的基本观点。当中国共产党作出社会主义与市场经济结合这一战略决策时,对资本逻辑的消极一面作了一定的思想准备,并不断强化特殊的、更多的干预。形象地说,在迎接资本的同时就在资本背后拿起了绳索。但资本消极作用的现实凸显至少表明,驾驭资本逻辑的实践并没有达成预期的效果。资本不只是一种生产要素,而是一种社会关系,决定了其危害具有全面性、系统性和深刻性特点,不仅带来了贫富分化,造成人与人关系的紧张,也带来生态环境的破坏,导致人与自然关系的紧张;不

---

[1] 《习近平在中共中央政治局第三十八次集体学习时强调 依法规范和引导我国资本健康发展 发挥资本作为重要生产要素的积极作用》,《人民日报》2022年5月1日。

[2] 《习近平在中共中央政治局第三十八次集体学习时强调 依法规范和引导我国资本健康发展 发挥资本作为重要生产要素的积极作用》,《人民日报》2022年5月1日。

仅带来经济领域的"脱实向虚",而且越过经济的边界进入政治和文化领域展示它的力量,进而更深刻地改变了社会生态,制造出越来越多的"单向度的人",与人的全面发展的价值目标发生越来越强烈的冲突。辩证法的运用,还需要与科技进步联系在一起,强化对资本作为一种权力的认知。所谓资本权力,不是指"资本"与"权力"的关系,而是指"资本自身就是一种特殊的权力形式"[1]。资本消极作用的凸显,既来源于资本力量不断增强赋予自身权力的不断扩大,以及政府权力与资本权力的合谋,也来源于科技进步对资本权力的加持。马克思恩格斯在《共产党宣言》中揭示了资本与科技之间关系的逻辑:"资产阶级除非对生产工具,从而对生产关系,从而对全部社会关系不断地进行革命,否则就不能生存下去。"[2]也就是说,科技进步在资本的视野中是存活下去的希望所在,资本成为科技进步的重要推手,科技进步反过来成为资本维持自身权力的手段。马克思确认过"科学技术是一种革命的力量","在必然性领域内完全实现自动化,将打开自由的时间向度,即人的私人生活和社会生活得以形成的向度。这将是一种朝向新文明的历史的超越",但他也明确指认科学之于劳动而言是一种"异己的、敌对的和统治的权力"[3],"社会生产力的一切增长,也可以说劳动本身的生产力的一切增长,如科学、发明、劳动的分工和结合、交通工具的改善、世界市场的开辟、机器等等所产生的结果,都不会使工人致富,而只会使资本致富;也就是只会使支配劳动的权力更加增大;只会使资本的生产力增长。因为资本是工人的对立面,所以文明的进步只会增大支配劳动的客体的权力"[4]。只要资本存在并继续发挥作用,就不能简单地对科技进步报以欢迎的态度,因为可能换来的是资本掩饰不住

---

[1] 董彪:《马克思的资本批判:从增殖逻辑到权力逻辑》,《哲学研究》2021年第9期。
[2] 《马克思恩格斯选集》第1卷,人民出版社1995年版,第275页。
[3] 《马克思恩格斯全集》第47卷,人民出版社1979年版,第571页。
[4] 《马克思恩格斯全集》第30卷,人民出版社1995年版,第267页。

的狂喜。

理论层面的反思必然从实践层面提出引导和规范资本发展的任务。新时代社会主义与市场经济结合的深入，需要在深化对资本及其作用理论认识的基础上，深刻把握资本的特性和行为规律，不断完善社会主义市场经济体制，在更有效地发挥资本积极作用的同时更有效地抑制资本的消极作用。社会主义与市场经济的结合本身就是对"因噎废食"的超越，新时代提出规范和引导资本发展的战略任务，不是对资本的放弃或拒绝，而是基于资本权力凸显的高度警觉展开"魔高一尺，道高一丈"的新的探索，党的二十大报告对"两个毫不动摇"作了重申，强调"优化民营企业发展环境，依法保护民营企业产权和企业家权益，促进民营经济发展壮大"[①]。从这个意义上，所谓"民营经济退场论"等论调其实是彻头彻尾的伪命题。新时代规范和引导资本的发展，应着力于以下三个方面的实践：其一，强化对资本活动空间和边界的厘清和规范。在社会主义市场经济的理论视野中，所谓"国企垄断论"是基于自由市场经济理论制造出来的错误主张，关涉国家安全、国民经济命脉的重要行业和关键领域以及基本公共服务领域，都应牢牢掌握在社会主义国家的手中，构成社会主义与市场经济结合的经济基础。资本对空间有着天然的偏好和冲动，总是力求超越一切空间界限，由此提出强化对私人资本活动空间的规范工作，明确其活动的边界和范围，从而有效抑制资本权力越界行为的发生。其二，强化对资本的有效监管。聚焦平台经济、科技创新、信息安全、民生保障等重点领域，加强反垄断和反不正当竞争监管执法，依法打击滥用市场支配地位等垄断和不正当竞争行为，从而有效维护市场公平竞争秩序。其三，强化对劳动

[①] 习近平：《高举中国特色社会主义伟大旗帜　为全面建设社会主义现代化国家而团结奋斗——在中国共产党第二十次全国代表大会上的报告（2022年10月16日）》，人民出版社2022年版，第29页。

的赋权和保护。劳动相较于资本总体上处于弱势地位。在关涉劳资关系的立法和执法实践中，应更加坚定地站在劳动的立场上，从而有效避免"用对资本特权的粉饰去取代对劳动解放的探究"①。总之，引导和规范资本的发展是一项系统性工程，需要坚持问题导向，不断提升驾驭的能力与水平。

3. 党的自我革命与权力逻辑的规范

如前所述，社会主义与市场经济的结合，是一个既实践资本逻辑又超越资本逻辑的探索，这就不可避免地存在两种可能性：一种可能性是，资本逻辑被成功驾驭，在发挥资本积极作用的同时实现对资本消极作用的有效抑制，进而在资本主义世界历史时代走出一条社会主义现代化新路；另一种可能性是，资本逻辑不仅没有被有效驾驭，而且反过来成为控制与支配党和国家政权的力量，社会主义与市场经济的结合最终与初衷背道而驰。中国共产党从提出建立社会主义市场经济体制起，就对第一种可能性抱有自信和乐观的态度，之所以相信一定会取得成功，主要基于三重特殊优势：其一，马克思主义政党的特殊性质。如果说"对于中国道路的百年探索而言，具有决定性意义的要点在于中国的现代化进程与马克思主义建立起本质的联系"②，那么，中国共产党作为这个本质的联系的主体力量不仅没有自己的私利可言，还以对资本逻辑的超越为自身的历史使命，从而拥有了驾驭资本逻辑的特殊优势。其二，社会主义的经济基础和领导权。公有制经济为主体、多种所有制经济共同发展的社会主义基本经济制度和领导权辩证统一在一起，构成社会主义与市场经济结合的又一特殊优势。如邓小平所言："我们有优势，有国营大中型企业，有乡镇企业，

---

① 李登贵、刘奔：《从方法论的高度反思现实——评阮纪正先生的〈中国：探究一个辩证的社会存在〉》，《哲学研究》2004 年第 9 期。
② 吴晓明：《世界历史与中国道路的百年探索》，《中国社会科学》2021 年第 6 期。

更重要的是政权在我们手里。"① 其三,权力逻辑相较于资本逻辑的优势地位。在西方资本主义社会,国家是作为"理想的总资本家"的意义存在着的,资本逻辑居于绝对统治地位,权力逻辑从属和服务于资本逻辑。与之相较,无论是历史上还是现实中,中国的权力逻辑都相较于资本逻辑处于优势地位。在一定意义上,正是这一特殊传统成为社会主义与市场经济结合的特殊优势。不过,社会主义与市场经济的结合这条新路的跋涉,注定要遭遇无数艰难险阻,必然对中国共产党提出了如何更好地发挥主观能动性的重大课题。

中国共产党提出建立社会主义市场经济,最初主要考虑的是对资本和市场因素作出辩证分析和处理,这不仅是因为资本和市场的认识与处理是社会主义与市场经济结合的基本问题,党的纯洁性总体上还没有遭到严重削弱也是一个重要原因,因而在党的纯洁性与社会主义市场经济关系的问题上没有展开深入的讨论并作出浓墨重彩的规定。中国共产党并非生活在真空中,市场经济的外部环境使得党的纯洁性不是一劳永逸的理解变得更为直观。实践越来越证明了,能否始终作为一种社会主义力量的存在,不仅是中国共产党的自身建设的根本性问题,也是社会主义与市场经济结合的前提性问题。在社会主义市场经济条件下,中国共产党一旦不能保持自身的纯洁性,就势必造成双重消极性后果。一方面,助推资本逻辑消极方面的扩展和深化。比如,"空间和空间的政治建构是社会关系的表现,同时也反作用于社会关系"②。资本逻辑的极化作用不仅表现在财富分配上,而且体现在空间分配上。政府对空间资源的设计与安排,一旦被资本逻辑所控制,就往往会忽略对中下层劳动群众的尊重和关照。

---

① 《邓小平文选》第 3 卷,人民出版社 1993 年版,第 373 页。
② [美] 爱德华·W. 苏贾:《寻求空间正义》,高春花、强乃社等译,高春花、陈伟功审校,社会科学文献出版社 2016 年版,第 94 页。

"社会生活的空间一旦烙上阶级的政治印记,它们又会成为一种阶级对立的物质形态和客观现实,维护、固化甚至加剧阶级间的分殊,鲜明地展示出阶级分化的空间隔阂。"[①] 另一方面,对社会生态形成越来越大的腐蚀。市场经济不仅极大地拓展了生产的空间,也制造出权力与资本交易的可能性空间。在有的干部那里,内心深处考虑的不是通过权力的行使维护与增进人民根本利益,而是着力于通过权力与资本的勾连大获其利,"官商一体"构成"精英背叛"的典型写照。权力逻辑的异化不仅严重腐蚀了党的组织,而且"使前资本主义的落后和腐朽的因素及其影响得到强化,从而对整个中国社会的机体产生越来越大的腐蚀作用"[②]。随着社会主义与市场经济结合的探索的不断深入,我们党越来越深刻地认识到,两者的结合不仅涉及资本逻辑的认识与处理,也涉及权力逻辑的认识和处理。由此,我们党不断强调"四大考验"即执政考验、改革开放考验、市场经济考验、外部环境考验,以及"四大危险"即精神懈怠危险、能力不足危险、脱离群众危险、消极腐败危险。从最初主要着眼于资本逻辑的认识和处理到强化对资本逻辑和权力逻辑及其相互关系的认识和处理,折射出社会主义与市场经济在中国结合的历史逻辑,构成新时代中国道路探索的鲜明特点。

党的十八大以来习近平关于党的地位和性质的两个重要论述,需要从社会主义与市场经济结合的视角作出深入阐释。一是从上层建筑出发对中国特色社会主义本质特征的阐发,指出中国共产党的领导是中国特色社会主义最本质特征和中国特色社会主义制度最大优势。这一阐发绝不仅仅是对党的执政合法性的论证,更为重要的是对权力逻辑与社会主义事业一致性的重申,不仅明确了党在中国特色社会主义事业中的关键性地位,

---

① 胡潇:《空间社会逻辑寻绎》,科学出版社 2021 年版,第 154 页。
② 叶险明:《当代中国政治经济学批判的缺失与马克思主义哲学研究的困境》,《学术界》2019 年第 2 期。

也同时明确了这一关键性地位之于社会主义与市场经济结合的决定性意义。二是从党的性质和宗旨出发对党的自我革命必然性的阐发。习近平指出："我们党没有任何自己特殊的利益，这是我们党敢于自我革命的勇气之源、底气所在。正因为无私，才能本着彻底的唯物主义精神经常检视自身、常思己过，才能摆脱一切利益集团、权势团体、特权阶层的围猎腐蚀，并向党内被这些集团、团体、阶层所裹挟的人开刀。"[①] 这两个重要论述联系在一起，蕴含着反腐败斗争、党的纯洁性与坚持和发展中国特色社会主义之间的逻辑一致性。苏共自身的蜕变与苏联社会主义的失败，无疑是习近平作出上述阐发的历史参照。对于中国共产党这个世界上最大的马克思主义政党来说，执政地位始终是一种工具性意义的存在，全面从严治党从来就不只有通过纯洁性修复达成维护和巩固执政地位的考虑，更为深刻的意义在于推动社会主义事业在中国的延续和发展。党的领导权重大而特殊的价值意蕴，党的二十大报告用"两个确保"作出了阐释，即"确保我国社会主义现代化建设正确方向，确保拥有团结奋斗的强大政治凝聚力、发展自信心"[②]。党的纯洁性的外化，一方面具体展开为对中国道路社会主义属性的捍卫和守护，始终坚持以人民为中心的发展思想，将"做蛋糕"和"分蛋糕"辩证统一于社会主义现代化的全过程，推动社会主义不断发展和完善；另一方面具体展开为党在人民群众中的权威及人民群众对党的信任的维护和巩固，始终保持党同人民群众之间的血肉联系，不断增强党对人民群众的吸引力和凝聚力。从挑战的角度看，世界百年未有之大变局意味着风险的增加和不确定性的增强。就个体的生命体验而言，在遭遇风险时都会产生下意识后退并聚集在强大且值得信任的力量

---

① 习近平：《以史为鉴、开创未来　埋头苦干、勇毅前行》，《求是》2022年第1期。
② 习近平：《高举中国特色社会主义伟大旗帜　为全面建设社会主义现代化国家而团结奋斗——在中国共产党第二十次全国代表大会上的报告（2022年10月16日）》，人民出版社2022年版，第26页。

周围的反应,这也使得"始终成为风雨来袭时全体人民最可靠的主心骨"①的意义进一步凸显。

党的自我革命之于权力逻辑的规范和制约始终具有基础性和前提性的意义。新时代全面从严治党的不断深入,不仅展示出中国共产党始终保持一种社会主义领导力量的存在的行动逻辑,还显现出以党的自我革命引领社会革命的行动逻辑,"中国共产党所进行的持续的严厉反腐,其目的就是要为改变权力逻辑与资本逻辑的存在结构、进一步推动劳动的解放打开和拓宽通道,以最终完成对'权力逻辑'与'资本逻辑'既有存在结构的改造"②。新时代党的自我革命需要坚持把握两个实践重点:其一,反腐败斗争的纵深推进。作为改革开放的总设计师,邓小平明确了反腐败斗争的持久战特征:"我们要反对腐败,搞廉洁政治。不是搞一天两天、一月两月,整个改革开放过程中都要反对腐败。"③反腐败斗争的任务如此艰巨繁重,除了客观因素的影响外,主观因素也不可忽略。"腐化与政治组织的程度成反比关系。"④一段时间里,一些地方和部门基于经济增长的政治正确,并没有将反腐败斗争上升到应有的政治高度,客观上对党的肌体形成一种持续且深入的反噬。应继续保持反腐败斗争的高压态势,"坚决查处政治问题和经济问题交织的腐败,坚决防止领导干部成为利益集团和权势团体的代言人、代理人,坚决治理政商勾连破坏政治生态和

---

① 习近平:《高举中国特色社会主义伟大旗帜 为全面建设社会主义现代化国家而团结奋斗——在中国共产党第二十次全国代表大会上的报告(2022年10月16日)》,人民出版社2022年版,第26页。
② 叶险明:《当代中国政治经济学批判的缺失与马克思主义哲学研究的困境》,《学术界》2019年第2期。
③ 《邓小平文选》第3卷,人民出版社1993年版,第327页。
④ [美]塞缪尔·P.亨廷顿:《变化社会中的政治秩序》,王冠华、刘为等译,沈宗美校,生活·读书·新知三联书店1989年版,第65页。

经济发展环境问题,决不姑息"[1]。其二,形式主义、官僚主义的持续克服。形式主义、官僚主义同马克思主义政党的性质宗旨和优良作风格格不入,不仅是国际共产主义运动史的一个痼疾,也成为社会主义与市场经济结合的重要障碍。在社会主义市场经济条件下,封建社会人与人的等级关系不仅没有消退,反而有所复活,形式主义、官僚主义在反复冲击之下依然顽固存在,成因固然复杂,但权力的监督和制约不足应是一些人民公仆蜕变为人民主人的主要原因。在习近平看来,毛泽东给出了第一个答案,即"只有让人民来监督政府,政府才不敢松懈"。经过百年奋斗特别是党的十八大以来新的探索,中国共产党又给出了第二个答案,即党的自我革命。无论是第一个答案还是第二个答案,人民群众的监督都是内在的关键环节;无论是反腐败斗争还是反形式主义和官僚主义,人民群众监督的强化都是不二选择。只有不断深化党和国家监督体制改革,将党内监督与群众监督更加深入地结合起来,促进各类监督力量整合、工作融合,增强对权力监督的有效性,才能在确保权力不被滥用的同时推动社会主义市场经济不断完善。

4. 新的动荡变革期与发展和安全的统筹

改革作为一场深刻的社会革命,是对计划经济条件下经济社会结构的重大调整,自然地将改革、发展和稳定之间关系的问题提了出来。在亨廷顿看来,"社会改革与政治稳定之间的关系与经济发展与政治稳定之间的关系是相似的。在某些情况下,改革能减缓紧张局势,促进和平而非暴力的变革。但在另外一些情况下,改革很可能加剧紧张局势,加快暴乱的来

---

[1] 习近平:《高举中国特色社会主义伟大旗帜 为全面建设社会主义现代化国家而团结奋斗——在中国共产党第二十次全国代表大会上的报告(2022年10月16日)》,人民出版社2022年版,第69页。

临,成为革命的催化剂而非替代物"①。能否有效地处理好改革、发展和稳定之间的关系,在很大程度上决定了中国道路探索的成败。中国道路蕴含的辩证法,充分体现在认识和处理三者之间关系之中。作为改革开放的总设计师,邓小平强调,改革、发展、稳定三者之间具有不可分割的内在联系,无论是讨论其中的任何一个命题,都需要基于三者的统一。在改革与发展之间的关系上,他指出:"中国正在深化改革,为今后的发展创造更好的条件。""只有深化改革,而且是综合性的改革,才能够保证本世纪内达到小康水平,而且在下个世纪更好地前进。"②在发展与稳定之间的关系上,他强调:"中国要实现四个现代化,摆脱落后状态,必须有一个安定团结的政治局面,必须有领导有秩序地进行建设。"③概括而言,其一,邓小平主要是从发展的视角讨论改革和稳定的价值与意义的,突出的是"发展是硬道理",换言之,发展在三者关系认识和处理上居于决定性地位。其二,发展都需要满足一定的条件,邓小平突出的是"稳定压倒一切"。在他看来,"我们搞四化,搞改革开放,关键是稳定。"④"中国的问题,压倒一切的是需要稳定。没有稳定的环境,什么都搞不成,已经取得的成果也会失掉。"⑤其三,邓小平对于三者之间关系的认识,蕴含国内视野与国际视野的统一。在他看来,中国的发展不仅可以促进国内稳定,还可以自身的发展促进世界和平和发展。他关于稳定的思考,是与国家安全紧密联系在一起的,强调"国家的主权、国家的安全要始终放在第一位"⑥。在中国道路的视野中,改革、发展与稳定之间的关系,在一定意义上是社会主义与市场经

---

① [美]塞缪尔·P.亨廷顿:《变化社会中的政治秩序》,王冠华、刘为等译,沈宗美校,生活·读书·新知三联书店1989年版,第6页。
② 《邓小平文选》第3卷,人民出版社1993年版,第268页。
③ 《邓小平文选》第3卷,人民出版社1993年版,第208页。
④ 《邓小平文选》第3卷,人民出版社1993年版,第286页。
⑤ 《邓小平文选》第3卷,人民出版社1993年版,第284页。
⑥ 《邓小平文选》第3卷,人民出版社1993年版,第348页。

济之间张力的问题。改革开放以来，中国共产党坚持辩证法，有效处理了改革、发展和稳定之间的关系，促进了社会主义与市场经济之间的结合，不仅书写出经济快速发展和社会长期稳定两大奇迹，也极大地深化了我们党对经济文化相对落后的国家社会主义建设规律的认识。

随着改革的不断深入和世界百年未有之大变局的逐步展开，统筹发展和安全成为新时代坚持和发展中国特色社会主义的重大现实课题。党的十九届五中全会首次把统筹发展和安全纳入"十四五"时期我国经济社会发展的指导思想，并提出要把安全发展贯穿国家发展各领域和全过程。发展和安全之间的关系是基于国际国内条件的变化，对改革、发展和稳定之间的关系作出新的表述。一般来说，稳定是指社会生活安定、和谐和有序的动态平衡状态，侧重于国内视角；安全是指不受威胁、没有危险或损失的状态，侧重于国际视角。总体而言，无论是稳定还是安全，都主要是基于发展的视角提出来的。"国家安全和社会稳定是改革发展的前提。只有国家安全和社会稳定，改革发展才能不断推进。"[1]统筹安全与发展方针的提出，首先是因为国内改革发展稳定面临不少躲不开、绕不过的深层次矛盾，领导力量自身存在腐败和官僚主义等顽固性、多发性问题。更为重要的是，百年未有之大变局意味着世界进入新的动荡变革期。中国在前所未有地走近世界舞台中心的同时，迎面而来的既有历史性机遇，又有诸多不确定的风险和挑战。除了不断加剧的全球性问题外，最突出的是以美国为首的西方在认识和处理与中国关系问题上发生重大变化，来自外部的打压遏制随时可能升级。"一直到特朗普上台前，西方精英一直坚持接触而非遏制中国的政策，他们认为，一个日益繁荣富裕的中国

---

[1]《十八大以来重要文献选编（上）》，中央文献出版社2014年版，第506页。

最终会成为自由主义国际秩序中的一员。"① 西方的乐观态度并没有持续太久,他们越来越深刻认识到,中国与美国行走在两股平行道上,焦虑与日俱增。美国芝加哥大学政治学教授米尔斯海默将中国判定为第五个"挑战者",认为中美之间的竞争对抗是不可逆的,姑且不论这一论点存在的诸多争议,客观的现实是,"美国将中国定义为'首要战略竞争对手',放弃了过去40年来以'和平演变'为基调的对华'接触'(engagement)政策,转向以长期战略竞争为基调的'规锁'(confinement)政策"②。很显然,对于美国来说,半个世纪前费正清的提醒已然忘却脑后:"为了在人类前途未卜的环境中共同生存下去,美国人和中国人将必须对它们过去彼此如何交往的共同历史,找出某种可以共同理解的领域。"③

统筹好发展和安全,办好发展和安全两件大事,是摆在新时代中国共产党人面前的重大课题。进入新时代,我们党坚持统筹安全与发展,经受住了来自政治、经济、意识形态、自然界等方面的风险挑战考验,为党和国家兴旺发达、长治久安提供了有力保证。面向未来,在谋划和推进自身发展的时候,必须增强忧患意识,以人民安全为宗旨,善于预见和有效应对各种风险挑战,以新安全格局保障新发展格局。就内部安全而言,一是注重维护政治安全。在作为发展之必要条件中,政治安全是第一位的,是国家安全的根本所在。中国共产党的领导与社会主义事业具有内在一致性,维护政治安全的关键就在于维护中国共产党的领导。全党要不断"增强'四个意识',自觉在思想上政治上行动上同党中央保持高度一致,不断提高政治判断力、政治领悟力、政治执行力,确保党中央权威和集中统

---

① [美]约翰·米尔斯海默:《注定失败:自由主义国际秩序的兴衰》,原载《国际安全》(International Security)第43辑(2019年),转引自《文化纵横新媒体·国际观察》2022年第23期。
② 张宇燕:《人类历史进程因疫情而加速》,微信公众号"观中国"2020年6月22日。
③ [美]费正清:《美国与中国》,张理京译,世界知识出版社2000年版,第434页。

一领导,确保党发挥总揽全局、协调各方的领导核心作用"①。二是注重维护社会安全。"社会主义最大的优越性就是共同富裕,这是体现社会主义本质的一个东西。如果搞两极分化,情况就不同了,民族矛盾、区域间矛盾、阶级矛盾都会发展,相应地中央和地方的矛盾也会发展,就可能出乱子。"②只有联系财富分配的实际状况,关于社会安全的理解才能达到深刻的程度,民生问题与民主问题紧密交织在一起,折射出共同富裕议题的复杂性和紧迫性。一方面,坚持在发展中保障和改善民生,扎实推进共同富裕,是实现社会安全的根本途径;另一方面,社会阶级阶层之间的利益矛盾主要表现为人民内部矛盾,不仅要畅通和规范群众诉求表达、利益协调、权益保障通道,更要在解决社会矛盾的实践中有效维护和促进社会公平正义。

就外部安全而言,一是进一步发挥中国作为世界和平的捍卫者、建设者和贡献者作用。中国是维护世界和平和稳定的重要力量,中国的发展是世界和平力量的发展。应坚持和强化"行言并进",一方面,在用中国行动破解"国强必霸"逻辑的同时,用中国声音化解"国强必霸"的质疑和担忧。中国崛起的目标,不是走向世界性的帝国,而是通过现代化新路创造超越资本文明的人类文明新形态,为发展中国家摒弃西方以资本为中心的现代化、两极分化的现代化提供中国智慧和中国方案,进而为人类做出更大贡献。另一方面,坚定不移地站在第三世界的立场上更加积极地参与全球治理体系的改革和建设,不断增强话语权和影响力,加快国际政治经济新秩序的建构,并在全球性问题的解决中勇立潮头,推动人类命运共同体的构建。二是正确认识和处理中国与美国之间的关系。

---

① 习近平:《高举中国特色社会主义伟大旗帜 为全面建设社会主义现代化国家而团结奋斗——在中国共产党第二十次全国代表大会上的报告(2022年10月16日)》,人民出版社2022年版,第6—7页。
② 《邓小平文选》第3卷,人民出版社1993年版,第364页。

对于中国来说，改革开放不仅是决定当代中国命运的关键一招，也是决定实现"两个一百年"奋斗目标的关键一招。在"世界内在化"的今天，扩大开放和深化合作，以高水平开放促进高质量发展，是坚持和发展中国特色社会主义的必然选择。应继续坚持互利共赢的开放战略，牢牢占据道义的制高点，更为重要的是，将敢于斗争和善于斗争有机结合起来。百年变局的一个突出特征，就是意识形态之间的斗争呈现上升态势，美国领导人宣称，民主与专制之间的冲突是 21 世纪的决定性冲突。价值观因素和利益因素交织在一起的斗争，是中国必须直面的现实。斗争是马克思主义的核心话语，首先要敢于斗争，以邓小平提出的"两个不要怕"即"不要怕中美关系倒退，更不要怕停滞"为基本遵循。其次要善于斗争，一是注意克服和防范思维滞后的情形发生。在重大的历史转折点上，思维往往有滞后的情形。二是注意克服和防范思维极化的情形发生。近些年来西方社会的两极分化使得政治极化、情感极化、舆论极化和社会极化等现象层出不穷。极化如此普遍性地呈现出来，源头仍然是资本的逻辑。应始终保持韧性的斗争精神，拒绝跟随西方的极化思维起舞，始终坚持有理有利有节的斗争策略，保持充分的历史耐心。

第九章　世界百年未有之大变局
　　　　与社会主义的未来

　　党的二十大报告对党的十八大以来的十年历史作出了集中概括和高度评价："党和国家事业取得历史性成就、发生历史性变革。""新时代十年的伟大变革，在党史、新中国史、改革开放史、社会主义发展史、中华民族发展史上具有里程碑意义。"① 世界百年未有之大变局在赋予社会主义新的发展机遇的同时，也为中国道路的探索提供了创造人类文明新形态更为广阔的空间。在新的历史起点上，中国共产党只要始终坚持马克思主义立场观点方法，坚持自我革命与社会革命相统一，就一定能够开辟出中国道路的新境界。

一、世界百年未有之大变局的历史唯物主义分析

　　作为马克思主义的重要构成，马克思世界历史理论是正确观察和认识世界大势和时代潮流的科学理论工具。世界之变与中国之变的强劲激荡，赋予中国共产党登高望远、准确深刻把握世界大势的现实任务。党的十八

---

① 习近平：《高举中国特色社会主义伟大旗帜　为全面建设社会主义现代化国家而团结奋斗——在中国共产党第二十次全国代表大会上的报告（2022年10月16日）》，人民出版社2022年版，第6、15页。

大以来，习近平坚持和运用马克思主义世界历史理论，深入思考人类社会发展新的历史方位，作出了世界正处于百年未有之大变局等一系列重大论断。作为习近平新时代中国特色社会主义思想的重要组成部分，这些重大论断是新的历史条件下我们党对马克思世界历史理论的坚持和发展，为正确认识和处理中国与外部世界的关系提供了根本遵循。

1. 马克思世界历史理论方法论意义的三重阐发

正处于大发展大变革大调整时期的当今世界，呼唤马克思世界历史理论的出场。在纪念马克思诞辰 200 周年大会上，习近平对学习和实践马克思主义关于世界历史的思想作了特别强调。他指出："今天，人类交往的世界性比过去任何时候都更深入、更广泛，各国相互联系和彼此依存比过去任何时候都更频繁、更紧密"，"我们要站在世界历史的高度审视当今世界发展趋势和面临的重大问题"。[1] 这一论述在揭示马克思世界历史理论当代意义的基础上，提出了深刻把握当今全球化发展态势的现实任务。马克思世界历史理论不仅是一种理论知识，更是一种思维方法，是历史唯物主义审视人类社会发展进程的方法论。从观察和分析世界历史进程的现实需要出发，习近平从三个角度集中阐发了马克思世界历史理论的方法论意义。

世界历史眼光既是马克思创立的历史唯物主义的理论特质，也是马克思创立历史唯物主义的重要凭借，其实质是辩证法的原则和精神。它要求基于世界历史客观存在的条件超越狭隘的地域性，"不被特殊的民族利益所束缚，而把特殊的民族利益置于世界历史发展过程中来认识"[2]，确立

---

[1] 习近平：《在纪念马克思诞辰 200 周年大会上的讲话（2018 年 5 月 4 日）》，《人民日报》2018 年 5 月 5 日。
[2] 叶险明：《马克思的世界历史理论与他的民族观——马克思思想研究中一个被忽略的重要问题》，《天津社会科学》2015 年第 5 期。

起宽广的世界眼光。这是因为,在马克思看来,世界主义与民族主义是辩证统一在一起的,"凡是民族作为民族所做的事情,都是他们为人类社会而做的事情,他们的全部价值仅仅在于:每个民族都为其他民族完成了人类从中经历了自己发展的一个主要的使命(主要的方面)"[①]。超越地域的局限性意味着,中国必须将自身的发展与世界的发展联系起来,中国道路的探索必须将本土因素和外部因素联系起来,思索拓展和完善的命题。如果说超越狭隘的地域性是贯彻辩证法联系的观点的话,那么,超越现实则是基于历史、现实和未来的统一贯彻辩证法发展的观点。世界历史眼光还要求站在世界历史的高度,放眼人类的未来并审视面临的重大问题,习近平指出:"只有在整个人类发展的历史长河中,才能透视出历史运动的本质和时代发展的方向。"[②] 在他看来,认识世界发展大势,跟上时代潮流,是一个极为重要并且常做常新的课题。党的十八大以来,国际形势风云激荡,人类向何处去的问题凸显,习近平反复要求全党增强世界眼光、历史眼光,提高观大势、定大局、谋大事的能力,强调只有增强世界历史眼光,才能透过当今世界风云变幻的表象,发现深藏其中的本质,认清人类社会的发展趋势。在他倡导的一系列思维方式中,无论是战略思维、辩证思维还是历史思维,都是世界历史眼光的客观要求和逻辑必然。

历史没有终结,历史也不可能被终结,这是习近平反复强调的一个重大论断,其中蕴含两制关系分析这一马克思世界历史理论的方法论原则。在马克思恩格斯看来,世界历史不是从来就有的,历史向世界历史的转变,是由资本主义开拓并塑造出来的,正如他们在《德意志意识形态》中指出的,"各民族的原始封闭状态由于日益完善的生产方式、交往以及因交

[①] 《马克思恩格斯全集》第42卷,人民出版社1979年版,第257页。
[②] 习近平:《在纪念马克思诞辰200周年大会上的讲话(2018年5月4日)》,《人民日报》2018年5月5日。

往而自然形成的不同民族之间的分工消灭得越是彻底,历史也就越是成为世界历史"①。资本主义的产生和发展与世界历史的进程内在一致,资本主义的发展不仅加深了世界历史联系的程度,也加速了世界历史发展的进程。资本主义作为世界历史的开启者和拓展者虽然是一个不争的事实,但不是世界历史唯一不变的永恒主体,马克思世界历史理论预设了人类有着普遍性和必然性的演变规律,《共产党宣言》中"两个必然"的重大论断,对资本主义社会形态最终必然被共产主义社会形态替代和超越作出了科学预见。在人类社会的历史长河中,资本也只是一个匆匆的过客而已。更为重要的是,在资本主义世界历史时代,社会主义就已经在实践中生成并获得了与资本主义共时存在的历史地位。20世纪以来的世界历史,总体上可以理解为社会主义与资本主义之间关系的历史,一旦离开了这一关系的线索,世界历史不仅难以厘清,也难以得到正确的说明。由此决定了,关于世界历史的叙事,既要将世界历史与资本主义之间的关系作为基础,还要将社会主义与资本主义两种社会制度的关系纳入分析框架,贯穿认识过程的始终。

　　自觉把握和遵循人类社会发展规律,是马克思世界历史理论方法论意义的根本点。中国在近代进入世界历史的过程伴随着深重的被动和屈辱的感受,只是在新中国成立和社会主义制度确立之后,才获得了站起来的自豪感,加速了后发赶超的实践探索。在现代化还没有充分实现之际,当代中国又被全球化深深卷入其中,面临前所未有的复杂形势与严峻挑战。"顾后"与"瞻前"的辩证统一,是在人类社会仍然处于资本主义主导的世界历史时代对中国马克思主义者提出的根本要求,在全球化深入发展的今天,这一要求更为凸显。所谓"顾后",是深刻思考近代以来中国最终走上社会主义道路的历史必然性,坚定社会主义的道路自信;是将改革

---

① 《马克思恩格斯选集》第1卷,人民出版社1995年版,第88页。

开放前的历史时期和改革开放以来的历史时期的实践探索辩证统一起来，深刻总结社会主义在中国实践的历史经验和教训。所谓"瞻前"，是将当今新技术革命和深度全球化与资本主义世界历史时代的发展阶段和历史归宿联系起来考察，站在世界历史高度审视人类社会发展的未来趋势；是社会主义承载着构建超越资本主义的人类新的文明类型的历史任务，始终保持战略定力，将恪守社会主义根本原则的底线和完善中国特色社会主义制度结合起来。习近平指出："新时代坚持和发展中国特色社会主义，更加需要系统研究中国历史和文化，更加需要深刻把握人类发展历史规律，在对历史的深入思考中汲取智慧、走向未来。"[1] 只有自觉把握和遵循世界历史发展的规律和潮流，坚持理想性引导、批判性反思和规范性校正的辩证统一，才能始终坚持改革的正确方向，不断推进社会主义的发展和完善。

2. 世界正处于百年未有之大变局

世界正处于百年未有之大变局，是习近平以马克思世界历史理论为指导研判当今全球变化态势得出的重大结论。2017年12月28日，习近平在接见回国参加2017年度驻外使节工作会议的全体使节时指出，做好新时代外交工作，首先要深刻领会党的十九大精神，正确认识当今时代潮流和国际大势。"放眼世界，我们面对的是百年未有之大变局。"[2] 这一重要结论表明，在中国处于一个新的历史方位的同时，世界历史也已经处在一个非常重要的转折点上。围绕这一重大结论，习近平作出了一系列重要阐发，内容丰富、意旨深刻，成为正确认识和把握时代特征和外部环境的根本导引。

新的技术革命的强力推动和经济全球化的深入发展，是习近平作出这

---

[1] 《习近平致中国社会科学院中国历史研究院成立的贺信》，新华社2019年1月3日。
[2] 《习近平接见二〇一七年度驻外使节工作会议与会使节并发表重要讲话》，《人民日报》2017年12月9日。

一重大论断的两个重要根据。科学是一种在历史上起推动作用的、革命的力量。今天,以人工智能、基因编辑和量子物理为主要标志的新技术革命,正在深刻改变人们的生产、生活和学习方式,正如习近平指出的,"当前,新一轮科技革命和产业变革不断推进,科技同经济、社会、文化、生态深入协同发展,对人类文明演进和全球治理体系发展产生深刻影响"[①]。与此同时,作为社会生产力发展的客观要求和科技进步的必然结果,经济全球化极大地促进了商品和资本流动、科技和文明进步以及各国人民交往。"过去数十年,经济全球化对世界经济发展作出了重要贡献,已成为不可逆转的时代潮流。"[②] 这两个根本性力量的交互作用,在加速改变世界面貌的同时,也推动世界进入百年未有之大变局的历史时间。

世界百年未有之大变局之变,主要体现为世界权力格局正在发生重大变化。崛起的大国与强国之间的争霸,构成数百年来世界历史的基本色调,国际关系在很大程度上被理解为大国关系。远的不说,20世纪以来美苏之间的争霸就是一个典型例证,尽管有社会主义和资本主义意识形态作为双方各自举起的旗帜,但权力和利益的争夺无疑是基础性内容。20世纪90年代初苏联解体之后,冷战宣告结束,美国获得了独霸世界的历史性机会,所谓新一轮全球化,其实是以美国为主要代表的西方资本主义国家在两个平行市场结束之后主导展开的。资本这一次全球性旅行,可谓畅通无阻,攻城略地,所向披靡。但是,继2008年金融危机之后,美国又深陷政治危机之中不能自拔,呈现出总体性危机的态势,美国的"一超独霸"颇有点昙花一现的样子。与之形成鲜明对比的是,中国在苏联解体之后坚持"冷静观察、稳住阵脚、沉着应付、韬光养晦、善于守拙、

---

① 《习近平向首届世界科技与发展论坛致贺信》,《人民日报》2019年10月17日。
② 习近平:《抓住世界经济转型机遇 谋求亚太更大发展——在亚太经合组织工商领导人峰会上的主旨演讲(2017年11月10日,岘港)》,《人民日报》2017年11月11日。

决不当头、有所作为"的对外方针的同时，在经济领域采取建立社会主义市场经济体制和加入世界贸易组织的战略举措，通过全球市场加速自身的物质积累，求得改变世界权力格局中的被动状态。美国左翼学者德里克为这一战略举措提供了一种理论上的说明："统一和分散、同质性和异质性、历史遗留与当今现实，这些结构性矛盾不仅仅是一种殖民遗产的残余，同时也打开了一种新的空间，使得人们能够将全球化转化为一种有利条件，以利于地方共同体为生存和正义而进行的日常斗争。"[①] 这个战略举措在付出巨大的代价后获得了成功。1978 年中国的 GDP 总量约为美国的十六分之一，到了 2018 年则变为三分之二。中美综合国力对比的变化，直接促成百年来西方国家主导的局面正在发生具有历史性意义的转折。中国日益走向世界舞台的中心的进程，成为世界大势的内在构成和重要标志，"当前，我国处于近代以来最好的发展时期，世界处于百年未有之大变局，两者同步交织、相互激荡"[②]。中国特色社会主义进入新时代，既是一个基于中国视野提出的社会时间概念，又是一个基于中国与世界关系提出的社会时间概念。有学者认为："从'富起来'到日益'强起来'，最重要的标志之一就是我们在国际事务中的话语权、影响力和规则制定中的作用。就此而言，中国与世界的关系又上了一个新台阶。"[③]

世界百年未有之大变局之变，还深刻体现为人类社会发展面临的不确定性增强。对于经济全球化的双重后果，习近平作出了辩证分析："一方面，物质财富不断积累，科技进步日新月异，人类文明发展到历史最高水平。另一方面，地区冲突频繁发生，恐怖主义、难民潮等全球性挑战此起彼伏，

---

① [美]阿里夫·德里克：《全球现代性：全球资本主义时代的现代性》，胡大平、付清松译，南京大学出版社 2012 年版，第 135 页。
② 《习近平在中央外事工作会议上强调 坚持以新时代中国特色社会主义外交思想为指导 努力开创中国特色大国外交新局面》，《人民日报》2018 年 6 月 24 日。
③ 黄平：《中国、世界与新天下观》，《中央社会主义学院学报》2018 年第 1 期。

贫困、失业、收入差距拉大，世界面临的不确定性上升。"① 人类在显示前所未有的强大的同时，也显示出前所未有的脆弱。关于全球发展态势的不确定性，可以从四个方面理解。首先，这个不确定性主要是基于经济全球化的挑战对世界历史进程产生的影响作出的判断，正如有学者指出的，"当前全球化正处于一个特定的过渡或调整时期，各种关系和因素的相互影响和作用的态势极为复杂。至于目前的全球化会朝哪个方向变动，这的确有很大程度上的不确定性"②。关于不确定性的判断也从一个侧面表明了人类现有的知识和思维的局限。其次，"黑天鹅"事件是一个理解不确定性再恰当不过的概念，无论是英国脱欧还是新冠疫情全球流行，国际社会"黑天鹅"事件频频发生，都在鲜明地标识着这个时代极强的不确定性。再次，在一定意义上，这个不确定性与其说是外部条件作用的结果，倒不如说是风险社会的风险程度不断加深的一种现实心理反映。最后，这个不确定性是一个与可能性相联系的范畴，换言之，不确定性意味着确定性之外的各种各样的可能性。

从不确定性与可能性相联系的角度看，习近平的战略判断蕴含着关于21世纪社会主义与资本主义关系的崭新思考。"百年"不是一个抽象或模糊的时间概念，而是一个明确的时间计算。如果以第一次世界大战结束和十月革命的发生为起点的话，那么，这个百年就不可避免地将社会主义的历史逻辑纳入分析框架之中。苏联解体、东欧剧变之后，福山宣布的"历史的终结"无非是想说明，社会主义的历史试验已经失败，《共产党宣言》中"两个必然"的结论已经破产。苏联解体后新一轮全球化是由资本主义对社会主义的暂时胜利拉开序幕的，从那时起，遭受前所未有挫折的世

---

① 习近平：《共担时代责任　共促全球发展——在世界经济论坛2017年年会开幕式上的主旨演讲（2017年1月17日，达沃斯）》，新华社2017年1月18日。
② 叶险明：《关于"逆全球化"的方法论批判》，《中共中央党校学报》2018年第1期。

界社会主义运动陷入了空前低潮。三十年河东，三十年河西。经济全球化在加快塑造一个资本世界的同时，也释放出越来越多自我否定的因素，这就不可避免地和新的全球化因素的不断生成辩证统一起来。习近平提出的"世界正处于百年未有之大变局"这一重大论断，可以理解为是对"历史终结论"的一种回应，蕴含社会主义从低潮走向复兴的战略考量。2019年4月30日，习近平在同老挝人民革命党中央总书记、国家主席本扬会谈时指出："当今世界正处于百年未有之大变局，世界社会主义事业面临着新的发展机遇。"① 很显然，在他的视野中，世界百年未有之大变局决不仅仅预示着世界社会主义运动低潮状态的摆脱，还预示着世界社会主义新的发展机遇和新的文明类型创造的加速。

这一分析赋予中国特色社会主义进入新时代更为深刻的理解。新时代当然首先是与一个关于民族复兴的想象联系在一起的，正如李侃如理解的，"中国已经开发出了把自己转变为一个现代国家的巨大能量，在20年左右的时间内，它可能成为在国际地位上仅次于美国的国家。这将象征性地代表着这个国家将要完成的完整循环：从清代的顶峰，经过一个半世纪的磨难，回到拥有近乎独一无二的权力和地位的位置上"②。所以，新时代在中华人民共和国发展史上和中华民族发展史上具有重大而深远的意义。但是，在习近平的视域中，新时代不仅承载中华民族伟大复兴的重任，还是一个关于世界社会主义的叙事，蕴含中华民族复兴和世界社会主义复兴的双重规定，并在此基础上构建起一个关于世界历史的叙事。正是在这个意义上，中国特色社会主义进入新时代，在世界社会主义发展史上和人类社会发展史上也具有重大而深远的意义。

---

① 王迪:《习近平同老挝人革党中央总书记、国家主席本扬会谈》,《人民日报》2019年5月1日。
② ［美］李侃如:《治理中国：从革命到改革》,胡国成、赵梅译,中国社会科学出版社2010年版,第339页。

3. 构建人类命运共同体

人类命运共同体理念虽然相较世界百年未有之大变局的论断提出在先，却是以习近平同志为核心的党中央运用马克思世界历史理论对百年未有之大变局的深刻理解和积极回应。它在进一步深刻揭示世界百年未有之大变局基本内涵的基础上，科学回答了人类面对这一重大变局的基本出路的问题，成为习近平新时代中国特色社会主义思想的一个重要组成部分，具有重大的理论意义和实践价值。

这一理念首先基于习近平对人类相互联系和依存度前所未有地加深的理解。2013年3月，习近平在莫斯科国际关系学院首次提出人类命运共同体理念："这个世界，各国相互联系、相互依存的程度空前加深，人类生活在同一个地球村里，生活在历史和现实交汇的同一个时空里，越来越成为你中有我、我中有你的命运共同体。"[1] 全球化的深入发展，世界市场的形成和信息通信技术真正的"世界性"发展等条件，不同民族和国家之间普遍性交往的状态，作为世界百年未有之大变局的基础和根据，构成习近平提出人类命运共同体理念的根本条件。基于这个根本条件，习近平在阐发中国梦时将中国梦与世界梦统一起来，强调中国梦与世界梦息息相通，折射出他站在人类整体的高度顺应历史潮流、增进人类福祉的天下情怀，包含着世界大势和未来走向的清醒判断和准确把握，体现出中国促进人类和平与发展的基本立场和态度。

人类命运共同体理念既是经济全球化深入发展的必然选择，更是基于全球性问题的凸显对新的全球治理理念的呼唤。技术力量的显现和全球化的深入发展，在推动社会快速发展的同时，也赋予人类全球性问题不断增多的副产品。"世界经济增长乏力，金融危机阴云不散，发展鸿沟日益突出，

---

[1] 习近平:《顺应时代前进潮流　促进世界和平发展——在莫斯科国际关系学院的演讲（2013年3月23日，莫斯科）》，《人民日报》2013年3月24日。

兵戎相见时有发生，冷战思维和强权政治阴魂不散，恐怖主义、难民危机、重大传染性疾病、气候变化等非传统安全威胁持续蔓延。"① 一切都在加速，包括人类制造出的问题。有学者指出："国际自然保护联盟 2018 年编制的濒临物种红色名录显示，在所统计的 10 万多种物种中，有 2.8 万种物种受到生存威胁，占总量的约 27%。1970 年以来，地球上脊椎动物减少了 60%，由于过度捕捞，太平洋仅剩下 30% 的蓝鳍金枪鱼原始种群。研究表明，目前物种灭绝速度是正常自然速度的 100~10000 倍。"② 人们越来越清醒地认识到，当今世界，任何一个国家既无法独自应对人类面临的各种挑战，也无法退回到自我封闭、与外界隔绝的状态，由此展示出全球性问题的特殊性。新冠疫情的全球流行，更是让人们对全球性问题有了切肤之痛。正如有学者指出的，"一是'全球问题'对人类社会整体的存在和发展产生越来越严重的威胁；一是人类对'全球问题'达到了普遍关注的程度，并形成了共同解决'全球问题'的意识和行为"③。但是，即使全球性问题大兵压境，有的大国依然持有零和博弈思维，暴露出单边主义和保守主义倾向。这一问题与当前经济全球化遭遇挫折相联系，折射出现行全球治理体系的缺陷和制度困境，换言之，现有的国际经济政治秩序在不确定性面前显露出苍白无力，推动全球经济治理体系变革已是大势所趋。这里讲的"制度困境"是指，目前全球治理制度存在着"代表性欠缺""合法性不足""有效性低下"等弊病，不仅严重阻碍了各类"全球问题"的解决进度，而且使其自身的变革几乎陷于停顿。④ 作为一种新的全球治理理念，

---

① 习近平：《共同构建人类命运共同体——在联合国日内瓦总部的演讲（2017 年 1 月 18 日，日内瓦）》，《人民日报》2017 年 1 月 20 日。
② 张宇燕：《理解百年未有之大变局》，《国际经济评论》2019 年第 5 期。
③ 叶险明：《"共同价值"与"中国价值"关系辨析》，《哲学研究》2017 年 6 期。
④ 参见叶险明：《人类命运共同体意识的复杂性与全球治理——一种新全球治理理念的构建》，《河北学刊》2019 年第 6 期。

人类命运共同体无疑为破解全球治理的制度困境展示出新的思路。

围绕人类命运共同体理念的内涵和意义，习近平重点从三个方面作出了深刻的阐发：首先，人类命运共同体是利益共同体与价值共同体的统一。人类命运共同体理念是基于利益共同体的考量在价值共同体的意义上提出来的。换言之，这一理念首先并着重阐明的是价值共同体的意义，蕴含着价值对利益反作用的意图。持久和平、普遍安全、共同繁荣、开放包容、清洁美丽的世界是全人类的共同价值。这一理念因为从国际关系中提取了人类利益和价值的最大公约数，获得了国际社会的广泛认同。其次，人类命运共同体是现实与趋势的统一。人类命运共同体是一种现实，但更多的是一种趋势、一个目标，决不是一蹴而就的事情。习近平指出："构建人类命运共同体是一个美好的目标，也是一个需要一代又一代人接力跑才能实现的目标。"[1]贯彻这一理念，尤其需要正确把握好应然与实然的关系，正如有学者指出的，"作为普遍开放的自由交流空间，互联网的本质就是自由和平等"，"尽管互联网具有全球化新游戏最典型的特征，但却仍然被现代游戏的资本权力所控制，互联网的理念远没有实现"。[2]最后，人类命运共同体是中国责任和中国方案的统一。中国共产党始终把为人类作出新的更大的贡献作为自己的使命，世界百年未有之大变局强化了辩证法的当代价值，赋予中国共产党超越性的自觉想象。人类命运共同体的构建还不是"自由人的联合体"的现实表达，因而不能和新的文明类型的成长简单等同，但毕竟为这个具有超越性意义的过渡准备了条件，预示新的文明类型的开启。

人类命运共同体理念中蕴含着全球治理的中国方案，需要在实践中

---

[1] 习近平：《共同构建人类命运共同体——在联合国日内瓦总部的演讲（2017年1月18日，日内瓦）》，《人民日报》2017年1月20日。
[2] 赵汀阳：《现代性的终结与全球性的未来》，《文化纵横》2013年第4期。

不断展开。贯彻这一理念,首先应保持战略定力,集中力量办好自己的事。世界之变与中国之变的强劲激荡,提出了如何在世界百年未有之大变局中始终保持战略定力坚持和发展中国特色社会主义的实践任务。所谓战略定力,就是深化对社会主义的认识并将之逐步转化为现实的韧性。党的十八大以来,以习近平同志为核心的党中央面对世界百年未有之大变局,反复强调战略定力的意义与价值,始终坚持以自己的事情为中心,为应对世界百年未有之大变局明确了根本原则。这一原则不仅充分体现在"四个全面"战略布局之中,更是在伟大的社会革命和党的自我革命的辩证统一中得到了有力贯彻。党的纯洁性强力修复和中国特色社会主义制度的不断完善,进一步巩固了中国共产党的领导地位,彰显了社会主义制度的优越性,集中展现了我们党对世界百年未有之大变局这一新的历史条件的深刻把握和科学应对。

贯彻这一理念,其次应坚持扩大开放,中国的大门只会越开越大。马克思恩格斯指出:"共产主义只有作为统治地位的各民族'一下子'同时发生的行动,在经验上才是可能的,而这是以生产力的普遍发展和与此相联系的世界交往为前提的。"[1] 开放是中国面对经济全球化唯一正确的选择,"融入世界经济是历史大方向,中国经济要发展,就要敢于到世界市场的汪洋大海中去游泳"。[2] 正是坚持运用马克思世界历史理论,社会主义中国克服了对经济全球化的疑虑,作出了积极融入经济全球化的战略安排,并用成功实践诠释了改革开放是决定当代中国命运的关键抉择,是实现中华民族伟大复兴的必由之路。尽管当前保护主义上升,经济全球化有所起伏,但从长远看,经济全球化作为历史发展的趋势不会改变,

---

[1] 《马克思恩格斯选集》第 1 卷,人民出版社 2012 年版,第 166 页。
[2] 习近平:《共担时代责任 共促全球发展——在世界经济论坛 2017 年年会开幕式上的主旨演讲(2017 年 1 月 17 日,达沃斯)》,新华社 2017 年 1 月 18 日。

只要站在历史正确的一边,"坚持'拉手'而不是'松手',坚持'拆墙'而不是'筑墙'"①,就能在推动建设开放型世界经济的同时,为推动人类命运共同体的构建夯实基础。

最后,贯彻这一理念,中国将积极参与全球治理,推动国际秩序的公正化合理化。新中国自成立以来就始终站在发展中国家的立场上,为改变国际政治经济旧秩序而不懈努力着。在世界百年未有之大变局的历史条件下,坚持共商共建共享的原则,积极参与全球治理,贡献中国方案,推动经济全球化朝着更加开放、包容、普惠、平衡、共赢的方向发展,这既是中国前所未有的历史机遇,也是中国义不容辞的历史责任,正如习近平指出的,"我们要继续做全球治理变革进程的参与者、推动者、引领者,推动国际秩序朝着更加公正合理的方向发展"②。

新冠疫情的全球流行给人类带来的苦难,凸显了人类命运共同体理念的现实意义,但在西方资本主义主导的世界历史时代,这一理念的实践绝非一帆风顺,它将不可避免地应对各种阻力和挑战。挑战之一是,"某些国家认为'人类命运共同体'这一愿景对自己构成了竞争,或者甚至认为这一愿景只是为了加速主张中国的领导力"③。新冠疫情应对过程中新冷战趋势的抬头以及实现全球团结合作遭遇的种种复杂而艰难的情形,反映了人类超越性探索的现实处境。在这个意义上,人类命运共同体理念在全球治理体系的贯彻程度,不仅标志着更加公正合理的国际政治经济秩序的实现程度,也标志着人类对资本主义社会形态的超越程度。

---

① 习近平:《开放合作 命运与共——在第二届中国国际进口博览会开幕式上的主旨演讲(二〇一九年十一月五日,上海)》,《人民日报》2019年11月6日。
② 习近平:《坚定信心 共谋发展——在金砖国家领导人第八次会晤大范围会议上的讲话(二〇一六年十月十六日,果阿)》,《人民日报》2016年10月17日。
③ 《库恩:全球抗疫表明"人类命运共同体"堪称伟大愿景》,新华社2020年3月27日。

二、冷战结束以来社会主义与资本主义关系的空间化叙事

习近平在党的二十大报告中指出:"中国共产党为什么能,中国特色社会主义为什么好,归根到底是马克思主义行,是中国化时代化的马克思主义行。"[①] 马克思主义不仅深刻改变了一个多世纪以来世界历史的进程,而且指明了人类社会的未来方向。中国共产党纪念百年生日之时,恰是世界百年未有之大变局初步呈现之日,重新审视社会主义与资本主义的关系,应成为以马克思主义为指导的中国共产党在新的历史起点上的一个重要的理论任务。关于两者关系的讨论,这里设置三个基本前提:其一,本书探讨的社会主义,主要指作为民族国家基本社会制度的社会主义,同时也涉及作为理想和价值追求以及客观的经济、政治和文化因素的社会主义。所探讨的资本主义也是同样规定。其二,两者关系探讨的时间起点是苏联解体和东欧剧变。虽然这一历史事件的发生绝非如福山所言是共产主义的失败,但是,世界社会主义运动因之陷入空前低潮却是不争的历史事实。这一历史事件对于中国改革开放的历史叙事而言也具有历史分水岭的意义。其三,空间化是两者关系探讨的主要视角。马克思的空间化概念,"就是把空间与历史概念统一起来、结合起来:空间是历史过程的空间,而历史是空间中的历史"[②]。在世界正处于百年未有之大变局的条件下,空间化的视角不仅具有深化中国道路研究的方法论意义,更是一种分析社会主义与资本主义关系的有力工具。

---

① 习近平:《高举中国特色社会主义伟大旗帜 为全面建设社会主义现代化国家而团结奋斗——在中国共产党第二十次全国代表大会上的报告(2022年10月16日)》,人民出版社2022年版,第16页。
② 刘怀玉:《历史唯物主义的"空间化"概念探源》,《河北学刊》2021年第1期。

1. 空间化视角的社会主义

从苏联解体、东欧剧变至今，社会主义中国的历史基于空间化的视角大致可分为三个十年，分别对应空间坚守、空间稳固和空间优化。三十多年之后，社会主义中国实现了从被动状态向主动状态的战略转变，迎来了崭新的发展机遇。

从1991年底苏共下台到2002年党的十六大召开，为以"空间坚守"为主要特征的第一个历史阶段。由于世界社会主义运动陷入严重低潮，社会主义力量的生存空间遭受了前所未有的压缩，中国共产党当时最需要解决的，是社会主义中国的存续问题。这是一个和十月革命胜利后列宁面临的一样的任务，两者的不同主要在于，一个是当时世界上第一个新生的无产阶级政权，一个则是世界社会主义运动遭遇严重挫折后留存的最大的社会主义国家。在这个阶段，中国共产党保持战略定力，将灵活性和原则性结合起来，顽强坚守着社会主义的根据地。马克思恩格斯提出过资本主义"用时间来消灭空间"的观点，中国因势利导，采取了社会主义"以空间换时间"的原则。一方面，提出建立社会主义市场经济体制的改革目标，充分发挥市场在资源配置中的基础性作用，进一步肯定私人资本的现实合理性；另一方面，作出加入世界贸易组织的战略决策，主动参与全球市场游戏，"与狼共舞"。从空间化的视角看，这一改革可以表述为"空间让步"。中国共产党试图以此达成现代化水平的迅速提升，为维护和巩固社会主义制度夯实物质基础。这一让步是一种"浅层让步"或"有限让步"，中国共产党明确了不可逾越的底线和边界，主要表现为两个方面：其一，为私人资本和市场明确规定了活动空间。中国共产党在市场经济前面加上的"社会主义"字样，不是画蛇添足，而是画龙点睛，在经济基础和上层建筑方面包含着丰富的内容，既包括通过更多的、特殊的国家干预，确保资本和市场的消极作用受到来自外部最大程度的规范和制约，又包括公有制经济在所有制结构中的主体地位和共同富裕的根本原

第九章 世界百年未有之大变局与社会主义的未来

则等。其二，为政治体制改革明确规定了底线。中国共产党在牢牢掌握坚持党之于中国特色社会主义事业的领导权的同时，一方面不断增强阶级基础和扩大群众基础，另一方面着力解决提高党的执政能力和领导水平、提高拒腐防变和抵御风险能力这两大历史性课题。总体上，在这个阶段，社会主义中国存续的努力呈现为一个辩证统一的二重化过程：一是在"发展是硬道理"口号下建立社会主义市场经济体制的探索；二是在"绝不照搬西方政治制度的模式"口号下对党的领导、人民当家作主和依法治国有机统一的探索。毫无疑问，苏联解体之后的十年是改革开放以来中国共产党遭遇的最大挑战和难关。这个十年，中国共产党不仅没有随波逐流，成为西方资本主义大家庭新的成员，反而开创出中国道路的加速探索期。可以说，中国特色社会主义的基本要素及其相互关系在这个阶段基本确定下来。这一阶段的探索不仅有效维护了社会主义中国的生存空间，更为稳固和开拓社会主义空间奠定了坚实的基础。

从 2002 年党的十六大召开到 2012 年党的十八大召开，为以"空间稳固"为主要特征的第二个历史阶段。这是在改革开放史上具有承上启下意义的重要阶段。十年间，中国共产党紧紧抓住重要战略机遇期，牢牢坚持发展第一要务，充分利用国际国内两个市场，经济持续快速增长，迅速积累起丰厚的物质财富。2001 年，我国 GDP 位居世界第六，2010 年超过日本跃居世界第二。党的十六大之后不久，西方一些人就流露出了沮丧和失望的神情，"中国崩溃论"的预期落了空。"中国悖论"的政治表现在于，市场和资本的因素结合在一起生成的新社会阶层，虽然拥有了强大的经济力量，但在与中国共产党的关系上没有出现西方所期待的政治行动。多米诺骨牌效应在中国戛然而止。在这个阶段，我们党开启了完善社会主义市场经济体制的探索。科学发展观可以视为对"发展是硬道理"的升华，无论是以人为本，还是全面、协调和可持续以及统筹兼顾，都体现出在发展实践上对社会主义价值原则的遵循。马克思指出："生产者相互发生这些社会关系，他们借以互相交换其活动和参与共同生产的条件，当然依照生产资料的性质而有所不同。"① 生产关系和交换关系的重大变化必然带来社会结构和利益格局的深刻变动与调整，社会主义和谐社会理论及其相关政策的提出，表明中国共产党对社会贫富差距拉大以及社会冲突上升的警觉和干预。社会主义和市场经济结合的初步成功，赋了中国道路以现代化新路的意义，正如习近平指出的，"治理一个国家，推动一个国家实现现代化，并不只有西方制度模式这一条道，各国完全可以走出自己的道路来"②。中国道路的初步成功，也是对历史唯物主义的实践验证。马克思1877年在写给《祖国纪事》编辑部的信中指出："一定要把我关于西欧资本主义起源的历史概述彻底变成一般发展道路的历史哲学理论，一切民族，不管它们所处的历史环境如何，都注定要走这条道路，——以便最后都达到在保证社会劳动生产力极高度发展的同时又保证每个生产者个人最全面的发展的这样一种经济形态。"③ 以2004年美国人雷默提出的"北京共识"为起点，国际社会对于中国模式的讨论逐渐升温。这一讨论在一定程度上也激发了中国的自辩意识。2005年，国务院新闻办公室发布了《中国的民主政治建设》白皮书，第一次正面回应西方在民主人权等话题上的挑战，发出自我正名的声音。在党的十七大上，中国共产党明确提出了道路自信、理论自信；在党的十八大上，中国共产党进一步提出了制度自信。从空间化的视角看，中国在这一阶段大踏步赶上了时代的同时，完成了稳固社会主义根据地的历史任务。

从2012年党的十八大召开至今，为以"空间优化"为主要特征的第三个阶段。在这个阶段，习近平提出中国共产党的领导是中国特色社会

---

① 《马克思恩格斯选集》第1卷，人民出版社1972年版，第362页。
② 《习近平关于社会主义政治建设论述摘编》，中央文献出版社2017年版，第7页。
③ 《马克思恩格斯文集》第3卷，人民出版社2009年版，第466页。

主义最本质特征和中国特色社会主义制度的最大优势这一观点,明确了中国共产党之于社会主义事业的特殊地位。在"四个全面"的战略布局中,全面从严治党处于基础性和关键性的位置。究其原因,从现实层面看,是针对党的纯洁性严重弱化作出的积极应对;从理论层面看,是对共产党的领导与社会主义事业之间关系的深刻反思。时至今日,苏联解体的历史后果仍留存清晰的痕迹,关于苏联解体的根本原因仍是值得马克思主义理论界深入思考的重大课题,因为如果不能正确汲取历史教训,现存的社会主义力量不仅难以获得发展,更难以存在下去。党的十八大以来全面从严治党的伟大实践,作为全党工作的最大亮点,进一步巩固了社会主义在中国深入发展的政治基础。与此同时,中国共产党开始聚焦中国特色社会主义制度的完善,加快了推进制度成熟的改革步伐。从空间化的视角看,如果说全面从严治党是对社会主义空间的领导力量优化的话,那么,制度完善则促成了社会主义空间的上层建筑的优化。与双重优化相一致的是,"中华民族迎来了从站起来、富起来到强起来的伟大飞跃,实现中华民族伟大复兴进入了不可逆转的历史进程!"[1]这标志着中国已经彻底摆脱苏联解体后的被动状态,成功突围,再也没有什么力量可以挡住中华民族伟大复兴的前进步伐,正如学者指出的,"从站起来、富起来到强起来,中国革命、建设以及改革开放以来的发展既是空间重构创新过程,也是突破西方自由主义空间控制的过程"[2];更为重要的是,这同时表明中国在与世界历史相互构建的过程中影响力大大提升。从空间化的视角看,一方面,随着日益走近世界舞台的中央,中国在以开放的最大优势谋求更大发展空间的新格局的同时,倡导构建人类命运共同体,积极参与全球治理,

---

[1] 习近平:《在庆祝中国共产党成立 100 周年大会上的讲话(2021 年 7 月 1 日)》,《人民日报》2021 年 7 月 2 日。
[2] 刘怀玉:《历史唯物主义视野下的"空间化"研究》,《光明日报》2018 年 5 月 15 日。

推动世界政治经济旧秩序的变革；另一方面，世界权力格局的变化同时也意味着社会主义与资本主义两种社会制度力量对比的变化，意味着社会主义与资本主义关系在全球空间的重塑。西方认为中国正在以一种西方人不喜欢的方式改变世界，而在我们看来，这种方式是一个在社会主义话语框架中才能得到正确阐明的概念。正是在这个意义上，中华民族的伟大复兴和世界社会主义的伟大复兴紧密联系在一起，在百年未有之大变局的历史空间合奏起社会主义的新曲。

2. 空间化视角的西方资本主义

苏联解体、东欧剧变之后，两个平行市场也随之终结，西方怀揣一体化的期待，开启了新一轮全球化的历史进程。全球化本身就是一个空间概念，在马克思所揭示的资本特征中，资本拥有对空间先天性的敏感和兴趣。从空间化的视角看，西方在全球化进程中处于主导性的中心地位，新一轮全球化因此可以理解为向原有的社会主义空间的胜利进军。在全球化和技术革命的推动下，跨国公司无所不往，资本在全球范围内获得了前所未有的广度和深度上的空间存在。资本走遍全球，利润流向西方。西方国家尤其是美国凭借在资金、技术等因素上的相对优势所形成的垄断地位，自然更多地分享到全球化带来的利益。然而，历史的辩证法在于，进入21世纪的第一个十年，不仅一体化进程严重受挫，而且美国国内制造业的空心化进一步加剧，美国政府为了缓解矛盾推行的宽松货币政策和放松监管最终导致了金融资本的过度扩张。2007—2008年开始的金融危机，被普遍视为"自1929年以来最严重的资本主义危机"，美国的衰落开始异常明显地成为事实。如果说金融危机是冷战之后对资本主义冲击的第一波的话，那么，新冠疫情作为冲击资本主义的第二波，进一步显露出美国衰败的趋势。一方面，美国作为世界上综合实力最强大的国家，在科技和医疗水平方面具有明显优势，并且人口也只有中国的1/4，却付出极其惨重的代价。另一方面，全球抗疫期间美国退出世界卫生组织等一系列破坏全球抗击新冠疫情的消极性行为，让新加坡总理李显龙在接受 CNN 采访时发出"美国失去了领导世界战疫的能力"的慨叹。没有比较，就没有鉴别，正如《呼吸机上的资本主义：新冠肺炎对中美两国的影响》一书所言："中国抗击新冠病毒的成功和美国的失败，证明了中国社会主义制度的成功和美国资本主义制度的失败与机能障碍。"①

从空间化的视角看，这是全球资本主义中心地带总体性危机的写照。经济危机催生了政治危机，经济危机和政治危机结合在一起塑造出一种总体性危机的态势。西方的资本逻辑与权力逻辑之间的关系决定了，民主的衰败成为美国总体性危机的内在构成和主要表征。在《历史的终结及最后之人》一书中，福山曾表达了这样的核心观点：自由民主制度也许是"人类意识形态发展的终点"和"人类最后一种统治形式"。金融危机发生后，福山在坚持原先观点的基础上坦承："美国的政治制度已经随着时间的推移走向衰败。"从 2008 年起，英国《金融时报》副主编马丁·沃尔夫这位"西方世界解读中国的重要论述者"，就发出了"全球自由市场资本主义梦想破灭"的警告。在他看来，西方资本主义已经到了迫切需要拯救的历史时刻："不稳定的食利资本主义、弱化的竞争、萎靡不振的生产力增长、严重的贫富不均以及——并非巧合的是——日益退化的民主"，"如果没有政治变革，一切保持现状，经济和政治情况可能会变得更加糟糕，人们其他所需要的东西也基本不会实现"。② 比较而言，激进左翼思想家巴迪欧的批判更是一针见血："政治权力比以往任何时候都更加只是资本主义的代理。"③

---

① 参见《美媒文章：新冠大流行凸显资本主义终极衰落》，参考消息网 2021 年 4 月 8 日。
② ［英］马丁·沃尔夫：《西方资本主义需要改革自救》，参考消息网 2019 年 12 月 9 日。
③ ［法］巴迪欧：《关于共产主义的理念》，王逢振译，《马克思主义与现实》2016 年第 6 期。

西方之所以发生总体性危机，外部因素变化的影响和作用不容忽视。美国著名政治学家亨廷顿在苏联解体后不久作出了西方衰竭的断言，在很大程度上就基于西方丧失了竞争对手的判断。由于世界社会主义运动陷入空前低潮，全球范围内社会主义对资本主义的外部压力大大降低，西方资本挣脱国家的约束，获得了充分彰显本性的机会。资本本性的彰显，以全球财富占有不平等加剧为表现形式，并以西方自身民主衰败为成本，由此构成资本主义中心地带发生总体性危机的内在原因。美国某民调公司2018年公布的一项关于对社会主义和共产主义等问题看法的调查结果表明，超过半数的美国"千禧一代"（25—35岁）将社会主义作为第一选择。①2019年，英国《独立报》刊发了英国舆观调查公司的一份民调。该公司对美国2100名成年人进行的调查发现，过去一年中，"千禧一代"对共产主义的支持率上升了8%，达到36%，而对资本主义的支持率则以同等幅度下降。其实，无论从理论上还是从实践上，"千禧一代"对于共产主义都缺乏足够深刻的认知。有美国学者认为，共产主义在年轻一代流行起来，气候灾难是一个重要原因。人与自然关系的紧张，只不过是资本主义现实困境的次要表征。英国的这份民调同时显示："70%的受访者认为经济不平等是个大问题，将近三分之二的受访者认为美国收入最高的那部分人没有缴纳应缴的税。"② 很显然，财富占有的不平等，才是年轻人转身朝向共产主义最为关键的原因。

新冠疫情作为世界历史进程分水岭的意义已经清晰地显现出来。从空间化的视角看，东升西降的对比变得异常鲜明，以美国为主要代表的西方资本主义国家的衰落，已经呈现出没有什么力量可以阻挡的客观趋势。21世纪第二个十年以来，"西方国家明确转入衰落进程"和"西方资本主

---

① 参见吴波《美"千禧一代"为何向往社会主义》，《环球时报》2018年11月10日。
② 《英媒：美逾三成千禧一代赞同共产主义》，《参考消息》2019年11月13日。

义正走向失败"等标题越来越多地出现在西方媒体的版面上。在新冠疫情的冲击之下，21世纪以来资本主义批判的第二波浪潮扑面而来。卡塔尔半岛电视台网站发表的题为《新冠肺炎疫情预示资本主义的终结吗？》的文章指出："如果说14世纪的大瘟疫引发了后封建时代的想象，那么这次疫情有可能——也是人们所希望的——触发后资本主义时代的想象。"①齐泽克则以反问的口吻说道："这次疫情会被简化成内奥米·克莱因所谓'灾难资本主义'的漫长的悲惨故事的一个章节吗？或者，一种新型的（或许更加温和的，同时也是更平稳的）世界秩序会由此脱颖而出？"②新一波批判浪潮展现出两个鲜明特点：其一，西方思想界在对资本主义的批判中将衰落、失败更多地与终结的字样联系在一起；其二，批判的深入进一步打开了关于人类社会未来的想象空间。

毫无疑问，从金融危机到新冠疫情，冷战之后关于资本主义历史命运的问题从来没有像今天如此凸显。亨廷顿在分析西方衰落的特征时，首先强调资本主义衰落是一个"缓慢"的过程。"西方力量的崛起历时400年之久，它的衰退也可能需要同样长的时间"，不过他也承认，"在未来的某一天，它可能会急剧加速"。③在西方马克思主义代表人物列斐伏尔看来，资本主义生产关系的危机是中心和核心的衰亡，因此，未来的革命产生于资本主义社会的中心城市，而不再是资本主义的边缘地带。革命空间及其历史转换，是马克思主义关于资本主义理论的重要问题。日本共产党前领导人不破哲三认为："21世纪是质疑资本主义制度是否存续的时代，是全球制度变革的时代。21世纪将有处在不同发展阶段的国家通过不同

---

① 《外媒：新冠大流行或预示资本主义终结》，参考消息网2021年4月6日。
② ［斯洛文尼亚］斯拉沃热·齐泽克：《置身疫情，永远着眼于全球性景观》，季广茂译，《三联生活周刊》2020年第13期。
③ ［美］塞缪尔·P.亨廷顿：《文明的冲突与世界秩序的重建》，周琪等译，新华出版社1998年版，第77页。

的路径走向社会主义·共产主义社会。"①他同时也指出,"发达资本主义国家如何实现社会变革"这个课题,"是与之前已经走上社会主义道路的国家截然不同的",是20世纪未曾有过的"21世纪的新的世界史课题","存在着与现实中以社会主义为目标的国家曾经或正在经历的困难性质不同的困难"。②这可以看作对列宁提出的经济文化相对落后国家"革命容易,建设难"的呼应。

  面对这个"21世纪的新的世界史课题",我们在讨论诸如资本主义发展极限等客观条件的同时不能回避主观条件的问题,需要坚持辩证的态度。马克思主义从来都不主张平心静气地等待"私人资本主义财产的丧钟敲响"那一天的到来,而是始终注重主观能动性的发挥。当恩格斯发出资本主义"这个外壳就要炸毁了。资本主义私有制的丧钟就要响了。剥夺者就要被剥夺了"③的呼声时,具有科学判定与政治鼓动相统一的意义与价值。西方主导的全球化既具有经济层面的意义,又具有观念层面的价值。今天,至少从西方世界看,已经很少有人严肃而认真地思考超越资本主义的命题了。大卫·哈维深刻指出:"尽管作为生产方式和交换方式的资本主义失败了——正如马克思所预言的那样。但是,作为'生活方式'的资本主义、作为文化信念的资本主义却流行于世界。"④就此而言,巴迪欧关于复活共产主义理念的观点就应给予足够的尊重。他指出:"首先,为共产主义假设提供一种有力的主体性存在,是我们今天要努力以自己的方式完成的任务。我坚持认为,这是一项令人激动的任务。""通过把知识构成(总是全球性的、普遍性的)与真理片段(地方性的和单一性的,然而可以普遍传播)结合起来,我们可以在个人的意识里复活共产主义假

---

① 郑萍:《不破哲三的未来社会理论评述》,《世界社会主义研究》2019年第12期。
② 郑萍:《不破哲三的未来社会理论评述》,《世界社会主义研究》2019年第12期。
③ 马克思:《资本论》第1卷,人民出版社1975年版,第831—832页。
④ [美]大卫·哈维:《资本社会的17个矛盾》,许瑞宋译,中信出版社2016年版,第11页。

设,甚至复活共产主义理念。我们可以开创这种理念存在的第三个新纪元。我们可以做,所以我们必须做!"[1]当然,与西方资本主义心脏的革命问题相联系的,不仅包括给资本主义下发死亡通知书的主体力量唤醒的问题,还包括暴力和和平的两种革命方式选择以及革命发生的时间把握等一系列问题,需要联系资本主义的现实及其变化趋势作出理性的思考。不过,无论从何种意义上,与资本主义终结相联系的这些问题的提出和探讨,都可以视为在思想层面压缩资本主义生存空间的努力。

3. 空间化视角的人类社会未来

共产主义概念的出现晚于社会主义,20世纪初马克思主义者们逐渐将社会主义作为与共产主义社会第一阶段的同义语使用,不过,当我们讨论资本主义的替代问题时,还是坚持使用共产主义这一概念,这是因为在马克思恩格斯看来,共产主义的概念才能准确地表达他们的核心观点,最能准确反映他们构想的未来世界。基于世界百年未有之大变局和人类社会的加速化发展,21世纪第三个十年至少应提出在思想空间激活共产主义话语的理论任务。由于社会主义历史实践的沉痛教训和共产主义话语的长期淡出,以及西方对共产主义一直以来的妖魔化宣传,我们今天十分有必要重新厘清共产主义在价值、制度和条件等方面的基本规定,这是共产主义在实践空间展开的根本前提。

共产主义之所以依然具有当代价值,是因为它从财产关系的角度贯彻和体现了共享的原则,并且与正义的实现统一起来。可以说,只要我们生存的这个世界依然存在着不平等,那么,关于共产主义的想象就一定会在思想和话语空间中占有一席之地。这就意味着,对于共产主义的理解,首先需要从这种社会形式的目的出发。共产主义指向的是人的解放命题。

---

[1] [法]A.巴迪欧:《关于共产主义的理念》,王逢振译,《马克思主义与现实》2016年第6期。

马克思指出：共产主义社会"以每一个个人的全面而自由的发展为基本原则"[1]。这个基本原则,就是"共产主义社会的宗旨、共产主义社会的目的"[2]。在这个意义上,共产主义社会只是达到这一目的的社会形式。

没有制度的技术性支撑,价值就失去了实现的条件。共产主义社会是制度与价值的统一,马克思恩格斯阐明了生产关系和交换关系的变革之于人的自由而全面发展的决定性意义。恩格斯指出,未来社会"同现存制度的具有决定意义的差别当然在于,在实行全部生产资料公有制（先是单个国家实行）的基础上组织生产"[3]。整个社会占有生产资料既是共产主义社会的起始性特征,又是共产主义社会的最基本特征。生产要素和消费品的直接分配则构成共产主义社会的另一个最基本特征。齐泽克认为,共产主义是"关键的东西必须得到妥善安顿,不能把它们全部交给市场机制。我们应当运用市场来促进竞争,但不能坐等市场自发决定诸如健康保险之类的东西","我说的'共产主义'是一种更温和的东西,它指的是这样一种社会：超越了市场规则,其组织可以使一切人免于饥饿以及每个人在其中都可以过上平凡但体面的生活","我所谓的共产主义很简单,就是国家和人民要通过某些社会安排来打破市场法则"。[4] 我们在肯定齐泽克对市场负面意义的深刻揭示和设想的积极意义的同时,很容易发现他与马克思关于未来社会的设想之间存在着显著差异,因而更多的只具有价值层面的意义。

无论是讨论共产主义的价值还是讨论共产主义的社会形式,都不能离开对生产力条件的考察。马克思在《〈政治经济学批判〉序言》中提出的一个基本观点是：共产主义社会形式需要以生产力及与之相适应的生产方

---

[1] 马克思：《资本论》第1卷,人民出版社2004年版,第683页。
[2] 李延明：《马克思恩格斯的未来世界》,安徽人民出版社2006年版,第71页。
[3] 《马克思恩格斯选集》第4卷,人民出版社1995年版,第693页。
[4] 王磬：《齐泽克：病毒总会控制住,但旧时代不会再回来》,界面新闻2020年6月11日。

式的性质超出资本主义生产关系和商品交换关系所能容纳的限度为条件。在他们的思想视野中，物质生活资料的丰富是实现人自由而全面发展的基础性条件，也是实现对资本主义私有制替代的基础性条件。马克思强调，人类"只有在现实的世界中并使用现实的手段才能实现真正的解放；没有蒸汽机和珍妮走锭精纺机就不能消灭奴隶制；没有改良的农业就不能消灭农奴制；当人们还不能使自己吃喝住穿在质和量方面得到充分保证的时候，人们就根本不能获得解放。'解放'是一种历史活动，不是思想活动，'解放'是由历史的关系，是由工业状况、商业状况、农业状况、交往状况促成的"[①]。尽管马克思恩格斯曾多次对废除资本主义社会形式所需的生产力条件作出过乐观的估计，但又根据条件的变化及时地加以修正。可以说，对生产力条件的尊重并以此为共产主义社会的实现作出严格规定，恰是马克思关于未来社会设想的科学性所在。

今天与马克思生活的时代相比，生产力的发展水平及其带来的人类交往的广度和深度已经不可同日而语。我们再次面对关于共产主义的两个基本问题。其一，生产力条件和生存空间条件。一方面，以人工智能为标志的第四次工业革命方兴未艾。科学技术既推动了资本主义的经济增长，增强了资本主义的生命力，又从客观上为共产主义社会的实现积累了更为丰厚的物质基础。另一方面，在马克思恩格斯关于未来社会的设想中，共产主义是一项全球性的事业，它是将整个地球作为自己的存放空间的。在这个意义上，资本的全球化也为共产主义准备了充分的空间条件。当然，马克思从来没有把人类社会的进步嘱托给生产力的自发增长，因此，我们不能抽象肯定人工智能与共产主义之间的一致性。互联网和大数据虽然提供了计划生产的技术条件，但并不必然带来计划生产，换言之，生产力的改进并不能自发地敲响资本主义的丧钟。我们必须拒绝任何浪漫

---

① 《马克思恩格斯选集》第1卷，人民出版社1995年版，第74—75页。

主义的想象，因为在马克思看来，人民群众能否得到解放，"不仅仅决定于生产力的发展，而且还决定于生产力是否归人民所有"[①]。其二，资本主义基本矛盾。有人认为，资本主义一次次地实现了转危为安，并不完全是因为资本主义本身的生命力，而是因为人类总的生产力的积累还不够。资本主义在其发展史上已经容纳了前三次工业革命的成果，但资本主义的生产关系和商品交换关系是否能够容纳第四次工业革命的成果呢？当前西方的总体性危机，是资本主义基本矛盾的又一次外显："一方面，资本主义生产方式暴露出自己无能继续驾驭这种生产力。另一方面，这种生产力本身以日益增长的威力要求消除这种矛盾，要求摆脱它作为资本的那种属性，要求在事实上承认它作为社会生产力的那种性质。"[②]可以确认，资本主义的现实调整不论在多大程度上缓解资本主义的基本矛盾，其客观结果都比以往任何时期越来越靠近它生存的边界和极限。

从空间化的视角看，人类社会的未来更多地寄希望于东方。冷战结束以来全球化过程中资本的凶残和野蛮，反衬出社会主义价值理想的现实意义。对于世界上期望超越资本主义生存方式的人们来说，共产主义并没有远去，而是存放在内心的最深处，因此，他们对中国社会主义的坚守寄予期待，并从它的进展中获得安慰，认为它为人类提供了一种希望，代表了人类的未来。形势比人强。今天，世界历史进程的走向，越来越向中国倾斜，越来越取决于中国的作为。一个资本主义足够强大的替代者正在逐渐形成，意味着超越资本主义的可能性在逐步增强。习近平在庆祝中国共产党成立100周年大会上指出："我们要用历史映照现实、远观未来，从中国共产党的百年奋斗中看清楚过去我们为什么能够成功、弄明白未

[①] 《马克思恩格斯选集》第1卷，人民出版社1995年版，第771页。
[②] 《马克思恩格斯选集》第3卷，人民出版社1995年版，第751页。

来我们怎样才能继续成功。"①

在前行的道路上，必须始终不渝地坚持相互联系和辩证统一的基本经验。中国革命、建设和改革的外部条件决定了，坚定理想信仰，始终强调和发扬精神的力量，注重主观能动性的作用，是极其重要的一条基本经验。在改革开放的条件下，邓小平强调："我们干的是社会主义事业，最终目的是实现共产主义。这一点，我希望宣传方面任何时候都不要忽略。"②在国际共产主义运动陷入空前低潮的条件下，他依然铿锵有力地发出这样的声音："社会主义是可爱的，为社会主义奋斗是值得的，这同时也是为共产主义奋斗。"③可以说，没有对共产主义的坚定信念，中国共产党不可能在苏联解体之后杀出一条血路，赢得今天社会主义事业新的发展空间。在新的历史起点上，中国共产党依然需要一方面抵抗前资本主义落后、腐朽的关系和因素的侵扰，另一方面需要抵抗资本逻辑负面因素的影响，由此决定了中国共产党必须将发扬主观能动性放在突出的位置，强化对影响主观能动性发挥的消极性因素的克服。在探索中国特色社会主义道路的过程中，中国共产党作出的"以空间换时间"的策略性实践也不可避免地付出了一定的成本和代价，有的不是无足轻重的代价，最大的代价是在精神层面。"共产主义失败论""共产主义渺茫论"等社会思潮在党内有着一定的思想市场并在现实生活中有显著的表现，"一些人认为共产主义是可望而不可及的，甚至认为是望都望不到、看都看不见的，是虚无缥缈的。"④"实际工作中，在有的领域中马克思主义被边缘化、空泛化、标签化，

---

① 习近平：《在庆祝中国共产党成立100周年大会上的讲话（2021年7月1日）》，《人民日报》2021年7月2日。
② 《邓小平文选》第3卷，人民出版社1993年版，第110页。
③ 《邓小平年谱（1975—1997）（下）》，中央文献出版社2004年版，第1348页。
④ 习近平：《关于坚持和发展中国特色社会主义的几个问题》，《求是》2019年第7期。

在一些学科中'失语'、教材中'失踪'、论坛上'失声'。"①种种消极性的情形虽然经过党的十八大以来的全面从严治党有了较为明显的缓解，但主观能动性的提升依然是一个严峻而复杂的现实难题。解决这一难题，除了坚持不懈进行思想教育外，更为重要的是必须坚持不懈推进自我革命，这是党的建设新的伟大工程的核心和关键。习近平指出："中国共产党始终代表最广大人民根本利益，与人民休戚与共、生死相依，没有任何自己特殊的利益，从来不代表任何利益集团、任何权势团体、任何特权阶层的利益。"②这既是一种自我提醒，更是一次政治宣言。中国共产党只有坚持不懈地推进自我革命，才能冲破利益固化的藩篱，始终成为维护和拓展社会主义空间的领导力量，从而为替代资本主义积累越来越充分的可能。

除了担负中华民族复兴的历史使命，中国共产党还担负着为人类作出更大贡献的世界历史使命。中国式现代化道路从探索之初就明确了中国的和世界的双重意义，明确了超越西方现代化的根本立场。70多年来，中国共产党一直在探索一条社会主义与现代化相结合的道路，努力缩短和减轻西方现代化过程中曾经经历的弊端和苦痛，创造一种新的文明类型。这是中国共产党为什么成功的又一条极其重要的历史经验。这条道路的探索并非一帆风顺，不仅经历了改革开放前和改革开放以来两个历史时期的接续探索，而且在改革开放以来的历史时期中经历了新时代前和新时代以来两个阶段的接续探索。这条道路的探索，始终伴随资本和市场的消极性作用与前资本主义落后、腐朽关系的消极性作用，中国社会在一定程度上步入了马克思的问题域。随着改革开放的不断深入，中国共产党越来越深刻地认识到，效率并不是增强合法性和社会稳定性唯一的关键

---

① 习近平：《在哲学社会科学工作座谈会上的讲话（2016年5月17日）》，《人民日报》2016年5月19日。
② 习近平：《在庆祝中国共产党成立100周年大会上的讲话（2021年7月1日）》，《人民日报》2021年7月2日。

要素，公平正义已经上升为坚持和发展中国特色社会主义第一位的问题。习近平强调："中国特色社会主义是社会主义而不是其他什么主义，科学社会主义基本原则不能丢，丢了就不是社会主义。"① 社会主义是中国式现代化道路的本质规定的深层根据就在这里，蕴含着深刻的问题意识和规范性校正的实践指向。中国特色社会主义新时代之所以展现出连续性与转折性的统一，就在于对社会主义与现代化之间关系的重新反思，从理论和实践上对中国特色社会主义与社会主义进而与共产主义理想之间的一致性进行了深度强化，实现了社会主义的不断完善和发展。习近平在庆祝中国共产党成立100周年大会上指出："我们坚持和发展中国特色社会主义，推动物质文明、政治文明、精神文明、社会文明、生态文明协调发展，创造了中国式现代化新道路，创造了人类文明新形态。"② 这既是一种自我肯定，更是一次政治号召。在全球性的风险社会深入发展的今天，随着人类面临的全球性问题不断增多，人类新文明形态的世界意义更加彰显。中国共产党只有继续深化中国道路的探索，不断完善人类文明的新形态，才能越来越多地释放出中国方案的世界意义。

三、中国共产党的韧性与社会主义的未来

韧性是中国共产党这个百年大党特殊的政治品质。无论是西方还是中国，对于中国共产党韧性的关注度都呈现出逐步强化的迹象。对我们来说，深化对中国共产党韧性的研究，既非简单地强化中国共产党特殊优势的论证，也非简单地提出某种体系化的中国共产党韧性理论，而是阐明中国共产党韧性的当代价值和维护的必要性以及有效路径，从而为新时代中国道

---

① 习近平：《关于坚持和发展中国特色社会主义的几个问题》，《求是》2019年第7期。
② 习近平：《在庆祝中国共产党成立100周年大会上的讲话（2021年7月1日）》，《人民日报》2021年7月2日。

路的探索提供更为有力的精神支撑。从中国道路研究的视角看，中国共产党韧性研究的开启标志着中国学者对中国道路阐释的深化，就此而言，也可以视为中国道路研究新的理论空间。

1. 韧性：中国共产党与中国道路研究的新空间

21世纪以来，随着改革开放的不断深入和综合国力的快速提升，国内外学者关于中国道路的研究呈现出持续升温的态势。以美国人雷默提出的"北京共识"为主要标志，国外学者在这个问题的讨论上扮演了发起者的角色。从中国的视角看，国外对中国发展道路关注的现实意义，主要在于赋予了中国道路一次自我正名的契机，中国道路的自辩努力也由此转换为自信阐释。值得注意的是，无论是国外学者还是国内学者，目光大都主要停留在中国道路特殊性与中国成就之间关系的阐释与分析上，少有将中国共产党的精神特征与中国成就联系起来的理论思考。对于国内学者而言，这不是一个研究领域的缺失，因为在他们看来，中国共产党与中国道路及其成就之间其实是一个先天性的连接，内在于中国道路和中国成就的论述之中。

西方对中国道路的关注，并非对发展经验总结的单纯的理论兴趣，因而有的研究从起点到终点都展现出浓郁的意识形态色彩；与此同时，这一关注也不是一个简单的理论现象，引起了关于中国的既有认识的发展变化，其中既涉及对中国以往结论的反思，又涉及对中国未来趋势的研判。在有的外部观察者那里，中国道路及其成就并非他们关注的目标，而只是提供了中国共产党研究的一个分析材料。比雷默提出"北京共识"稍早一点时间，美国哥伦比亚大学政治学教授黎安友（Andrew J. Nathan）就提出了中国政权韧性的命题，这恐怕是最早将中国共产党与韧性直接联系在一起作出的理论分析。他们对中国共产党韧性特征的确认，是基于预测与现实之间的矛盾，是苏联解体之后的心理预设与客观现实之间形成强烈反差的产物，因而并非对中国共产党这一特殊政治优势的肯定性评价。他们通过韧性与威权主义之间的联结，清晰地表达了在这一问题上的基本立场。具体点说，黎安友等人的评价是建立在威权主义认定的基础上的："中国的政权可以说是一种'韧性专制'。虽然它是专制，但它不是一种僵化的专制，而是一种能够适应，能够自我调整，又继续保持基本专制性质的政权。"[1]即使在承认"中国现在的政权人民比较能接受"的同时也不忘强调"面临很多内部矛盾"。言论中包含的无可奈何，最终演变为黎安友对韧性威权观点的放弃。据有关材料介绍，黎安友2009年后放弃了韧性威权这个观点，因为他认为"他的韧性威权的观点被人双重误解，似乎中国的威权化制度可以长期延续下去，在这种制度安排下，经济还可以有非常可观的发展"。

不过，不论他们提出这个概念的初衷如何，客观上对"中国崩溃论"等种种关于中国道路的批评性论调形成了一定程度的反制，并由此开辟了与"中国崩溃论"相比稍具理性的分析和预判中国新的理论视野。韧性的概念获得了一些长期研究中国的西方学者的认同和使用。2016年，哈佛大学亨利·罗佐夫斯基政治学讲席教授、哈佛燕京学社社长裴宜理（Elizabeth J. Perry）在为《中国何以稳定：来自田野的观察与思考》一书所写的序言中承认了中国政权的"韧性"，并对这一韧性的形成机制作出了有一定说服力的分析。2020年7月，哈佛大学肯尼迪政府学院阿什民主治理与创新中心（Harvard Ash Center for Democratic Governance and Innovation）发布了一份题为《理解中国共产党韧性：中国民意长期调查》的报告，报告给出的结论是，中国共产党的执政基础稳固，韧性源于民众的广泛支持。在2003年至2016年的13年间，该学院的3名专家在中国一共进行了8次调查，同3万余名中国城乡民众进行了面对面的谈话，

---

[1] ［美］黎安友：《"韧性专制"可以持续吗？》，爱思想网2013年6月20日。

使得这份报告的结论具有了充分的科学性和说服力。

将韧性与中国共产党联系起来，在一定程度上可以说，主要来自于外部的观察而不是内部的自悟，这一逻辑似乎具有一定的规律性。2009年，李侃如在撰写《治理中国：从革命到改革》一书的中文版序言时，特意写下这样一段话："在美国，我们发现阅读外国人对我们社会的分析非常有价值。事实确实如此，因为外国人的眼光常常审视我们没有注意到的事务——我们所做的假定和我们无意中采用的思维方式，只有那些身处我们社会之外的人以他们的眼光来观察才看得更清楚。"[①] 他的这一论点用中国话解读就是"旁观者清"。事实也的确如此，韧性成为双方对对方的一种共同性指认。就国内马克思主义理论界而言，提到韧性，往往首先联系的也是西方资本主义，是基于当代资本主义新变化的反思性产物。列宁曾指出，"帝国主义是资本主义的最高阶段"，"帝国主义是垂死的、腐朽的资本主义"。长期以来，一些人基于当代资本主义依然处于"垂而不死"和"腐而不朽"的生存状态，对列宁帝国主义论提出种种质疑。其实，列宁使用"垂死"和"腐朽"，并非是试图对资本主义死亡时间的一种确认，更为主要的是对资本主义病症的确诊，通过宣告其历史的暂时性质以提升无产阶级革命的自觉性和主动性。20世纪以来两制关系的历史说明，无论是社会主义还是资本主义，在各自面对的风险和挑战面前都提升了韧性或弹性。当然，就西方资本主义而言，这个弹性不能简单地理解为"主体具有制度、治理、行为等自信的重要表现"[②]，更主要的是资本主义在内外压力之下被迫作出的反应。在承认西方资本主义在不触动制度根基的条件下拥有一定自我调节能力的同时，也需要看到这一调节是社会主义作为

---

① ［美］李侃如：《治理中国：从革命到改革》，胡国成、赵梅译，中国社会科学出版社2010年版，第2页。
② 陈忠：《弹性：风险社会的行为哲学应对》，《探索与争鸣》2020年第4期。

外部压力和工人阶级作为内部压力合力作用下的产物，更需要强调资本主义弹性作用空间的局限性："资本主义的适应机能虽然可以通过不断地扩大资本积累的范围、更新资本积累的形式，为资本主义发展开辟新的疆域，创造新的资本形态，但是，它绝不能根除资本主义危机，相反，资本积累的每一次扩大，资本霸权统治的每一次增强，都只能造成资本主义更广泛、更深层的结构性危机，直到资本自我灭亡。"[①] 这种辩证分析的态度，也是对以往社会主义速胜论加以反思的结果。

如果仅从学术视角看的话，韧性也具有一定的西方舶来品特质。韧性作为一个基本范畴最初应用于心理学研究领域，近些年来在社会学、政治学和历史学等领域也陆续引申出一系列相关概念和选题，从心理韧性、企业韧性、经济韧性到社会韧性，从韧性社区、韧性城市、韧性社会到韧性国家等，不一而足。总的说来，关于韧性的流行研究一方面倾向于心理韧性的研究，另一方面倾向于韧性治理的探讨。马克思主义理论和政治学领域的韧性研究不多，且主要是基于对西方学界关于威权主义韧性研究成果的梳理和批判，也包含了学者对当代自由式民主的危机和韧性的研究。关于中国共产党韧性的研究成果，只有党的十九大前后为数不多的理论文章，如李君如的《中国特色社会主义制度具有强大韧性》和金一南的《什么叫中国共产党的韧性》等。他们在解读中国共产党和中国特色社会主义制度特性时对韧性概念的自觉使用，应不是受到西方学者的外部启发，而是主要来源于中国道路历史经验的深刻总结。

颇有意味的是，《理解中国共产党韧性：中国民意长期调查》这份报告发布的时间，正是美国一部分政客对中国特别是对中国共产党发起舆论战的阶段。在这一冲突的背景下，基于国内抗击新冠疫情斗争取得重大战

---

① 何萍：《资本自我否定辩证法的方法论意义——基于罗莎·卢森堡〈资本积累论〉的问题》，《中国社会科学》2019年第3期。

略成果的自信，国内学术界从韧性视角总结抗疫斗争的理论研究迅速升温，但比较而言，成果相对集中于中国经济韧性和中国特色社会主义制度韧性的解说，延伸至中国共产党韧性的思考依然没有得到充分的展开。离开中国共产党的研究，中国道路难以得到深刻而彻底的解读。将中国共产党的研究作为中国道路研究的内在关键环节，不是中国道路研究重点的转向，而是中国道路研究深化的结果。基于马克思主义立场观点方法将韧性与中国共产党联系起来深入阐释，既可以拓展马克思主义政党研究的理论视野，深化对中国共产党与中国道路内在关联的认识，又可以打开解读中国道路新的理论空间，进而开辟一个阐明中国道路内在特点的崭新视域。

2. 中国共产党韧性的内在构成

韧性是中华民族五千年精神基因的历史传承，正如习近平指出的，"千百年来，中国人民就以生命力的顽强、凝聚力的深厚、忍耐力的坚韧、创造力的巨大而闻名于世"[①]。一方面，提及韧性，总是与艰难困苦联系在一起。中华民族的韧性是苦难的赋予和馈赠，千百年来，一次次苦难考验了中华民族，既研磨出"生于忧患，死于安乐"这一强烈而深重的忧患意识，涂抹出民族的底色和印记，又淬炼出中华民族顽强不屈和坚韧不拔的精神品格，成就了中华民族坦然自若与从容不迫的精神形象。"苦难是文明的创始条件"[②]，从这个意义上，与其说苦难是中华民族的宿命，倒不如说是中华民族的光荣。伟大的韧性不仅是中华民族生生不息的根本原因，也是创造出悠久灿烂的中华文化的根本原因。一旦失去战胜苦难的能力，那就意味着失去一切。对此，中华民族有着根深蒂固的深刻认识。另一方面，从民族生存的客观条件看，韧性这一特有的精神品格也是中

[①] 习近平：《在全国抗击新冠肺炎疫情表彰大会上的讲话（2020年9月8日）》，《人民日报》2020年9月9日。

[②] 赵汀阳：《病毒时刻：无处幸免和苦难之问》，《文化纵横》2020年第3期。

华民族拥有广袤的生存空间这一条件的赐予，辽阔无比的中华版图为中华民族的内生性构筑了强大的物质基础。抗日战争之所以最终取得胜利，中国之大是一个不可或缺的因素，提供了充分的回旋余地。在毛泽东看来，在战争双方的基本特点中，除了抗日"战争是进步的和正义的"等因素外，还特别强调了"日本是小国，地小、物少、人少、兵少，中国是大国，地大、物博、人多、兵多这一个条件"①，因而得出了"中国决不会亡，必然要取得最后的胜利"②的科学结论。从理论上分析，中国共产党的韧性主要由斗争性、适应性和牺牲性等基本特性构成，这些基本特性既与民族韧性相一致，又具有中国共产党自身的显著特征。

第一，斗争性。

在韧性的内在构成中，斗争性或反抗性是一个具有起始性意义的特性。从物理学的视角看，韧性就是指材料受到使其发生形变的力时对折断的抵抗能力。反抗一般分为积极的和消极的两种，而韧性指向的是一种积极的反抗。这意味着，斗争性起始于内心的自主性。就自主性和斗争性关系而言，如果说斗争性是韧性起始性特征的话，那么，自主性则是这一起始性特征最深刻的根据。基于今天的视角回溯中国共产党百年探索的全部历史，我们会发现中国共产党一直都在寻求一条超越历史循环的崭新道路，蕴含着社会主义这一始终不渝的追求和探索。这也意味着，信仰的坚定性构成自主性的精神支撑。习近平指出："在20世纪中国苦难而辉煌的历史进程中，涌现出一大批用特殊材料制成的优秀共产党人。"③坚定的信仰，是这一特殊材料的最特殊之处。1936年，毛泽东回顾说：新文化运动之初，"我的思想是自由主义、民主改良主义、空想社会主义

---

① 《毛泽东选集》第2卷，人民出版社1991年版，第452页。
② 《毛泽东选集》第2卷，人民出版社1991年版，第453页。
③ 习近平：《在纪念陈云同志诞辰110周年座谈会上的讲话（2015年6月12日）》，《人民日报》2015年6月13日。

等观念的大杂烩。我对'十九世纪的民主'、乌托邦主义和旧式的自由主义，抱有一些模糊的热情，但我是明确地反对军阀和反对帝国主义的"。到1920年，在读了《共产党宣言》等马克思主义文献之后，就"树立起对马克思主义的信仰。我接受马克思主义，认为它是对历史的正确解释，以后，就一直没有动摇过"。[①] 中国共产党坚定的信仰还生成战略定力这一特殊能力，即在复杂多变的历史条件下能够始终拥有一种战略思维和一种战略心态，"千磨万击还坚劲，任尔东西南北风"，不屈不挠，坚韧不拔。一个组织的韧性既包含弹性的一面又包含刚性的一面，后者是韧性生成的根基和关键。坚定的信仰作为刚性要素为中国共产党韧性的生成提供了坚硬的内核。

持久性是斗争性的集中体现。脆易折，刚也易折，韧性意味着弱而不脆，刚而不猛。正是基于"少有韧性的反抗"的反思，鲁迅告诫青年要缓而韧，不要急而猛。一般来说，处于相对弱势的一方，在冲突的状态下不主张毕其功于一役，作鱼死网破状，而是强调将斗争性和忍耐性内在地结合在一起，通过持久性的斗争达成斗争的可持续状态。这种忍耐性既表现为一种"风物长宜放眼量"的胸怀与气度，又在很大程度上表现为一种内心的自我斗争。美国记者海伦·斯诺在对毛泽东的描述中写道："他有很好的教养，内部是钢，有坚强的抵抗力。毛从来不是教条主义者。他是灵活的，愿意变革和学习，而最重要的，是忍耐——一直到那个转折点上。"[②] 在三座大山压迫下的旧中国，处于相对弱势的中国共产党超越性的探索注定了苦难和挑战始终伴随；在西方资本主义主导的世界历史时代，仍然处于相对弱势的中国共产党超越性的探索同样注定了苦难和

---

① 《毛泽东自述》，人民出版社1925年版，第31页。
② 转引自曹应旺：《人民性、求是性、包容性、坚韧性——毛泽东的四大崇高品德》，《北京日报》2019年9月9日。

挑战始终伴随。可以说，这既是百年来中国共产党始终将斗争性置于首位的关键原因，又是孕育出如此强大而深厚的持久性的关键原因。

　　复原性可以理解为斗争目标的实现。韧性的斗争，最终的结果从来不是失败、崩溃和折断，而是胜利、恢复和发展。"我们党在内忧外患中诞生，在磨难挫折中成长，在攻坚克难中壮大。敢于斗争、敢于胜利，是中国共产党人鲜明的政治品格，也是我们的政治优势。"[①] 回顾中国共产党百年历史，史诗般的长征无疑是革命战争年代韧性的经典表达，这一韧性更在即将迎来的抗日战争中延续并进一步彰显。红军长征胜利到达陕北不久，毛泽东就在《论反对日本帝国主义的策略》一文中强调："我们中华民族有同自己的敌人血战到底的气概，有在自力更生的基础上光复旧物的决心，有自立于世界民族之林的能力。"[②] 这也意味着，能否复原成为检验是否具有韧性的最终标准。不过，关于中国共产党韧性的检验标准有其特殊性的一面，因为它不仅与获得政权与延续政权有关，还与社会革命的宏大叙事有关，有其更丰富而深刻的内涵。回望改革开放的历程，即使在苏联解体、苏共下台，国际共产主义运动陷入严重低潮的冲击下，中国共产党依然高举着社会主义的旗帜，而没有将之视为一份历史的遗产放到历史档案馆的深处，这恐怕是可与长征时期堪比的中国共产党韧性经典。这也决定了，除了中国共产党始终保持执政地位外，能否始终坚持社会主义道路成为检验中国共产党韧性的基本尺度。

　　第二，适应性。

　　适应性不是与斗争性相排斥的，而是建立在斗争性的基础之上，它反映为主体在对象性关系中根据条件的变化，作出自我调适以实现持续存在和发展的能力。由于最为集中地反映了韧性的特质，以至于在有的学者那

[①] 习近平：《在湖北省考察新冠肺炎疫情防控工作时的讲话》，《求是》2020年第7期。
[②] 《毛泽东选集》第1卷，人民出版社1991年版，第161页。

里，韧性就被理解为一个和适应性一致的概念，并不假思索地将之放置在一起，体现出两个概念之间的互通性。在亨廷顿看来，这个适应性就是"后天获得的组织性；概而言之，就是适应环境挑战的能力和存活能力"，并且，"环境提出的挑战越多，年代越久，适应力也就越强"[①]。很显然，在他看来，适应性与挑战呈现为正相关的关系，这是对中国共产党具有强大适应性的一个有力论证。

适应性一方面表现为灵活性。对于中国共产党来说，所谓灵活性就是一切从实际出发，科学地而不是教条主义地对待马克思主义，将马克思主义基本原理与中国实际相结合，一以贯之地坚持实事求是的思想路线，这是中国共产党百年历史正反两个方面历史经验的深刻总结。从党的百年历程看，这种灵活性的实践最终导向的无一例外都是崭新的创造，革命战争年代提出的"农村包围城市，最后夺取全国胜利"的革命道路是灵活性的杰作，改革作为对生产关系的一种适应性调整进而导向社会主义市场经济也是灵活性的杰作。当然，灵活性不是无边无界，而是有其鲜明而坚实的底线和边界，是刚性和弹性的统一。因此，任何关于灵活性的认识与实践都必须基于原则性与灵活性的辩证统一，始终秉持扬弃的基本原则。对于社会主义市场经济，中国共产党强调社会主义之于市场不是画蛇添足，而是画龙点睛，并以在政治上一次次"绝不照搬西方政治模式"的决然态度和对外有限性开放始终牢牢地坚守着原则底线。从领导力的视角看，这个灵活性就是向群众和实践的学习能力，这一"高度的学习适应能力是中华人民共和国政权所具有的国家能力的重要组成部分，也是中国政权的特色，是政权得以保持其活力和韧性的根本要素之一"[②]。

---

① ［美］塞缪尔·P.亨廷顿:《变化社会中的政治秩序》，王冠华、刘为等译，沈宗美校，生活·读书·新知三联书店1989年版，第12页。
② 阎小骏:《中国何以稳定？》，《北京日报》2018年1月8日。

适应性另一方面表现为吸纳性。在裴宜理看来,"充分理解和准确评估中国共产党识别、吸收与化解这些新社会力量的能力,实乃是了解中国政权韧性之关键环节"[①]。海纳百川,有容乃大。包容与吸纳,是中华民族一大优秀政治文化传统。中国共产党在革命战争年代探索形成的统一战线,就是对这一传统的继承和弘扬,在三大法宝中居于首要的位置,更反映了吸纳性在中国共产党韧性构成中的特殊地位。亨廷顿认为,一个强有力的政党体制有能力做到"缓解和疏导新近动员起来的集团得以参与政治,使其不至于扰乱体制本身。这样,一个强有力的政党体制就为同化新集团提供出制度化的组织和程序",这是"处于现代化之中的国家政治稳定的先决条件"[②]。中国改革开放 40 多年来的实践为这一论点提供了新的实证,统一战线这一法宝在统合原有社会结构分化出的新生力量方面,发挥了极其重要的作用,在激发社会活力的同时也保持了社会总体稳定。

第三,牺牲性。

牺牲性既是一个与中国共产党艰难曲折奋斗历程相联系的概念,又是一个由马克思主义政党的特殊本质所决定的特性。在中国共产党韧性的内在构成中,牺牲性无疑是最为神圣和悲壮的精神品质。由工人阶级、农民阶级和知识分子中的先进分子组成的中国共产党之所以具有巨大的感召力和吸引力,其中一个重要的原因,就是这个组织声明自己"除了工人阶级和最广大人民群众的利益,没有自己特殊的利益",将劳动人民的解放作为自己始终不渝的奋斗目标,将为人民服务作为自己始终不渝的宗旨,将为了人民付出和奉献作为自己无上的光荣。在党的队伍中,各级领导干部相较普通党员而言不仅意味着更重的责任,也意味着更大的牺牲。从李

[①] 裴宜理:《如何理解中国政权的韧性》,爱思想网 2017 年 5 月 18 日。
[②] [美]塞缪尔·P. 亨廷顿:《变化社会中的政治秩序》,王冠华、刘为等译,沈宗美校,生活·读书·新知三联书店 1989 年版,第 381 页。

大钊到毛泽东、周恩来等中国共产党的代表人物在塑造牺牲性上发挥了无可替代的特殊功能，与其说他们是共产党组织的政治领袖，倒不如说他们是共产党员的精神领袖。方志敏说过："我对于政治上总意见，也就是共产党所主张的意见。我已认定苏维埃可以救中国，革命必能得最后的胜利，我愿意牺牲一切，贡献于苏维埃和革命！"[①] 为有牺牲多壮志，每个个体的牺牲由此都拥有了超越个体价值的宏大意义，不仅感召和激励活着的同志继续斗争，前仆后继，而且以星火燎原之势实现了组织延续和发展。

讨论中国共产党的牺牲性，不能离开人民群众的牺牲性。群众的牺牲性是中国共产党韧性的一个特殊来源，也是理解中国共产党韧性的一个特殊视角。人民群众的牺牲性是互助性这个中华民族文化传统的延续与升华。中华民族在数千年农业文明史上积淀而成的互助传统，在党的牺牲精神的感召下迸发出来，释放出历史创造者的巨大能量。在中国共产党百年历史中，有一个故事和一首民谣耳熟能详，传诵至今，是党同人民群众互助相依的经典写照。1934年11月，红军长征期间，3名女红军借宿湖南汝城县沙洲村徐解秀老人家中，临走时把自己仅有的一床被子剪下一半给老人留下。老人说，什么是共产党？共产党就是自己有一条被子，也要剪下半条给老百姓的人。如果说"半条被子"折射出党的牺牲精神的话，那么，"最后一碗米送去做军粮，最后一尺布送去做军装，最后一件老棉袄盖在担架上，最后一个亲骨肉送去上战场"无疑是一曲劳动人民无私奉献的慷慨悲歌。在中国共产党百年历史上，无论遭遇多么严峻的困难和挑战，总能因人民群众鼎力相助而化险为夷，重获生命持续和扩张的机会。无论是鱼水关系还是铜墙铁壁，都形象说明了人民群众才是党的延续和发展的力量源泉。它说明，中国共产党只要坚定地站在最广大人民一边，就收获了韧性的力量源泉，也就牢牢地站在历史正确的一边，无往而不胜。

[①] 《方志敏全集》，人民出版社2012年版，第3页。

正是在这个意义上，与其说人民群众的韧性是中国共产党韧性的特殊来源，倒不如说人民群众的韧性是中国共产党韧性内在的重要构成。

3. 新时代党的韧性弘扬的三重指向

深化对韧性与中国共产党之间关系的认识，可以放置在改革开放历史经验新的总结的框架之中，进而可以放置在中国共产党百年历史经验新的总结的框架之中。仅从改革开放40多年的数次历史经验总结来看，中国共产党之所以一直没有作出韧性的自我确认，并非一种严重的忽视，而是因为这一品格深藏在中国共产党的内心深处，内在于历史经验总结的初衷之中。每一个历史阶段的经验总结，无一例外地反映为现实问题的具体指向，着眼于现实问题的解决，因而都有自身特殊的意旨和风格。从江泽民强调"必须建立和完善适应生产力发展要求的经济制度和经济体制"、胡锦涛强调"必须把提高效率同促进社会公平结合起来"到习近平强调"必须坚持党对一切工作的领导"，不同的理论表达都包含着对不同历史阶段突出问题的准确把握。党的二十大报告指出："我国发展进入战略机遇和风险挑战并存、不确定难预料因素增多的时期，各种'黑天鹅''灰犀牛'事件随时可能发生。我们必须增强忧患意识，坚持底线思维，做到居安思危、未雨绸缪，准备经受风高浪急甚至惊涛骇浪的重大考验。"[①] 从这个意义上，关于韧性与中国共产党关系的讨论，与其说是回顾这一特殊的政治品格并作出新的理论概括，倒不如说是面对一个期待实现的新的目标和需要完成的新的任务。

第一，百年变局的全面应对。

科技革命和全球化的深入发展，导致了无论是社会运行还是社会变

[①] 习近平：《高举中国特色社会主义伟大旗帜　为全面建设社会主义现代化国家而团结奋斗——在中国共产党第二十次全国代表大会上的报告（2022年10月16日）》，人民出版社2022年版，第26页。

化的加速化特征，这是生活在今天的人们一个普遍性的感受，正如罗萨所指出的，"当涉及有关加速的问题时，人们却发现，尽管已经有了大量的加速的证据，但是这项研究最后却不得不依靠个人的直观感觉和印象"①。科技革命和全球化这两个因素的交互作用，不仅带来了加速化，更以不确定性赋予百年变局深层特征和外在标签。一方面，时间的弱化和空间的强化的过程伴随着"风险社会"的深化。新冠病毒的全球流行更是让人们对贝克说的"风险社会是一个灾难社会"②有了更直观的认知。韧性之所以在社会科学研究领域展开，也从一个侧面揭示了人类正面临着越来越强的不确定性。另一方面，"在新的视野中，偶然性不再表现为意外，而是构成历史生成的前提和条件"③。但每逢重大的历史转折关头，思维观念往往呈现出相对滞后的情形，正如基辛格指出的，"未来的技术和产业的性质使当前的中美冲突特别危险，因为人工智能等技术可能会带来零和思考和赢家通吃的结果，而可解决这些问题的概念框架的发展落后于技术思维的进步"④。全球化虽然并不会因新冠疫情而终结，但全球化从"分工的全球化"向"竞争的全球化"的转变正在成为共识，在变化了的历史条件下推动现代化问题和全球性问题的一致性解决，适应性的增强无疑成为最紧迫的任务。

与人类面临越来越多的不确定性相比，在关于百年未有之大变局的分析框架中，世界权力格局的变化才是更热烈的论题。在亨廷顿看来，苏联解体之后，人类"最重要的权力增长正在并将继续发生在亚洲文明之中，中国正逐渐成为最有可能在全球影响方面向西方挑战的国家。这种文明

---

① ［德］哈尔特穆特·罗萨：《加速：现代社会中时间结构的改变》，董璐译，北京大学出版社2015年版，第91页。
② ［德］乌尔里希·贝克：《风险社会》，何博闻译，译林出版社2004年版，第22页。
③ 胡大平：《哲学与"空间转向"——通往地方生产的知识》，《哲学研究》2018年第10期。
④ ［美］基辛格：《美国和中国必须为日趋激烈的冲突设置界限》，《环球时报》2020年10月9日。

间的权力转移正在并将继续导致非西方社会的复兴和日益伸张其自身文化,并摒弃西方文化"①。如果说这个观点在 20 多年前只是一个预言的话,那么,这种权力转移在世界历史进程中已经现实地展开。对于中国来说,"如何在资本主义危机中觅得生机,通过走适合本国发展的社会主义市场经济和开放道路,使本国的经济能够迅速地发展,政治上变得强大起来,从而推动世界格局的改变"②的设想在实践中正在一步步落地。随着中国日益走近世界舞台的中心和美国的相对衰落,世界权力格局正在发生具有重大历史意义的变化。1997 年 12 月 6 日,亨廷顿在为他的《文明的冲突与世界秩序的重建》一书中文版撰写的序言中进一步指出:"未来的世界和平在相当大的程度上依赖于中国和美国的领导人协调它们各自的利益及避免紧张状态和对抗升级为更为激烈的冲突甚至暴力冲突的能力。"这一战略提醒显然没有真正走进美国领导人的思想深处,近 10 年来,我们在强烈感受到美国越来越深的焦虑的同时,也强烈感受到美国对中国施加越来越大的压力。由于"这些紧张状态和对抗将不可避免地存在"③,因而注定了这是一场具有持久性特征的斗争。

苏联解体、苏共下台之后,当一些西方政客和学者弹冠相庆,陶醉于"历史终结"之际,亨廷顿却以极其冷静和敏锐的目光指出:"西方在冷战中获胜带来的不是胜利,而是衰竭。"④对于现实的社会主义国家来说,世界百年未有之大变局意味着世界社会主义新的发展机遇。正如习近平

---

① [美]塞缪尔·P. 亨廷顿:《文明的冲突与世界秩序的重建》,周琪等译,新华出版社 1998 年版,第 77 页。
② 何萍:《资本自我否定辩证法的方法论意义——基于罗莎·卢森堡〈资本积累论〉的问题》,《中国社会科学》2019 年第 3 期。
③ [美]塞缪尔·P. 亨廷顿:《文明的冲突与世界秩序的重建》,周琪等译,新华出版社 1998 年版,第 2—3 页。
④ [美]塞缪尔·P. 亨廷顿:《文明的冲突与世界秩序的重建》,周琪等译,新华出版社 1998 年版,第 76 页。

指出的,"当前,我国处于近代以来最好的发展时期,世界处于百年未有之大变局,两者同步交织、相互激荡"①。当然,在人类社会还处于资本主导的世界历史条件下,世界社会主义的复兴绝非一蹴而就。当下,只是处于百年变局的开局之际,因而最重要的是韧性的自我提醒,保持社会主义的政治自觉、思想自觉、行动自觉。

第二,社会主义和市场经济的深入结合。

对中国共产党来说,在国际共产主义运动陷入严重低潮的历史条件下,迫切需要回答如何维护和巩固社会主义根据地的问题。这是改革开放以来中国共产党遭遇的最为严峻的挑战。中国共产党不仅在牢牢把握党的领导权的基础上保持经济的持续增长和社会的总体稳定,迅速稳住了阵脚,更为重要的是,开启了社会主义市场经济这一前人未曾走过的新路的探索。马克思主义具有直接现实性的理论品质,认为"只有在现实的世界中并使用现实的手段才能实现真正的解放"②,聚焦"自己能够解决的任务",社会主义市场经济就是这样一种现实的手段。在全球化带来资本主义生产方式同质化的过程中,这一探索绝不是对资本的唤醒并使其复活那么简单,它更是一种对资本的反抗和超越,是一种探求与资本主义市场经济并行的市场经济新的形态的努力。这一新的文明类型的过渡形态,是中国共产党在资本全球化浪潮扑面而来时奉上的韧性力作。

新时代社会主义与市场经济的结合,依然需要从理论上深入思考以下两个问题:其一,资本创造文明的逻辑与资本追求价值增殖的逻辑之间的关系。"这两种逻辑并不是彼此分离的,而是内在结合在一起的;追求价值增殖的逻辑更为根本。"③如何在汲取"资本主义制度所创造的一切

---

① 《习近平谈治国理政》第3卷,外文出版社2020年版,第428页。
② 《马克思恩格斯选集》第1卷,人民出版社1995年版,第74页。
③ 丰子义:《全球化与资本的双重逻辑》,《北京大学学报(哲学社会科学版)》2009年第3期。

积极的成果"的基础上,缩短和减轻资本赋予的弊端和苦痛,是中国共产党在市场经济前面加上"社会主义"字样的出发点和落脚点。社会主义如何"画龙点睛"而不是"画蛇添足",需要从制度完善的层面深入探讨。其二,权力逻辑和资本逻辑之间的关系。在资本主义条件下,资本逻辑相较权力逻辑处于优势地位,但就社会主义初级阶段的中国而言,则是权力逻辑相较资本逻辑处于优势地位。在稳固和持久的文化传统中,既包括优秀的文化传统,又包括前资本主义的腐朽和消极的政治文化因素。"以权力逻辑为主导的权力逻辑与资本逻辑的共谋"[1],不仅是引发各种矛盾和冲突的主要原因,也是构成社会主义与市场经济结合的最大障碍。这就使得社会主义市场经济的建构面临更为复杂的现实课题,需要更为系统而长远的顶层设计。

习近平指出:"在改革开放 40 多年历程中,党的十一届三中全会是划时代的,开启了改革开放和社会主义现代化建设历史新时期;党的十八届三中全会也是划时代的,开启了全面深化改革、系统整体设计推进改革的新时代,开创了我国改革开放的新局面。"[2]党的十八届三中全会将政府和市场的关系明确为坚持社会主义市场经济改革方向的核心问题,习近平提出的"使市场在资源配置中起决定性的作用和更好发挥政府作用"[3]的理论突破,由此就具有了划时代的理论意义。从实践的角度看,在推动资本逻辑和权力逻辑肯定性意义充分释放的同时,更大程度抑制资本逻辑和权力逻辑消极性意义,推进劳动解放的逐步展开,无疑是一个全面、艰巨而复杂的历史任务,任重道远,决定了韧性的必要性和特殊价值。

第三,党的自我革命的深入推进。

---

[1] 叶险明:《当代中国政治经济学批判的缺失与马克思主义哲学研究的困境》,《学术界》2019 年第 2 期。
[2] 《习近平谈治国理政》第 3 卷,外文出版社 2020 年版,第 111 页。
[3] 《习近平总书记重要讲话文章选编》,中央文献出版社、党建读物出版社 2016 年版,第 95 页。

理解党的自我革命的必要性和意义，如果只是局限于执政合法性的视角就是一种不容原谅的错误。可以说，革命性是中国共产党最根本的特征之一，就如红色作为中国共产党的底色和象征一样，在党的自我革命与社会革命之间，有着紧密而深厚的内在关联。在2020年全球抗击新冠疫情的过程中，当有的美国政客从集中攻击中国转向攻击中国共产党时，他们可能忘了70多年前费正清善意的提醒。费正清深刻认识到美国与中国关系的特殊性以及共产党领导的中国革命对中美之间关系的重大影响力，因而没有把中美之间的关系看成是一般国与国之间的关系，而是定位为美国与中国革命和中国共产党的关系。基于这一认识，1949年10月，费正清在美国国务院对华政策会议上强调，应理解中国共产党和中国共产主义，"美国对华关系与其说是对一个国家的关系，不如说是对一场革命的关系"[①]。很可惜，他们不仅忘记了历史，也忽略了现实。当习近平强调中国共产党领导是中国特色社会主义最本质特征和中国特色社会主义制度的最大优势时，他不仅论述了中国共产党在社会主义事业中的关键地位和现实的决定性意义，更为重要的是阐明了权力逻辑运行的问题意识，实际上暗含着以自我革命推动社会革命的行动逻辑。

在每一个重大的历史转折关头，中国共产党都会通过对精神传统的重申和动员，在昭示自己特殊性质的同时展示自我革命的韧性。中华人民共和国成立前夕，毛泽东对全党同志发出提醒和告诫："中国的革命是伟大的，但革命以后的路程更长，工作更伟大，更艰苦。这一点现在就必须向党内讲明白，务必使同志们继续地保持谦虚、谨慎、不骄、不躁的作风，务必使同志们继续地保持艰苦奋斗的作风。"[②] "两个务必"是获得政权的中国共产党的一种自我革命韧性的表达和自信。从20世纪70年代末起，

[①] 路克利：《凝聚力：中国模式的巨大政治优势》，《北京日报》2017年6月26日。
[②] 《毛泽东选集》第4卷，人民出版社1991年版，第1438—1439页。

中国共产党在经历革命、建设两个不同历史时期之后，进入以改革为鲜明标识的新的历史时期，这是一个对党的自我革命提出更多发扬主体能动性的新的历史时期。当邓小平说"事实证明,共产党能够消灭丑恶的东西。在整个改革开放过程中都要反对腐败"[①]时，他显然前所未有地认识到反腐败斗争韧性的特殊意义。事实证明，一旦反腐败斗争出现阶段性的弱化，那么，党的纯洁性修复就必然变得异常艰难。党的十八大以来的全面从严治党，向党内消极腐败力量发起了猛烈的冲击，极大地削减和压缩了其数量规模和生存空间，使之成为全党工作最大的亮点。与此同时，党内消极腐败力量条件反射般地强化了生存韧性，这是正确判断全面从严治党新形势不可忽视的重要因素。很显然，一旦弱化了斗争的韧性，所谓标本兼治的成效不仅会大打折扣，忧虑、质疑和指责也会强劲反弹，正是消极腐败力量的生存韧性呼唤和考验着党的自我革命的韧性。

4. 问题意识与现实维护

通过对中国共产党韧性的内在构成和弘扬必要性的具体分析，我们不难发现，韧性之所以成为当下马克思主义理论界关注的热点问题，是因为它为中国共产党提供了一种超越性的精神力量。如果将以往中国道路的研究理解为道路的本质规定之于道路探索的领导力量的优先性的话，那么，党的韧性在中国道路研究中的优先性凸显，乃是对中国道路探索面临前所未有的风险和挑战的一种反应，它强调的是主体力量的状况及其变化之于中国道路探索的关键性地位。从这个意义上说，将中国共产党的领导理解为中国特色社会主义最本质特征和中国特色社会主义制度最大优势，与党的韧性在中国道路研究中的优先性之间具有了一致性的思维逻辑。这也就很自然地引出了进一步追问：韧性是不是中国共产党的一种永恒的精

[①] 《邓小平文选》第3卷，人民出版社1993年版，第379页。

神特征？如果说韧性不是一个永恒性特征的话，那么，当下对韧性的分析，就应包括对中国共产党的韧性期待以及如何有效维护韧性的现实课题。在中国现代化获得历史性成就的同时，有必要审视中国共产党韧性的历史性变化，以应对百年变局的风险和挑战。经过百年奋斗，中国共产党已经拥有了前所未有的强大力量，但党的纯洁性有所弱化是一个不争的客观事实，这一点已经从党的十八大以来全面从严治党的实际成效中得到了侧面的证明。与此同时，尽管《理解中国共产党韧性：中国民意长期调查》这份调查报告业已指出"中国民众对中国政府满意率比过去几十年任何时候都高，普遍认为中国政府的执政能力和效率超过以往任何时候"，这一外部观察者的结论为我们对党群关系的研究提供了乐观的根据，但是，一定范围内的社会阶层的固化和社会结构的刚性化在客观上导致了党群关系一定程度的弱化，也是一个不争的事实。由此，中国共产党通过互助联结而成的韧性流露出有所削弱的迹象。种种问题表明，中国共产党韧性的维护已经成为一个极具现实紧迫性的任务。

当我们深入解读中国特色社会主义制度优势的形成机理时，民主集中制无疑是一个根本出发点。作为马克思主义政党区别于其他政党的重要特征之一，民主集中制不仅是党和国家最根本的制度，也是中国共产党韧性生成和实现的基本制度。这是因为这个制度实践与中国共产党韧性各个内在构成之间都有着深刻的联系。在一些西方学者的视野中，民主集中制也是他们对中国共产党政权作出威权主义指认的主要依据，在对之作出去污化处理的基础上，我们需要深入思考这一制度的完善和落实之于中国共产党韧性维护的特殊意义。

在邓小平看来，使民主集中制更加完善"是十分重要的事情，是关系到我们党和国家的命运的事情"[①]，因为"特别是民主集中制执行得不好，

[①] 《邓小平文选》第1卷，人民出版社1994年版，第312页。

党是可以变质的,国家也是可以变质的,社会主义也是可以变质的。干部可以变质,个人也可以变质"①。他以四个变质的排比句阐明了民主集中制蜕变为集中制的严重后果,清晰地表达了完善民主集中制的重要意义。邓小平要求把目光聚焦于民主,这一基于20世纪世界社会主义历史实践的反思,成为改革开放以来中国政治发展道路探索的历史起点。新世纪以来,在民主与集中的关系上,继党的十六大提出的"党内民主是党的生命",党的十七大提出的"以扩大党内民主带动人民民主",党的十八大提出的"健全党内民主制度体系,以党内民主带动人民民主",在此基础上,党的十九大提出了"完善和落实民主集中制的各项制度,坚持民主基础上的集中和集中指导下的民主相结合,既充分发扬民主,又善于集中统一"②。中国政治发展道路的探索既可以说是围绕如何实现党的领导、人民当家作主和依法治国三者有机统一的基础上进行的,也在一定意义上可以说主要是围绕民主集中制的完善和落实展开的。就地方和机关现实运行情况而言,无论是民主还是集中,都存在诸多需要反思和探索的现实课题。具体而言,既有机关和部门内部"一把手"现象的问题,又有不同机关和部门之间"相互掣肘、内耗严重"的问题,这是党的十九大将民主和集中作出统一性强调的现实原因。新时代完善和落实民主集中制,首先必须坚持党中央权威和集中统一领导。邓小平指出:"中央要有权威。改革要成功,就必须有领导有秩序地进行。"③与此同时,党内民主是党的生命。习近平指出:"我们强调坚持党中央权威和集中统一领导,不是说不要民主集中制了,不要发扬党内民主,把这两者对立起来是不对的。"④基于上述两个方面的统一,考察是否完善和落实民主集中制的各项制度,主要有两个基

---

① 《邓小平文选》第1卷,人民出版社1994年版,第303页。
② 《习近平谈治国理政》第3卷,外文出版社2020年版,第49页。
③ 《邓小平文选》第3卷,人民出版社1993年版,第277页。
④ 《习近平谈治国理政》第3卷,外文出版社2020年版,第166页。

础性的检验标准：一是看普通党员的民主权利是否得到真正的实现，二是看集中是不是真正建立在民主基础之上。

任何一种韧性都是磨砺而成，都是在付出无数代价和牺牲的基础之上。一旦内部组织腐朽，材料质地和刚性必然随之弱化，韧性也就荡然无存。从"打铁还需自身硬"到"打铁必须自身硬"，反映了习近平在材质问题上反思的深化。对百年党的自身建设规律认识的深化，意味着对革命战争年代与和平建设时期之间的比较、党员数量与质量之间关系的反思。打造新时代忠诚干净担当的党员队伍，从材质的选择到磨砺和淘汰是一个复杂的系统工程，尤其需要把握选择和淘汰这两个关键环节。就前者而言，需要通过制度完善使得各级领导干部能不能全心全意为人民服务，不主要地取决于个人的觉悟、道德品质和领导能力，而更主要地取决于使他们成为各级领导干部的选择机制。就后者而言，在不少人看来，反腐败斗争往往与自我革命画等号，这种理解抓住了革命的要义，提出了通过强化反腐保持材质纯度的淘汰路径。问题的关键在于，这种维护纯洁性的努力出现了一定的不平衡性，并表现出一定的阶段性差异，如何从时间和空间上强化客观一致性，仍然有待积极深入的探索。

在明确党的自我革命的主体和对象同一性的基础上，韧性的维护不仅需要进一步增强刀刃向内的自觉性和主动性，更需要增强群众的外部监督。毛泽东在陕甘宁边区参议会上曾指出，"我们不怕说出自己的毛病，我们一定要改正自己的毛病。我们要加强党内教育来清除这些毛病。我们还要经过和党外人士实行民主合作来清除这些毛病。这样的内外夹攻，才能把我们的毛病治好，才能把国事真正办好起来"[①]。党的自我革命不是"独角戏"。党的性质和宗旨决定了，无论就自我革命的手段、过程还是效果评估而言，都不是自我完成的，群众在其中担当了不可或缺的角色，

---

① 《毛泽东选集》第3卷，人民出版社1991年版，第810页。

是党的自我革命最值得信赖和依靠的力量。毛泽东说过："所以我们看人的时候，看他是一个假三民主义者还是一个真三民主义者，是一个假马克思主义者还是一个真马克思主义者，只要看他和广大的工农群众的关系如何，就完全清楚了。只有这一个辨别的标准，没有第二个标准。"[1]这是因为权力逻辑的实践过程决定了，群众对材质有着最为直观而深刻的感受，有着无可替代的鉴别能力。

这意味着，群众的角色在新时代党的自我革命中的地位凸显。在确认党的自我革命的坚定性和取得巨大胜利的同时，由于在一些地方和部门中存在着利益固化的藩篱，自我革命的内在动力不仅不足，而且呈现为相反的方向，这恐怕是党的百年历史中从未预料和遭遇的特殊状况。更为严重的是，少数地方或部门的党的牺牲性呈现出削弱的趋向，风险转嫁导致群众背负起不应承担的成本和代价。在亨廷顿看来，"处于现代化之中的政治体系，其稳定取决于其政党的力量，而政党强大与否又要视其制度化群众支持的情况，其力量正好反映了这种支持的规模及制度化的程度"[2]。一旦风险转嫁反复出现，必然加深群众与党相脱离的倾向，必然削弱党的阶级基础和群众基础。随着风险和挑战不断增多，互助性的要求进一步凸显。很显然，群众这一外部监督力量作用的进一步发挥，对于维护和保持党的自我革命的内在动力，具有重大而深远的意义。

---

[1] 《毛泽东选集》第2卷，人民出版社1991年版，第567页。
[2] ［美］塞缪尔·P.亨廷顿:《变化社会中的政治秩序》，王冠华、刘为等译，沈宗美校，生活·读书·新知三联书店1989年版，第377页。

主要参考文献

一、著作类

《马克思恩格斯全集》第 1 卷，人民出版社 1956 年版。

《马克思恩格斯全集》第 3 卷，人民出版社 2002 年版。

《马克思恩格斯全集》第 30 卷，人民出版社 1995 年版。

《马克思恩格斯全集》第 42 卷、第 46 卷上、第 47 卷，人民出版社 1979 年版。

《马克思恩格斯选集》第 1—4 卷，人民出版社 1995 年版。

《马克思恩格斯文集》第 3 卷、第 4 卷，人民出版社 2009 年版。

《列宁选集》第 4 卷，人民出版社 2012 年版。

《毛泽东选集》第 1—4 卷，人民出版社 1991 年版。

《毛泽东文集》第 7 卷，人民出版社 1999 年版。

《毛泽东年谱（1949—1976）》（1—6 卷），中央文献出版社，2013 年版。

《建国以来毛泽东文稿》第 7 册，中央文献出版社 1992 年版。

《邓小平文选》第 1 卷、第 2 卷，人民出版社 1994 年版。

《邓小平文选》第 3 卷，人民出版社 1993 年版。

《邓小平年谱（1975—1997）》（上、下），中央文献出版社 2004 年版。

《十四大以来重要文献选编（上）》，人民出版社 1996 年版。

《十四大以来重要文献选编（下）》，人民出版社 1999 年版。

《十八大以来重要文献选编（上）》，中央文献出版社 2014 年版。

《十八大以来重要文献选编（中）》，中央文献出版社 2016 年版。

《习近平谈治国理政》，外文出版社 2014 年版。

《习近平谈治国理政》第 2 卷，外文出版社 2017 年版。

《习近平谈治国理政》第 3 卷，外文出版社 2020 年版。

《习近平谈治国理政》第 4 卷，外文出版社 2022 年版。

习近平：《论中国共产党历史》，中央文献出版社 2021 年版。

习近平：《高举中国特色社会主义伟大旗帜　为全面建设社会主义现代化国家而团结奋斗——在中国共产党第二十次全国代表大会上的报告（2022 年 10 月 16 日）》，人民出版社 2022 年版。

《习近平总书记重要讲话文章选编》，中央文献出版社、党建读物出版社 2016 年版。

《党的十九大报告辅导读本》，人民出版社 2017 年版。

《习近平关于党风廉政建设和反腐败斗争论述摘编》，中央文献出版社、中国方正出版社 2015 年版。

《习近平关于社会主义政治建设论述摘编》，中央文献出版社 2017 年版。

薄一波：《若干重大决策与事件回顾(上)》，中央党校出版社 2008 年版。

孙伯鍨、张一兵：《走进马克思》，江苏人民出版社 2001 年版。

丰子义：《发展的呼唤与回应——哲学视野中的社会发展》，北京师范大学出版社 2009 年版。

刘奔：《当代思潮反思录》，河北大学出版社 2005 年版。

叶险明：《"知识经济"批判》，人民出版社 2007 年版。

李培林等：《社会冲突与阶级意识——当代中国社会矛盾研究》，社会科学文献出版社 2005 年版。

李延明：《马克思恩格斯的未来世界》，安徽人民出版社 2006 年版。

王浦劬主编：《政治学基础》，北京大学出版社 1995 年版。

房宁：《民主的中国经验》，中国社会科学出版社 2013 年版。

朱云汉：《高思在云——中国兴起与全球秩序重组》，中国人民大学出版社 2015 年版。

［美］塞缪尔·P.亨廷顿：《变化社会中的政治秩序》，王冠华、刘为等译，沈宗美校，生活·读书·新知三联书店 1989 年版。

［美］塞缪尔·P.亨廷顿：《文明的冲突与世界秩序的重建》，周琪等译，新华出版社 1998 年版。

［德］乌·贝克、哈贝马斯等：《全球化与政治》，王学东、柴方国等译，中央编译出版社 2000 年版。

［美］约翰·罗尔斯：《正义论》，何怀宏等译，中国社会科学出版社 1988 年版。

［美］费正清：《伟大的中国革命（1800—1985）》，世界知识出版社 2000 年版。

［美］费正清：《美国与中国》，张理京译，世界知识出版社 2000 年版。

［意］乔万尼·阿里吉：《亚当·斯密在北京：21 世纪的谱系》，路爱国、黄平、许安结译，社会科学文献出版社 2009 年版。

［美］李侃如：《治理中国：从革命到改革》，胡国成、赵梅译，中国社会科学出版社 2010 年版。

［德］乌尔里希·贝克：《风险社会》，何博闻译，译林出版社 2004 年版。

［美］罗纳德·H.奇尔科特：《比较政治经济学理论》，高铦、高戈译，社会科学文献出版社 2001 年版。

［美］理查德·隆沃思：《全球经济自由化的危机》，应小端译，生活·读书·新知三联书店 2002 年版。

［德］汉斯 - 彼得·马丁、哈拉尔特·舒曼:《全球化陷阱:对民主和福利的进攻》,张世鹏等译,冯文光校,中央编译出版社2001年版。

［斯洛文尼亚］斯拉沃热·齐泽克等:《图绘意识形态》,方杰译,南京大学出版社2002年版。

［美］阿里夫·德里克:《全球现代性:全球资本主义时代的现代性》,胡大平、付清松译,南京大学出版社2012年版。

［美］L. J. 宾克莱:《理想的冲突——西方社会中变化着的价值观念》,马元德、陈白澄、王太庆、吴永泉等译,商务印书馆1983年版。

［美］大卫·哈维:《资本社会的17个矛盾》,许瑞宋译,中信出版社2016年版。

［美］艾恺:《世界范围内的反现代化思潮——论文化守成主义》,贵州人民出版社1991年版。

［德］哈尔特穆特·罗萨:《加速:现代社会中时间结构的改变》,董璐译,北京大学出版社2015年版。

二、期刊类

习近平:《扎实做好保持党的纯洁性各项工作》,《求是》2012年第6期。

习近平:《在党的十八届五中全会第二次全体会议上的讲话(节选)》,《求是》2016年第1期。

习近平:《在党的十九届一中全会上的讲话(2017年10月25日)》,《求是》2018年第1期。

习近平:《加快推动媒体融合发展 构建全媒体传播格局》,《求是》2019年第6期。

习近平:《关于坚持和发展中国特色社会主义的几个问题》,《求是》2019年第7期。

习近平：《加快推动媒体融合发展 构建全媒体传播格局》，《求是》2019年第6期。

习近平：《增强推进党的政治建设的自觉性和坚定性》，《求是》2019年第14期。

习近平：《在湖北省考察新冠肺炎疫情防控工作时的讲话》，《求是》2020年第7期。

习近平：《不断开拓当代中国马克思主义政治经济学新境界》，《求是》2020年第16期。

习近平：《把握新发展阶段，贯彻新发展理念，构建新发展格局》，《求是》2021年第9期。

习近平：《扎实推动共同富裕》，《求是》2021年第20期。

习近平：《以史为鉴、开创未来 埋头苦干、勇毅前行》，《求是》2022年第1期。

习近平：《坚持和发展中国特色社会主义要一以贯之》，《求是》2022年第18期。

冷溶：《正确把握我国社会主要矛盾的变化》，《党建研究》2017年第11期。

陈先达：《历史唯物主义视野中的财富观》，《哲学研究》2010年第10期。

吴晓明：《论中国的和平主义发展道路及其世界历史意义》，《中国社会科学》2009年第5期。

吴晓明：《当代中国的精神建设及其思想资源》，《中国社会科学》2012年第5期。

吴晓明：《马克思的历史道路理论及其具体化承诺》，《哲学研究》2013年第7期。

吴晓明：《马克思的现实观与中国道路》，《中国社会科学》2014年第10期。

吴晓明：《世界历史与中国道路的百年探索》，《中国社会科学》2021年第6期。

赵汀阳：《反政治的政治》，《哲学研究》2007年第12期。

赵汀阳：《从国家、国际到世界：三种政治的问题变化》，《哲学研究》2009年第1期。

赵汀阳：《现代性的终结与全球性的未来》，《文化纵横》2013年第4期。

赵汀阳：《历史之道：意义链和问题链》，《哲学研究》2019年第1期。

侯惠勤：《意识形态话语权建设方法论研究》，《中共贵州省委党校学报》2016年第2期。

林尚立：《协商民主对中国国家建设的价值》，《红旗文稿》2015年第5期。

丰子义：《全球化与资本的双重逻辑》，《北京大学学报（哲学社会科学版）》2009年第3期。

李登贵、刘奔：《从方法论的高度反思现实——评阮纪正先生的〈中国：探究一个辩正的社会存在〉》，《哲学研究》2004年第9期。

叶险明：《驾驭"资本逻辑"的中国特色社会主义初论》，《天津社会科学》2014年第1期。

叶险明：《中国学术话语体系超越"西方中心主义"的逻辑和方法》，《中共中央党校学报》2015年第4期。

叶险明：《马克思的世界历史理论与他的民族观——马克思思想研究中一个被忽略的重要问题》，《天津社会科学》2015年第5期。

叶险明：《关于"逆全球化"的方法论批判》，《中共中央党校学报》2018年第1期。

叶险明：《人类命运共同体意识的复杂性与全球治理——一种新全球治理理念的构建》，《河北学刊》2019年第2期。

何中华：《现代性·全球化·全球性问题》，《哲学研究》2000年第11期。

何萍:《马克思主义世界历史理论中的决定论与非决定论——关于马克思、卢森堡、列宁的一个比较研究》,《哲学研究》2008年第3期。

何萍:《资本自我否定辩证法的方法论意义——基于罗莎·卢森堡〈资本积累论〉的问题》,《中国社会科学》2019年第3期。

刘怀玉:《历史唯物主义的"空间化"概念探源》,《河北学刊》2021年第1期。

胡大平:《哲学与"空间转向"——通往地方生产的知识》,《哲学研究》2018年第10期。

魏礼群:《正确认识与处理政府和市场关系》,《全球化》2014年第4期。

刘世锦:《"新常态"下如何处理好政府与市场的关系》,《求是》2014年第18期。

张卓元:《混合所有制经济是什么样的经济》,《求是》2014年第8期。

张宇:《市场有效,党政有为,根基牢固——正确认识社会主义市场经济中政府和市场的关系》,《红旗文稿》2014年第8期。

邹诗鹏:《〈资本论〉与现代世界历史》,《武汉大学学报（哲学社会科学版）》2018年第2期。

孙利天、黄杰:《寻求根基性的存在经验》,《社会科学辑刊》2014年第3期。

顾昕:《政府主导型发展的是是非非——林毅夫"新结构经济学"评论之一》,《读书》2013年第10期。

魏杰、施戍杰:《"市场决定论"与混合所有制经济——什么样的产权安排能够促进共同富裕》,《社会科学辑刊》2014年第4期。

楚序平:《正确推进国有企业改革》,《现代国企研究》2014年第8期。

刘伟:《发展混合所有制经济是建设社会主义市场经济的根本性制度创新》,《经济理论与经济管理》2015年第1期。

汪晖:《两种新穷人及其未来——阶级政治的衰落、再形成与新穷人的尊严政治》,《开放时代》2014 年第 6 期。

潘毅、陈敬慈:《阶级话语的消逝》,《开放时代》2008 年第 5 期。

刘擎:《2016 西方思想年度述评》,《学海》2017 年第 2 期。

冯仕政:《重返阶级分析?——论中国社会不平等研究的范式转换》,《社会学研究》2008 年第 5 期。

孙业礼:《担当·定力·规矩——学习习近平系列讲话中的新概念、新韬略》,《党的文献》2014 年第 2 期。

刘建军:《为人民服务是一种信仰》,载北京大学中国文化发展研究中心、马克思主义学院组编《实践发展与理论创新》,北京大学出版社 2010 年版。

沈原:《社会转型与工人阶级的再形成》,《社会学研究》2006 年第 2 期。

黄平:《中国、世界与新天下观》,《中央社会主义学院学报》2018 年第 1 期。

房宁:《正确认识和处理新时期人民内部矛盾》,《政治学研究》2013 年第 6 期。

张宇燕:《理解百年未有之大变局》,《国际经济评论》2019 年第 5 期。

木怀琴:《中国干部体制与韦伯官僚制》,《文化纵横》2015 年第 3 期。

郑功成:《中国社会公平状况分析——价值判断、权益失衡与制度保障》,《中国人民大学学报》2009 年第 2 期。

程连升:《新时期我国劳资关系演变的趋势和对策分析》,《教学与研究》2009 年第 4 期。

俞可平:《全球化时代如何应对国家主权面临的挑战》,《学习月刊》2004 年第 12 期。

程亚文:《匮乏、政治过度与文明危机》,《读书》2017 年第 2 期。

邵景均:《学习习近平同志关于反腐败的思想》,《红旗文稿》2015 年第 15 期。

吴忠民：《中国现阶段劳动者利益诉求方式分析》，《社会学评论》2013 年第 2 期。

郑萍：《不破哲三的未来社会理论评述》，《世界社会主义研究》2019 年第 12 期。

吴清君：《集体协商与"国家主导"下的劳动关系治理——指标管理的策略与实践》，《社会学研究》2012 年第 3 期。

［美］裴宜理：《增长的痛楚：崛起的中国面临之挑战》，夏璐译，《国外理论动态》2014 年第 12 期。

［美］蔡欣怡：《中国的政治经济学与政治学》，张春满译，《国外理论动态》2014 年第 4 期。

［美］格雷戈瑞·威廉姆斯：《世界体系研究之缘起：对话伊曼纽尔·沃勒斯坦》，杨智译，《国外理论动态》2014 年第 4 期。

［法］巴迪欧：《关于共产主义的理念》，王逢振译，《马克思主义与现实》2016 年第 6 期。

三、报纸类

习近平：《认真学习党章　严格遵守党章》，《人民日报》2012 年 11 月 20 日。

习近平：《在首都各界纪念现行宪法公布施行 30 周年大会上的讲话（2012 年 12 月 4 日）》，《人民日报》2012 年 12 月 5 日。

习近平：《顺应时代前进潮流　促进世界和平发展——在莫斯科国际关系学院的演讲（2013 年 3 月 23 日，莫斯科）》，《人民日报》2013 年 3 月 24 日。

习近平：《关于〈中共中央关于全面深化改革若干重大问题的决定〉

的说明（2013年11月9日）》，《人民日报》2013年11月16日。

习近平：《把培育和弘扬社会主义核心价值观作为凝魂聚气强基固本的基础工程》，《人民日报》2014年2月26日。

习近平：《在纪念邓小平同志诞辰110周年座谈会上的讲话（2014年8月20日）》，《人民日报》2014年8月21日。

习近平：《工人阶级地位不容动摇》，《京华时报》2015年4月29日。

习近平：《在纪念陈云同志诞辰110周年座谈会上的讲话（2015年6月12日）》，《人民日报》2015年6月16日。

习近平：《毫不动摇坚持我国基本经济制度 推动各种所有制经济健康发展》，《人民日报》2016年3月9日。

习近平：《在第十八届中央纪律检查委员会第六次全体会议上的讲话（2016年1月12日）》，《人民日报》2016年5月3日。

习近平：《在哲学社会科学工作座谈会上的讲话（2016年5月17日）》，《人民日报》2016年5月19日。

习近平：《在庆祝中国共产党成立95周年大会上的讲话（2016年7月1日）》，《人民日报》2016年7月2日。

习近平：《共担时代责任 共促全球发展——在世界经济论坛2017年年会开幕式上的主旨演讲（2017年1月17日，达沃斯）》，新华社2017年1月18日。

习近平：《共同构建人类命运共同体——在联合国日内瓦总部的演讲（2017年1月18日，日内瓦）》，《人民日报》2017年1月20日。

习近平：《决胜全面建成小康社会 夺取新时代中国特色社会主义伟大胜利——在中国共产党第十九次全国代表大会上的报告（2017年10月18日）》，《人民日报》2017年10月28日。

习近平：《抓住世界经济转型机遇 谋求亚太更大发展——在亚太经合组织工商领导人峰会上的主旨演讲（2017年11月10日，岘港）》，《人民日报》2017年11月11日。

习近平：《在纪念马克思诞辰200周年大会上的讲话（2018年5月4日）》，《人民日报》2018年5月5日。

习近平：《开放合作　命运与共——在第二届中国国际进口博览会开幕式上的主旨演讲（二〇一九年十一月五日，上海）》，《人民日报》2019年11月6日。

习近平：《在全国抗击新冠肺炎疫情表彰大会上的讲话（2020年9月8日）》，《人民日报》2020年9月9日。

习近平：《在庆祝中国共产党成立100周年大会上的讲话（2021年7月1日）》，《人民日报》2021年7月2日。

胡绳：《什么是社会主义，如何建设社会主义？——学习《邓小平文选》第三卷》，《人民日报》1994年6月16日。

陈先达：《马克思主义和中国传统文化》，《光明日报》2015年7月3日。

吴晓明：《马克思主义哲学创新需要怎样的国际视野》，《中国社会科学报》2014年11月26日。

吴晓明：《中国学术要有自我主张》，《人民日报》2017年6月19日。

刘建军：《深刻把握"战略定力"》，《北京日报》2018年8月13日。

曹应旺：《人民性、求是性、包容性、坚韧性——毛泽东的四大崇高品德》，《北京日报》2019年9月9日。

周琪：《美国危机的本质在政治》，《环球时报》2012年9月24日。

房宁：《选举杀死了民主》，《环球时报》2016年12月27日。

张树华：《西方政治衰败凸显中国道路价值》，《环球时报》2017年1月19日。

赵汀阳：《从智慧民主看现代化》，《中国社会科学报》2021年10月15日。

吴忠民：《应当高度关注中国社会矛盾问题的生长点》，《学习时报》

2011年12月5日。

王广禄:《当代资本主义的四大变化——访南京大学哲学系教授唐正东》,《中国社会科学报》2016年12月13日。

郑永年:《当代民主危机:西方的认知》,新加坡《联合早报》2014年4月29日。

[美]基辛格:《美国和中国必须为日趋激烈的冲突设置界限》,《环球时报》2020年10月9日。

[美]弗朗西斯·福山:《西方民主正处于倒退状态》,《参考消息》2017年2月13日。

图书在版编目（CIP）数据

新的飞跃：新时代中国道路的理论与实践 / 吴波著 . -- 南昌：江西人民出版社，2023.12
ISBN 978-7-210-12224-1

Ⅰ. ①新… Ⅱ. ①吴… Ⅲ. ①中国特色社会主义 - 社会主义建设模式 - 研究 Ⅳ. ① D616

中国国家版本馆 CIP 数据核字（2023）第 200011 号

新的飞跃：新时代中国道路的理论与实践　　　　吴波　著
XIN DE FEIYUE: XINSHIDAI ZHONGGUO DAOLU DE LILUN YU SHIJIAN

策 划 编 辑：游道勤　王一木
常 务 编 辑：梁　菁　于　珊
责 任 编 辑：陈才艳　曾　杨　吴丽红
封 面 设 计：马范如

江西人民出版社　出版发行
Jiangxi People's Publishing House
全国百佳出版社

地　　　　址：	江西省南昌市三经路 47 号附 1 号（330006）
网　　　　址：	www.jxpph.com
电 子 信 箱：	jxpph@tom.com
编辑部电话：	0791-86898683
发行部电话：	0791-86898815
承　印　厂：	长沙超峰印刷有限公司
经　　　销：	各地新华书店

开　　本：787 毫米 × 1092 毫米　1/16
印　　张：26.75
字　　数：350 千字
版　　次：2023 年 12 月第 1 版
印　　次：2023 年 12 月第 1 次印刷
书　　号：ISBN 978-7-210-12224-1
定　　价：128.00 元
赣版权登字 -01-2023-471

版权所有　侵权必究
赣人版图书凡属印刷、装订错误，请随时与江西人民出版社联系调换。
服务电话：0791-86898820